CONCORDANCE OF THE FIRST TARGUM
TO THE BOOK OF ESTHER

Society of Biblical Literature
Aramaic Studies
edited by
Stephen A. Kaufman

Variant Versions of Targumic Traditions within Codex Neofiti 1	Shirley Lund and Julia A. Foster
Concordance of the First Targum to the Book of Esther	Bernard Grossfeld

CONCORDANCE OF THE FIRST TARGUM TO THE BOOK OF ESTHER

Bernard Grossfeld

Scholars Press
Chico, California

Concordance of the First Targum
to the Book of Esther

Bernard Grossfeld

© 1984
Society of Biblical Literature

Library of Congress Cataloging in Publication Data

Grossfeld, Bernard.
  Concordance of the First Targum to the book of
Esther.

  (Aramaic studies / Society of Biblical Literature ; 5)
  1. Bible. O.T. Esther—Concordances, Aramaic.
I. Title. II. Series: Aramaic studies ; 5.
BS1374.A73G76 1983 222'.9042'03   83–11550
ISBN 0–89130–635–8

Printed in the United States of America

לבנין דילי ולברתי
זרע הראוי לספר

PREFACE

THIS WORK WAS CONCEIVED IN THE LATE 1970'S AS A RESULT OF DISCUS-
SIONS WITH PROFESSORS WALTER E. AUFRECHT OF HAMILTON, ONTARIO AND ERNEST
G. CLARKE OF THE UNIVERSITY OF TORONTO. THE FORMER, THROUGH DETAILED
WRITTEN CORRESPONDENCE, INITIATED ME INTO THE COMPUTER FIELD AND ITS
BASIC VALUE FOR TARGUMIC CONCORDANCE CONSTRUCTION. THE LATTER PROPELLED
ME ALONG THIS ROAD THROUGH EXTENSIVE PERSONAL DIRECTIONS AND GUIDANCE,
OFFERED GENEROUSLY IN THE LIGHT OF HIS OWN EXPERIENCE IN PRODUCING A
CONCORDANCE BY COMPUTER OF THE PSEUDO-JONATHAN TARGUM TO THE PENTATEUCH.
TO THEM AND NO LESS TO PROFESSOR JOHN C. HURD OF TRINITY COLLEGE –
UNIVERSITY OF TORONTO, WHO SO GRACIOUSLY OFFERED HIS OWN PROGRAM WHICH
WAS USED AS A SPRINGBOARD TO GET THIS CONCORDANCE OFF TO A SUCCESSFUL
START, I, HEREBY, ACKNOWLEDGE A DEEP SENSE OF GRATITUDE AND PERSONAL
APPRECIATION.

THE BULK OF THE PROGRAM TO PRODUCE THIS CONCORDANCE WAS WRITTEN BY
MIKE JOLLY, PROGRAMMER OF THE SOCIAL SCIENCE RESEARCH FACILITY AT THE
UNIVERSITY OF WISCONSIN – MILWAUKEE. WITHOUT HIS TIRELESS EFFORTS IN
GRAPPLING WITH THIS PROJECT FOR THE PAST TWO YEARS, THIS WORK WOULD NOT
HAVE BEEN BROUGHT TO A SUCCESSFUL CONCLUSION. WORKING AGAINST ODDS
WITHOUT ANY KNOWLEDGE OF HEBREW, HE ADAPTED PROFESSOR HURD'S IBM TORONTO
PROGRAM TO THE UNIVERSITY'S PRESENT UNIVAC 1100 FACILITY. TO HIM, TO
HIS CAPABLE SUCCESSOR MARK SEIDER, TO SUSAN M. LARSEN, AND TO DR. S.
ARORA, DIRECTOR OF THE SOCIAL SCIENCE RESEARCH FACILITY, I OFFER MY SIN-
CEREST THANKS FOR THEIR TIME AND EFFORTS.

MY GRATITUDE AND APPRECIATION GO TO HEIDI SZPEK FOR HER EFFORTS,
AND TO DR. LEONARD LEVINE AND THE COMPUTING SERVICES DIVISION OF THE
UNIVERSITY FOR THE USE OF THEIR DIABLO PRINTERS; TO THE COLLEGE OF

LETTERS AND SCIENCES AND TO THE GRADUATE SCHOOL FOR SUPPLYING COMPUTER FUNDS TO THIS PROJECT; TO THE BIBLIOTHEQUE NATIONALE OF PARIS FOR THEIR KIND PERMISSION TO REPRODUCE THE FIRST ESTHER TARGUM PORTION OF THEIR MANUSCRIPT HEB. 110; TO THE WISCONSIN SOCIETY FOR JEWISH LEARNING FOR THEIR CONTINUED SUPPORT; AND TO PROFESSOR STEPHEN A. KAUFMAN OF THE HEBREW UNION COLLEGE - JEWISH INSTITUTE OF RELIGION, CINCINNATI FOR HIS HELPFUL EDITORIAL SUGGESTIONS.

BERNARD GROSSFELD
UNIVERSITY OF WISCONSIN - MILWAUKEE
OCTOBER 1983

INTRODUCTION

THIS CONCORDANCE IS DIVIDED INTO FOUR PARTS: ROOTS, PROPER NAMES, PARTICLES, AND GREEK LOAN WORDS.

ROOTS

THE MAJORITY OF THE WORDS CONCORDED IN THIS SECTION WERE ASSIGNED A ROOT. CONSEQUENTLY, ONLY A FEW WORDS APPEAR WITH THE MATRES LECTIONIS AS, FOR EXAMPLE, עולם WHICH HAD TO BE DIFFERENTIATED FROM עלם; PRONOUNS SUCH AS איהוא, אילין, אילך, אינון, AND הינון; ADVERBS SUCH AS השתא, עוד, AND דילמא; CONJUNCTIONS SUCH AS מטול, בגין, AND אילולי - EACH OF WHICH IS LISTED IN ITS FULL FORM. WORDS WITHOUT CLEAR VERBAL ROOT, SUCH AS איתא, איגו, איגות, אידרון AND גושפנקא, ARE LISTED AS THEY APPEAR IN M. JASTROW'S DICTIONARY OF THE TARGUMIM, TALMUD BABLI AND YERUSHALMI, AND MIDRASHIC LITERATURE (NEW YORK & LONDON, 1886-1903).

IT SHOULD BE NOTED THAT IF A ROOT HAS MORE THAN ONE MEANING, THE ENTRIES WITH ONE MEANING ARE SEPARATED FROM THOSE OF ANOTHER BY A SPACE. THIS MAY INVOLVE AT TIMES AS MANY AS THREE DIFFERENT MEANINGS, ALL OF WHICH ARE CONCORDED UNDER THE SAME ROOT BUT SEPARATED BY A SPACE. THE FOLLOWING CONSTITUTES A COMPLETE LIST OF THESE MULTI-MEANING ROOTS IN ALPHABETICAL ORDER TOGETHER WITH THEIR MEANINGS:

אמר- "SAY"; "LAMB"

ארי- "BECAUSE"; "LION"

ארע- "EARTH"; "WORSE"

בר- "SON"; "EXCEPT"

דין- "THIS"; "JUDGE(MENT)"

חדי- "HAPPY"; "CHEST"

טעם- "DECREE"; "TASTE"

כסף- "SILVER"; "SHAME"

מאן- "VESSEL"; "WHO(M)"; "WHAT"

מלך- "REIGN"; "COUNCIL"

ספר- "DOCUMENT"; "RIVER BANK"

עדי- "REMOVE"; "LOST"

עם- "WITH"; "NATION"

צבע- "CAST"; "COLOR"

קבל- "ACCEPT"; "CRYOUT"; "OPPOSITE"

קרב- "APPROACH"; "WAR"

רוח- "SPIRIT"; "RELIEF/PROFIT"

שבע- "OATH"; "SEVEN"

שלם- "FILL/COMPLETE"; "PEACE/WELFARE"

שני- "ENEMY"; "CHANGE"

שרי- "REST"; "BEGIN"

תמן-"THERE"; "EIGHT"

THE FOLLOWING LIST OFFERS THE RESPECTIVE ROOT UNDER WHICH CERTAIN VERBAL AND NOMINAL FORMS APPEAR IN THE CONCORDANCE, RATHER THAN UNDER THEIR OWN ROOT AS MAY HAVE BEEN EXPECTED:

FOR	SEE
אינתא (WOMAN, WIFE)	איתא
אישתמעא (BECOME KNOWN)	שמע
אנפין (FACE)	אף
את (YOU)	אנת
בנין (SONS)	בר
בת (DAUGHTER)	ברת

הי (AS, LIKE)	היך
(בני)נשא (MANKIND)	אנש
נשיא (WOMEN)	אשתא
סגע (MUCH, GREAT)	סגי
קושפנקא (SEAL)	גושפנקא
קמאה (FIRST)	קדם
קרתא (CITY)	קרייא
שיר (LEAVE OVER)	שאר
שחרר (LIBERATE)	חרר
שיצי (DESTROY)	יצא
שעבד (ENSLAVE)	עבד
שעמם (BE STUPIFIED)	עמם

GREEK LOAN WORDS

THE ENTRIES OF THIS SECTION HAVE BEEN CHECKED WITH S. KRAUSS' LISTINGS IN HIS GRIECHISCHE UND LATEINISCHE LEHNWORTER IN TALMUD, MIDRASCH UND TARGUM VOL. II. BERLIN, 1899 (REPRINT: HILDESHEIM [GEORGE OLMS], 1964), AND WITH THOSE OF D. SPERBER, "GREEK AND LATIN WORDS IN RABBINIC LITERATURE" IN BAR ILAN 14-15 (1977): 9-60.

DESCRIPTION OF THE COMPUTER PROGRAM

THE CONCORDANCE WAS PRODUCED BY PREPARING TWO PARALLEL COMPUTER DATA FILES. THE FIRST OF THESE CONTAINED THE TEXT OF THE TARGUM WHILE THE SECOND HELD THE ROOTS FOR EACH WORD IN THE TEXT AS ANALYZED BY THE AUTHOR. PREPENDED TO THE ROOTS WAS A SECTION IDENTIFIER/PREFIX FLAG WHICH WAS LATER USED TO SEGREGATE THE ROOTS WITHIN THE CONCORDANCE.

WHEN THESE FILES WERE COMPLETED AND COLLATED, THEY WERE READ BY A PROGRAM WHICH CREATED A NEW FILE CONTAINING A SEPARATE LINE FOR EACH

OCCURRENCE OF EACH WORD. EACH WORD WAS FILED WITH ITS ROOT, ITS CHAPTER

AND VERSE, AND WITH PART OF ITS SURROUNDING TEXT. BECAUSE THE TEXT WAS

PREPARED USING A LATIN CHARACTER SET THE SORTING ORDER OF WHICH DID NOT

CORRESPOND TO THE HEBREW SORTING ORDER, A TRANSLATION WAS PERFORMED

BETWEEN THE TWO CHARACTER SETS. THIS FIRST PROGRAM WAS WRITTEN IN SPIT-

BOL, A VARIANT OF THE SNOBOL IV PROGRAMMING LANGUAGE.

THE INTERMEDIATE FILE, THUS CREATED, WAS THEN SORTED USING A SYSTEM

SORT FACILITY. THE SORT WAS PERFORMED USING THE ROOT AS THE FIRST KEY,

THE WORD ITSELF AS THE SECOND AND ITS LOCATION WITHIN THE TEXT AS THE

THIRD.

FINALLY, OUTPUT FROM THE SORTING PHASE WAS INPUT TO A SECOND SPIT-

BOL PROGRAM WHICH RETRANSLATED THE CHARACTER SET INTO A FORMAT COMPATI-

BLE WITH A DIABLO PRINTWHEEL AND CREATED THE FINAL PAGINATED CONCOR-

DANCE.   THE ENTIRE PROCESS WAS ACCOMPLISHED ON A UNIVAC 1100/80 SERIES

COMPUTER AT THE UNIVERSITY OF WISCONSIN-MILWAUKEE.

THE TEXT OF PARIS HEB. 110 (BIBLIOTHEQUE NATIONALE) UPON WHICH THIS

CONCORDANCE IS BASED, HAS BEEN PUBLISHED SEPARATELY UNDER THE TITLE THE

FIRST TARGUM TO ESTHER: ACCORDING TO MS PARIS HEBREW 110 OF THE

BIBLIOTHEQUE NATIONALE, TRANSLATED AND ANNOTATED BY BERNARD GROSSFELD.

NEW YORK (SEPHER-HERMON PRESS) 1983.

אב	2:7	אבא ואימא ועולימתא שפירת	לה לתורביינא ארום לית לה
	3:2	אבא מן יד כד נפק המן מן קדם	מא דעבד יעקב אבוהון לעשו
	3:6	אבא דאבוי דהמן ית בכורתא וית	אתי מן יעקב דשקל מן עשו
	9:4	אבא למלכא ואזיל ומתרברב	פילכיא ארום גברא מרדכי רב בית
	4:14	אבהת עלמא וישיזיב יתהון מרי	מן אתר אוחרן בגין זכות
	3:9	אבהתהון כד נפקו ממצרים הות	אנא יהיב לך מאה זוזי דסכום
	4:14	אבהתך תובדון על ההיא חובתא	בעלי דבביהון ואנת וגניסת בית
	2:7	אבוהא אשתארת במיעין דאימה	ריוו ושפירת חיזו ובעידן דמית
	6:11	אבוהא נסיבת אציצא טניפא	מרדכי וגברא דרכיב על סוסא הוא
	3:2	אבוהון לעשו אבא מן יד כד נפק	ופרע לעמיה מא דעבד יעקב
	9:14	אבוהון על קיסא דזמין למרדכי	צליבתהון דאיצטליבו עם המן
	1:11	אבוי דאבוהא לדניאל ארגוונא	בגין זכותא דאלביש נבוכדנצר
	5:14	אבוי בסייפא לא תיכול למקטליה	למירמיה די אישתיזב אברהם
	5:14	אבוי במיא לא תיכול לשנוקיה	אישתיזב מינה יצחק מינה יצחק
	7:6	דאבא בר חפר בר שמעי בר שמידע	ההיא יקרא למרדכי צדיקא אחוי
	9:1	דאבהתא די ישלטון יהודאין	ואיתהפכת מן שמיא בגין זכותא
	1:11	דאבוהא לדניאל ארגוונא ובגין	זכותא דאלביש נבוכדנצר אבוי
	3:6	דאבוי דהמן ית בכורתא וית	אתי מן יעקב דשקל מן עשו אבא
	3:1	ואבהתוי לעמא בית ישראל	על כל עיקתין די עבד איהו
		אב = 19	
אבד	4:16	אובד מן חיי עלמא הדין בגין	ואידברית מינך באונסא כדין
	4:16	דהובדית מן בית נשאי ואידברית	לות מלכא דלא כדינא והי כמא
	8:6	דיובדון גניסת ילדותי	איכול למתעתדא ולמחמי בעידן
	9:5	והובד נפשאתא ועבדו בשנאיהון	מחת קטילת סייפא וקטילת גולפין
	9:6	והובדו חמש מאה גוברין כולהון	ובשושן בירנותא קטלו יהודאין
	3:13	ולהובדא ית כל יהודאי מן	לכל פילכי מלכא לשיצאה לקטלא
	7:4	ולהובדא ואילולי לעבדין	בית ישראל לאישתיצאה ולאיתקטלא
	8:11	ולהובדא ית כל חילוות עמא	ית נפשיהון לשיצאה ולקטלא
	9:24	ולהובדיהון	איהו הוא עדווא לשגושיהון
	8:5	להובדא ית כל יהודאין דבכל	בר המדתא דמן ייחוס אגג דכתב
	4:1	להובדותהון מן עלמא עילוי	והי כמא די איתכתיב ואיתחתם
	4:7	להובדותהון	על בית גנזי מלכא בגין יהודאי
	9:24	להובדותהון צבע פייסא איהו	כל יהודאין חשיב על יהודאין
	3:9	להובדיהון ועל כל חד וחד	אין קדם מלכא שפיר יתכתיב
	4:14	תובדון על ההיא חובתא ומאן	דבביהון ואנת וגניסת בית אבהתך
		אבד = 15	
אבל	6:12	אביל על ברתיה ומתעטף על	רמשא והמן איתבהל ואזל לביתיה
	4:3	אבלא רבא ליהודאי וצומא	גזירת מלכא וגזירת דיניה מטי
	9:22	ומאבלו ליומא טבא למעבד בהון	דאיתהפיך להון מדבונא לחדוה
	6:12	כאבילא על בהתיה וכיסופיה	אביל על ברתיה ומתעטף על רישיה
		אבל = 4	
אבן	1:5	אבן טבא ומטללין עילויהון ברם	דהב טב ושלימין באשלמות
		אבן = 1	
אבר	1:7	כאבר ומן קדם מאני בית מוקדשא	תמן הוו מחלפן דמותיהון הי
		אבר = 1	
אדם	1:14	אדמתא על ידא דכהנא רבא דהוה	בני שנא ותרין שפנינין על מדבח
		אדם = 1	
או	3:2	או דילמא אין מסרב אנא למפלח	אין לא מודי אנא דאנא עבדיה
	3:2	או דילמא אין אנא נטיר ליה	ובניי לבנוי עד סוף כל דריא
	3:2	או דילמא אין לא מודי אנא	ואין מעכבנא מלמיהוי ליה לעבדא
		או = 3	

ארום לית למעיקא טימין ורווחא	באוזינקא דמלכא	7:4	אוזינקא
	אוזינקא = 1		
בר ישראל וכרעות גבר מן כל	אומא ולישן	1:8	אום
ויום חדא הוה שאיל לה מאידין	אומה אנת ולא הות אסתר מחוייא	2:20	
דמן קדמת דנא הוון כל עמיא	אומיא ולישניא ואפרכיא כבישן	1:1	
לישניה קרי וכן אמר אתון עמיא	אומיא ולישניא די דיירין בכל	1:22	
חדא מיבדר ומיתפרש ביני עמיא	אומיא ולישניא ומקצת מנהון	3:8	
כד אנא שרי בביתא כען כל עמיא	אומיא ולישניא דאינו מא	7:8	
	אום = 6		
	אוף ושתי מלכתא רשיעתא עבדת	1:9	אוף
ואמר מלכא לאסתר	אוף ביומא תניינא במשתייא	7:2	
אין על מלכא שפר איתיהב רשו	אוף מחר ליהודאין די בשושן	9:13	
ואיתכנשו יהודאין דבשושן	אוף ביום ארבסר לירחא דאדר	9:15	
איתגזר עלה לאיתקטלא ערטיליתא	ואוף איהוא על דציית לעיטתה	1:1	
די אישתאר בידיה מן כרש מדאה	ואוף כרש אשכח ההוא עותרא	1:4	
קדם מרי עלמא בליליא וביממא	ואוף אנא ועולומתיי נצום הי	4:16	
צבותי ובעותי דאנא בעיא מיניה	ואוף אנת ברחמך סגיען חוס על	5:1	
למשתיא דעבדת אילהין יתי	ואוף לעידן מחר אנא מזומן	5:12	
על רישיה זקף רישיה ואמר לה	ואוף אנת ברתי בהתתיתי מן יד	6:11	
להון מסר יתהון אלההון בידיהון	ואוף אנת לא תיכול לאבאשא ליה	6:13	
	אוף = 11		
ובכל יומא ויומא מרדכי הוא	אזיל ומצלי קדם דרתא די בבית	2:11	אזל
די	אזל בגלותא מן ירושלם עם	2:6	
ממדינחא והמן וחילוותיה ממערבא	אזל המן והנפק כל ממונא וכל	3:2	
שטר זבינתא עלוי ולא אשתכחו	אזל מרדכי וכתב שטר זבינתא	3:2	
בקרבא לא יהי לן מא למיכול	אזל גבי מרדכי אמר ליה הא	3:2	
בייתהון בשוה כמיסת תלת שנין	אזלון אעיקין על קרתא דהינדקי	3:2	
דמלכא צבי ביקריה וכד הוו	אזלין קבל ביתא דהמן רשיעא	6:11	
ממא לפרנסא אוכלוסיי דמלכא	אזלית למיזף מן מרדכי ברביתא	3:2	
	איזיל כנוש ית יהודאי די	4:16	
רומיה חמשין אמין ואמר מלכא	איזילו צלובו יתיה עלוי	7:9	
גברא מרדכי רב בית אבא למלכא	ואזיל ומתרברב	9:4	
זימנא תיניינא ומרדכי מצלי	ואזל ויתיב בתרע מלכא	2:19	
עד עידן רמשא והמן איתבהל	ואזל לביתיה אביל על ברתיה	6:12	
בכן קם בריתחיה ממשתייא דחמרא	ואזל לגינתא גוואה למחמי מאן	7:7	
דאנא מתמני עליהון לרישא נפקו	ואזלו מן השתא לית לן למיכול	3:2	
ואמרת אסתר להתך	למיזל ולמללא למרדכי ופקידת	4:10	
	אזל = 16		
והוה מרבי ית הדסה היא אסתר בת	אחבוי ואמאי הוו קרו לה הדסה	2:7	אח
וכד מטא סידור אסתר בת אביחיל	אחבוי דמרדכי דנסבה ליה לברת	2:15	
ההיא יקרא למרדכי צדיקא	אחוי דאבא בר חפר בר שמעי בר	7:6	
על כל יהודאין ומתרעי לסגי	אחוי דמן שבטא דבנימן תבע	10:3	
יעקב ואנת מן עשו ועשו ויעקב	אחי הוו ורחמנא אמר לבר עממין	3:2	
למיזפי ברביתא מטול דעשו ויעקב	אחי הוו ולא יכילית למיפק	3:2	
אמר לבר עממין תיזיף ברביתא	ולאחוך לא תיזיף ברביתא ולא	3:2	
	אח = 7		
חיוור כספירין וכרתנין ותכלא	אחידן באשלי מטכסין צביען	1:6	אחד
בידיה וקריבת אסתר ומטת לידא	ואחדת ברישא דתיגדא	5:2	
	אחד = 2		
פרת ואשכח תמן שית מאה ותמנין	אחמתין דנחשא מליין דהב טב	1:4	אחמת
	אחמת = 1		

למעבד כוותיה ולא יכילו ועבדו	אוחרן ארע מיניה ואיתעסקו ביה	1:2	אחר
ושיזבותא יקום ליהודאי מן אתר	אוחרן בגין זכות אבהת עלמא	4:14	
מאתן ותמניא בר מן עשרתי	אוחרנין פולמורכין על פילכיא	5:11	
משה בטורא דסיני למיסב לוחין	אוחרניתא בתשרי לא על מן בגלל	3:7	
בי הדא בעותא לא אעבד לך מילתא	אחריתי דאנת בעיא מיני אגזור	5:3	
רשיעא מן ירושלם ומאניא	אחרנייתא דהוו ליה למלכא	1:7	
אוכלוסיא כהילכת נפקי קרבא	דמאחרין במשריתא כיון דחמא	3:2	
	אחר = 7		
בזביזתא חולקך אמר ליה המן	אי ניחא קומך אוזיף לי ואנא	3:2	אי
ארום	אי כדין איכול לסוברא ולמיחמי	8:6	
	אי = 2		
ברתי בהתתיתי מן יד נפלת מן	איגרא ומיתת מן עקתא	6:11	איגר
רשיעא איסתכלת שכחטנת ברתיה מן	איגרא והות דמיא דגברא דמהלך	6:11	
	איגר = 2		
הדא תוקפא דניסא לקיימא ית	איגרתא דפורייא הדא תנייתא	9:29	איגרתא
למרדכי יהודאה ככל מא דכתיב	באיגרתא הדא כרעותי וכצביון	3:2	
	איגרתא = 2		
אחשורוש לאיתא ואעיל יתה לות	אידרון בית מלכותיה בירחא	2:16	אידרון
	אידרון = 1		
מיניה על כל עיקתין די עבד	איהו ואבהתוי לעמא בית ישראל	3:1	איהוא
יהודאין להובדותהון צבע פייסא	איהו הוא עדווא לשגושיהון	9:24	
עלה לאיתקטלא ערטיליתא ואוף	איהוא על דציית לעיטתה	1:1	
דישראל דאין תהדרין בתתובתא	איהוא יהא עדב חילופך בכן שרי	3:7	
ליה ליך לחוד למבני בית מוקדשא	דאיהו קאים בתחום פלגות	5:3	
אדם קמאה בשבא ולא על מן בגלל	דאיהוא קיים בין מימרא דיי	3:7	
כד מטא לסוף תריסר ירחי שתא	דאיהוא ירחא דאדר ואמר בליען	3:7	
בעותיך לחוד למיבני בית מוקדשא	דאיהוא קאים בתחום פלגות	5:6	
	איהוא = 8		
לאישתיצאה ולאיתקטלא ולהובדא	ואילולי לעבדין ולאמהן	7:4	אילולי
	אילולי = 1		
וגזר מלכא על	איליין שבעא רבניא לאיתאה ית	1:11	אילין
מרומא וקמו מתבהלין אמרין	איליין לאיליין דילמא אתא	6:1	
להני שבעא רבנייא דמשמשין	באילין שבעא יומין קדם אפי	1:10	
ובאשלמות יומי משתיא	האיליין עבד מלכא לכל עמא בית	1:5	
בתר פתגמיא	האיליין כד פג ואישתדך מרווית	2:1	
בתר פתגמיא	האיליין עלת מדת דינא קדם	3:1	
וכד שמעת אסתר מילייא	האיליין איתרטטא ואמרת אסתר	5:4	
וכתב מרדכי ית פתגמיא	האיליין ושדר פיטקין לות כל	9:20	
ידעין מא חזו למקבע יומי פוריא	האיליין בגין כן דאיתעביד	9:26	
בגין כן קרו ליומיא	האיליין פורייא על שום פייסא	9:26	
די יהון עבדין ית תרין יומיא	האיליין למקרי ית מגילתא	9:27	
בכל קרתא וקרתא ויומי פוריא	האיליין לא יעברון מגו יהודאי	9:28	
ויומיא	האיליין איתחייבו למיהוי להון	9:28	
לקיימא ית יומי פורייא	האיליין באדר בתרא בזמן	9:31	
אסתר איתקיימו פתגמי פורייא	האילין ועל ידוי דמרדכי	9:32	
עיטתא לרברבנוי דקריבין לותיה	ואיליין שמאתהון כרשנא שתר	1:14	
וקמו מתבהלין אמרין איליין	לאיליין דילמא אתא זימנא	6:1	
	אילין = 17		
רבא דמלכא נטיר מטרוניתא ומכאן	ואילך לא תיעל תוב לות מלכא	2:14	אילך
	אילך = 1		

איתא			אילן
ומן	1:6	אילנא לאילנא הוו פריסן יריען	אילן
לעשרתי בנוי דהמן קטעין ית	7:7	אילנא דבגינתא גוואה בכן קם	
גינתא גואה דלמלכא דהות נציבא	1:5	אילני עבדין פירין ובושמנין	
ומן אילנא	1:6	לאילנא הוו פרסין יריען דבוץ	
לא על מן בגלל דהוא ריש שתא	3:7	לאילני דמינהון מתקרבין	
		אילן = 5	
	1:19	אין קדם מלכא ישפר יפוק פתגם	אי ן
מודי אנא דאנא עבדיה או דילמא	3:2	אין מסרב אנא למפלח ליה יומא	
אנא מוזיף לך כלל ברביתא אלא	3:2	אין בעית למזבון גרמך לי	
ככריו דכסף שדר ליה מרדכי	3:2	אין יהבת לי כולי ממונך לא	
משום תרין לא אוזיף לך חד	3:2	אין אנא יהיב לך מזוני	
לבנוי עד סוף כל דריא או דילמא	3:2	אין אנא נטיר ליה בבו על עיסק	
מלמיהוי ליה לעבדא או דילמא	3:2	אין לא מודי אנא דאנא עבדיה	
מנהון ומא הנאה אית ליה בהון	3:8	אין ישבוקינון על אפי ארעא	
	3:9	אין קדם מלכא שפיר יתכחיב	
חובתא ומאן הוא חכימא די ינדע	4:14	אין לשתא דאתיא בעידנא הדא את	
אסתר מלכתא ומא בעותיך אפילו	5:3	אין אנת בעיא פלגות מלכותי	
אסתר לית אנא בעיא מינך אילהיו	5:4	אין על מלכא ישפר יעול מלכא	
אסתר מלכתא ומא בעותיך אפילו	5:6	אין אנת בעיא עד פלגות מלכותי	
	5:8	אין אשכחית רחמין בעיני מלכא	
ואמרו ליה חכימוי וזרש אינתתיה	6:13	אין מזרעא דצדיקיא מרדכי	
אסתר ית עינהא כלפי שמיא ואמרת	7:3	אין אשכחית רחמין קומך מלכא	
והא קיסא קאים בביתא דהמן כען	7:9	אין על מלכא שפר יתנסח אע מן	
ואמרת	8:5	אין על מלכא שפור ואין אשכחית	
ואמרת אסתר	9:13	אין על מלכא שפר איתיהב רשו	
אמרת לא תדחליו כנישתא דישראל	3:7	דאין תהדרין בתתובתא איהוא	
עד זמן דאיזדבנית ליה לעבדא	3:2	ואין מעכבנא מלמיהוי ליה	
אין על מלכא ישפר בעיני מלכא	5:8	אין על מלכא ישפר למיתי ית	
אשכחית רחמין קומך מלכא רמא	7:3	ואין קדם מלכא דארעא שפיר	
ואמרת אין על מלכא שפור	8:5	ואין אשכחית רחמין קומי	
		אי ן = 24	
יקירהא אסרו בשושלוון ואיתי	3:2	אונון לות מלכא אחשורוש	אי נון
ית בכורתא וית ברכתא ויהודאי	3:6	אינון עמא דמרדכי ובעא המן	
דאיהוא ירחא דאדר ואמר בליען	3:7	אינון בידי הי כנוני ימא ולא	
עוד כען	6:14	אינון ממללן עימיה ורברבני	
דאבהתא די ישלטון יהודאין	9:1	אינון בשנאיהון	
רבות מרדכי דרבייה מלכא הלא	10:2	אינון כתיבין על ספר פתגמי	
ביומא	1:2	האינון כד בעא מלכא אחשורוש	
ביומיא	2:21	האינון ומרדכי יתיב בסנהדרין	
		אי נון = 8	
מלכא כל מא די יהב לן ועד השתא	3:2	אית בידי תרין חולקין מכל מא	אית
ליה שום טימי מנהון ומא הנאה	3:8	אית ליה בהון אין ישבוקינון	
ואמר לה מלכא מא צרוך	5:3	אית ליר אסתר מלכתא ומא	
אמר ליה סגיעין מרדכי יהודאי	6:10	אית בשוש אתיר ליה מלכא	
ואמר המן למלכא אחשורוש	3:8	איתי עמא חדא מבדר ומיתפרש	
		אית = 5	
למיהוי כל אנש מסרבן על	1:22	אינתחיה וכפי לה למיהוי ממללא	איתא
ושדר וקרא לרחמוי ולזרש רשיעתא	5:10	אינתחיה ברת תתני פחת עבר	
ואמרת ליה זרש	5:14	אינתחיה וכל רחמוי בנורא לא	
ואישתעי המן לזרש	6:13	אינתחיה ולכל רחמוי יתך כל	
דערעיה ואמרו ליה חכימוי וזרש	6:13	אינתחיה אין מזרעא דצדיקיא	
בפלכי מלכא ידעין די כל גבר	4:11	ואינתחא די יעול לות מלכא	
מן עולימא ועד סבא טפליא	3:13	ונשיא ביומא חדא בתלתסר יומי	

<table>
<tr><td align="left">איתא</td><td></td><td align="right">אלף</td></tr>
</table>

ונשין ושללהון לעדאה	ופילכא דמעיקין יתהון טפלין	8:11
לאיתא ואעיל יתה לות אידרון	ואידברת אסתר לות מלכא אחשורוש	2:16
נשאי ואידברית מינך באונסא	כדינא והי כמא דהובדית מן בית	4:16
נשיא בבית מלכותא אתר קיטון	ושתי מלכתא רשיעתא עבדת משתה	1:9
נשיא לאיתגלגלא מריהון	גזירת פתגם גזירת מלכתא על כל	1:17
נשיא יתנון רבו ויקר למריהון	גזירתא רבא היא ומן בתר כן כל	1:20
נשיא ויתגזר למהוי יהיב סמתר	דתמן מתמני הגי רב מלכא נטיר	2:3
נשיא דתמן דימוסן ובנאוון	שפירת חיזו לשושן בירנותא לבית	2:3
נשיא	לבית מלכא לידא דהגי נטיר	2:8
נשיא דמטינן בתפנוקיהון תרי	אחשורוש מסוף די הוי לה כהילכת	2:12
נשיא	ושיתא ירחין בבוסמיא ובסמתורי	2:12
נשיא עד בית מלכא	יד יתיהב לה למיעל עמה מן בית	2:13
נשיא חיניין לידא דשעגז רבא	ובעידן צפרא הות חייבא לבית	2:14
נשיא והות אסתר טעינת טיבו	די יימר הגי רבא דמלכא נטיר	2:15
נשיא דהוו מתנסבן ואיטענת	ורחים מלכא ית אסתר מכל	2:17
נשיא דבית ישראל הות נטרא על	וכל פיקודיא דאיתחייב בהון	2:20
נשייא	לאוטבא להון ולפנקותהון בבית	2:9
נשייא למידע ית שלם אסתר ומא	אזיל ומצלי קדם דרתא די בבית	2:11
	איתא = 25	

אכל	אכלו ושתו ואיתפנקו אחוי להון	ובתר די	1:4
	אכלין ושתין וחדיין קומוי	דמילת לבישין ארגוונין	1:3
	יכול מיניה עופא ודרש ערקת עם	על רישיה תלת אמין בגין דלא	9:14
	למיכול אזל גבי מרדכי אמר ליה	מתעכבין בקרבא לא יהי לן מא	3:2
	למיכול ונמות בכפנא אמר ליה	נפקו ואזלו מן השתא לית לן	3:2
	מיכלא ומיששיא על ידיהון מן	כולהין צדקתן וחוזיין למיתן לה	2:9
	ניכול ולא הוה ליה מא למיתן	אוכלוסוי דהמן אמרו ליה הב לן	3:2
	תיכלון ולא תשתון תלתא יומין	די משתכחן בשושן וצומו עלוי לא	4:16
	אכל = 8		

אלא	אלא לאישתמוטי מידוי דהמן	ולאחוך לא תיזיף ברביתא ולא הו	3:2
	אלא אין בעית למזבון גרמך לי	לית אנא מוזיף לך כלל ברביתא	3:2
	אלא = 2		

אלהא	אלהא רבא והות בטילא עד שנת	דביומוי בטילת עיבידת בית	1:1
	אלההון בידיהון ואוף אנת לא	דאבאישו להון מסר יתהון	6:13
	אלהי לרשיעא מטול הכן מרדכי	בנבואת ישעיה לית שלם אמר	3:2
	אלהיה על עמיה דהוה בשושן	גבר חסידא ומודה ומצלי קדם	2:5
	אלהא = 4		

אלהין	אילהין דין קטול גזרת עלה	מינה מלכותא אמרו ליה לאו הכי	2:1
	אילהין אפי מרדכי דאיתעביד לה	וחמש שנין ולא חמת אפי גבר	2:7
	אילהין ההיא דאיתרעי בה מלכא	לא תיעל תוב לות מלכא ארום	2:14
	אילהין מאן די יימר יעול	לא תבעת צרוך כל מידעם ארום	2:15
	אילהין אין על מלכא ישפר יעול	ואמרת אסתר לית אנא בעיא מינך	5:4
	אילהין פשט ית רגליה ימינא	מן קדם אנדרטיה ולא רתח מיניה	5:9
	אילהין יתי ואוף לעידן מחר	אסתר מלכתא למשתיא דעבדת	5:12
	אילהין קל ריבייא דבית ישראל	וכן אמרת לא קל גדיין אנת שמע	6:1
	אילהין למשכוב עם מלכותא כד	ואמר הא ברם בקושטא לא אתא המן	7:8
	אילהין כמיסת ידא דמלכא	ריחיה ובסיס טעמיה ולא בחוסרנא	1:7
	אילהין דתיעול קומי ולא עלת	לון מלכא אנא לא גזרית למקטלה	2:1
	אלהין = 11		

אלף	אלפי זוזין הוויין עשרת אלפין	מאה אלפי גברי וסכום שית מאה	3:9
	אלפי גברי וסכום שית מאה אלפי	כד נפקו ממצרים הות שית מאה	3:9
	אלפי ככרין דכסף שדר ליה	המן שחרר יתי ואנא אתן לך עשרא	3:2
	אלפי ככרין דכסף למלכא	ואמר בליביה אנא יהיב עשרא	3:2

אלף   אמר

Context	Keyword	Ref
מאה אלפי זוזין הוויין עשרת	אלפין ככרין דכסף לחוד	3:9
וית דרדא דממון המן כסף עשר	אלפין ככרין דאמר המן למתקל	4:7
וקטלו בשנאיהון שובעין וחמשא	אלפין מזרעית עמלק ובעדאה לא	9:16
דסכום סילעיא הוו מאה ככרין	ואלפא ושבע מאה ושובעין ושבעא	3:9

אלף = 8

Context	Keyword	Ref
ארום מרדכי יהודאה	אלקפטא למלכא אחשורוש ורבן על	10:3

אלקפט = 1

Context	Keyword	Ref
דאימה וכד ילידת יתה אימה מיתת	אימה ונסבה מרדכי ליה בביתיה	2:7
במיען דאימה וכד ילידת יתה	אימה מיתת אימה ונסבה מרדכי	2:7
דמית אבוהא אשתארת במיעין	דאימה וכד ילידת יתה אימה	2:7
לה לתורבייןא ארום לית לה אבא	ואימא ועולימתא שפירת ריוו	2:7

אם = 4

Context	Keyword	Ref
מכל מא דיהב לי מלכא ואנת	אמאי בזביזתא חולקך אמר ליה	3:2
ית מרדכי שדר ליה מרדכי להמן	אמאי לא תפלח יתי יומא בשבעתא	3:2
ית הדסה היא אסתר בת אחבוי	ואמאי הוו קרן לה הדסה על די	2:7

אמאי = 3

אמה

Context	Keyword	Ref
נביא ברם יעבדו אע זקוף חמשין	אמין ובצפרא אמר למלכא	5:14
וזקיף יתמחי עלוי רומיה חמשין	אמין ואמר מלכא איזילו צלובו	7:9
תלת אמין הוה נעיץ בארעא וארבע	אמין ופלגא הוה רחיק פרשנדתא	9:14
דזמין למרדכי דרומיה חמשין	אמין תלת אמין הוה נעיץ בארעא	9:14
אמתא אספתא הוה צליב בתלת	אמין והוה רחיק מן פורתא	9:14
בתלת אמין והוה על רישיה תלת	אמין בגין דלא יכול מיניה	9:14
אמתא פרמשתא הוה צליב בתלת	אמין והוה רחיק מן אריסי	9:14
אמתא אריסי הוה צליב בתלת	אמין והוה רחיק מן ארידי	9:14
אמתא ארידי הוה צליב בתלת	אמין והוה רחיק מן ויזתא	9:14
אמתא פורתא הוה צליב בתלת	אמין והוה רחיק מן אדליא	9:14
למרדכי דרומיה חמשין אמין תלת	אמין הוה נעיץ בארעא וארבע	9:14
אמתא ארידתא הוה צליב בתלת	אמין והוה רחיק מן פרמשתא	9:14
אמתא אדליא הוה צליב בתלת	אמין והוה רחיק מן ארידתא	9:14
אמתא ויזתא הוה צליב בתלת	אמין והוה רחיק מן אדליא	9:14
ארעא ופרשנדתא הוה צליב בתלת	אמין ויזתא רחיק מן פלגות	9:14
פלגות אמתא המן הוה צליב בתלת	אמין והוה רחיק מן דלפון	9:14
אמתא דלפון הוה צליב בתלת	אמין והוה על רישיה תלת אמין	9:14
אמין והוה רחיק מן אדליא פלגות	אמתא אדליא הוה צליב בתלת	9:14
אמין והוה רחיק מן ארידי פלגות	אמתא ארידי הוה צליב בתלת	9:14
והוה רחיק מן פרמשתא פלגות	אמתא פרמשתא הוה צליב בתלת	9:14
אמין והוה רחיק מן דלפון פלגות	אמתא דלפון הוה צליב בתלת	9:14
אמין והוה רחיק מן המן פלגות	אמתא המן הוה צליב בתלת אמין	9:14
אמין והוה רחיק מן אריסי פלגות	אמתא אריסי הוה צליב בתלת	9:14
והוה רחיק מן ארידתא פלגות	אמתא ארידתא הוה צליב בתלת	9:14
אמין והוה רחיק מן אספתא פלגות	אמתא אספתא הוה צליב בתלת	9:14
אמין והוה רחיק מן פורתא פלגות	אמתא פורתא הוה צליב בתלת	9:14
אמין והוה רחיק מן ויזתא פלגות	אמתא ויזתא הוה צליב בתלת	9:14
ולהובדא ואילולי לעבדין	ולאמהן איזדבננא שתקית ארום	7:4

אמה = 28

Context	Keyword	Ref
מלכות אחשורוש פתגמי שלמא	והימנותא	9:30

אמן = 1

Context	Keyword	Ref
דשגושתא לערבלא משתיהון בכן	אמר למהומן ביזתא חרבונא בגתא	1:10
חברתה ברם בקושטא מלכא אחשורוש	אמר לאיתאה ית ושתי מלכתא	1:17
עמא ועמא כממלל לישניה קרי וכן	אמר אתון עמיא אומיא ולישניא	1:22

אמר

אמר

עלה דין קטול על מא דעבדת	אמר לון מלכא אנא לא גזרית	2:1
דעימיה עני מרי עלמיא וכן	אמר לא ניחא קומיי לשיצאותיה	3:1
ליה ואפילו הכי מחנפין לחיביא	אמר לון והכתיק בנבואת ישעיה	3:2
לי ואנא פרע לך על חד תרין	אמר ליה מרדכי משום תרין לא	3:2
והכתיק בנבואת ישעיה לית שלם	אמר אלהי לרשיעא מטול הכן	3:2
לן מא למיכול אזל גבי מרדכי	אמר ליה הא כולהון זוודין	3:2
לית לן למיכול ונמות בכפנא	אמר ליה מרדכי הלא בשוה	3:2
לי ואנא פרע לך על חד עשרא	אמר לית אנא מוזיף לך כלל	3:2
עשו ועשו ויעקב אחי הוו ורחמנא	אמר לבר עממין תיזיף ברביתא	3:2
מלכא ואנת אמאי בזביזתא חולקך	אמר ליה המן אי ניחא קומך	3:2
אנא מפרנס אוכלוסיי ואוכלוסך	אמר ליה המן לחיי בעו ניירא	3:2
ובעו למיקטליה הדר גבי מרדכי	אמר ליה אוזיף לי ואנא פרע לך	3:2
דין אנת עבר על פוקדנא דמלכא	אמר לון לית מן דינא למסגוד	3:2
גנזי מלכא עני מרי עלמא וכן	אמר הא כבר יהבו סילעא	3:9
אע זקוף חמשין אמין ובצפרא	אמר למלכא ויצלבון ית מרדכי	5:14
וית סוסא ועיבד כן למרדכי	אמר ליה המן לאידין מרדכי	6:10
יתי ולא תגזור עלי כפתגמא הדין	אמר ליה מלכא אוחי ולא תימנע	6:10
אתיב ליה מלכא למרדכי יהודאה	אמר ליה סגיעין מרדכי יהודאי	6:10
סנהדרין בתרע פלטירין דמלכא	אמר ליה המן בבעו מינך קטול	6:10
וכד עלת אסתר קדם מלכא	אמר לה מלכא יתוב זימיוניה	9:25
דינא ההוא ברם צלו קדם יי וכן	אמרו ריבונוי דעלמא ערבל ית	1:14
עלת ופקדית למעדי מינה מלכותא	אמרו ליה לאו הכי אילהין דין	2:1
זמן סעודתא אתו אוכלוסוי דהמן	אמרו ליה הב לן ניכול ולא הוה	3:2
לית מן דינא למסגוד מרא לעבדיה	אמרו ליה ואפילו הכי מחנפין	3:2
ויומא הדין תהויין	אמרין רבנתא דפרסאי ומדאי	1:18
ושתי מתיבין ליה רברבנוי וכן	אמרין הלא את הוא דחייבת עלה	2:1
כולי ממונך לא משחררנא לך דכן	אמרין בני נשא עבדא למאן	3:2
המן למשיציא ית כולהון יהודאי	אמרין ליה חכימיא מא דין אנת	3:2
כל אינגלי מרומא וקמו מתבהלין	אמרין איליין לאיליין דילמא	6:1
דינא קדם רבון כל עלמיא וכן	אמרת הלא המן רשיעא סליק מן	3:1
נפלת ברת קלא מן שמיא וכן	אמרת לא תדחלין כנישתא דישראל	3:7
כל קבל תרע ביתא ענת אסתר וכן	אמרת רבוני דעלמא לא	5:1
שמע ענת מדת דינא רחמין וכן	אמרת לא קל גדיין אנת שמע	6:1
דממון כסף עשר אלפין ככרין	דאמר המן למתקל על ידיהון	4:7
	ואמר מלכא לחכימיא בנוי	1:13
	ואמר ממוכן הוא המן בר בריה	1:16
למאן מן יד תקיף רוגזיה דהמן	ואמר בליביה אנא יהיב עשרא	3:2
אזלית למיזף מן מרדכי ברביתא	ואמר דאסור למיזפי ברביתא	3:2
ירחי שתא דאיהוא ירחא דאדר	ואמר בליען אינון בידי הי	3:7
	ואמר המן למלכא אחשורוש איתיי	3:8
	ואמר מלכא להמן כספא יהי	3:11
	ואמר מרדכי למיכאל וגבריאל	4:13
	ואמר לה מלכא מא צרוך אית ליך	5:3
	ואמר מלכא אוחיו ית המן למעבד	5:5
	ואמר מלכא לאסתר במשתייא	5:6
	ואמר המן ברם לא הנעלת אסתר	5:12
מרי עלמא רחמין וטיבו על עמיה	ואמר לבזעא סיטומתא דאיתחתמא	6:1
קדם מרי עלמא ענה רבון עלמא	ואמר להון מא דין קל גדיין	6:1
דמלכא ואקדים בצפרא נסיס אפין	ואמר לשמשי ספרא וכד חמא שמשי	6:1
	ואמר מלכא מא איתעביד יקרא	6:3
	ואמר מלכא מאן גברא דקאים	6:4
מלכא לוותיה הא המן קאים בדרתא	ואמר מלכא יעול	6:5
ועל המן	ואמר ליה מלכא מאן חזי	6:6
צבי ביקריה וחשיב המן בליבביה	ואמר למאן יצבי מלכא למעבד	6:6
	ואמר המן לות מלכא גבר דמלכא	6:7
	ואמר מלכא להמן אוחי סב ית	6:10
וטלקת על רישיה זקף רישיה	ואמר לה ואוף אנת ברתי	6:11

	7:2	ואמר מלכא לאסתר אוף ביומא	
	7:5	ואמר מלכא אחשורוש ואמר לאסתר	
	7:5	ואמר לאסתר מלכתא מאן הוא דין	ואמר מלכא אחשורוש
	7:8	ואמר הא ברם בקושטא לא אתא	דאסתר יתבא עלה ותוה מלכא
	7:9	ואמר מלכא איזילו צלובו יתיה	יתמחי עלוי רומיה חמשין אמין
	7:9	ואמר חרבונא חד מן רבניא קדם	
	8:7	ואמר מלכא אחשורוש לאסתר	
	9:12	ואמר מלכא לאסתר מלכתא בשושן	
	9:14	ואמר מלכא לאיתעובדא כדין	
	2:2	ואמרו עולימי מלכא משמשנוי	
	2:21	ואמרו דין לדין הלא מלכתא	חמון תרין רברבניא בנסו וקצפו
	2:21	ואמרו לאשקאה סמא דיקטול	תרין רבני מלכא מנטורי פלטיריא
	3:3	ואמרו עבדי מלכא די בתרע	
	6:3	ואמרו עולימי מלכא משמשנוי לא	יקרא ורבותא למרדכי על דין
	6:5	ואמרו עולימי מלכא לוותיה הא	
	6:13	ואמרו ליה חכימוי וזרש	ולכל רחמוי ית כל דערעיה
	2:22	ואמרת אסתר למלכא ואיתכתיב על	לישנין וחוי לאסתר מלכתא
	4:10	ואמרת אסתר להתך למיזל ולמללא	
	4:11	ואמרת ליה כדנא תימר למרדכי	ושויאת אסתר מלין בפום התך
	4:15	ואמרת אסתר למיכאל גבריאל	
	5:4	ואמרת אסתר לית אנא בעיא מינך	אסתר מילייא האיליין איתרטטא
	5:7	ואמרת לית אנא בעיא פלגות	ואתיבת אסתר
	5:14	ואמרת ליה זרש אינתתיה וכל	
	7:3	ואמרת אין אשכחית רחמין קומך	וזקפת אסתר ית עינהא כלפי שמיא
	7:6	ואמרת אסתר גברא מעיקא ובעיל	
	8:5	ואמרת אין על מלכא שפור ואין	
	9:13	ואמרת אסתר אין על מלכא שפר	
	2:15	יימר הגי רבא דמלכא נטיר נשיא	מידעם ארום אילהין ית מאן די
	2:13	למימר מן יד יתיהב לה למיעל	מלכא ית כל רב וסרכן די צביא
	6:4	למימר למלכא למצלוב ית מרדכי	עאל לדרתא דבבית מלכא בריתא
	1:15	מימר מלכא אחשורוש דגזר עלה	במלכתא ושתי בגין דלא עבדת ית
	2:20	מימר מרדכי הות אסתר עבדת	עמה כמא דפקד עלהא מרדכי וית
	4:5	מימר פומיה מתחתכן פתגמי	אסתר לדניאל דמתקרי התך דעל
	4:11	מימר אחשורוש דלא למיעול לות	למרדכי הלא המן רשיעא גזר על
	9:32	מימר אסתר איתקיימו פתגמי	ועל
	3:7	מימרא דיי ובין עמא בית ישראל	על מן בגלל דאיהוא קיים בין
	8:8	מימרא דמלכא וסתומו בעיזקת	יהודאין כד שפיר בעיניכון בשום
	8:8	מימרא דמלכא ומיסתתם בעיזקת	ארום פיטקא דאיתכתיב בשום
	8:10	מימרא דמלכא אחשורוש ואיסתתם	וכתב בשום
	4:11	תימר למרדכי הלא המן רשיעא	מלין בפום התך ואמרת ליה כדנא
	4:13	תימרון לה לא תחשבין בנפשיכי	וגבריאל לאתבא לות אסתר כדנא
	1:14	אימרין בני שנא ותרין שפנינין	דקריבו קומך בבית מוקדשא
		אמר = 102	
אנא	2:1	אנא לא גזרית למקטלה אלהין	קטול על מא דעבדת אמר לון מלכא
	3:2	אנא המן בר המדתא דמן זרעית	על ארכובתא והכין כתיב ומפרש
	3:2	אנא מוזיף לך כלל ברביתא אלא	פרע לך על חד עשרא אמר לית
	3:2	אנא מתעכבין בקרבא לא יהי לן	פלגות אוכלוסיא חבול לי השתא
	3:2	אנא נטיר ליה בבו על עיסק	עד סוף כל דריא או דילמא אין
	3:2	אנא המן בר המדתא דמזרעית אגג	דהמן וזקיף יתמחי עלוי וקבילית
	3:2	אנא דאנא עבדיה או דילמא אין	לעבדא או דילמא אין לא מודי
	3:2	אנא יהיב עשרא אלפין ככרין	תקיף רוגזיה דהמן ואמר בליביה
	3:2	אנא קטיל בסיפא והשתכחית	ית מרדכי על צליבא וית עמיה
	3:2	אנא מוזיף לך ברביתא דאנא מן	מן מא יתזון ותוב דלית
	3:2	אנא למפלח ליה יומא חד בשבעתא	דאנא עבדיה או דילמא אין מסרב
	3:2	אנא מפרנס אוכלוסיי ואוכלוסך	אין בעית למזבון גרמך לי לעבדא
	3:2	אנא יהיב לך מזוני דאוכלוסאי	משום תרין לא אוזיף לך חד אין

	3:9	אנא יהיב לך מאה זוזי דסכום	להובדיהון ועל כל חד וחד מנהון
	4:16	אנא ועולומתיי נצום הי כדין	מרי עלמא בליליא ובימּמא ואוף
	5:3	אנא מן יהודאי דילמא ימרדון	דלא למשבק למבני יתיה דדחיל
	5:4	אנא בעיא מינך אילהין אין על	איתרטטא ואמרת אסתר לית
	5:7	אנא בעיא פלגות מלכותא	ואתיבת אסתר ואמרת לית
	5:8	אנא עבדא כפתגם גזירת מלכא	דאעבד להון ברמשא ולמחר
	5:12	אנא מזומן לוותה למסעוד עם	אילהין יתי ואוף לעידן מחר
	7:4	אנא ועמי בית ישראל לאישתיצאה	ארום ניזדבננא מגן
	7:8	אנא שרי בביתא כען כל עמיא	המן אילהין למשכוב עם מלכתא כד
	8:5	אני בעינוי יפקד מלכא וישים	ותקין פתגמא קדם מלכא וטבתא
	3:2	דאנא מתמני עליהון לרישא נפקו	לי מלכא לפרנסא ית אוכלוסין
	3:2	דאנא עבדיה או דילמא אין מסרב	או דילמא אין לא מודי אנא
	3:2	דאנא מן יעקב ואנת מן עשו	ותוב דלית אנא מוזיף לך ברביתא
	5:1	דאנא בעיא מיניה ואוף אנת	יקטלינני ויעבד צבותי ובעותי
	5:13	דאנא חמי ית מרדכי יהודאה	דא ליתיה טימי לוותי בכל עידן
	6:1	דאנא שמע ענת מדת דינא רחמין	ואמר להון מא דין קל גדיין
	3:2	ואנא אתן לך עשרא אלפין ככרין	זבינתא שדר ליה המן שחרר יתי
	3:2	ואנא צליב ית מרדכי על צליבא	בידי ית מרדכי וית כל עמיה
	3:2	ואנא בזבוזית נכסוי דמלכא	בר שמעי בר קיש מן שיבט בנימין
	3:2	ואנא פרע לך על חד עשרא אמר	גבי מרדכי אמר ליה אוזיף לי
	3:2	ואנא פרע לך על חד תרין אמר	ליה המן אי ניחא קומך אוזיף לי
	4:11	ואנא לא אתקריתי למיעל לות	ליה מלכא ית תגדא דדהבא וייחי
		אנא = 35	
אנס	2:8	באונסא ואיתעלת לבית מלכא	בירנותא ליד הגי ואידברת אסתר
	4:16	באונסא כדין אובד מן חיי· עלמא	מן בית נשאי ואידברית מינך
	1:8	דאניס ארום כן שם טעם מלכא על	ושקותא כהלכת מנהג גופא ולית
		אנס = 3	
אנש	9:22	אינש לחבריה ומעאן דצדקתא	משתייא וחדווא ולשדרא דורון
	3:7	אינשא על ארעא	כתיב וכנוני ימא יסגון בגו בני
	8:1	אינשי ביתיה וית כל תוסברוי	ית ביתא דהמן מעיק דיהודאי וית
	1:22	אנש מסרבן על אינתתיה וכפי לה	בכל ממשלתי איזדהרו למיהוי כל
	3:2	נשא עבדא למאן כרסוי למאן מן	לא משחררנא לך דכן אמרין בני
		אנש = 5	
אנת	2:20	אנת ולא הות אסתר מחוייא	חדא הוה שאיל לה מאידין אומה
	3:2	אנת עבר על פוקדנא דמלכא אמר	אמרין ליה חכימיא מא דין
	3:3	אנת עבר ית תפקידתא דמלכא	פלטירין דמלכא למרדכי מא דין
	5:1	אנת ברחמך סגיען חוס על עמך	ובעותי דאנא בעיא מיניה ואוף
	5:3	אנת בעיא פלגות מלכותי איתנני	03
	5:6	אנת בעיא עד פלגות מלכותי	מלכתא ומא בעותיך אפילו אין
	6:1	אנת שמע אילהין קל ריבייא	רחמין וכן אמרת לא קל גדיין
	6:11	אנת ברתי בהתתיתי מן יד נפלת	רישיה זקף רישיה ואמר לה ואוף
	6:13	אנת לא תיכול לאבאשא ליה ארום	מסר יתהון אלההון בידיהון ואוף
	2:1	את הוא דחייבת עלה דין קטול	ליה רברבנוי וכן אמרין הלא
	4:14	את מטיא למיחסן מלכותא	אין לשתא דאתיא בעידנא הדא
	5:3	דאנת בעיא מיני אגזור ותתעבד	בעותא לא אעבד לך מילתא אחריתי
	3:2	ואנת מן עשו ועשו ויעקב אחי	מוזיף לך ברביתא דאנא מן יעקב
	3:2	ואנת אמאי בזביזתא חולקך אמר	חולקין מכל מא דיהב לי מלכא
	4:14	ואנת וגניסת בית אבהתך תובדון	מרי עלמא מן יד בעלי דבביהון
		אנת = 15	
אסא	2:7	לאסא אסתר הוו קרו לה על די	די הות צדיקתא וצדיקיא אימתילו
		אסא = 1	
אסר	3:2	איתסר לון למיחמט ולמיפלח	לאנדרטא דיליה מטול דיהודאי

אסר	3:2	אסרו בשושלוון ואיתי אונון	כל גיברהא וכולהון יקירהא
	3:2	דאסור למיזפי ברביתא מטול	למיזף מן מרדכי ברביתא ואמר
		אסר = 3	
אע	3:2	אע מביתה דהמן וזקיף יתמחי	ליעקב על עיסק בכירותא יתנסח
	5:14	אע זקוף חמשין אמין ובצפרא	מיניה דניאל נביא ברם יעבדו
	7:9	אע מן ביתיה וזקיף יתמחי עלוי	כען אין על מלכא שפר יתנסח
		אע = 3	
אף	1:10	אפי מלכא אחשורוש	דמשמשין באילין שבעא יומין קדם
	1:14	אפי מלכא דיתבין בדרגא קמאה	רברבני פרסאי ומדאי חזן ית
	2:7	אפי גבר אילהין אפי מרדכי	שובעין וחמש שנין ולא חמת
	2:7	אפי מרדכי דאיתעביד לה	שנין ולא חמת אפי גבר אילהין
	3:8	אפי ארעא	אית ליה בהון אין ישבוקינון על
	1:14	אפייא בכן איסתתר מלכא ושאל	ית דמא ומסדרן קומך סידור לחם
	6:1	אפין ואמר לשמשי ספרא וכד חמא	דמלכא ואקדים בצפרא נסיס
	9:2	באנפיהון ארום נפל פחדהון על	כל דתבעין בישתהון וגבר לא קם
	7:8	ואפוי דהמן איתחפיו בהתא	בה פתגמא נפקת מפמא דמלכא
	5:2	כלפי שמיא מן יד איטענת רחמין	עינהא זלגן דמען ומסתכלא
	7:3	כלפי שמיא ואמרת אין אשכחית	וזקפת אסתר ית עינהא
		אף = 11	
אפילו	5:3	אפילו אין אנת בעיא פלגות	אית ליך אסתר מלכתא ומא בעותיך
	5:6	אפילו אין אנת בעיא עד פלגות	שאלתיך אסתר מלכתא ומא בעותיך
	7:2	אפילו עד פלגו מלכותא	מלכתא ויתיהב לך ומא בעותיך
	3:2	ואפילו הכי מחנפין לחייביא	למסגוד מרא לעבדיה אמרו ליה
		אפילו = 4	
אפך	6:1	מאפיך ית פצימי ספרא ולא צבי	דחוי מרדכי על בגתן ותרש הוה
		אפך = 1	
אציצא	6:11	אציצא טניפא וטלקת על רישיה	דרכיב על סוסא הוא אבוהא נסיבת
		אציצא = 1	
ארבע	9:15	ארבסר לירחא דאדר וקטלו בשושן	יהודאין דבשושן אוף ביום
	9:19	ארבסר לירח אדר חדוא ומשתיא	בקירוי פצחיא עבדין ית יום
	9:21	ארבסר וית יום חמיסר ביה בכל	עילויהון למהוי עבדין ית יום
	9:17	בארבסר ביה ומעבד ביה יום	אדר הוה קטול בזרעית עמלק ונחו
	2:9	בארבע בשבתא רוחשיתא בחמשא	גינונייתא בתלת בשבתא נהוריתא
	3:7	בארבע בשבא ולא על מן בגלל	מן בגלל דביה איתברי גנתא דעדן
	9:27	וארביסר וחמיסר בני פיצחיא	בחד עשר ותריסר ותלתסר
	9:14	וארבע אמין ופלגא הוה רחיק	אמין תלת אמין הוה נעיץ בארעא
	9:18	ובארבסר ביה ונחו בחמיסר ביה	ית בנוי דעמלק בתלתסר ביה
		ארבע = 9	
ארגון	1:11	ארגוונא ובגין כן גזר למהוי	נבוכדנצר אבוי דאבוהא לדניאל
	6:8	ארגוונא דלבישו ביה ית מלכא	ישים מלכא טעם וייתון לבוש
	6:10	ארגוונא וית סוסא ועיבד כן	מלכא להמן אוחי סב ית לבוש
	6:11	ארגוונא וית סוסא ואלביש ית	ודבר המן ית לבוש
	6:12	ארגוונא מעלוי ולבש ית סקא	פלטירין דמלכא ואשלח ית לבוש
	1:3	ארגוונין אכלין ושתין וחדיין	עטיפן באיצטלוון דמילת לבישין
	1:6	בארגוונא דליין עילוי	אחידן באשלי מטכסין צביען
	6:9	דארגוונא וסוסא על ידא דגברא	ויהי מתיהיב לבושא
	8:15	וארגוון טב וקרתא דשושן בדחא	דדהבא רבתא וגלימא דבוץ
		ארגון = 9	
ארדיכל	1:2	ארדיכליא דעבדו בשושן בירנתא	יתיב עילוי ההוא כורסי מלכותיה

	1:2	ארדיכלין מן אלכסנדריאה למעבד	עלוי ולא הוה יכיל ושדר ואייתי
		ארדיכל = 2	
ארום	1:8	ארום כן שם טעם מלכא על כל	כהלכת מנהג גופא ולית דאניס
	1:13	ארום הי כדין יאה למהוי מתמלל	בספר אוריתא וחושבן עלמא
	1:16	ארום עילוי רברבניא ועילוי כל	מלכא בלחודוי סרחת מלכתא ושתי
	1:17	ארום יפוק גזירת פתגם גזירת	
	1:20	ארום גזירתא רבא היא ומן בתר	פתגם גזירת מלכא די עבד בכל
	2:7	ארום לית לה אבא ואימא	מרדכי דאיתעביד לה לתורביינא
	2:10	ארום מרדכי פקד עלהא דלא תחוי	אסתר ית עמהא וית בית ולדותהא
	2:12	ארום כדין שלמין יומי	בתפנוקיהון תרי עשר ירחי שתא
	2:14	ארום אילהין ההיא דאיתרעי בה	ואילך לא תיעל תוב לות מלכא
	2:15	ארום אילהין ית מאן די יימר	מלכא לא תבעת צרוך כל מידעם
	3:2	ארום כדין פקיד עלוי מלכא	הקים המן בחדייה וסגדין להמן
	3:4	ארום חוי להון די להמן לא	פתגמי מרדכי כלקבל פתגמי המן
	3:5	ארום לית מרדכי גחין לאנדרטיה	וחמא המן
	3:6	ארום חויאו ליה דמרדכי אתי מן	ידא למקטול ית מרדכי בלחודוי
	4:2	ארום לית רשו לגבר למיעל לתרע	ואתא עד קדם תרע פלטירא דמלכא
	4:10	ארום בבו די ביני עשו ויעקב	מרדכי דלא יגרי עם המן מצותא
	4:14	ארום משתק שתוקי בעידנא ההיא	
	6:13	ארום מינפל תפול קומוי	ואוף אנת לא תיכול לאבאשא ליה
	7:4	ארום לית למעיקא טימין ורווחא	לעבדין ולאמהן איזדבננא שתקית
	7:4	ארום ניזדבננא מגן אנא ועמי	
	7:7	ארום חמא ארום איסתקפת עלוי	חייסא על נפשיה מאסתר מלכתא
	7:7	ארום איסתקפת עלוי בישתא	על נפשיה מאסתר מלכתא ארום חמא
	8:1	ארום חויאת ליה אסתר מאן הוא	כל תוסברוי ומרדכי על קדם מלכא
	8:6	ארום אי כדין איכול לסוברא	
	8:8	ארום פיטקא דאיתכתיב בשום	וסתומו בעיזקת סיטומתא דמלכא
	8:17	ארום נפל פחדא דיהודאין	וסגיעין מעמי ארעא מתגיירין
	9:2	ארום נפל פחדהון על כל עמיא	בישתהון וגבר לא קם באנפיהון
	9:3	ארום נפל פחדא דמרדכי	עילויהון ית יהודאין לארכונין
	9:4	ארום אפיטרופוס ורב סרכן	
	9:4	ארום גברא מרדכי רב בית אבא	מלכא ומטבעיה נפק בכל פילכיא
	9:24	ארום המן בר המדתא דמן ייחוס	
	10:3	ארום מרדכי יהודאה אלקפטא	
		ארום = 32	
ארח	6:11	באורחא הוא מרדכי וגברא דרכיב	איגרא והות דמיא דגברא דמהלך
		ארח = 1	
ארי	1:11	ארי שפירת חיזו היא	לעמיא ורברבניא ית שופרה
	5:14	אריוותא לא תיכול למרמא יתיה	משה ואהרן ובני ישראל בגוב
		ארי = 2	
ארך	7:2	אוריכי עד די ירבי כרש דריוש	לגשם ולטוביה ולסנבלט ברם
	1:1	ארכא ומלך מן הינדיא רבא ועד	ועשרין ושבע שנין איתיהיבת ליה
		ארך = 2	
ארכב	3:2	ארכובתא והכין כתיב ומפרש שטר	וכתב שטר זבינתא בטרקליליה על
	5:9	ארכובתיה מן יד תקף רוגזיה	דלחים דמכתבא בטרקליליה כל קבל
		ארכב = 2	
ארע	1:5	ארעא למן רבא ועד זעירא משתיא	דאיתמניאו עם ערלאין דיירי
	3:7	ארעא	ימא יסגון בגו בני אינשא על
	3:8	ארעא	ליה בהון אין ישבוקינון על אפי
	4:1	ארעא הי כדין איתכתיב ואיתחתם	להובדותהון מן עלמא עילוי

ארע בגין

	8:17	ארעא מתגיירין ארום נפל פחדא	משתיא ויומא טבא וסגיעין מעמי
	9:14	ארעא ופרשנדתא הוה צליב בתלת	ופלגא הוה רחיק פרשנדתא מן
	10:1	ארעא והפרכי ימא	ושוי מלכא אחשורוש כרגא על
	9:14	בארעא וארבע אמין ופלגא הוה	חמשין אמין תלת אמין הוה נעיץ
	7:3	דארעא שפיר תתיהב לי שיזוב	קומך מלכא רמא ואין קדם מלכא
	3:7	וארעא בתרין בשבא ולא על מן	על מן בגלל דביה איתבריו שמיא
	1:2	ארע מיניה ואיתעסקו ביה תרין	כוותיה ולא יכילו ועבדו אוחרן
		ארע = 11	
אשלי	1:6	באשלי מטכסין צביען בארגוונא	כספירין וכרתנין ותכלא אחידן
		אשלי = 1	
אתון	1:22	אתון עמיא אומיא ולישניא די	ועמא כממלל לישניה קרי וכן אמר
	8:8	ואתון סרהיבו כתובו בגין	
		אתון = 2	
אתי	6:1	אתא זימנא למיהוי עלם חרוב הא	אמרין איליין לאיליין דילמא
	7:8	אתא המן אילהין למשכוב עם	מלכא ואמר הא ברם בקושטא לא
	3:2	אתו אוכלוסוי דהמן אמרו ליה	דהמן כיון דמטא זמן סעודתא
	3:6	אתי מן יעקב דשקל מן עשו אבא	בלחודוי ארום חויאו ליה דמרדכי
	1:11	אתיא בכלילא דמלכותא לאחזאה	ארגוונא ובגין כן גזר למהוי
	1:7	דאיתי נבוכדנצר רשיעא מן	יתהון במאני דהבא דבית מוקדשא
	4:14	דאתיא בעידנא הדא את מטיא	הוא חכימא די ינדע אין לשתא
	1:19	דתיתי קדם מלכא יגזור מלכא	תיעול ושתי קדם מלכא ומן בתר
	1:2	ואיתי ארדיכלין מן	למיתב עלוי ולא הוה יכיל ושדר
	3:2	ואיתי אונון לות מלכא אחשורוש	וכולהון יקירהא אסרו בשושלוון
	4:2	ואתא עד קדם תרע פלטירא דמלכא	
	6:1	ואתו קדם מרי עלמא ענה רבון	עלם חרוב הא בכין איתכנשו
	6:8	וייתון לבוש ארגוונא דלבישו	ישים מלכא טעם
	1:11	לאיתאה ית ושתי מלכתא ערטולתא	מלכא על איליין שבעא רבניא
	1:17	לאיתאה ית ושתי מלכתא קומוי	ברם בקושטא מלכא אחשורוש אמר
	1:11	למיתי ערטולאתא ברם כלילא	דשבתא ובגין כן איתגזר עלהא
		אתי = 16	
אתר	1:9	אתר קיטון בית דמוך דלמלכא	עבדת משתה נשיא בבית מלכותא
	4:3	אתר דפתגם גזירת מלכא וגזירת	ובכל פילכא ופילכא
	4:14	אתר אוחרן בגין זכות אבהת	ושיזבותא יקום ליהודאי מן
	7:5	אתר הוא גברא חציפא וחייבא	מלכתא מאן הוא דין ובאידין
	8:17	אתר דפתגם מלכא וגזירת דיניה	ובכל קירווא וקירווא
		אתר = 5	
באש	6:13	דאבאישו להון מסר יתהון	בימא דסוף וכל מלכיא ושילטוניא
	6:13	לאבאשא ליה ארום מינפל תפול	בידיהון ואוף אנת לא תיכול
		באש = 2	
בבו	3:2	בבו על עיסק זבינותא	או דילמא אין אנא נטיר ליה
	4:10	בבו די ביני עשו ויעקב הוה	דלא יגרי עם המן מצותא ארום
		בבו = 2	
בגין	1:1	בגין עיטתא דושתי חייבתא	בטילא עד שנת תרתין לדריוש
	1:11	בגין זכותא דאלביש נבוכדנצר	ברם כלילא דמלכותא על רישהא
	1:15	בגין דלא עבדת ית מימר מלכא	מא לאיתעיבדא במלכתא ושתי
	4:7	בגין יהודאי להובדותהון	דממנן על בית גנזי מלכא
	4:14	בגין זכות אבהת עלמא וישיזיב	יקום ליהודאי מן אתר אוחרן
	4:16	בגין פורקן עמא בית ישראל	כדין אובד מן חיי עלמא הדין
	5:1	בגין דהוה צבי למיסביה ית	דשם טעם על מלכא ופקיד למיקטלה

	7:9	בגין מלכא והא קיסא קאים	המן למצלב מרדכי דמליל טבא
	8:7	בגין די אושיט ידיה ביהודאין	לאסתר ויתיה צליבו על קיסא
	8:8	בגין יהודאין כד שפיר	ואתון סרהיבו כתובו
	9:1	בגין זכותא דאבהתא די ישלטון	למשלוט בהון ואיתהפכת מן שמיא
	9:14	בגין דלא יכול מיניה עופא	אמין והוה על רישיה תלת אמין
	9:19	בגין כן יהודאין פצחאי דיתבין	
	9:26	בגין כן נטרין ליה זמן שתא	האיליין פורייא על שום פייסא
	9:26	בגין כן דאיתעביד בהון ניסא	חזו למקבע יומי פוריא האיליין
	9:26	בגין כן דיפרסמון יומי ניסא	כן נטרין ליה זמן שתא בשתא
	9:26	בגין כן קרו ליומיא האיליין	
	9:23	בגינהון	דשריאו למעבד וית דכתב מרדכי
	1:11	ובגין כן גזר למהוי אתיא	אבוי דאבוהא לדניאל ארגוונא
	1:11	ובגין כן איתגזר עלהא למיתי	לה עמר וכיתן ביומא דשבתא
		בגין = 20	
בגלל	1:1	בגלל הכי ובתר כדו איתגלי קדם	ידוי וכען לא אישתעבדו ליה מן
	3:7	בגלל דביה איתבני רקיעא בתלת	וארעא בתרין בשבא ולא על מן
	3:7	בגלל דהוא ריש שתא לאילני	הוי לעוקתא ההיא בשבט לא על מן
	3:7	בגלל דביה איתבריו שמיא וארעא	שרי מן חד בשבא ולא על מן
	3:7	בגלל דביה איתיסר בית מוקדשא	וכל דהוו עמיה בכסלו לא על מן
	3:7	בגלל דביה איתיהיבת אוריתא	דביה נחת מונא בסיון לא על
	3:7	בגלל דביה איתברי לויתן	מזליא בחמשא בשבא ולא על מן
	3:7	בגלל דביה נחת מונא בסיון לא	זכותא דפיסחא באיר ולא על מן
	3:7	בגלל דביה פסקן מיתי מדברא	עקתא תרין זימנין באב לא על מן
	3:7	בגלל זכותא דפיסחא באיר ולא	ושרי בירחיא בניסן ולא על מן
	3:7	בגלל דביה איתפקד שור ירושלם	אוריתא בסיני בתמוז לא על מן
	3:7	בגלל דביה איתברי אדם קמאה	יומא רבא בשיתא בשבא ולא על מן
	3:7	בגלל דביה איתברי גנתא דעדן	רקיעא בתלת בשבא ולא על מן
	3:7	בגלל דביה נחת מבולא	דישראל במרחשון לא על מן
	3:7	בגלל דביה משתבקין חוביהון	לוחין אוחרניתא בתשרי לא על מן
	3:7	בגלל דביה סליק נבוכדנצר	בית מוקדשא בטבת לא על מן
	3:7	בגלל דביה איתבריו שימשא	דעדן בארבע בשבא ולא על מן
	3:7	בגלל דביה סליק משה בטורא	ומלילת עם משה באלול לא על מן
	3:7	בגלל דאיהוא קיים בין מימרא	אדם קמאה בשבא ולא על מן
		בגלל = 19	
בדח	8:15	בדחא וחדייא	דבוץ וארגוון טב וקרתא דשושן
	5:9	ובדח ליבא וכד חמא המן ית	המן מלוות מלכא ביומא ההוא חדי
	8:17	ובדיחות ליבא ליהודאין משתיא	מלכא וגזירת דיניה מטי חדווא
		בדח = 3	
בדר	3:8	מיבדר ומיתפרש ביני עמיא	למלכא אחשורוש איתיי עמא חדא
		בדר = 1	
בהל	6:12	איתבהל ואזל לביתיה אביל על	מודה ומצלי עד עידן רמשא והמן
	3:2	בבהילו עלה ומני עליהון ית	סגיעין למכבש יתה ושדר יתהון
	5:1	בבהילו ומינך איסתקף עליי הדא	ופמה הוה סרי לחדא ואפיקו יתה
	5:3	בבהילו ורעותיך איתיהיב ליך	דאנת בעיא מיני אגזור ותתעבד
	2:9	לאיתבהלא ית סמתר רבותהא וית	ואיטענת חיסדא קומוי ופקיד
	6:1	מתבהלין אמרין איליין לאיליין	דאיתנדדו כל אינגלי מרומא וקמו
		בהל = 6	
בהת	7:8	בהתא	מפמא דמלכא ואפוי דהמן איתחפיו
	6:12	בהתיה וכיסופיה	ומתעטף על רישיה כאבילא על
	6:11	בהתתיתי מן יד נפלת מן איגרא	רישיה ואמר לה ואוף אנת ברתי
		בהת = 3	
בוץ	1:6	דבוץ גוון חיוור כספירין	אילנא לאילנא הוו פריסן יריען

	8:15	דבוץ וארגוון טב וקרתא דשושן	והמניכא דדהבא רבתא וגלימא
		בוץ = 2	
בורלא	1:4	ובורלין וסנדלכין ובההוא	דנחשא מליין דהב טב יוררין
		בורלא = 1	
בזז	1:10	בוז ביתא חרבונא אחרביה בגתא	די מתמני על מהומתא ביזתא
	3:2	בזבוזית נכסוי דמלכא ונפקו	בר קיש מן שיבט בנימין ואנא
	3:2	בזביזתא חולקך אמר ליה המן אי	מכל מא דיהב לי מלכא ואנת אמאי
	3:2	ובזו ית קרתא וקטילו כל	הינדקי קרתא תחות ידיהון
	3:2	נבוז בייתהון בשוה כמיסת תלת	פלגותהון ויהב להון זוודין וכל
		בזז = 5	
בזע	4:1	בזע ית לבושוי ואלבש לבושא	עלמא על עמיה וכד ידע מרדכי
	6:1	לבזעא סיטומתא דאיתחתמא לביש	עלמא רחמין וטיבו על עמיה ואמר
		בזע = 2	
בחש	1:14	ובחשן ית דמא ומסדרן קומך	כרום ימא ורובי כהניא הוו מרסן
		בחש = 1	
בטל	1:1	בטילא עד שנת תרתין לדריוש	עיבידת בית אלהא רבא והות
	1:1	בטילת עיבידת בית אלהא רבא	רשיעא הוא אחשורוש דביומוי
	1:19	יתבטל הדא גזירתא דלא תיעול	בגזירת פרסאי ומדאי ולא
	3:1	לבטלא בינייו בית מוקדשך והא	רשיעא סליק מן שושן לירושלם
	8:3	לבטלא ית בישת המן דמן ייחוס	ובכיאת ופגנת ופייסת ליה
		בטל = 5	
בין	3:7	בין מימרא דיי ובין עמא בית	ולא על מן בגלל דאיהוא קיים
	3:8	ביני עמיא אומיא ולישניא	איתיי עמא חדא מיבדר ומיתפרש
	4:10	ביני עשו ויעקב ֺהוה נטיר ליה	יגרי עם המן מצותא ארום בבו די
	3:7	ובין עמא בית ישראל פסק מן	דאיהוא קיים בין מימרא דיי
		בין = 4	
בירן	1:5	בירנותא דאיתמניאו עם ערלאין	ישראל דאישתכחו חייביא בשושן
	2:3	בירנותא לבית נשיא דתמן	בתולתא שפירת חיזו לשושן
	2:5	בירנותא ושמיה מתקרי מרדכי על	קדם אלהיה על עמיה דהוה בשושן
	2:6	בירנותא	ועלו עם כרש מלכא למידר בשושן
	2:8	בירנותא ליד הגי ואידברת אסתר	עולימתן סגיען לשושן
	3:15	בירנותא ומלכא והמן הוו יתבין	דמלכא וגזירתא איתיהיבת בשושן
	8:14	בירנותא	וגזירת דינא איתיהיבת בשושן
	9:6	בירנותא קטלו יהודאין והובדו	ובשושן
	9:11	בירנותא קדם מלכא	ההוא על מניין קטילין בשושן
	9:12	בירנותא קטלו יהודאין חמש מאה	ואמר מלכא לאסתר מלכתא בשושן
	1:2	בירנתא	מלכותיה ארדיכליא דעבדו בשושן
		בירן = 11	
ביש	8:6	בבישתא דתינדן ית עמי והי	אי כדין איכול לסוברא ולמיחמי
	7:6	ביש הדין בעא למצלביה והמן	וגברא מעיקא ובעיל דבבא המן
	9:25	בישא דחשיב למעבד למרדכי	אמר לה מלכא יתוב זימיוניה
	8:3	בישת המן דמן ייחוס אגג וית	ופגנת ופייסת ליה לבטלא ית
	7:7	בישתא מלוות מלכא	ארום חמא ארום איסתקפת עלוי
	9:2	בישתהון וגבר לא קם באנפיהון	לאוטא לקטלא ית כל דתבעין
		ביש = 6	
בית	1:9	בבית מלכותא אתר קיטון בית	מלכתא רשיעתא עבדת משתה נשיא
	1:14	בבית מוקדשא אימרין בני שנא	דכיר ית צדיקיא דקריבו קומך
	2:9	בבית נשייא	לאוטבא להון ולפנקותהון

בית בית

2:11	בבית נשיא למידע ית שלם אסתר	הוא אזיל ומצלי קדם דרתא די
2:21	בבית דמכיה	במלכא אחשורוש למקטליה בסייפיה
4:13	בבית מלכא יתיר מן כל יהודאי	תחשבין בנפשיכי למהך לאישתיזבא
5:1	בבית מלכותא ומסתכל כל קבל	הוה יתיב על כורסי מלכותיה
6:2	בבית דמכיה	ידא לקטלא ית מלכא אחשורוש
7:6	בבית דמכך ויומא דין בעא	ובעיל דבבא דבעא למקטלך ברמשא
9:4	בבית מלכא ומטבעיה נפק בכל	ארום אפיטרופוס ורב סרכן מרדכי
9:27	בבית כנישתהון בחד עשר ותריסר	ית מגילתא כמכתב רושם עיבראי
2:7	בביתא דמרדכי שובעין וחמש	הוו קרו לה על די הות צניעא
7:8	בביתא כען כל עמיא אומיא	למשכוב עם מלכתא כד אנא שרי
7:9	בביתא דהמן כען אין על מלכא	טבא בגין מלכא והא קיסא קאים
2:7	בביתיה והוה קרי לה ברתי	מיתת אימה ונסבה מרדכי ליה
3:2	בייתהון בשוה כמיסת תלת שנין	ויהב להון זוודין וכל נבוז
1:1	בית אלהא רבא והות בטילא עד	אחשורוש דביומוי בטילת עיבידת
1:1	בית מוקדשא איתגזר עלה	ועל דלא שבקת למבני ית
1:5	בית ישראל דאישתכחו חייביא	האיליין עבד מלכא לכל עמא
1:7	בית מוקדשא אישתניו והוו שתן	דמותיהון הי כאבר ומן קדם מאני
1:9	בית דמוך דלמלכא אחשורוש	נשיא בבית מלכותא אתר קיטון
2:9	בית מלכא ושני יתה וית	לה מיכלא ומישתיא על ידיהון מן
2:10	בית ולדותהא ארום מרדכי פקד	לא חויאת אסתר ית עמהא וית
2:13	בית נשיא עד בית מלכא	מן יד יתיהב לה למיעל עמה מן
2:13	בית מלכא	לה למיעל עמה מן בית נשיא עד
2:16	בית מלכותיה בירחא עשיראה הוא	לאיתא ואעיל יתה לות אידרון
2:17	בית דמכיה ית איקונין דושתי	דדהבא על רישה וטרד מן קיטון
3:1	בית מוקדשך והא כען רבי מלכא	מן שושן לירושלם לבטלא ביניין
3:1	בית ישראל	די עבד איהו ואבהתוי לעמא
3:7	בית ישראל פסק מן יומיא ושרי	קיים בין מימרא דיי ובין עמא
3:7	בית מוקדשא בטבת לא על מן	לא על מן בגלל דביה איתיסר
3:15	בית ישראל	עמיא נוכראין ובקל בכותא דעמא
4:1	בית ישראל לאשתצאה מגו עלמא	בשמי מרומא ומא דאיתחייבו עמא
4:7	בית גנזי מלכא בגין יהודאי	על ידיהון דגזברין דממנן על
4:14	בית אבהתך תובדון על ההיא	יד בעלי דבביהון ואנת וגניסת
4:16	בית נשאי ואידברית מינך	דלא כדינא והי כמא דהובדית מן
4:16	בית ישראל	חיי עלמא הדין בגין פורקן עמא
5:1	בית מלכא דבירושלם ומלכא הוה	דבבית מלכא גואה דמתבני כל קבל
5:3	בית מוקדשא דאיהו קאים בתחום	איתנני ליה ליך לחוד למבני
5:6	בית מוקדשא דאיהוא קאים בתחום	ותיתעביד בעותיך לחוד למיבני
5:7	בית מוקדשא בבעותי	פלגות מלכותא בשאילתי ולא בנין
6:1	בית ישראל ופקיד למלאכא די	סיטומתא דאיתחתמא לביש על
7:2	בית מוקדשא דהוא קאים בתחום	מלכותא איתניניה לך לחוד למבני
7:4	בית ישראל לאישתיצאה	ארום ניזדבננא מגן אנא ועמי
8:2	בית גניסיה דהמן	אסתר ית מרדכי רב וסרכן על
8:7	בית המן יהבית לאסתר ויתיה	לאסתר מלכתא ולמרדכי יהודאה הא
9:4	בית אבא למלכא ואזיל ומתרברב	בכל פילכיא ארום גברא מרדכי רב
9:6	בית עמלק	מאה גוברין כולהון רופילין מן
9:26	בית ישראל למהויהון ידעין מא	מגילאתא הדא לאישתמעא לכל עמא
10:3	בית ישראל וממליל שלמא לכל	שבטא דבנימן תבע טבתא לעמיה
1:10	ביתא חרבונא אחרביה בגתא	די מתמני על מהומתא ביזתא בוז
5:1	ביתא ענת אסתר וכן אמרת רבוני	בבית מלכותא ומסתכל כל קבל תרע
6:11	ביתא דהמן רשיעא איסתכלת	צבי ביקריה וכד הוו אזלין קבל
8:1	ביתא דהמן מעיק דיהודאי וית	מלכא אחשורוש לאסתר מלכתא ית
1:8	ביתיה למעבד כרעות גברא בר	על כל דאיתמנא אפיטרופוס על
7:9	ביתיה וזקיף יתמחי עלוי רומיה	אין על מלכא שפר יתנסח אע מן
8:1	ביתיה וית כל תוסברוי ומרדכי	דהמן מעיק דיהודאי וית אינשי
5:1	דבבית מלכא גואה דמתבני כל	רוח קודשא וקמת וצליאת בדרתא
6:4	דבבית מלכא בריתא למימר למלכא	דקאים בדרתא והמן עאל לדרתא
1:7	דבית מוקדשא דאייתי נבוכדנצר	ופקיד לאשקאה יתהון במאני דהבא

	2:20	דבית ישראל הות נטרא על פם	פיקודיא דאיתחייב בהון נשיא
	6:1	דבית ישראל לרקיעא ואישתמעת	בליליא ההוא סליקת קבילת ריביא
	6:1	דבית ישראל די איזדמנו למהוי	אנת שמע אילהין קל ריבייא
	9:28	דבית ישראל דשריא בכל פילכא	ייחוסי דכהני ולוואי וייחוסא
	10:3	דבית יעקב	ישראל וממליל שלמא לכל זרעיה
	2:3	לבית נשיא דתמן דימוסן	שפירת חיזו לשושן בירנותא
	2:8	לבית מלכא לידא דהגי נטיר	ואידברת אסתר באונסא ואיתעלת
	2:14	לבית נשיא תיניין לידא דשעגז	ית מלכא ובעידן צפרא הות תייבא
	3:9	לבית גנזי מלכא עני מרי עלמא	על ידא דעבדי מטבעא לאעלא
	5:14	לבית משתייא בחדוה ושפר פתגמא	ומן בתר כן עול עם מלכא
	7:8	לבית משתיא דחמרא והא גבריאל	ומלכא תב בריתחיה מגינתא גוואה
	5:10	לביתיה ושדר וקרא לרחמוי	ואיזדרז המן ועל
	6:12	לביתיה אביל על ברתיה ומתעטף	עד עידן רמשא והמן איתבהל ואזל
	3:2	מביתה דהמן וזקיף יתמחי עלוי	על עיסק בכירותא יתנסח אע
		בית = 74	
בכי	3:15	בכותא דעמא בית ישראל	בחדות עמיא נוכראין ובקל
	4:5	בכותא דהוא בכי ועל מא דין לא	ליה על מרדכי למידע מא דין קל
	4:5	בכי ועל מא דין לא קביל לבושי	למידע מא דין קל בכותא דהוא
	4:1	ובכא במרידות נפשא בקל עציב	על רישיה וקבל קבילתא רבתא
	4:3	ובכותא ומספדא לבוש דשק	מטי אבלא רבא ליהודאי וצומא
	8:3	ובכיאת ופגנת ופייסת ליה	קדם מלכא ונפלת קדם ריגלוי
		בכי = 6	
בכר	3:7	ביכוריא כד מטא לסוף תריסר	שתא לאילני דמינהון מתקרבין
	3:6	בכורתא וית ברכתא ויהודאי	דשקל מן עשו אבא דאבוי דהמן ית
	3:2	בכירותא יתנסח אע מביתה דהמן	הי כמא דנטר עשו ליעקב על עיסק
		בכר = 3	
בלע	3:7	בליען אינון בידי הי כנוני	שתא דאיהוא ירחא דאדר ואמר
		בלע = 1	
בני	3:7	איתבני רקיעא בתלת בשבא ולא	בשבא ולא על מן בגלל דביה
	3:1	בינייין בית מוקדשך והא כען	סליק מן שושן לירושלם לבטלא
	5:7	בנין בית מוקדשא בבעותי	בעיא פלגות מלכותא בשאילתי ולא
	5:1	דמתבני כל קבל בית מלכא	וצליאת בדרתא דבבית מלכא גואה
	1:1	למבני ית בית מוקדשא איתגזר	בר נבוכדנצר ועל דלא שבקת
	5:3	למבני בית מוקדשא דאיהו קאים	מלכותי איתנני ליה ליך לחוד
	5:3	למבני יתיה דדחיל אנא מן	וטוביה עבדא עמונאה דלא למשבק
	5:6	למבני יתיה דילמא ימרדון בי	וטוביה עבדא עמונאה דלא למשבק
	7:2	למבני בית מוקדשא דהוא קאים	פלגו מלכותא איתניניה לך לחוד
	5:6	למיבני בית מוקדשא דאיהוא	מלכותי ותיתעביד בעותיך לחוד
		בני = 10	
בנס	2:21	בנסו וקצפו ואמרו דין לדין	מלכא וכד חמון תרין רברבניא
		בנס = 1	
בסם	2:12	בבוסמיא ובסמתורי נשיא	ומפנק ית בישרא ושיתא ירחין
		בסם = 1	
בסס	1:7	ובסיס טעמיה ולא בחוסרנא	דיאה למשתי למלכא דסגי ריחיה
		בסס = 1	
בעי	6:10	בבעו מינך קטול יתי ולא תגזור	פלטירין דמלכא אמר ליה המן
	5:7	בבעותי	בשאילתי ולא בנין בית מוקדשא
	7:3	בבעותי	ופורקן עמי מן ידוי דבעיל דבבא
	1:2	בעא מלכא אחשורוש למיתב על	ביומיא האינון כד

	7:6	בעא למילבש איצטילא דמלכותא	ברמשא בבית דמכך ויומא דין
	7:6	בעא למצלביה והמן אישתעמם מן	מעיקא ובעיל דבבא המן ביש הדין
	3:2	בעו ניירא למכתב שטר זבינתא	ואוכלוסך אמר ליה המן לחיי
	6:2	בעו לאושטא ידא לקטלא ית מלכא	רבני מלכא מנטורי פלטירין די
	5:3	בעותא לא אעבד לך מילתא	מן יהודאי דילמא ימרדון בי הדא
	5:8	בעותי יעול מלכא והמן למשתיא	למיתן ית שאילתי ולמעבד ית
	5:3	בעותיך אפילו אין אנת בעיא	צרוך אית ליך אסתר מלכתא ומא
	5:6	בעותיך אפילו אין אנת בעיא עד	מא שאלתיך אסתר מלכתא ומא
	5:6	בעותיך לחוד למיבני בית	בעיא עד פלגות מלכותי ותיתעביד
	7:2	בעותיך אפילו עד פלגו מלכותא	אסתר מלכתא ויתיהב לך ומא
	9:12	בעותיך עוד ותיתעבד	מא שאילתיך אסתר מלכתא ומא
	5:1	בעיא מיניה ואוף אנת ברחמך	ויעבד צבותי ובעותי דאנא
	5:3	בעיא פלגות מלכותי איתנני ליה	ומא בעותיך אפילו אין אנת
	5:3	בעיא מיני אגזור ותתעבד	לא אעבד לך מילתא אחריתי דאנת
	5:4	בעיא מינך אילהין אין על מלכא	איתרטטא ואמרת אסתר לית אנא
	5:6	בעיא עד פלגות מלכותי	ומא בעותיך אפילו אין אנת
	5:7	בעיא פלגות מלכותא בשאילתי	ואתיבת אסתר ואמרת לית אנא
	2:21	בעייא לסלקא יתן ולאוקומא ית	דין לדין הלא מלכתא בפתגם מלכא
	3:2	בעית למזבון גרמך לי לעבדא	מוזיף לך כלל ברביתא אלא אין
	7:6	דבעא למקטלך ברמשא בבית דמכך	אסתר גברא מעיקא ובעיל דבבא
	1:2	ובעא למיתב עלוי ולא הוה יכיל	לעילם ובתר כן מלך אחשורוש
	2:5	ובעא יואב למקטליה ולא שבקיה	דבנימן הוא שמעי דאקיל לדוד
	3:2	ובעא המן למשיציא ית כולהון	למושטא ידא במרדכי לבלחודוי
	3:6	ובעא המן לשיצאה ית כל יהודאי	ויהודאי אינון עמא דמרדכי
	3:2	ובעו למיקטליה הדר גבי מרדכי	לן ניכול ולא הוה ליה מא למיתן
	5:1	ובעותי דאנא בעיא מיניה ואוף	די לא יקטלינני ויעבד צבותי
	4:8	ולמבעי רחמין על עמה	למיעל לות מלכא לפייסא ליה
	2:2	יבעון לצרוך מלכא עולימן	ואמרו עולימי מלכא משמשנוי
		בעי = 32	
בעל	4:14	בעלי דבביהון ואנת וגניסת בית	וישיזיב יתהון מרי עלמא מן יד
	9:1	בעלי דבבין דיהודאי למשלוט	דיניה לאיתעובדא ביומא דחשיבו
	9:5	בעלי דבביהון מחת קטילת סייפא	ומחו יהודאין בכל
	9:22	בעלי דבביהון ובירחא דאיתהפיך	יומין דנחו בהון יהודאין מן
	7:3	דבעיל דבבא בבעותי	בשאלתי ופורקן עמי מן ידוי
	7:6	ובעיל דבבא המן ביש הדין בעא	בר יצחק בר אברהם וגברא מעיקא
	7:6	ובעיל דבבא דבעא למקטלך ברמשא	ואמרת אסתר גברא מעיקא
	8:13	מבעלי דבביהון	יהודאין איטימוסין לאיתפרעא
	9:16	מבעלי דבביהון וקטלו בשנאיהון	ית נפשיהון ואשכחו נייחא
		בעל = 9	
בר	1:13	בנוי דיששכר דחכימין במנדעא	ואמר מלכא לחכימיא
	1:14	בנוי דיששכר למידן ית דינא	וסריבו
	5:1	בנוי דיעקב בידוי דהמן בר	סגיען חוס על עמך ולא תמסור
	5:11	בנוי דסכומהון מאתן ותמניא בר	מלכא והיך רהיטין קומוי סגיעות
	7:7	בנוי דהמן קטעין ית אילנא	והא עשרתי מלאכי דמיין לעשרתי
	9:10	בנוי דהמן בר המדתא מעיקא	עשרתי
	9:12	בנוי דהמן ובמשאר פילכי מלכא	דמזרעית עמלק וית עשרתי
	9:13	בנוי דהמן יזדקפון על קיסא	למעבד על יום ניסא וית עשרתי
	9:14	בנוי דהמן צליבו ודין סידור	גזירת דינא בשושן וית עשרתי
	9:18	בנוי דעמלק בתלתסר ביה	דבשושן איתכנשו לשיצאה ית
	9:25	בנוי על קיסא	וליהודאי ויצלבון יתיה וית
	1:14	בני שנא ותרין שפנינין על	קומך בבית מוקדשא אימרין
	3:2	בני נשא עבדא למאן כרסוי למאן	ממונך לא משחררנא לך דכן אמרין
	3:7	בני אינשא על ארעא	כתיב וכנוני ימא יסגון בגו
	9:27	בני פיצחיא ולחייתא ופילכיא	ותריסר ותלתסר וארביסר וחמיסר
	8:16	בניהון ולאחתא תפלין על	שביא ומועדיא למגזר עורלת

בר בר

יהודאין עילויהון ועילוי	בניהון ועילוי כל דייראי	9:27
דקיימו יהודאין על נפשיהון ועל	בניהון למהויהון דכירין פתגמי	9:31
עופא וזרש ערקת עם שובעין	בנין דאישתארו להמן דהוו	9:14
חייבתא ברתיה דאויל מרודך	בר נבוכדנצר ועל דלא שבקת	1:1
על ביתיה למעבד כרעות גברא	בר ישראל וכרעות גבר מן כל	1:8
ואמר ממוכן הוא המן	בר בריה דאגג רשיעא קדם מלכא	1:16
דכיא בר יאיר בר שמעי בר גרא	בר קיש גברא דמישבטא דבנימן	2:5
מרדכי על דהוה מתיל למירא דכיא	בר יאיר בר שמעי בר גרא בר	2:5
למירא דכיא בר יאיר בר שמעי	בר גרא בר קיש גברא דמישבטא	2:5
דהוה מתיל למירא דכיא בר יאיר	בר שמעי בר גרא בר קיש גברא	2:5
כען רבי מלכא אחשורוש ית המן	בר המדתא דמזרעית אגג בר עמלק	3:1
ית המן בר המדתא דמזרעית אגג	בר עמלק רשיעא ומנייה רב על	3:1
מלכתא בזכותא דמרדכי ברם המן	בר המדתא איתעבד עבוד פלח	3:2
כל יומי חיוי וכל יומי דרווש	בר אסתר מלכתא בזכותא דמרדכי	3:2
לפרנסותהון וכן עבד למרדכי	בר שמעי בר קיש מן שיבט	3:2
והכין כתיב ומפרש אנא המן	בר המדתא דמן זרעית אגג שדר	3:2
וכן עבד למרדכי בר שמעי	בר קיש מן שיבט בנימין ואנא	3:2
עד זמן די רבי מלכא ית המן	בר המדתא דמזרעית אגג ואעיל	3:2
יתמחי עלוי וקבילית אנא המן	בר המדתא דמזרעית אגג למהוי	3:2
מעילוי ידיה ויהבה להמן	בר המדתא מזרעית אגג מעיקא	3:10
בר עדא בר ביזנאי בר אפליטוס	בר דיוס בר דיוסוס בר פירוס	5:1
בר שגר בר נגר בר פרמשתא	בר ויזתא בר אגג בר סומקר בר	5:1
בר תליון בר אתנימוס בר חרום	בר חדוסוס בר שגר בר נגר בר	5:1
נגר בר פרמשתא בר ויזתא בר אגג	בר סומקר בר עמלק בר אליפז בר	5:1
ויזתא בר אגג בר סומקר בר עמלק	בר אליפז בר עשו רשיעא	5:1
בר חמדן בר תליון בר אתנימוס	בר חרום בר חדוסוס בר שגר בר	5:1
שגר בר נגר בר פרמשתא בר ויזתא	בר אגג בר סומקר בר עמלק בר	5:1
חרום בר חדוסוס בר שגר בר נגר	בר פרמשתא בר ויזתא בר אגג בר	5:1
בר ביזנאי בר אפליטוס בר דיוס	בר דיוסוס בר פירוס בר חמדן	5:1
בידוי דהמן בר המדתא בר עדא	בר ביזנאי בר אפליטוס בר דיוס	5:1
דיעקב בידוי דהמן בר המדתא	בר עדא בר ביזנאי בר אפליטוס	5:1
בר דיוסוס בר פירוס בר חמדן	בר תליון בר אתנימוס בר חרום	5:1
בר אפליטוס בר דיוס בר דיוסוס	בר פירוס בר חמדן בר תליון בר	5:1
בר פירוס בר חמדן בר תליון	בר אתנימוס בר חרום בר חדוסוס	5:1
בר חרום בר חדוסוס בר שגר	בר נגר בר פרמשתא בר ויזתא בר	5:1
בר ויזתא בר אגג בר סומקר	בר עמלק בר אליפז בר עשו	5:1
אגג בר סומקר בר עמלק בר אליפז	בר עשו רשיעא	5:1
בר אתנימוס בר חרום בר חדוסוס	בר שגר בר נגר בר פרמשתא בר	5:1
תמסור בנוי דיעקב בידוי דהמן	בר המדתא בר עדא בר ביזנאי בר	5:1
בר המדתא בר עדא בר ביזנאי	בר אפליטוס בר דיוס בר דיוסוס	5:1
בר דיוס בר דיוסוס בר פירוס	בר חמדן בר תליון בר אתנימוס	5:1
בר רמות בר חשום בר שחורה	בר עוזא בר גוזא בר גרא בר	7:6
בר מיכה בר מפיבשת בר יהונתן	בר שאול מלכא בר קיש בר אביאל	7:6
בר חנניה בר זבדי בר אלפעל	בר שמרי בר זבדיה בר רמות בר	7:6
חשום בר שחורה בר עוזא בר גוזא	בר גרא בר בנימין בר יעקב בר	7:6
רמות בר חשום בר שחורה בר עוזא	בר גוזא בר גרא בר בנימין בר	7:6
שמידע בר בענה בר אלה בר מיכה	בר מפיבשת בר יהונתן בר שאול	7:6
בר שחרים בר עוזיה בר ששון	בר מיכאל בר אליאב בר עמיקור	7:6
מלכא בר קיש בר אביאל בר צרור	בר בכורת בר אפיח בר שחרים בר	7:6
בר עמיקור בר שפטיה בר פתועל	בר פותח בר מלוך בר ירבעל בר	7:6
גוזא בר גרא בר בנימין בר יעקב	בר יצחק בר אברהם וגברא מעיקא	7:6
קיש בר אביאל בר צרור בר בכורת	בר אפיח בר שחרים בר עוזיה בר	7:6
שמעי בר שמידע בר בענה בר אלה	בר מיכה בר מפיבשת בר יהונתן	7:6
בר עוזיה בר ששון בר מיכאל	בר אליאב בר עמיקור בר שפטיה	7:6
בר פתועל בר פותח בר מלוך	בר ירבעל בר ירוחם בר חנניה	7:6
בר פותח בר מלוך בר ירבעל	בר ירוחם בר חנניה בר זבדי בר	7:6
בר ירוחם בר חנניה בר זבדי	בר אלפעל בר שמרי בר זבדיה בר	7:6

בר			ברם

	7:6	בר בענה בר אלה בר מיכה בר	דאבא בר חפר בר שמעי בר שמידע
	7:6	בר רמות בר חשום בר שחורה בר	בר אלפעל בר שמרי בר זבדיה
	7:6	בר אביאל בר צרור בר בכורת בר	בר יהונתן בר שאול מלכא בר קיש
	7:6	בר שחרים בר עוזיה בר ששון בר	בר צרור בר בכורת בר אפיח
	7:6	בר שמידע בר בענה בר אלה בר	אחוי דאבא בר חפר בר שמעי
	7:6	בר זבדיה בר רמות בר חשום בר	בר זבדי בר אלפעל בר שמרי
	7:6	בר בנימין בר יעקב בר יצחק בר	שחורה בר עוזא בר גוזא בר גרא
	7:6	בר מלוך בר ירבעל בר ירוחם בר	בר שפטיה בר פתועל בר פוחח
	7:6	בר מלוך בר ירבעל בר ירוחם	בר חנניה בר זבדי בר אלפעל בר
	7:6	בר קיש בר אביאל בר צרור בר	מפיבשת בר יהונתן בר שאול מלכא
	7:6	בר שפטיה בר פתועל בר פוחח בר	בר מיכאל בר אליאב בר עמיקור
	7:6	בר חשום בר שחורה בר עוזא בר	בר שמרי בר זבדיה בר רמות
	7:6	בר פתועל בר פוחח בר מלוך בר	בר אליאב בר עמיקור בר שפטיה
	7:6	בר אלה בר מיכה בר מפיבשת בר	חפר בר שמעי בר שמידע בר בענה
	7:6	בר אברהם וגברא מעיקא ובעיל	גרא בר בנימין בר יעקב בר יצחק
	7:6	בר יהונתן בר שאול מלכא בר	בענה בר אלה בר מיכה בר מפיבשת
	7:6	בר עמיקור בר שפטיה בר פתועל	בר ששון בר מיכאל בר אליאב
	7:6	בר חפר בר שמעי בר שמידע בר	יקרא למרדכי צדיקא אחוי דאבא
	7:6	בר שמעי בר שמידע בר בענה בר	למרדכי צדיקא אחוי דאבא בר חפר
	7:6	בר ששון בר מיכאל בר אליאב בר	בר אפיח בר שחרים בר עוזיה
	7:6	בר זבדי בר אלפעל בר שמרי בר	בר ירבעל בר ירוחם בר חנניה
	7:6	בר יעקב בר יצחק בר אברהם	עוזא בר גוזא בר גרא בר בנימין
	7:6	בר צרור בר בכורת בר אפיח בר	בר שאול מלכא בר קיש בר אביאל
	7:6	בר שחורה בר עוזא בר גוזא בר	שמרי בר זבדיה בר רמות בר חשום
	7:6	בר עוזיה בר ששון בר מיכאל בר	בר בכורת בר אפיח בר שחרים
	8:5	בר המדתא דמן ייחוס אגג דכתב	תייבין פיטקיא זימיוניה דהמן
	9:10	בר המדתא מעיקא דיהודאין קטלו	עשרתי בנוי דהמן
	9:24	בר המדתא דשויא אגג מעיק	ארום המן
	1:16	בריה דאגג רשיעא קדם מלכא	ואמר ממוכן הוא המן בר
	2:5	בריה למקטול יתיה	שמעי מלמילד פקיד דוד לשלמה
	7:2	בריך ויחסן מלכותא ותיתעבד	אוריכי עד די ירבי כרש דריוש
	3:7	דבנוני דיוסף מתילין לנוני ימא	בידי הי כנוני ימא ולא הוה ידע
	3:7	ובנוני וכל דהוו עמיה בכסלו לא	דביה נחח מבולא ואישתזיב נח
	5:14	ובני ישראל בגוב אריוותא לא	דאישתיזיבו מנהון משה ואהרן
	3:2	ובניי לבנוי עד סוף כל דריא	יומא חד בשבעתא כל יומי חיי
	3:2	לבנוי עד סוף כל דריא או	חד בשבעתא כל יומי חיי ובניי
	3:2	לבר עממין תיזיף ברביתא	ועשו ויעקב אחי הוו ורחמנא אמר
	9:28	מבניהון	יהודאי ודוכרנהון לא ישתצי

	5:11	בר מן עשרתי אוחרנין	בנוי דסכומהון מאתן ותמניא
	3:7	ברא דאיתעתדו לכנישתא דישראל	דביה איתברי לויתן ותרנגול
	6:4	בריתא למימר למלכא למצלוב ית	והמן עאל לדרתא דבבית מלכא
	5:11	ובר מן שמשי דהוא ספרנא דמלכא	אוחרנין פולמורכין על פילכיא
	4:11	לבר מנאן די יושיט ליה מלכא	דהמן חדא היא גזירת דיניה למומת

בר = 116

ברי	3:7	איתברי גנתא דעדן בארבע בשבא	בתלת בשבא ולא על מן בגלל דביה
	3:7	איתברי לויתן ותרנגול ברא	בשבא ולא על מן בגלל דביה
	3:7	איתברי אדם קמאה בשבא ולא על	שבא ולא על מן בגלל דביה
	3:7	איתבריו שימשא וסיהרא שבעא	שבא ולא על מן בגלל דביה
	3:7	איתבריו שמיא וארעא בתרין	חד בשבא ולא על מן בגלל דביה

ברי = 5

ברך	3:6	ברכתא ויהודאי אינון עמא	אבא דאבוי דהמן ית בכורתא וית

ברך = 1

ברם	1:5	ברם מרדכי צדיקא וסיעתיה לא	אבן טבא ומטלליין עילויהון

ברם   בתר

1:11	ברם כלילא דמלכותא על רישהא	כן איתגזר עלהא למיתי ערטולאתא
1:14	ברם צלו קדם יי וכן אמרו	דישכר למידן ית דינא ההוא
1:17	ברם בקושטא מלכא אחשורוש אמר	במלווהון חדא עם חברתה
3:2	ברם המן בר המדתא איתעבד עבוד	בר אסתר מלכתא בזכותא דמרדכי
4:1	ברם חותמא הוה חתים מן טינא	מן סעודתיה דאחשורוש רשיעא
5:12	ברם לא הנעלת אסתר מלכתא	ואמר המן
5:14	ברם יעבדו אע זקוף חמשין אמין	די אישתיזיבו מיניה דניאל נביא
7:2	ברם אוריכי עד די ירבי כרש	בשבועה לגשם ולטוביה ולסנבלט
7:8	ברם בקושטא לא אתא המן אילהין	יתבא עלה ותוה מלכא ואמר הא
	ברם = 10	

ברק   1:6 | וברקין ומרוקין וחיורין אותיב | עמודי מרמרין סמקין ירקין

ברק = 1

ברר   8:13 | בריר לכל עמיא דיהון יהודאין | גזירת דינא בכל פילכא ופילכא

ברר = 1

ברת

1:11	בנאתא דישראל ערטולאן ומנפסן	ערטולתא על עיסק דהוה מפלחא ית
1:1	בנת שרה דחיית מאה ועשרין	הוא למיסב ית אסתר דהיא מן
3:7	ברת קלא מן שמיא וכן אמרת לא	פייסא לשיצאה עמא קדישא נפלת
5:10	ברת חתני פחת עבר נהרא	לרחמוי ולזרש רשיעתא אינתתיה
9:29	ברת אביחיל ומרדכי יהודאי ית	וכתבת אסתר מלכתא
2:7	ברתי	מרדכי ליה בביתיה והוה קרי לה
6:11	ברתי בהתחתי מן יד נפלת מן	זקף רישיה ואמר לה ואוף אנת
1:1	ברתיה דאויל מרודך בר	בגין עיטתא דושתי חייבתא
5:1	ברתיה וכד איתכנשו עולמתן	בגין דהוה צבי למיסביה ית
5:1	ברתיה דהמן והוה צבו מן שמיא	עולמתן לידוי דהגי הות תמן
6:11	ברתיה מן איגרא והות דמיא	דהמן רשיעא איסתכלת שכחטנת
6:12	ברתיה ומתעטף על רישיה כאבילא	איתבהל ואזל לביתיה אביל על
2:7	בת אחבוי ואמאי הוו קרו לה	והוה מרבי ית הדסה היא אסתר
2:15	בת אביחיל אחבוי דמרדכי דנסבה	וכד מטא סידור אסתר
2:15	לברת למיעל לות מלכא לא תבעת	אביחיל אחבוי דמרדכי דנסבה ליה
	ברת = 15	

בשל

3:8	ותבשילנא ליתיהון טעמין חמרנא	אוריתהון שניין מכל עמא לחמנא
2:20	תבשילין וחמרא דעמין נוכראין	ביומי ריחוקהא הות מיזדהרא
	בשל = 2	

בשם   1:5 | ובושמנין כבישין עד פלגותהון | דהות נציבא אילני עבדין פירין

בשם = 1

בשר

2:12	בישרא ושיתא ירחין בבוסמיא	דמנתר ית שערא ומפנק ית
4:1	בישריה ושוי קיטמא על רישיה	ית לבושוי ואלבש לבושא דשק על
	בשר = 2	

בתלת

2:3	בתולתא שפירת חיזו לשושן	מלכותיה ויכנשון ית כל עולימתא
2:2	בתולתן שפירן חיזו	יבעון לצרור מלכא עולימן
2:17	בתולתן ושוי מניכא דדהבא על	רחמין וטיבו קומוי מן כל
2:19	בתולתן זימנא תיניינא ומרדכי	ובאיתכנשות
	בתלת = 4	

בתר

1:19	בתר דתיתי קדם מלכא יגזור	דלא תיעול ושתי קדם מלכא ומן
1:20	בתר כן כל נשיא יתנון רבו	בכל ארום גזירתא רבא היא ומן
2:1	בתר פתגמיא האילין כד פג	
2:13	בתר די שלמין תרי עשר ירחי	ובהדין זמן
3:1	בתר כן איתפרע מיניה על כל	יתרברב וישתמודע לכל עמיא ומן
3:1	בתר פתגמיא האילין עלת מדת	

	5:14	בתר כן עול עם מלכא לבית	חד בצליבת קיסא ואישתיזיב ומן
	9:31	בתרא בזמן עיבוריהון הי כמא	ית יומי פורייא האיליין באדר
	1:1	ובתר כדו איתגלי קדם יי	לא אישתעבדו ליה מן בגלל הכי
	1:2	ובתר כן מלך אחשורוש ובעא	כרש מדאה ית בבל אחתיה לעילם
	1:4	ובתר די אכלו ושתו ואיתפנקו	
	4:16	ובתר כן איעול לות מלכא דלא	אנא ועולומתיי נצום הי כדין
		בתר = 12	
גב	3:2	גבי מרדכי אמר ליה הא כולהון	בקרבא לא יהי לן מא למיכול אזל
	3:2	גבי מרדכי אמר ליה אוזיף לי	מא למיתן ובעו למיקטליה הדר
		גב = 2	
גבר	1:8	גבר מן כל אומא ולישן	כרעות גברא בר ישראל וכרעות
	2:5	גבר חסידא ומודה ומצלי קדם	
	2:7	גבר אילהין אפי מרדכי	שובעין וחמש שנין ולא חמת אפי
	4:11	גבר ואינתתא די יעול לות מלכא	בפילכי מלכא ידעין די כל
	6:7	גבר דמלכא צבי ביקריה	ואמר המן לות מלכא
	9:19	גבר לחבריה	ויומא טבא ומשדרין דורון
	1:8	גברא בר ישראל וכרעות גבר מן	על ביתיה למעבד כרעות
	1:22	גברא וכממלל עמיה	וכפי לה למיהוי ממללא בלישן
	2:5	גברא דמישבטא דבנימן הוא שמעי	בר יאיר בר שמעי בר גרא בר קיש
	6:4	גברא דקאים בדרתא והמן עאל	ואמר מלכא מאן
	6:9	גברא דמלכא צבי ביקריה	וילבשון תורבייני מלכא ית
	7:5	גברא חציפא וחייבא ומרודא די	מאן הוא דין ובאידין אתר הוא
	7:6	גברא מעיקא ובעיל דבבא דבעא	ואמרת אסתר
	9:4	גברא מרדכי רב בית אבא למלכא	ומטבעיה נפק בכל פילכיא ארום
	3:9	גברי וסכום שית מאה אלפי	נפקו ממצרים הות שית מאה אלפי
	9:12	גובריא רופילין דמזרעית עמלק	בירנותא קטלו יהודאין חמש מאה
	9:6	גוברין כולהון רופילין מן בית	קטלו יהודאין והובדו חמש מאה
	9:14	גוברין דאיתקטילו בשושן דהוו	ומאה ותמניא מיתו עם חמש מאה
	9:15	גוברין ובעדאה לא אושיטו ית	דאדר וקטלו בשושן תלת מאה
	3:2	גיברהא וכולהון יקירהא אסרו	ידיהון ובזו ית קרתא וקטילו כל
	6:9	דגברא רבא מרברבני מלכא	לבושא דארגוונא וסוסא על ידא
	6:11	דגברא דמהלך באורחא הוא מרדכי	ברתיה מן איגרא והות דמיא
	10:2	וגבורתיה ופירוש רבות מרדכי	וכל עובדי תוקפיה
	9:2	וגבר לא קם באנפיהון ארום נפל	לקטלא ית כל דתבעין בישתהון
	6:11	וגברא דרכיב על סוסא הוא	דגברא דמהלך באורחא הוא מרדכי
	7:6	וגברא מעיקא ובעיל דבבא המן	בר יעקב בר יצחק בר אברהם
	1:10	כגבר דעצר עינבוי במעצרתא	עתיד מרי עלמא לעסאה יתהון
	4:2	לגבר למיעל לתרע פלטירין	תרע פלטירא דמלכא ארום לית רשו
	6:6	לגבר דמלכא צבי ביקריה וחשיב	ליה מלכא מאן חזי לאיתעובדא
	6:9	לגברא דמלכא צבי ביקריה	ויקלסון קומוי כדין יתעביד
	6:11	לגברא דמלכא צבי ביקריה וכד	דקרתא וקלס קומוי כדין יתעבד
	1:18	לגובריהון הי כמא דקבילו ית	רבנתא דפרסאי ומדאי למעבד
		גבר = 32	
גדי	6:1	גדיין דאנא שמע ענת מדת דינא	רבון עלמא ואמר להון מא דין קל
	6:1	גדיין אנת שמע אילהין קל	מדת דינא רחמין וכן אמרת לא קל
	6:1	גדיין דעיזין עד דאיתנדדו כל	ואישתמעת קדם מרי עלמא הי כקל
		גדי = 3	
גוא	3:7	בגו בני אינשא על ארעא	דהכין כתיב וכנוני ימא יסגון
	1:5	גואה דלמלכא דהות נציבא אילני	משתיא שבעא יומין בדרת גינתא
	4:11	גואה בלא רשו וכען כל עבדי	דלא למיעול לות מלכא לדרתא
	4:11	גואה די לא מתקרי על פמיה	די יעול לות מלכא לדרתא
	5:1	גואה דמתבני כל קבל בית מלכא	וקמת וצליאת בדרתא דבבית מלכא
	7:7	גוואה בכן קם בריתחיה ממשתייא	דהמן קטעין ית אילנא דבגינתא

גוא גזר

ממשתייא דחמרא ואזל לגינתא	גוואה למחמי מאן הוא דין והמן	7:7	
ומלכא תב בריתחיה מגינתא	גוואה לבית משתיא דחמרא והא	7:8	
עמא בית ישראל לאשתצאה	מגו עלמא והי כמא די איתכתיב	4:1	
ומיליהון והוו מתקריין מילייא	מגו פצימיא קדם מלכא	6:1	
ויומי פוריא האיליין לא יעברון	מגו יהודאי ודוכרנהון לא	9:28	
	גוא = 11		
מנהון משה ואהרן ובני ישראל	בגוב אריוותא לא תיכול למרמא	5:14	גוב
	גוב = 1		
לאילנא הוו פריסן יריען דבוץ	גוון חיוור בספירין וכרתנין	1:6	גון
	גון = 1		
ושקותא כהלכת מנהג	גופא ולית דאניס ארום כן שם	1:8	גוף
	גוף = 1		
ויומא טבא וסגיעין מעמי ארעא	מתגיירין ארום נפל פחדא	8:17	גור
	גור = 1		
אחשורוש כתיב ומפרש ומתחתם	בקושפנקא דמלכא	3:12	גושפנקא
ואעדי מלכא ית	גושפנקיה מעילוי ידיה ויהבה	3:10	
	גושפנקא = 2		
דאמר המן למתקל על ידיהון	דגזברין דממנן על בית גנזי	4:7	גזבר
	גזבר = 1		
מילתא אחריתי דאנת בעיא מיני	אגזור ותתעבד בבהילו ורעותיך	5:3	גזר
דלא שבקת למבני ית בית מוקדשא	איתגזר עלה לאיתקטלא ערטיליתא	1:1	
וכיתן ביומא דשבתא ובגין כן	איתגזר עלהא למיתי ערטולאתא	1:11	
וסריבת מלכתא ושתי למיעל	בגזירת מלכא דאיתפקדת ביד	1:12	
גזירת מלכותא מן קומוי ויתכתיב	בגזירת פרסאי ומדאי ולא יתבטל	1:19	
ארום יפוק	גזירת פתגם גזירת מלכתא על כל	1:17	
ארום יפוק גזירת פתגם	גזירת מלכתא על כל נשיא	1:17	
אין קדם מלכא ישפר יפוק פתגם	גזירת מלכותא מן קומוי	1:19	
וישתמע פתגם	גזירת מלכא די עבד בכל ארום	1:20	
נטרין ונימוסנא לא מקיימין וית	גזירת דיני מלכא ליתיהון	3:8	
ובכל פילכא ופילכא אתר דפתגם	גזירת מלכא וגזירת דיניה מטי	4:3	
לא מתקרי על פמיה דהמן חדא היא	גזירת דיניה לממת לבר ממאן די	4:11	
אוחיו ית המן למעבד ית פתגם	גזירת אסתר ועל מלכא והמן	5:5	
ברמשא ולמחר אנא עבדא כפתגם	גזירת מלכא	5:8	
די איזדמנו למהוי קטילין על	גזירת המן רשיעא מן יד איתמלי	6:1	
דיטגמאה דכתיבא לאיתיהבא	גזירת דינא בכל פילכא ופילכא	8:13	
מלכא לאיתעובדא כדין ואיתיהיבת	גזירת דינא בשושן וית עשרתי	9:14	
לקיימא	גזירת דינא עילויהון למהוי	9:21	
פרסאי ומדאי ולא יתבטל הדא	גזירתא דלא תיעול ושתי קדם	1:19	
גזירת מלכא די עבד בכל ארום	גזירתא רבא היא ומן בתר כן כל	1:20	
דיטגמא דכתבא למיהוי מתיהבא	גזירתא בכל פילכא ופילכא	3:14	
וית דיטגמאה דכתב	גזירתא דאיתיהיב בשושן	4:8	
לדניאל ארגוונא ובגין כן	גזר למהוי אתיא בכלילא	1:11	
תימר למרדכי הלא המן רשיעא	גזר על מימר אחשורוש דלא	4:11	
ועבר על חדוות חגא דפסחא צומא	גזר ויתיב על קיטמא ועבד ככל	4:17	
מא דעבדת אמר לון מלכא אנא לא	גזרית למקטלה אלהין דתיעול	2:1	
ליה לאו הכי אילהין דין קטול	גזרת עלה בעיטת שבע רבניא מן	2:1	
דלא עבדת ית מימר מלכא אחשורוש	דגזר עלה ביד רבניא	1:15	
מנהון דיירין בכל פילכי מלכותך	וגזירת אוריתהון שניין מכל	3:8	
ופילכא אתר דפתגם גזירת מלכא	וגזירת דיניה מטי אבלא רבא	4:3	
זריזין וסחיפין כפתגמא דמלכא	וגזירת דינא איתיהיבת בשושן	8:14	

	8:17	וגזירת דיניה מטי חדווא	קירווא וקירווא אתר דפתגם מלכא
	9:1	וגזירת דיניה לאיתעובדא ביומא	יומין ביה דמטא פתגם מלכא
	3:15	וגזירתא איתיהיבת בשושן	נפקו זריזין כפתגמא דמלכא
	2:8	וגזירתיה ובאיתכנשות עולימתן	והוה כד אישתמע פתגם כרוז מלכא
	1:11	וגזר מלכא על איליין שבעא	
	2:1	וגזר למהוי צליבן שבע רבניא	רבניא מן יד תקף רוגזא דמלכא
	2:3	ויתגזר למהוי יהיב סמתר	מתמני הגי רב מלכא נטיר נשיא
	1:19	יגזור מלכא ויעדי ית רישה	מלכא ומן בתר דתיתי קדם מלכא
	8:16	למגזר עורלת בניהון ולאחתא	באוריתא ולמיטר שביא ומועדיא
	6:10	תגזור עלי כפתגמא הדין אמר	המן בבעו מינך קטול יתי ולא
		גזר = 41	
גחן	3:4	גחין על דהוא יהודי ויהודאי	די הקים בחדייה לא הוה
	3:5	גחין לאנדרטיה ולא הוה סגיד	וחמא המן ארום לית מרדכי
	7:8	גחין על דרגשיעא דאסתר יתבא	להמן רשיעא וחמא מלכא והא המן
	4:7	גחן לאנדרטיה וית דררא דממון	על עיסק דלא סגד להמן ולא
	3:4	גחנן לה	יהודי ויהודאי לא פלחן ולא
	3:2	וגחנין לאנדרטא די הקים המן	דבתרע פלטירין דמלכא חמטין
		גחן = 6	
גלי	2:6	אגלי נבוכדנצר מלכא דבבל וכד	עם יכניה מלכא דיהודה די
	1:1	איתגלי קדם יי דעתידה ושתי	ליה מן בגלל הכי ובתר כדו
	2:6	בגלותא מן ירושלם עם גלותא	די אזל
	2:6	גלותא דאגליאת עם יכניה מלכא	די אזל בגלותא מן ירושלם עם
	2:6	דאגליאת עם יכניה מלכא דיהודה	אזל בגלותא מן ירושלם עם גלותא
		גלי = 5	
גלל	6:1	ואיתגוללו פצימיא ומיליהון	והות רעוא מן קדם מרי עלמא
	1:17	לאיתגלגלא מריהון קומיהון	פתגם גזירת מלכתא על כל נשיא
	3:9	לגולגלתא כד נפקו ממצרים	וכן אמר הא כבר יהבו סילעא
	9:26	מגילאתא הדא לאישתמעא לכל עמא	כן דיפרסמון יומי ניסא ופתגמי
	9:29	מגילאתא הדא תוקפא דניסא	אביחיל ומרדכי יהודאי ית כל
	9:27	מגילתא כמכתב רושם עיבראי	תרין יומיא האיליין למקרי ית
	9:32	מגילתא בפיטקא	ועל ידוי דמרדכי איתכתיבת
	1:6	סגלגלין די כסף כפיסן עילוי	דליין עילוי אונקלוון ודשרין
		גלל = 8	
גלם	8:15	וגלימא דבוץ וארגוון טב וקרתא	תכלא וחרי והמניכא דדהבא רבתא
		גלם = 1	
גלף	9:5	גולפין והובד נפשאתא ועבדו	מחת קטילת סייפא וקטילת
		גלף = 1	
גנז	3:9	גנזי מלכא עני מרי עלמא וכן	על ידא דעבדי מטבעא לאעלא לבית
	4:7	גנזי מלכא בגין יהודאי	ידיהון דגזברין דממנן על בית
		גנז = 2	
גנן	1:5	גינתא גואה דלמלכא דהות נציבא	זעירא משתיא שבעא יומין בדרת
	3:7	גנתא דעדן בארבע בשבא ולא על	ולא על מן בגלל דביה איתברי
	7:7	דבגינתא גוואה בכן קם בריתחיה	בנוי דהמן קטעין ית אילנא
	7:7	לגינתא גוואה למחמי מאן הוא	קם בריתחיה ממשתייא דחמרא ואזל
	7:8	מגינתא גוואה לבית משתיא	ומלכא תב בריתחיה
		גנן = 5	
גרי	1:10	גרי ביה יי מלאכא דשגושתא	יי וכד שפר ליביה דמלכא בחמרא
	4:10	יגרי עם המן מצותא ארום בבו	ופקידת ליה על עיסק מרדכי דלא
		גרי = 2	

אנא קטיל בסייפא והשתכחית מפקע	גרמי משיעבודיה דמרדכי ופרע	3:2	גרם
ברביתא אלא אין בעית למזבון	גרמך לי לעבדא אנא מפרנס	3:2	
	גרם = 2		
וכל	דא ליתיה טימי לוותי בכל עידן	5:13	דא
	דא = 1		
דביהון ובירחא דאיתהפיך להון	מדבונא לחדוה ומאבלו ליומא	9:22	דאב
	דאב = 1		
ופורקן עמי מן ידוי דבעיל	דבבא בבעותי	7:3	דבב
בר אברהם וגברא מעיקא ובעיל	דבבא המן ביש הדין בעא	7:6	
ואמרת אסתר גברא מעיקא ובעיל	דבבא דבעא למקטלך ברמשא בבית	7:6	
יתהון מרי עלמא מן יד בעלי	דבביהון ואנת וגניסת בית	4:14	
איטימוסין לאיתפרעא מבעלי	דבביהון	8:13	
ומחו יהודאין בכל בעלי	דבביהון מחת קטילת סייפא	9:5	
ית נפשיהון ואשכחו נייחא מבעלי	דבביהון וקטלו בשנאיהון	9:16	
דנחו בהון יהודאין מן בעלי	דבביהון ובירחא דאיתהפיך להון	9:22	
לאיתעובדא ביומא דחשיבו בעלי	דבבין דיהודאי למשלוט בהון	9:1	
	דבב = 9		
בני שנא ותרין שפנינין על	מדבח אדמתא על ידא דכהנא רבא	1:14	דבח
	דבח = 1		
והי כמא דהובדית מן בית נשאי	ואידברית מינך באונסא כדין	4:16	דבר
סגיעו לשושן בירנותא ליד הגי	ואידברת אסתר באונסא ואיתעלת	2:8	
	ואידברת אסתר לות מלכא	2:16	
	ודבר המן ית לבוש ארגוונא וית	6:11	
לא על מן בגלל דביה פסקן מיתי	מדברא וביה חדרת שכינת מרי	3:7	
	דבר = 5		
די מחתן על דרגשין תקליטיהון	דדהב טב וכרעיהון דכסף שריין	1:6	דהב
קומוי מן כל בתולתן ושוי מניכא	דדהבא על רישה וטרד מן קיטון	2:17	
די יושיט ליה מלכא ית תגדא	דדהבא וייחי ואנא לא אתקריתי	4:11	
ואושיט מלכא לאסתר ית תיגדא	דדהבא דהוה נקיט בידיה וקריבת	5:2	
על סוסא דילך ולאחתא מניכא	דדהבא על רישיה ולמרדא בך	7:6	
מלכא לאסתר ית תיגדא	דדהבא ואיזדקפת אסתר וקמת קדם	8:4	
מלכותא תכלא וחרי והמניכא	דדהבא רבתא וגלימא דבוץ	8:15	
מאה ותמנין אחמתין דנחשא מליין	דהב טב יוררין ובורלין	1:4	
ובושמנין כבישין עד פלגותהון	דהב טב ושלימין באשלמות אבן	1:5	
ופקיד לאשקאה יתהון במאני	דהבא דבית מוקדשא דאייתי	1:7	
	דהב = 10		
דזמין למרדכי וריתחא דמלכא	אישתדכת	7:10	דוך
בתר פתגמיא האיליין כד פג	ואישתדך מרווית חמריה וכד נח	2:1	
	דוך = 2		
רשו וכען כל עבדי מלכא ועמין	דדיירין בפילכי מלכא ידעין די	4:11	דור
ועילוי בניהון ועילוי כל	דייראי דמיתוספין עילויהון	9:27	
בירנותא דאיתמניאו עם ערלאין	דיירי ארעא למן רבא ועד זעירא	1:5	
אתון עמיא אומיא ולישניא די	דיירין בכל ממשלתי איזדהרו	1:22	
אומיא ולישניא ומקצת מנהון	דיירין בכל פילכי מלכותך	3:8	
ולאיתעובדא בהון משתיא בכל	דרא ודרא ייחוסי דכהני ולוואי	9:28	
חיי ובניי לבנוי עד סוף כל	דריא או דילמא אין אנא נטיר	3:2	
ישראל דשריא בכל פילכא ופילכא	ודדיירין בכל קרתא וקרתא	9:28	
ולאיתעובדא בהון משתיא בכל דרא	ודרא ייחוסי דכהני ולוואי	9:28	
תמן בבבל ועלו עם כרש מלכא	למידר בשושן בירנותא	2:6	
	דור = 10		

דחל — די

דחל	5:3	דדחיל אנא מן יהודאי דילמא	עמונאה דלא למשבק למבני יתיה
	3:7	תדחלין כנישתא דישראל דאין	ברת קלא מן שמיא וכן אמרת לא
		דחל = 2	
דחף	7:8	דחף להמן רשיעא וחמא מלכא והא	משתיא דחמרא והא גבריאל מלאכא
		דחף = 1	
די	1:4	די אכלו ושתו ואיתפנקו אחוי	ובתר
	1:4	די אישתאר בידיה מן כרש מדאה	ואיתפנקו אחוי להון ית עותריה
	1:6	די כסף כפיסן עילוי עמודי	עילוי אונקלוון ודשרין סגלגלין
	1:6	די מחתן על דרגשין תקליטיהון	אותיב יתהון עילוי ערסן דמלתין
	1:10	די מתמני על מהומתא ביזתא בוז	בגתא ואבגתא זתר וכרכס מהומן
	1:18	די עבדת ושתי מלכתא ומיתמלכן	הי כמא דקבילו ית פתגם
	1:20	די עבד בכל ארום גזירתא רבא	וישתמע פתגם גזירת מלכא
	1:22	די דיירין בכל ממשלתי איזדהרו	אמר אתון עמיא אומיא ולישניא
	2:6	די אגלי נבוכדנצר מלכא דבבל	דאגליאת עם יכניה מלכא דיהודה
	2:6	די אזל בגלותא מן ירושלם עם	
	2:7	די הות צניעא בביתא דמרדכי	לאסא אסתר הוו קרו לה על
	2:7	די הות צדיקתא וצדיקיא	ואמאי הוו קרו לה הדסה על
	2:11	די בבית נשיא למידע ית שלם	מרדכי הוא אזיל ומצלי קדם דרתא
	2:12	די הוי לה כהילכת נשיא דמתינן	למיעל קדם מלכא אחשורוש מסוף
	2:13	די צביא למימר מן יד יתיהב לה	לוות מלכא ית כל רב וסרכן
	2:13	די שלמין תרי עשר ירחי שתא	ובהדין זמן בתר
	2:15	די יימר הגי רבא דמלכא נטיר	כל מידעם ארום אילהין ית מאן
	3:1	די עבד איהו ואבהתוי לעמא בית	כן איתפרע מיניה על כל עיקתין
	3:1	די יתרברב וישתמודע לכל עמיא	אישתמודע בעלמא פסוקו מיני עד
	3:2	די הוה ליה עבד פלח מטול	נוכראה ולא הוה סגיד להמן על
	3:2	די הקים המן בחדייה וסגדין	דמלכא חמטין וגחנין לאנדרטא
	3:2	די רבי מלכא ית המן בר המדתא	יהודאה יומא חד בשבעתא עד זמן
	3:2	די יהב לן ועד השתא אית בידי	בשוה בפלגות יהב לן מלכא כל מא
	3:3	די בתרע פלטירין דמלכא למרדכי	ואמרו עבדי מלכא
	3:4	די להמן לא סגיד על דהוא	כלקבל פתגמי המן ארום חוי להון
	3:4	די הקים בחדייה לא הוה גחין	ליה בטולמת לחם ולאנדרטא
	3:6	די בכל מלכות אחשורוש עמיה	ובעא המן לשיצאה ית כל יהודאי
	4:1	די איתהניו מן סעודתיה	ואיתחתם בשמי מרומא על עיסק
	4:1	די יקום ויצלי קדם מרי עלמא	אליהו כהנא רבא לחואה למרדכי
	4:1	די איתכתיב ואיתחתם	לאשתצאה מגו עלמא והי כמא
	4:10	די ביני עשו ויעקב הוה נטיר	יגרי עם המן מצותא ארום בבו
	4:11	די יעול לות מלכא לדרתא גואה	מלכא ידעין די כל גבר ואינתתא
	4:11	די לא מתקרי על פמיה דהמן חדא	די יעול לות מלכא לדרתא גואה
	4:11	די יושיט ליה מלכא ית תגדא	היא גזירת דיניה לממת לבר ממאן
	4:11	די כל גבר ואינתתא די יעול	דדיירין בפילכי מלכא ידעין
	4:14	די ינדע אין לשתא דאתיא	על ההיא חובתא ומאן הוא חכימא
	4:16	די משתכחן בשושן וצומו עלוי	איזיל כנוש ית יהודאי
	4:17	די פקידית עלוי אסתר	גזר ויתיב על קיטמא ועבד ככל
	5:1	די לא יקטלינני ויעבד צבותי	וכען שוי יתי לרחמין בעינוי
	5:14	די אישתיזב אברהם אבוי בסייפא	רחמוי בנורא לא תיכול למירמיה
	5:14	די אישתיזב מינה יצחק מינה	אבוי בסייפא לא תיכול למקטליה
	5:14	די אישתיזיבו מיניה דניאל	אריוותא לא תיכול למרמא יתיה
	6:1	די איזדמנו למהוי קטילין על	אילהין קל ריבייא דבית ישראל
	6:1	די ממנא על שיגושתא ונחת	על בית ישראל ופקיד למלאכא
	6:2	די חוי מרדכי על בגתן ותרש	ואישתכח כתיב בספרא
	6:2	די בעו לאושטא ידא לקטלא ית	תרין רבני מלכא מנטורי פלטירין
	6:8	די איתיהיב כלילא דמלכותא	עלוי מלכא ביומא דעל למלכותא
	7:2	די ירבי כרש דריוש בריך ויחסן	ולטוביה ולסנבלט ברם אוריכי עד
	7:5	די אמלכיה ליבביה למעבד כדין	הוא גברא חציפא וחייבא ומרודא
	8:7	די אושיט ידיה ביהודאין	ויתיה צליבו על קיסא בגין

Root	Ref	Keyword in context	Preceding context
	8:11	די יהב מלכא לסייעא ליהודאין	
	9:1	די ישלטון יהודאין אינון	מן שמיא בגין זכותא דאבהתא
	9:3	די למלכא ממנן עילויהון ית	והיפרכין ועבדי עיבידתא
	9:13	די בשושן למעבד יומא טבא	איתיהב רשו אוף מחר ליהודאין
	9:27	די יהון עבדין ית תרין יומיא	עילויהון ולא יעבר קיימא
		די = 55	
דילמא	3:2	דילמא אין מסרב אנא למפלח ליה	אין לא מודי אנא דאנא עבדיה או
	3:2	דילמא אין אנא נטיר ליה בבו	ובניי לבנוי עד סוף כל דריא או
	3:2	דילמא אין לא מודי אנא דאנא	מעכבנא מלמיהוי ליה לעבדא או
	5:3	דילמא ימרדון בי הדא בעותא לא	יתיה דדחיל אנא מן יהודאי
	5:6	דילמא ימרדון בי יהודאי	עמונאה דלא למשבק למבני יתיה
	6:1	דילמא אתא זימנא למיהוי עלם	מתבהלין אמרין איליין לאיליין
		דילמא = 6	
דין	7:8	דאינו מא לאיתעובדא בה פתגמא	כען כל עמיא אומיא ולישניא
	2:1	דין קטול גזרת עלה בעיטת שבע	אמרו ליה לאו הכי אילהין
	2:1	דין קטול על מא דעבדת אמר לון	אמרין הלא את הוא דחייבת עלה
	1:14	דינא ההוא ברם צלו קדם יי וכן	וסריבו בנוי דיששכר למידן ית
	3:1	דינא קדם רבון כל עלמיא וכן	בתר פתגמיא האיליין עלת מדת
	3:2	דינא למסגוד מרא לעבדיה אמרו	פוקדנא דמלכא אמר לון לית מן
	6:1	דינא רחמין וכן אמרת לא קל	דין קל גדיין דאנא שמע ענת מדת
	8:13	דינא בכל פילכא ופילכא בריר	דיטגמאה דכתיבא לאיתיהבא גזירת
	8:14	דינא איתיהיבת בשושן בירנותא	וסחיפין כפתגמא דמלכא וגזירת
	9:14	דינא בשושן וית עשרתי בנוי	כדין ואיתיהיבת גזירת
	9:21	דינא עילויהון למהוי עבדין ית	לקיימא גזירת
	3:8	דיני מלכא ליתיהון עבדין	ונימוסנא לא מקיימין וית גזירת
	4:3	דיניה מטי אבלא רבא ליהודאי	אתר דפתגם גזירת מלכא וגזירת
	4:11	דיניה למַמת לבר ממאן די יושיט	על פמיה דהמן חדא היא גזירת
	8:17	דיניה מטי חדווא ובדיחות ליבא	וקירווא אתר דפתגם מלכא וגזירת
	9:1	דיניה לאיתעובדא ביומא דחשיבו	ביה דמטא פתגם מלכא וגזירת
	8:6	דתינדון ית עמי והי כדין איכול	איכול לסוברא ולמיחמי בבישתא
	1:13	ודינא	קדם כל דחכים וידעי אוריתא
	4:16	כדינא והי כמא דהובדית מן בית	ובתר כן איעול לות מלכא דלא
	1:14	למידן ית דינא ההוא ברם צלו	וסריבו בנוי דיששכר
	5:3	דהכדין קיימת בשבועה לגשם	בתחום פלגות מלכותי לא אתן ליך
	5:6	דהכדין קיימית בשבועה לגשם	פלגות מלכותי לא אתין ליך
	7:2	דהכדין קיימית בשבועה לגשם	בתחום פלגות מלכותי לא אתן ליך
	1:18	דין ורגיז	ומאן יכיל לסוברא כמיסת חוך
	2:21	דין לדין הלא מלכתא בפתגם	תרין רברבניא בנסו וקצפו ואמרו
	3:2	דין אנת עבר על פוקדנא דמלכא	יהודאי אמרין ליה חכימיא מא
	3:3	דין אנת עבר ית תפקידתא דמלכא	בתרע פלטירין דמלכא למרדכי מא
	3:4	דין ויומא חדא ולא קביל מנהון	והוה כד מללותהון לוותיה יומא
	4:5	דין לא קביל לבושי מלכותא	דין קל בכותא דהוא בכי ועל מא
	4:5	דין קל בכותא דהוא בכי ועל מא	ופקידת ליה על מרדכי למידע מא
	4:11	דין זמן תלתין יומין	לא אתקריתי למיעל לות מלכא
	5:4	דין למשתיא דעבדית ליה	מלכא ישפר יעול מלכא והמן יומא
	6:1	דין קל גדיין דאנא שמע ענת	ענה רבון עלמא ואמר להון מא
	6:3	דין ואמרו עולימי מלכא	איתעביד יקרא ורבותא למרדכי על
	7:5	דין ובאידין אתר הוא גברא	ואמר לאסתר מלכתא מאן הוא
	7:6	דין בעא למילבש איצטילא	למקטלך ברמשא בבית דמכך ויומא
	7:7	דין והמן קם למתבע חיסא על	לגינתא גוואה למחמי מאן הוא
	1:1	דנא הוון כל עמיא אומיא	ואתפליג מלכותיה דמן קדמת
	1:18	הדין תהויין אמרין רבנתא	ויומא
	3:14	הדין	עמיא למהויהון זמינין ליומא
	4:16	הדין בגין פורקן עמא בית	באונסא כדין אובד מן חיי עלמא

	5:1	הדין ולא תעביד רעות המן	דעלמא לא תימסרינני ביד עורלאה
	6:10	הדין אמר ליה מלכא אוחי ולא	קטול יתי ולא תגזור עלי כפתגמא
	7:6	הדין בעא למצלביה והמן	מעיקא ובעיל דבבא המן ביש
	7:5	ובאידין אתר הוא גברא חציפא	ואמר לאסתר מלכתא מאן הוא דין
	2:13	ובהדין זמן בתר די שלמין תרי	
	9:14	ודין סידור צליבתהון	וית עשרתי בנוי דהמן צליבו
	1:13	כדין יאה למהוי מתמלל פתגם	אוריתא וחושבן עלמא ארום הי
	1:18	כדין לכל רברבני מלכא ומאן	ושתי מלכתא ומיתמלכן למעבד
	2:12	כדין שלמין יומי סמתוריהון	תרי עשר ירחי שתא ארום
	3:2	כדין פקיד עלוי מלכא ומרדכי	המן בחדייה וסגדין להמן ארום
	4:1	כדין איתכתיב ואיתחתם בשמי	מן עלמא עילוי ארעא הי
	4:16	כדין אובד מן חיי עלמא הדין	בית נשאי ואידברית מינך באונסא
	4:16	כדין ובתר כן איעול לות מלכא	ואוף אנא ועולומתיי נצום הי
	6:9	כדין יתעביד לגברא דמלכא צבי	בפתאה דקרתא ויקלסון קומוי
	6:11	כדין יתעבד לגברא דמלכא צבי	בפתאה דקרתא וקלס קומוי
	7:5	כדין	ומרודא די אמלכיה ליביה למעבד
	8:6	כדין איכול לסוברא ולמיחמי	ארום אי
	8:6	כדין איכול למתעתדא ולמחמי	בבישתא דתינדן ית עמי והי
	9:14	כדין ואיתיהיבת גזירת דינא	ואמר מלכא לאיתעובדא
	4:11	כדנא תימר למרדכי הלא המן	אסתר מלין בפום התך ואמרת ליה
	4:13	כדנא תימרון לה לא תחשבין	למיכאל וגבריאל לאתבא לות אסתר
	6:10	לאידין מרדכי אתיב ליה מלכא	ועיבד כן למרדכי אמר ליה המן
	2:21	לדין הלא מלכתא בפתגם מלכא	רברבניא בנסו וקצפו ואמרו דין
	2:20	מאידין אומה אנת ולא הות אסתר	יום ויום חדא הוה שאיל לה
		דין = 65	
דכי	2:5	דכיא בר יאיר בר שמעי בר גרא	מרדכי על דהוה מתיל למירא
		דכי = 1	
דכר	9:28	דוכרנא ולאיתעובדא בהון משתיא	האיליין איתחייבו למיהוי להון
	2:23	דוכרניא דמתקרי תדירא קדם	תריהון על קיסא ואיתכתיב בספר
	1:14	דכיר ית צדיקיא דקריבו קומך	דעלמא ערבל ית משתיהון והוי
	9:31	דכירין פתגמי צומיא וצלותהון	03
	9:28	ודוכרנהון לא ישתיצי מבניהון	האיליין לא יעברון מגו יהודאי
	2:1	למדכר ית ושתי מתיבין ליה	תקוף רוגזיה דמלכא אחשורוש שרי
		דכר = 6	
דלי	1:6	דליין עילוי אונקלוון ודשרין	באשלי מטכסין צביען בארגוונא
		דלי = 1	
דם	1:14	דמא ומסדרן קומך סידור לחם	ורובי כהניא הוו מרסן ובחשן ית
		דם = 1	
דמי	1:7	דמותיהון הי כאבר ומן קדם	למלכא אחשורוש תמן הוו מחלפן
	6:11	דמיא דגברא דמהלך באורחא הוא	שכחטנת ברתיה מן איגרא והות
	7:7	דמיין לעשרתי בנוי דהמן קטעין	ית עינוי וחזא והא עשרתי מלאכי
		דמי = 3	
דמך	1:9	דמוך דלמלכא אחשורוש	בבית מלכותא אתר קיטון בית
	2:17	דמכיה ית איקונין דושתי ואקים	על רישה וטרד מן קיטון בית
	2:21	דמכיה	אחשורוש למקטליה בסייפיה בבית
	6:2	דמכיה	לקטלא ית מלכא אחשורוש בבית
	7:6	דמכך ויומא דין בעא למילבש	דבבא דבעא למקטלך ברמשא בבית
		דמך = 5	
דמע	5:2	דמען ומסתכלא כלפי שמיא מן יד	נסיסא בדרתא ותרתין עינהא זלגן
		דמע = 1	

דנח	3:2	ממדינחא והמן וחילוותיה	קרתא דהינדקי מרדכי וחילוותיה
		דנח = 1	
דרג	1:14	בדרגא קמאה דבכורסי מלכותא	ומדאי חזן ית אפי מלכא דיתבין
		דרג = 1	
דרגש	1:6	דרגשין תקליטיהון דדהב טב	עילוי ערסן דמלתין די מחתן על
	7:8	דרגשיעא דאסתר יתבא עלה ותוה	וחמא מלכא והא המן גחין על
		דרגש = 2	
דרר	4:7	דררא דממון כסף עשר אלפין	סגד להמן ולא גחן לאנדרטיה וית
		דרר = 1	
דרת	1:5	בדרת גינתא גואה דלמלכא דהות	ועד זעירא משתיא שבעא יומין
	5:1	בדרתא דבבית מלכא גואה דמתבני	עלהא רוח קודשא וקמת וצליאת
	5:2	בדרתא ותרתין עינהא זלגן דמען	מלכא ית אסתר קיימא כד נסיסא
	6:4	בדרתא והמן עאל לדרתא דבבית	ואמר מלכא מאן גברא דקאים
	6:5	בדרתא ואמר מלכא יעול	מלכא לוותיה הא המן קאים
	2:11	דרתא די בבית נשיא למידע ית	מרדכי הוא אזיל ומצלי קדם
	4:11	לדרתא גואה די לא מתקרי על	גבר ואינתתא די יעול לות מלכא
	4:11	לדרתא גואה בלא רשו וכען כל	אחשורוש דלא למיעול לות מלכא
	6:4	לדרתא דבבית מלכא בריתא למימר	מאן גברא דקאים בדרתא והמן עאל
		דרת = 9	
דשר	1:6	ודשרין סגלגלין די כסף כפיסן	בארגוונא דליין עילוי אונקלוון
		דשר = 1	
הא	3:2	הא כולהון זוודין דיהב לי	למיכול אזל גבי מרדכי אמר ליה
	3:9	הא כבר יהבו סילעא לגולגלתא	מלכא עני מרי עלמא וכן אמר
	6:1	הא בכין איתכנשו ואתו קדם מרי	אתא זימנא למיהוי עלם חרוב
	6:5	הא המן קאים בדרתא ואמר מלכא	ואמרו עולימי מלכא לוותיה
	7:8	הא ברם בקושטא לא אתא המן	דאסתר יתבא עלה ותוה מלכא ואמר
	7:9	הא קיסא דזמין המן למצלב	חרבונא חד מן רבניא קדם מלכא
	8:7	הא בית המן יהבית לאסתר ויתיה	לאסתר מלכתא ולמרדכי יהודאה
	3:1	והא כען רבי מלכא אחשורוש ית	לבטלא ביניין בית מוקדשך
	7:7	והא עשרתי מלאכי דמיין לעשרתי	ומלכא זקף ית עינוי וחזא
	7:8	והא גבריאל מלאכא דחף להמן	מגינתא גוואה לבית משתיא דחמרא
	7:8	והא המן גחין על דרגשיעא	דחף להמן רשיעא וחמא מלכא
	7:9	והא קיסא קאים בביתא דהמן כען	מרדכי דמליל טבא בגין מלכא
		הא = 12	
הדא	1:19	הדא גזירתא דלא תיעול ושתי	בגזירת פרסאי ומדאי ולא יתבטל
	3:2	הדא כרעותי וכצביון נפשי לקצת	יהודאה ככל מא דכתיב באיגרתא
	4:14	הדא את מטיא למיחסן מלכותא	די ינדע אין לשתא דאתיא בעידנא
	5:1	הדא להיתנסבא ליה וכען שוי	יתה בבהילו ומינך איסתקף עליי
	5:3	הדא בעותא לא אעבד לך מילתא	אנא מן יהודאי דילמא ימרדון בי
	9:26	הדא לאישתמעא לכל עמא בית	יומי ניסא ופתגמי מגילאתא
	9:29	הדא תנייתא	לקיימא ית איגרתא דפורייא
	9:29	הדא תוקפא דניסא לקיימא ית	ומרדכי יהודאי ית כל מגילאתא
		הדא = 8	
הדר	3:2	הדר גבי מרדכי אמר ליה אוזיף	ליה מא למיתן ובעו למיקטליה
	9:14	הדרין על תרעיא ומתפרנסין	בנין דאישתארו להמן דהוו
	3:7	תהדרין בתתובתא איהוא יהא עבד	לא תדחלין כנישתא דישראל דאין
		הדר = 3	
הוא	1:10	דהוא שבתא לחמא לא סעד ומוי	קדמאה דמשתייא עד יומא שביעאה

הוא הוי

	1:10	דהוא יומא דשבתא עלת קבילתיה	סעד ומוי לא שתא וביומא שביעאה
	3:4	דהוא יהודי ויהודאי לא פלחן	די הקים בחדייה לא הוה גחין על
	3:4	דהוא עבדיה דאזדבן ליה בטולמת	חוי להון די להמן לא סגיד על
	3:7	דהוא ריש שתא לאילני דמינהון	ההיא בשבט לא על מן בגלל
	4:5	דהוא בכי ועל מא דין לא קביל	מרדכי למידע מא דין קל בכותא
	5:11	דהוא ספרנא דמלכא וית מא	על פילכיא ובר מן שמשי
	7:2	דהוא קאים בתחום פלגות מלכותי	לך לחוד למבני בית מוקדשא
	1:2	ההוא כורסי מלכותיה ארדיכליא	תליתאה למלכותיה יתיב עילוי
	1:4	ההוא עותרא בצדאותיה ית בבל	מן כרש מדאה ואוף כרש אשכח
	1:14	ההוא ברם צלו קדם יי וכן אמרו	בנוי דיששכר למידן ית דינא
	5:9	ההוא חדי ובדח ליבא וכד חמא	ונפק המן מלוות מלכא ביומא
	6:1	ההוא סליקת קבילת ריביא דבית	בליליא
	8:1	ההוא מסר מלכא אחשורוש לאסתר	ביומא
	9:11	ההוא על מניין קטילין בשושן	ביומא
	3:2	הו אלא לאישתמוטי מידוי דהמן	ולאחוך לא תיזיף ברביתא ולא
	1:1	הוא למיסב ית אסתר דהיא מן	יי דעתידה ושתי לאיתקטלא ועתיד
	1:1	הוא אחשורוש דביומוי בטילת	והוה ביומוי דאחשורוש רשיעא
	1:16	הוא המן בר בריה דאגג רשיעא	ואמר ממוכן
	2:1	הוא דחייבת עלה דין קטול על	ליה רברבנוי וכן אמרין הלא את
	2:5	הוא שמעי דאקיל לדוד ובעא	בר קיש גברא דמישבטא דבנימן
	2:16	הוא ירחא דטבת בשתא שביעיתא	בית מלכותיה בירחא עשיראה
	3:7	הוא ירחא דניסן בשנת תריסר	בירחא קדמאה
	3:13	הוא ירחא דאדר ושללהון לעדאה	חדא בתלתסר יומין לירח תריסר
	4:14	הוא חכימא די ינדע אין לשתא	תובדון על ההיא חובתא ומאן
	6:11	הוא אבוהא נסיבת אציצא טניפא	הוא מרדכי וגברא דרכיב על סוסא
	6:11	הוא מרדכי וגברא דרכיב על	והות דמיא דגברא דמהלך באורחא
	7:5	הוא דין ובאידין אתר הוא גברא	אחשורוש ואמר לאסתר מלכתא מאן
	7:5	הוא גברא חציפא וחייבא ומרודא	מלכתא מאן הוא דין ובאידין אתר
	7:7	הוא דין והמן קם למתבע חייסא	ואזל לגינתא גוואה למחמי מאן
	8:1	הוא לה	מלכא ארום חויאת ליה אסתר מאן
	8:12	הוא ירחא דאדר	בתלתסר יומין לירח תריסר
	9:1	הוא ירח אדר בתלתסר יומין ביה	ובתריסר ירחין
	1:4	ובההוא עותרא תקף יקריה וסגא	טב יוררין ובורלין וסנדלכין
	6:10	לההוא דסדרת ליה אסתר סנהדרין	אית בשושן אתיב ליה מלכא
		הוא = 35	
הוי	1:11	דהוה מפלחא ית בנאתא דישראל	ית ושתי מלכתא ערטולתא על עיסק
	1:14	דהוה לביש חושנא דביה כרום	מדבח אדמתא על ידא דכהנא רבא
	2:5	דהוה מתיל למירא דכיא בר יאיר	בירנותא ושמיה מתקרי מרדכי על
	2:5	דהוה בשושן בירנותא ושמיה	ומודה ומצלי קדם אלהיה על עמיה
	2:22	דהוה חכים למללא בשובעין	ואשתמודע פתגמא למרדכי על
	5:1	דהוה צבי למיסביה ית ברתיה	על מלכא ופקיד למיקטלה בגין
	5:2	דהוה נקיט בידיה וקריבת אסתר	מלכא לאסתר ית תיגדא דדהבא
	1:7	דהוו ליה למלכא אחשורוש תמן	מן ירושלם ומאניא אחרנייתא
	2:6	דהוו תמן בבבל ועלו עם כרש	עם דניאל וכל כנישתא דישראל
	2:17	דהוו מתנסבן ואיטענת רחמין	ורחים מלכא ית אסתר מכל נשיא
	3:7	דהוו עמיה בכסלו לא על מן	מבולא ואישתיזיב נח ובנוי וכל
	9:14	דהוו מתמנן על אישקקי מלכא	מאה גוברין דאיתקטילו בשושן
	9:14	דהוו הדרין על תרעיא	עם שובעין בנין דאישתארו להמן
	1:5	דהות נציבא אילני עבדין פירין	יומין בדרת גינתא גואה דלמלכא
	2:20	דהות נטרא כד הות מתרביא	הות נטרא על פם מרדכי הי כמא
	8:13	דיהון יהודאין איטימוסין	פילכא ופילכא בריר לכל עמיא
	2:11	הוא אזיל ומצלי קדם דרתא די	ובכל יומא ויומא מרדכי
	9:24	הוא עדווא לשגושיהון	להובדותהון צבע פייסא איהו
	1:2	הוה יכיל ושדר ואייתי	אחשורוש ובעא למיתב עלוי ולא
	2:20	הוה שאיל לה מאידין אומה אנת	וכמיסת יום ויום חדא
	3:2	הוה סגיד להמן על די הוה ליה	ולמיפלח לפולחנא נוכראה ולא

הוי הוי

אוכלוסיא בשתא חדא ומרדכי	הוה מצמצם ממוניה ומפרנס	3:2
דהמן אמרו ליה הב לן ניכול ולא	הוה ליה מא למיתן ובעו	3:2
דמלכא ונפקו מתחות ידיי ולא	הוה בידי ממא לפרנסא אוכלוסיי	3:2
ולא הוה סגיד להמן על די	הוה ליה עבד פלח מטול דאיזדבן	3:2
ולאנדרטא די הקים בחדייה לא	הוה גחין על דהוא יהודי	3:4
לית מרדכי גחין לאנדרטיה ולא	הוה סגיד ליה ואיתמלי המן	3:5
אינון בידי הי כנוני ימא ולא	הוה ידע דבנוי דיוסף מתילין	3:7
דאחשורוש רשיעא ברם חותמא	הוה חתים מן טינא ושדר מרי	4:1
ובכותא ומספדא לבוש דשק וקיטמא	הוה מיתשם עילוי צדיקיא	4:3
ארום בבו די ביני עשו ויעקב	הוה נטיר ליה	4:10
קבל בית מלכא דבירושלם ומלכא	הוה יתיב על כורסי מלכותיה	5:1
בריעא ובמוי דריגלאין ופמה	הוה סרי לחדא ואפיקו יתה	5:1
מאן דחוי מרדכי על בגתן ותרש	הוה מאפיך ית פצימי ספרא ולא	6:1
מן פורתא פלגות אמתא פורתא	הוה צליב בתלת אמין והוה רחיק	9:14
מן דלפון פלגות אמתא דלפון	הוה צליב בתלת אמין והוה רחיק	9:14
נעיץ בארעא וארבע אמין ופלגא	הוה רחיק פרשנדתא מן ארעא	9:14
מן אספתא פלגות אמתא אספתא	הוה צליב בתלת אמין והוה רחיק	9:14
מן ארידי פלגות אמתא ארידי	הוה צליב בתלת אמין והוה רחיק	9:14
רחיק מן המן פלגות אמתא המן	הוה צליב בתלת אמין והוה על	9:14
מן פרמשתא פלגות אמתא פרמשתא	הוה צליב בתלת אמין והוה רחיק	9:14
מן ויזתא פלגות אמתא ויזתא	הוה צליב בתלת אמין והוה רחיק	9:14
מן ארידתא פלגות אמתא ארידתא	הוה צליב בתלת אמין והוה רחיק	9:14
מן אריסי פלגות אמתא אריסי	הוה צליב בתלת אמין והוה רחיק	9:14
מן אדליא פלגות אמתא אדליא	הוה צליב בתלת אמין והוה רחיק	9:14
דרומיה חמשין אמין תלת אמין	הוה נעיץ בארעא וארבע אמין	9:14
רחיק פרשנדתא מן ארעא ופרשנדתא	הוה צליב בתלת אמין והוה רחיק	9:14
ביום תלתסרי לירח אדר	הוה קטול בזרעית עמלק ונחו	9:17
ברם מרדכי צדיקא וסיעתיה לא	הוו תמן	1:5
ומן אילנא לאילנא	הוו פריסן יריען דבוץ גוון	1:6
דהוו ליה למלכא אחשורוש תמן	הוו מחלפן דמותיהון הי כאבר	1:7
דביה כרום ימא ורובי כהניא	הוו מרסן ובחשן ית דמא ומסדרן	1:14
הדסה היא אסתר בת אחבוי ואמאי	הוו קרו לה הדסה על די הות	2:7
וצדיקיא אימתילו לאסא אסתר	הוו קרו לה על די הות צניעא	2:7
ואנת מן עשו ועשו ויעקב אחי	הוו ורחמנא אמר לבר עממין	3:2
ברביתא מטול דעשו ויעקב אחי	הוו ולא יכילית למיפק מתחות	3:2
כד נפקו ממצרים דסכום סילעיא	הוו מאה ככרין ואלפא ושבע מאה	3:9
בשושן בירנותא ומלכא והמן	הוו יתבין למישתי חמרא וקרתא	3:15
לגברא דמלכא צבי ביקריה וכד	הוו אזלין קבל ביתא דהמן	6:11
גברי וסכום שית מאה אלפי זוזין	הוויין עשרת אלפין ככרין דכסף	3:9
ואתפליג מלכותיה דמן קדמת דנא	הוון כל עמיא אומיא ולישניא	1:1
קדם מלכא אחשורוש מסוף די	הוי לה כהילכת נשיא דמתינן	2:12
רשיעא על ירושלם ומיסת	הוי לעוקתא ההיא בשבט לא על	3:7
לאסא אסתר הוו קרו לה על די	הות צניעא בביתא דמרדכי	2:7
ואמאי הוו קרו לה הדסה על די	הות צדיקתא וצדיקיא אימתילו	2:7
לשמשותה שבע יומי שבתא יחולתא	הות משמשא קומתא בחד בשבתא	2:9
בעידן רמשא	הות עיילא לשמושי ית מלכא	2:14
לשמושי ית מלכא ובעידן צפרא	הות תייבא לבית נשיא תיניין	2:14
שאיל לה מאידין אומה אנת ולא	הות אסתר מחוייא ילדותה וית	2:20
עלהא מרדכי וית מימר מרדכי	הות אסתר עבדת שביא ומועדיא	2:20
הות אסתר עבדת שביא ומועדיא	הות נטרא ביומי ריחוקהא הות	2:20
פם מרדכי הי כמא דהות נטרא כד	הות מתרביא עימיה	2:20
דאיתחייב בהון נשיא דבית ישראל	הות נטרא על פם מרדכי הי כמא	2:20
הות נטרא ביומי ריחוקהא	הות מיזדהרא תבשילין וחמרא	2:20
וחמרא דעמין נוכראין לא	הות טעמא וכל פיקודיא	2:20
דסכום אבהתהון כד נפקו ממצרים	הות שית מאה אלפי גברי וסכום	3:9
יתבין למישתי חמרא וקרתא דשושן	הות מתערבלא בחדות עמיא	3:15
וכד איתכנשו עולמתן לידוי דהגי	הות תמן ברתיה דהמן והוה צבו	5:1

הוי הוי

והוה צבו מן שמיא דכל יומא	הות מיקלקלא בריעא ובמוי	5:1
ליהודאין	הות רשותא למעסק באוריתא	8:16
	והוה ביומוי דאחשורוש רשיעא	1:1
אימה ונסבה מרדכי ליה בביתיה	והוה קרי לה ברתי	2:7
	והוה מרבי ית הדסה היא אסתר	2:7
	והוה כד אישתמע פתגם כרוז	2:8
איתמלי המן עילווי מרדכי חומתא	והוה שט בעינוי למושטא ידא	3:2
	והוה כד מללותהון לוותיה יומא	3:4
	והוה חוך קומוי לאושטא ידא	3:6
	והוה ביומא תליתאה דפיסחא	5:1
לידוי דהגי הות תמן ברתיה דהמן	והוה צבו מן שמיא דכל יומא	5:1
	והוה כד חמא מלכא ית אסתר	5:2
ולבש ית סקא ויתיב על קיטמא	והוה מודה ומצלי עד עידן רמשא	6:12
ופרשנדתא הוה צליב בתלת אמין	והוה רחיק מן דלפון פלגות	9:14
אמתא דלפון הוה צליב בתלת אמין	והוה רחיק מן אספתא פלגות	9:14
אמתא פורתא הוה צליב בתלת אמין	והוה רחיק מן אדליא פלגות	9:14
אמתא אספתא הוה צליב בתלת אמין	והוה רחיק מן פורתא פלגות	9:14
פרמשתא הוה צליב בתלת אמין	והוה רחיק מן אריסי פלגות	9:14
אמתא ויזתא הוה צליב בתלת אמין	והוה רחיק מן המן פלגות אמתא	9:14
אמתא ארידי הוה צליב בתלת אמין	והוה רחיק מן ויזתא פלגות	9:14
אמתא אדליא הוה צליב בתלת אמין	והוה רחיק מן ארידתא פלגות	9:14
אמתא אריסי הוה צליב בתלת אמין	והוה רחיק מן ארידי פלגות	9:14
ארידתא הוה צליב בתלת אמין	והוה רחיק מן פרמשתא פלגות	9:14
אמתא המן הוה צליב בתלת אמין	והוה על רישיה תלת אמין בגין	9:14
קדם מאני בית מוקדשא אישתניו	והוו שתן חמר עסיס דיאה למשתי	1:7
משתייא רבא לכל רברבנוי ועבדוי	והוו קרו לה משתיא דאסתר	2:18
ואיתגוללו פצימיא ומיליהון	והוו מתקריין מילייא מגו	6:1
ריבונוי דעלמא ערבל ית משתיהון	והוי דכיר ית צדיקיא דקריבו	1:14
בטילת עיבידת בית אלהא רבא	והות בטילא עד שנת תרתין	1:1
יימר הגי רבא דמלכא נטיר נשיא	והות אסתר טעינת טיבו ומשכחא	2:15
ית פצימי ספרא ולא צבי למקרי	והות רעוא מן קדם מרי עלמא	6:1
איסתכלת שכחטנת ברתיה מן איגרא	והות דמיא דגברא דמהלך באורחא	6:11
	ויהי מתיהיב לבושא דארגוונא	6:9
דאין תהדרין בתתובתא איהוא	יהא עדב חילופך בכן שרי שמשי	3:7
להמן כספא יהי מתיהב לך ועמא	יהון מסירין בידך למעבד כמא	3:11
עילויהון ולא יעבר קיימא די	יהון עבדין ית תרין יומיא	9:27
לי השתא אנא מתעכבין בקרבא לא	יהי לן מא למיכול אזל גבי	3:2
לחוד קולמוסא אתיהיב לי וכספא	יהי מתיהיב על ידא דעבדי	3:9
ואמר מלכא להמן כספא	יהי מתיהב לך ועמא יהון	3:11
לדניאל ארגוונא ובגין כן גזר	למהוי אתיא בכלילא דמלכותא	1:11
וחושבן עלמא ארום הי כדין יאה	למהוי מתמלל פתגם מלכא קדם כל	1:13
מן יד תקף רוגזא דמלכא וגזר	למהוי צליבן שבע רבניא על	2:1
הגי רב מלכא נטיר נשיא ויתגזר	למהוי יהיב סמתר משחהון	2:3
מתנתהא המניכין ולבושי מלכותא	למהוי יהיבין לה וית שבע	2:9
אנא המן בר המדתא דמזרעית אגג	למהוי עבד פלח למרדכי יהודאה	3:2
ריבייא דבית ישראל די איזדמנו	למהוי קטילין על גזירת המן	6:1
לקיימא גזירת דינא עילויהון	למהוי עבדין ית יום ארבסר וית	9:21
פילכא ופילכא מפרסם לכל עמיא	למהויהון זמינין ליומא הדין	3:14
לאישתמעא לכל עמא בית ישראל	למהויהון ידעין מא חזו למקבע	9:26
יהודאין על נפשיהון ועל בניהון	למהויהון דכירין פתגמי צומיא	9:31
די דיירין בכל ממשלתי איזדהרו	למיהוי כל אנש מסרבן על	1:22
אנש מסרבן על אינתתיה וכפי לה	למיהוי ממללא בלישן גברא	1:22
דיטגמא דכתבא	למיהוי מתיהבא גזירתא בכל	3:14
לאיליין דילמא אתא זימנא	למיהוי עלם חרוב הא בכין	6:1
יפקד מלכא וישים טעם למיכתוב	למיהוי תייבין פיטקיא	8:5
ויומיא האיליין איתחייבו	למיהוי להון דוכרנא	9:28
ליה לעבדא ואין מעכבנא	מלמיהוי ליה לעבדא או דילמא	3:2

ויומא הדין	תהויין אמרין רבנתא דפרסאי	1:18	
	הוי = 136		
זתר וכרכס מהומן די מתמני על	מהומתא ביזתא בוז ביתא חרבונא	1:10	הום
	הום = 1		
ועתיד הוא למיסב ית אסתר	דהיא מן בנת שרה דחיית מאה	1:1	היא
תיעל תוב לות מלכא ארום אילהין	ההיא דאיתרעי בה מלכא וקרי לה	2:14	
מלכא אחשורוש ואישתיירת קרתא	ההיא תחות ידוי דמלכא אחשורוש	3:2	
על ירושלם ומיסת הוי לעוקתא	ההיא בשבט לא על מן בגלל דהוא	3:7	
וגניסת בית אבהתך תובדון על	ההיא חובתא ומאן הוא חכימא די	4:14	
ארום משתק שתוקי בעידנא	ההיא ולא תפגיע על יהודאי	4:14	
מילתא מן שמיא ואיתעבדת	ההיא יקרא למרדכי צדיקא אחוי	7:6	
ית שופרה ארי שפירת חיזו	היא	1:11	
די עבד בכל ארום גזירתא רבא	היא ומן בתר כן כל נשיא יתנון	1:20	
והוה מרבי ית הדסה	היא אסתר בת אחבוי ואמאי הוו	2:7	
די לא מתקרי על פמיה דהמן חדא	היא גזירת דיניה לממת לבר	4:11	
	היא = 11		
תמן הוו מחלפן דמותיהון	הי כאבר ומן קדם מאני בית	1:7	היך
בספר אוריתא וחושבן עלמא ארום	הי כדין יאה למהוי מתמלל פתגם	1:13	
דפרסאי ומדאי למעבד לגובריהון	הי כמא דקבילו ית פתגם די	1:18	
ישראל הות נטרא על פם מרדכי	הי כמא דהות נטרא כד הות	2:20	
על עיסק זבינותא דאיזדבנית ליה	הי כמא דנטר עשו ליעקב על	3:2	
דאדר ואמר בליען אינון בידי	הי כנוני ימא ולא הוה ידע	3:7	
להובדותהון מן עלמא עילוי ארעא	הי כדין איתכתיב ואיתחתם בשמי	4:1	
ואוף אנא ועולומתיי נצום	הי כדין ובתר כן איעול לות	4:16	
ולא תעביד רעות המן רשיעא מיני	הי כמא דאיתעבד מן ושתי דשם	5:1	
לרקיעא ואישתמעת קדם מרי עלמא	הי כקל גדיין דעיזין עד	6:1	
מרדכי דשרית למינפל קומוי	הי כמא דנפלו מלכיא קדם אברהם	6:13	
באדר בתרא בזמן עיבוריהון	הי כמא דקיים עילויהון מרדכי	9:31	
בית ישראל לאשתצאה מגו עלמא	והי כמא די איתכתיב ואיתחתם	4:1	
כן איעול לות מלכא דלא כדינא	והי כמא דהובדית מן בית נשאי	4:16	
ולמיחמי בבישתא דתינדן ית עמי	והי כדין איכול למתעתדא	8:6	
מרדכי יהודאי ואסתר מלכתא	והי כמא דקיימו יהודאין על	9:31	
ואישתעי להון המן ית עותריה	והיך איתמני עם דוכוסי מלכא	5:11	
והיך איתמני עם דוכוסי מלכא	והיך רהיטין קומוי סגיעות	5:11	
	היך = 18		
דמאחרין במשריתא כיון דחמא	הינון דלא אישתייר בידיה מדעם	3:2	הינון
	הינון = 1		
וכען לא אישתעבדו ליה מן בגלל	הכי ובתר כדו איתגלי קדם יי	1:1	הכי
מינה מלכותא אמרו ליה לאו	הכי אילהין דין קטול גזרת עלה	2:1	
ושתי ושפר פתגמא קדם מלכא ועבד	הכי	2:4	
מרא לעבדיה אמרו ליה ואפילו	הכי מחנפין לחייביא אמר לון	3:2	
	הכי = 4		
מן איגרא והות דמיא דגברא	דמהלך באורחא הוא מרדכי וגברא	6:11	הלך
מלכא אחשורוש מסוף די הוי לה	כהילכת נשיא דמתינן	2:12	
ממוניה ומפרנס פלגות אוכלוסיא	כהילכת נפקי קרבא דמאחרין	3:2	
ושקותא	כהלכת מנהג גופא ולית דאניס	1:8	
תימרון לה לא תחשבין בנפשיכי	למהך לאישתיזבא בבית מלכא	4:13	
	הלך = 5		
ואיתחתם בשמי מרומא על עיסק די	איתהניו מן סעודתיה דאחשורוש	4:1	הני
לית ליה שום טימי מנהון ומא	הנאה אית ליה בהון אין	3:8	

	2:18	והניית שיבוק כרגא לפלכיא עבד	והוו קרו לה משתיא דאסתר
	1:10	להני שבעא רבנייא דמשמשין	ועתיד לצדאותהון ולשפאותהון
		הני = 4	
הפך	9:22	דאיתהפיך להון מדבונא לחדוה	מן בעלי דבביהון ובירחא
	9:1	ואיתהפכת מן שמיא בגין זכותא	דבבין דיהודאי למשלוט בהון
		הפך = 2	
השתא	3:2	השתא אנא מתעכבין בקרבא לא	לפרנסא פלגות אוכלוסיא חבול לי
	3:2	השתא אית בידי תרין חולקין	לן מלכא כל מא די יהב לן ועד
	3:2	השתא לית לן למיכול ונמות	עליהון לרישא נפקו ואזלו מן
		השתא = 3	
זבן	7:4	איזדבננא שתקית ארום לית	ולהובדא ואילולי לעבדין ולאמהן
	3:4	דאזדבן ליה בטולמת לחם	די להמן לא סגיד על דהוא עבדיה
	3:2	דאיזדבן ליה בטולמא דלחים	על די הוה ליה עבד פלח מטול
	5:9	דאיזדבן ליה בטולמא דלחים	ימינא ואחוי ליה שטר זבינתא
	3:2	דאיזדבנית ליה לעבדא ואין	למיפק מתחות ידוי עד זמן
	3:2	דאיזדבנית ליה הי כמא דנטר	נטיר ליה בבו על עיסק זבינותא
	3:2	זבינותא דאיזדבנית ליה הי כמא	אין אנא נטיר ליה בבו על עיסק
	3:2	זבינתא שדר ליה המן שחרר יתי	יומא בשבעתא כמא דכתיב בשטר
	3:2	זבינתא עלוי ולא אשתכחו אזל	המן לחיי בעו ניירא למכתב שטר
	3:2	זבינתא בטרקיליה על ארכובתא	ולא אשתכחו אזל מרדכי וכתב שטר
	5:9	זבינתא דאיזדבן ליה בטולמא	ית ריגליה ימינא ואחוי ליה שטר
	3:9	לזבוניהון	למזבוניהון ולית רשו לאחשורוש
	3:2	למזבון גרמך לי לעבדא אנא	לך כלל ברביתא אלא אין בעית
	3:9	למזבוניהון ולית רשו לאחשורוש	ושבעא סלעין ולית לך רשו
	7:4	ניזדבננא מגן אנא ועמי בית	ארום
		זבן = 15	
זהר	1:22	איזדהרו למיהוי כל אנש מסרבן	ולישניא די דיירין בכל ממשלתי
	2:20	מיזדהרא תבשילין וחמרא דעמין	הות נטרא ביומי ריחוקהא הות
		זהר = 2	
זוד	3:2	זוודין דיהב ליה מלכא לפרנסא	בידיה מדעם מן ממונא ומן
	3:2	זוודין דיהב לי מלכא לפרנסא	גבי מרדכי אמר ליה הא כולהון
	3:2	זוודין דיהב ליה מלכא לפרנסא	אזל המן והנפק כל ממונא וכל
	3:2	זוודין וכל נבוז בייתהון בשוה	וית המן על פלגותהון ויהב להון
	3:2	זוודין לפרנסותהון וכן עבד	רבובן אוכלסין ויהב לי מלכא
		זוד = 5	
זוז	3:9	זוזי דסכום אבהתהון כד נפקו	חד וחד מנהון אנא יהיב לך מאה
	3:9	זוזין הוויין עשרת אלפין	אלפי גברי וסכום שית מאה אלפי
		זוז = 2	
זון	3:2	יתזון ותוב דלית אנא מוזיף לך	יהיב לך מזוני דאוכלוסאי מן מא
	3:2	מזוני דאוכלוסאי מן מא יתזון	אוזיף לך חד אין אנא יהיב לך
		זון = 2	
זוע	3:2	זע מיניה מן יד איתמלי המן	להמן שטר שיעבודא ולא קם ולא
		זוע = 1	
זכי	3:2	בזכותא דמרדכי ברם המן בר	וכל יומי דרווש בר אסתר מלכתא
	4:14	זכות אבהת עלמא וישיזיב יתהון	ליהודאי מן אתר אוחרן בגין
	1:11	זכותא דאלביש נבוכדנצר אבוי	כלילא דמלכותא על רישהא בגין
	3:7	זכותא דפיסחא באיר ולא על מן	בירחיא בניסן ולא על מן בגלל
	9:1	זכותא דאבהתא די ישלטון	בהון ואיתהפכת מן שמיא בגין
		זכי = 5	

Root	Ref.		
זלג	5:2	זלגן דמען ומסתכלא כלפי שמיא	כד נסיסא בדרתא ותרתין עינהא
		זלג = 1	
זמן	6:1	איזדמנו למהוי קטילין על	קל ריבייא דבית ישראל די
	9:31	בזמן עיבוריהון הי כמא דקיים	יומי פורייא האיליין באדר בתרא
	6:4	דזמין ליה	למלכא למצלוב ית מרדכי על קיסא
	7:9	דזמין המן למצלב מרדכי דמליל	חד מן רבניא קדם מלכא הא קיסא
	7:10	דזמין למרדכי וריתחא דמלכא	וצליבו ית המן על קיסא
	9:14	דזמין למרדכי דרומיה חמשין	עם המן אבוהון על קיסא
	4:12	ואיזדמנו תמן מיכאל וגבריאל	אסתר ותקף רוגזיה ביה וקטליה
	1:13	וזימניא בספר אוריתא וחושבן	דחכימין במנדעא דעידנייא
	8:3	זימיוניה דחשיב על יהודאין	ית בישת המן דמן ייחוס אגג וית
	8:5	זימיוניה דהמן בר המדתא דמן	למיכתוב למיהוי תייבין פיטקיא
	9:25	זימיוניה בישא דחשיב למעבד	קדם מלכא אמר לה מלכא יתוב
	2:19	זימנא תיניינא ומרדכי מצלי	ובאיתכנשות בתולתן
	6:1	זימנא למיהוי עלם חרוב הא	איליין לאיליין דילמא אתא
	9:27	זימניהון	ולחיתא ופילכיא וקירויא כפום
	1:10	זימנין ועתיד לצדאותהון	כגבר דעצר עינבוי במעצרתא תרין
	3:7	זימנין באב לא על מן בגלל	ולא חזי למיקם עקתא תרין
	3:14	זמינין ליומא הדין	מפרסם לכל עמיא למהויהון
	2:13	זמן בתר די שלמין תרי עשר	ובהדין
	3:2	זמן סעודתא אתו אוכלוסוי דהמן	מידוי דהמן כיון דמטא
	3:2	זמן די רבי מלכא ית המן בר	יהודאה יומא חד בשבעתא עד
	3:2	זמן דאיזדבנית ליה לעבדא ואין	יכילית למיפק מתחות ידוי עד
	4:11	זמן תלתין יומין	לא אתקריתי למיעל לות מלכא דין
	9:26	זמן שתא בשתא בגין כן	שום פייסא בגין כן נטרין ליה
	9:22	כזמן יומין דנחו בהון יהודאין	
	5:12	מזומן לוותה למסעוד עם מלכא	אילהין יתי ואוף לעידן מחר אנא
		זמן = 25	
זעזע	4:4	ואיזדעזעת מלכתא לחדא ושדרת	עולמתן דאסתר ורבנהא וחויאו לה
		זעזע = 1	
זער	1:5	זעירא משתיא שבעא יומין בדרת	ערלאין דיירי ארעא למן רבא ועד
	1:20	זעירא	רבו ויקר למריהון למרבא ועד
		זער = 2	
זקף	8:4	ואיזדקפת אסתר וקמת קדם מלכא	מלכא לאסתר ית תיגדא דדהבא
	3:2	וזקיף יתמחי עלוי וקבילית אנא	בכירותא יתנסח אע מביתה דהמן
	7:9	וזקיף יתמחי עלוי רומיה חמשין	על מלכא שפר יתנסח אע מן ביתיה
	7:3	וזקפת אסתר ית עינהא כלפי	
	5:14	זקוף חמשין אמין ובצפרא אמר	מיניה דניאל נביא ברם יעבדו אע
	6:11	זקף רישיה ואמר לה ואוף אנת	אציצא טניפא וטלקת על רישיה
	7:7	זקף ית עינוי וחזא והא עשרתי	ומלכא
	9:13	יזדקפון על קיסא	יום ניסא וית עשרתי בנוי דהמן
		זקף = 8	
זרז	5:10	ואיזדרז המן ועל לביתיה ושדר	
	3:15	זריזין כפתגמא דמלכא וגזירתא	ריהטונין נפקו
	8:14	זריזין וסחיפין כפתגמא דמלכא	ריהטונין דרכבין על ריכשא נפקי
		זרז = 3	
זרע	9:17	בזרעית עמלק ונחו בארבסר ביה	ביום תלתסרי לירח אדר הוה קטול
	3:1	דמזרעית אגג בר עמלק רשיעא	מלכא אחשורוש ית המן בר המדתא
	3:2	דמזרעית אגג למהוי עבד פלח	עלוי וקבילית אנא המן בר המדתא
	3:2	דמזרעית אגג ואעיל יתיה ושוי	די רבי מלכא ית המן בר המדתא
	9:12	דמזרעית עמלק וית עשרתי בנוי	חמש מאה גובריא רופילין

	10:3	זרעיה דבית יעקב	בית ישראל וממליל שלמא לכל
	3:2	זרעית אגג שדר יתי מלכא	ומפרש אנא המן בר המדתא דמן
	6:13	מזרעא דצדיקיא מרדכי דשרית	ליה חכימוי וזרש אינתתיה אין
	3:10	מזרעית אגג מעיקא דיהודאי	ידיה ויהבה להמן בר המדתא
	9:16	מזרעית עמלק ובעדאה לא אושיטו	בשנאיהון שובעין וחמשא אלפין
		זרע = 10	
חבל	3:2	חבול לי השתא אנא מתעכבין	מלכא לפרנסא פלגות אוכלוסיא
		חבל = 1	
חבר	1:17	חברתה ברם בקושטא מלכא	קומיהון במללותהון חדא עם
	9:19	לחבריה	ויומא טבא ומשדרין דורון גבר
	9:22	לחבריה ומעאן דצדקתא מתנן	וחדווא ולשדרא דורון אינש
	1:19	לחברתה דשפירא מינה	ית רישה ומלכותה יתן מלכא
		חבר = 4	
חגג	4:17	חגא דפסחא צומא גזר ויתיב על	ונסס מרדכי ועבר על חדוות
		חגג = 1	
חד	2:9	בחד בשבתא רוקעתא בתדין בשבתא	שבתא יחולתא הות משמשא קומתא
	9:27	בחד עשר ותריסר ותלתסר	רושם עיבראי בבית כנישתהון
	3:9	וחד מנהון אנא יהיב לך מאה	יתכתיב להובדיהון ועל כל חד
	2:21	חד בכין איתיעטו בלישנהון	לסלקא תרין קלוסנטרין ולאוקמא
	3:2	חד אין אנא יהיב לך מזוני	מרדכי משום תרין לא אוזיף לך
	3:2	חד בשבעתא כל יומי חיי ובניי	אין מסרב אנא למפלח ליה יומא
	3:2	חד עשרא אמר לית אנא מוזיף לך	ליה אוזיף לי ואנא פרע לך על
	3:2	חד תרין אמר ליה מרדכי משום	קומך אוזיף לי ואנא פרע לך על
	3:7	חד בשבא ולא על מן בגלל דביה	קדם המן מן יומא ליומא שרי מן
	3:9	חד וחד מנהון אנא יהיב לך מאה	שפיר יתכתיב להובדיהון ועל כל
	5:14	חד בצליבת קיסא ואישתיזיב ומן	עילווי דעד כדון לא איתנסי
	7:9	חד מן רבניא קדם מלכא הא קיסא	ואמר חרבונא
	8:12	חד בכל פילכי מלכא אחשורוש	ביומא
	1:17	חדא עם חברתה ברם בקושטא מלכא	מריהון קומיהון במללותהון
	2:20	חדא הוה שאיל לה מאידין אומה	וכמיסת יום ויום
	3:2	חדא ומרדכי הוה מצמצם ממוניה	לפרנסא פלגות אוכלוסיא בשתא
	3:4	חדא ולא קביל מנהון וחויאו	לוותיה יומא דין ויומא
	3:8	חדא מיבדר ומיתפרש ביני עמיא	המן למלכא אחשורוש איתיי עמא
	3:13	חדא בתלתסר יומין לירח תריסר	ועד סבא טפליא ונשיא ביומא
	4:11	חדא היא גזירת דיניה לממת לבר	גואה די לא מתקרי על פמיה דהמן
	3:2	יומא חד בשבעתא עד זמן די רבי	איתעבד עבוד פלח למרדכי יהודאה
	9:23	כחדא ית דשריאו למעבד וית	עילוויהון כולהון יהודאין
		חד = 22	
חדי	5:14	בחדוה ושפר פתגמא קדם המן	כן עול עם מלכא לבית משתייא
	3:15	בחדות עמיא נוכראין ובקל	חמרא וקרתא דשושן הות מתערבלא
	9:13	וחדוא כד חזי למעבד על יום	די בשושן למעבד יומא טבא
	9:17	וחדוא	ביה ומעבד ביה יום משתיא
	9:18	וחדווא	ביה ומעבד ביה יום מישתייא
	9:22	וחדווא ולשדרא דורון אינש	טבא למעבד בהון יומי משתייא
	8:15	וחדייא	וארגוון טב וקרתא דשושן בדחא
	1:3	וחדיין קומוי	לבישין ארגוונין אכלין ושתין
	9:19	חדוא ומשתיא ויומא טבא	עבדין ית יום ארבסר לירח אדר
	8:17	חדווא ובדיחות ליבא ליהודאין	דפתגם מלכא וגזירת דיניה מטי
	4:17	חדוות חגא דפסחא צומא גזר	ונסס מרדכי ועבר על
	5:9	חדי ובדח ליבא וכד חמא המן ית	המן מלוות מלכא ביומא ההוא
	9:22	לחדוה ומאבלו ליומא טבא למעבד	ובירחא דאיתהפיך להון מדבונא

וגחנין לאנדרטא די הקים המן	בחדייה וסגדין להמן ארום כדין	3:2	
בטולמת לחם ולאנדרטא די הקים	בחדייה לא הוה גחין על דהוא	3:4	
	חדי = 15		
דביה פסקן מיתי מדברא וביה	חדרת שכינת מרי עלמא ומלילת	3:7	חדר
	חדר = 1		
ויומיא האיליין	איתחייבו למיהוי להון דוכרנא	9:28	חוב
לא הות טעמא וכל פיקודיא	דאיתחייב בהון נשיא דבית	2:20	
כל מא דאיתעבד בשמי מרומא ומא	דאיתחייבו עמא בית ישראל	4:1	
רברבנוי וכן אמרין הלא את הוא	דחייבת עלה דין קטול על מא	2:1	
ובאידין אתר הוא גברא חציפא	וחייבא ומרודא די אמלכיה	7:5	
לא על מן בגלל דביה משתבקין	חוביהון דישראל במרחשון לא על	3:7	
בית אבהתך תובדון על ההיא	חובתא ומאן הוא חכימא די ינדע	4:14	
לכל עמא בית ישראל דאישתכחו	חייביא בשושן בירנותא	1:5	
תרתין לדריוש בגין עיטתא דושתי	חייבתא ברתיה דאויל מרודך בר	1:1	
אמרו ליה ואפילו הכי מתנפין	לחייביא אמר לון והכתיק	3:2	
	חוב = 10		
ובתר די אכלו ושתו ואיתפנקו	אחוי להון ית עותריה די	1:4	חוי
ספרא וכד חמא שמשי ספרא ית מאן	דחוי מרדכי על בגתן ותרש הוה	6:1	
אילהין פשט ית ריגליה ימינא	ואחוי ליה שטר זבינתא דאיזדבן	5:9	
חכים למללא בשובעין לישנין	וחוי לאסתר מלכתא ואמרת אסתר	2:22	
	וחוי ליה מרדכי ית כל דערעיה	4:7	
ועל התך	וחוי לאסתר ית פתגמי מרדכי	4:9	
דין ויומא חדא ולא קביל מנהון	וחויאו להמן למחמי היתקיימון	3:4	
ועלן עולמתן דאסתר ורבנהא	וחויאו לה ואיזדעזעת מלכתא	4:4	
תמן מיכאל וגבריאל מלאכיא	וחויאו למרדכי ית פתגמי אסתר	4:12	
יהב ליה לאחזאה ית אסתר	ולחואה לה מא דחשיב המן רשיעא	4:8	
מרדכי כלקבל פתגמי המן ארום	חוי להון די להמן לא סגיד על	3:4	
ואישתכח כתיב בספרא די	חוי מרדכי על בגתן ותרש תרין	6:2	
למקטול ית מרדכי בלחודוי ארום	חויאו ליה דמרדכי אתי מן יעקב	3:6	
לא	חויאת אסתר ית עמהא וית בית	2:10	
ומרדכי על קדם מלכא ארום	חויאת ליה אסתר מאן הוא לה	8:1	
מרי עלמא ית אליהו כהנא רבא	לחואה למרדכי די יקום ויצלי	4:1	
מאידין אומה אנת ולא הות אסתר	מחוייא ילדותה וית עמה כמא	2:20	
ארום מרדכי פקד עלהא דלא	תחוי	2:10	
	חוי = 18		
מלכא ומאן יכיל לסוברא כמיסת	חוך דין ורגיז	1:18	חוך
והוה	חוך קומוי לאושטא ידא למקטול	3:6	
	חוך = 2		
מיניה ואוף אנת ברחמך סגיען	חוס על עמך ולא תמסור בנוי	5:1	חוס
מאן הוא דין והמן קם למתבע	חייסא על נפשיה מאסתר מלכתא	7:7	
	חוס = 2		
סמקין ירקין וברקין ומרוקין	וחיורין אותיב יתהון עילוי	1:6	חור
מן קדם מלכא בלבוש מלכותא תכלא	וחרי והמניכא דדהבא רבתא	8:15	
הוו פריסן יריען דבוץ גוון	חיוור כספירין וכרתנין ותכלא	1:6	
	חור = 3		
מלכא פשט מרדכי ריגליה ימינא	ואחזי להמן שטר שיעבודא ולא	3:2	חזי
ביומא דשבתא כולהין צדקתן	וחוזיין למיתן לה מיכלא	2:9	
ומלכא זקף ית עינוי	וחזא והא עשרתי מלאכי דמיין	7:7	
בית ישראל למהויהון ידעין מא	חזו למקבע יומי פוריא האיליין	9:26	

	6:6	חזי לאיתעובדא לגבר דמלכא צבי	ועל המן ואמר ליה מלכא מאן
	9:13	חזי למעבד על יום ניסא וית	בשושן למעבד יומא טבא וחדוא כד
	1:14	חזן ית אפי מלכא דיתבין בדרגא	ממוכן שבעה רברבני פרסאי ומדאי
	1:11	חיזו היא	ורברבניא ית שופרה ארי שפירת
	2:2	חיזו	מלכא עולימן בתולתן שפירן
	2:3	חיזו לשושן בירנותא לבית נשיא	ית כל עולימתא בתולתא שפירת
	2:7	חיזו ובעידן דמית אבוהא	ועולימתא שפירת ריוו ושפירת
	1:11	לאחזאה לעמיא ורברבניא ית	גזר למהוי אתיא בכלילא דמלכותא
	4:8	לאחזאה ית אסתר ולחוואה לה מא	בשושן לשיצויתהון יהב ליה
		חזי = 14	
חזר	1:6	חזור חזור	ואיטונין מציירין מקפן להון
	1:6	חזור	מציירין מקפן להון חזור
		חזר = 2	
חיי	1:1	דחיית מאה ועשרין ושבע שנין	למיסב ית אסתר דהיא מן בנת שרה
	4:11	וייחי ואנא לא אתקריתי למיעל	יושיט ליה מלכא ית תגדא דדהבא
	3:2	חיוי וכל יומי דרווש בר אסתר	ידוי דמלכא אחשורוש כל יומי
	3:2	חיי ובניי לבנוי עד סוף כל	ליה יומא חד בשבעתא כל יומי
	4:16	חיי עלמא הדין בגין פורקן עמא	מינך באונסא כדין אובד מן
	3:2	לחיי בעו ניירא למכתב שטר	אוכלוסיי ואוכלוסך אמר ליה המן
		חיי = 6	
חיל	3:2	וחילוותיה ממערבא אזל המן	מרדכי וחילוותיה ממדינחא והמן
	3:2	וחילוותיה ממדינחא והמן	אעיקין על קרתא דהינדקי מרדכי
	8:11	חילוות עמא ופילכא דמעיקין	לשיצאה ולקטלא ולהובדא ית כל
		חיל = 3	
חכם	1:13	דחכים וידעי אוריתא ודינא	למהוי מתמלל פתגם מלכא קדם כל
	1:13	דחכימין במנדעא דעידנייא	ואמר מלכא לחכימיא בנוי דיששכר
	2:22	חכים למללא בשובעין לישנין	ואשתמודע פתגמא למרדכי על דהוה
	4:14	חכימא די ינדע אין לשתא דאתיא	תובדון על ההיא חובתא ומאן הוא
	6:13	חכימוי וזרש אינתתיה אין	רחמוי ית כל דערעיה ואמרו ליה
	3:2	חכימיא מא דין אנת עבר על	ית כולהון יהודאי אמרין ליה
	1:13	לחכימיא בנוי דיששכר דחכימין	ואמר מלכא
		חכם = 7	
חלף	2:4	חולף ושתי ושפר פתגמא קדם	קדם מלכא תיעול למחסן מלכותא
	2:17	חולף ושתי	על כורסי תיניין ואמליך יתה
	3:7	חילופך בכן שרי שמשי צפרא	תהדרין בתתובתא איהוא יהא עדב
	1:7	מחלפן דמותיהון הי כאבר ומן	ליה למלכא אחשורוש תמן הוו
		חלף = 4	
חלק	2:18	וחולק כמיסת ידא דמלכא	כרגא לפלכיא עבד ויהב לה מתנן
	3:2	חולקין מכל מא דיהב לי מלכא	יהב לן ועד השתא אית בידי תרין
	3:2	חולקך אמר ליה המן אי ניחא	לי מלכא ואנת אמאי בזביזתא
		חלק = 3	
חמט	3:2	חמטין וגחנין לאנדרטא די הקים	דמלכא דבתרע פלטירין דמלכא
	3:2	חמיט לאנדרטא דיליה מטול	כדין פקיד עלוי מלכא ומרדכי לא
	3:2	חמיט ולא סגיד	אלהי לרשיעא מטול הכן מרדכי לא
	3:2	למיחמט ולמיפלח לפולחנא	דיליה מטול דיהודאי איתסר לון
		חמט = 4	
חמי	3:2	דחמא הינון דלא אישתייר בידיה	קרבא דמאחרין במשריתא כיון
	2:5	וחמא דאיטימוסין מרדכי ואסתר	שבקיה על דאיסתכל ברוח נבואה

	7:8	וחמא מלכא והא המן גחין על	גבריאל מלאכא דחף להמן רשיעא
	8:6	ולמחמי בעידן דיובדון גניסת	ית עמי והי כדין איכול למתעתדא
	8:6	ולמיחמי בבישתא דתינדן ית עמי	ארום אי כדין איכול לסוברא
	4:12	חמא המן רשיעא ית התך דשמיה	וכד
	5:2	חמא מלכא ית אסתר קיימא כד	והוה כד
	5:9	חמא המן ית מרדכי וית טפליא	ביומא ההוא חדי ובדח ליבא וכד
	6:1	חמא שמשי ספרא ית מאן דחוי	נסיס אפין ואמר לשמשי ספרא וכד
	7:7	חמא ארום איסתקפת עלוי בישתא	על נפשיה מאסתר מלכתא ארום
	2:15	חמהא	טיבו ומשכחא רחמין בעיני כל
	2:21	חמון תרין רברבניא בנסו וקצפו	דתקינת ליה אסתר בתרע מלכא וכד
	5:13	חמי ית מרדכי יהודאה יתיב	טימי לוותי בכל עידן דאנא
	2:7	חמת אפי גבר אילהין אפי מרדכי	דמרדכי שובעין וחמש שנין ולא
	3:4	למחמי היתקיימון פתגמי מרדכי	ולא קביל מנהון וחויאו להמן
	7:7	למחמי מאן הוא דין והמן קם	דחמרא ואזל לגינתא גוואה
		חמי = 17	
חמם	1:12	וחמתיה רתחת ביה	ביד רבניא ורגז מלכא לחדא
	3:2	חומתא והוה שט בעינוי למושטא	מן יד איתמלי המן עילווי מרדכי
		חמם = 2	
חמר	1:10	בחמרא גרי ביה יי מלאכא	קדם יי וכד שפר ליביה דמלכא
	5:6	דחמרא מא שאלתיך אסתר מלכתא	ואמר מלכא לאסתר במשתייא
	7:2	דחמרא מא שאילתיך אסתר מלכתא	אוף ביומא תניינא במשתייא
	7:7	דחמרא ואזל לגינתא גוואה	גוואה בכן קם בריתחיה ממשתייא
	7:8	דחמרא והא גבריאל מלאכא דחף	מגינתא גוואה לבית משתיא
	2:20	וחמרא דעמין נוכראין לא הות	ריחוקהא הות מיזדהרא תבשילין
	1:7	חמר עסיס דיאה למשתי למלכא	בית מוקדשא אישתניו והוו שתן
	3:15	חמרא וקרתא דשושן הות מתערבלא	ומלכא והמן הוו יתבין למישתי
	7:1	חמרא עם אסתר מלכתא	ועל מלכא והמן למשתי
	2:1	חמריה וכד נח תקוף רוגזיה	האיליין כד פג ואישתדך מרווית
	3:8	חמרנא ליתיהון שתן יומי	לחמנא ותבשילנא ליתיהון טעמין
		חמר = 11	
חמש	9:18	בחמיסר ביה ומעבד ביה יום	בתלתסר ביה ובארבסר ביה ונחו
	2:9	בחמשא בשבתא חורפיתא בשתא	נהוריתא בארבע בשבתא רוחשיתא
	3:7	בחמשא בשבא ולא על מן בגלל	שבעא כוכביא ותריסר מזליא
	9:27	וחמיסר בני פיצחיא ולחייתא	בחד עשר ותריסר ותלתסר וארביסר
	2:7	וחמש שנין ולא חמת אפי גבר	הות צניעא בביתא דמרדכי שובעין
	9:16	וחמשא אלפין מזרעית עמלק	דביהון וקטלו בשנאיהון שובעין
	9:21	חמיסר ביה בכל שתא ושתא	עבדין ית יום ארבסר וית יום
	9:6	חמש מאה גוברין כולהון	בירנותא קטלו יהודאין והובדו
	9:12	חמש מאה גובריא רופילין	בשושן בירנותא קטלו יהודאין
	9:14	חמש מאה גוברין דאיתקטילו	בסייפא ומאה ותמניא מיתו עם
	5:14	חמשין אמין ובצפרא אמר למלכא	דניאל נביא ברם יעבדו אע זקוף
	7:9	חמשין אמין ואמר מלכא איזילו	ביתיה וזקיף יתמחי עלוי רומיה
	9:14	חמשין אמין תלת אמין הוה נעיץ	על קיסא דזמין למרדכי דרומיה
		חמש = 13	
חנף	3:2	מחנפין לחייביא אמר לון	לעבדיה אמרו ליה ואפילו הכי
		חנף = 1	
חסד	2:9	חיסדא קומוי ופקיד לאיתבהלא	ושפרת עולימתא בעינוי ואיטענת
	2:5	חסידא ומודה ומצלי קדם אלהיה	גבר
		חסד = 2	
חסן	7:2	ויחסן מלכותא ותיתעבד	עד די ירבי כרש דריוש בריך

חסן טבע

	4:14	למיחסן מלכותא	לשתא דאתיא בעידנא הדא את מטיא
		חסן = 3	
חסר	1:7	בחוסרנא אלהין כמיסת ידא	דסגי ריחיה ובסים טעמיה ולא
		חסר = 1	
חפי	7:8	איתחפיו בהתא	נפקת מפמא דמלכא ואפוי דהמן
		חפי = 1	
חפר	1:4	חפר בספר פרת ואשכח תמן שית	ההוא עותרא בצדאותיה ית בבל
		חפר = 1	
חצף	7:5	חציפא וחייבא ומרודא די	הוא דין ובאידין אתר הוא גברא
		חצף = 1	
חקל	6:13	חקליא אבימלך קדם יצחק יעקב	דנפלו מלכיא קדם אברהם במישר
		חקל = 1	
חרב	1:10	אחרביה בגתא ואבגתא עתיד מרי	מהומתא ביזתא בוז ביתא חרבונא
	6:1	חרוב הא בכין איתכנשו ואתו	דילמא אתא זימנא למיהוי עלם
		חרב = 2	
חרר	3:2	משחררנא לך דכן אמרין בני נשא	אין יהבת לי כולי ממונך לא
	3:2	שחרר יתי ואנא אתן לך עשרא	דכתיב בשטר זבינתא שדר ליה המן
		חרר = 2	
חשב	4:8	דחשיב המן רשיעא על עמא	לאחזאה ית אסתר ולחואה לה מא
	8:3	דחשיב על יהודאין	דמן ייחוס אגג וית זימיוניה
	9:25	דחשיב למעבד למרדכי וליהודאי	לה מלכא יתוב זימיוניה בישא
	9:1	דחשיבו בעלי דבבין דיהודאי	וגזירת דיניה לאיתעובדא ביומא
	1:13	וחושבן עלמא ארום הי כדין יאה	דעידנייא וזימניא בספר אוריתא
	6:6	וחשיב המן בליביה ואמר למאן	לגבר דמלכא צבי ביקריה
	9:24	חשיב על יהודאין להובדותהון	דמן ייחוס אגג מעיק כל יהודאין
	4:13	תחשבין בנפשיכי למהך	לות אסתר כדנא תימרון לה לא
		חשב = 8	
חשך	9:22	לחשוכי	אינש לחבריה ומעאן דצדקתא מתנן
		חשך = 1	
חשן	1:14	חושנא דביה כרום ימא ורובי	על ידא דכהנא רבא דהוה לביש
		חשן = 1	
חתך	4:5	מתחתכן פתגמי מלכותא ופקידת	דמתקרי התך דעל מימר פומיה
		חתך = 1	
חתם	6:1	דאיתחתמא לביש על בית ישראל	על עמיה ואמר לבזעא סיטומתא
	4:1	ואיתחתם להובדותהון מן עלמא	מגו עלמא והי כמא די איתכתיב
	4:1	ואיתחתם בשמי מרומא על עיסק	עילוי ארעא הי כדין איתכתיב
	1:22	וחתימן בעיזקתיה לכל פלכי	ושלח פיטקין כתיבן
	3:12	ומתחתם בקושפנקא דמלכא	בשום מלכא אחשורוש כתיב ומפרש
	4:1	חותמא הוה חתים מן טינא ושדר	מן סעודתיה דאחשורוש רשיעא ברם
	4:1	חתים מן טינא ושדר מרי עלמא	דאחשורוש רשיעא ברם חותמא הוה
		חתם = 7	
טבע	9:4	ומטבעיה נפק בכל פילכיא ארום	ורב סרכן מרדכי בבית מלכא
	3:9	מטבעא לאעלא לבית גנזי מלכא	וכספא יהי מתיהיב על ידא דעבדי
		טבע = 2	

טור טעם

טור	3:7	בטורא דסיני למיסב לוחין	לא על מן בגלל דביה סליק משה
		טור = 1	
טחל	8:10	טחוליהון ואיקדדו פיסת כף	ערטולייני רמכין דאיתנטילו
		טחל = 1	
טיב	3:11	דיוטב קומך	יהון מסירין בידך למעבד כמא
	8:5	וטבתא אני בעינוי יפקד מלכא	קומוי ותקין פתגמא קדם מלכא
	2:17	וטיבו קומוי מן כל בתולתן	דהוו מתנסבן ואיטענת רחמין
	6:1	וטיבו על עמיה ואמר לבזעא	מן יד איתמלי מרי עלמא רחמין
	1:4	טב יוררין ובורלין וסנדלכין	ותמנין אחמתין דנחשא מליין דהב
	1:5	טב ושלימין באשלמות אבן טבא	כבישין עד פלגותהון דהב
	1:6	טב וכרעיהון דכסף שריין על	מחתן על דרגשין תקליטיהון דדהב
	8:15	טב וקרתא דשושן בדחא וחדייא	רבתא וגלימא דבוץ וארגוון
	1:5	טבא ומטללין עילויהון ברם	דהב טב ושלימין באשלמות אבן
	7:9	טבא בגין מלכא והא קיסא קאים	דזמין המן למצלב מרדכי דמליל
	8:17	טבא וסגיעין מעמי ארעא	ליבא ליהודאין משתיא ויומא
	9:13	טבא וחדוא כד חזי למעבד על	ליהודאין די בשושן למעבד יומא
	9:19	טבא ומשדרין דורון גבר לחבריה	לירח אדר חדוא ומשתיא ויומא
	9:22	טבא למעבד בהון יומי משתייא	מדבונא לחדוה ומאבלו ליומא
	10:3	טבתא לעמיה בית ישראל וממליל	לסגי אחוי דמן שבטא דבנימן תבע
	2:15	טיבו ומשכחא רחמין בעיני כל	נטיר נשיא והות אסתר טעינת
	2:9	לאוטבא להון ולפנקותהון בבית	מלכא ושני יתה וית עולימתהא
		טיב = 17	
טין	4:1	טינא ושדר מרי עלמא ית אליהו	רשיעא ברם חותמא הוה חתים מן
		טין = 1	
טכס	1:6	מטכסין צביען בארגוונא דליין	וכרתנין ותכלא אחידן באשלי
		טכס = 1	
טלל	1:5	ומטללין עילויהון ברם מרדכי	טב ושלימין באשלמות אבן טבא
		טלל = 1	
טלם	3:2	בטולמא דלחים תרגום ירושלמי	ליה עבד פלח מטול דאיזדבן ליה
	5:9	בטולמא דלחים דמכתבא	ליה שטר זבינתא דאיזדבן ליה
	3:4	בטולמת לחם ולאנדרטא די הקים	סגיד על דהוא עבדיה דאזדבן ליה
		טלם = 3	
טלק	6:11	וטלקת על רישיה זקף רישיה	הוא אבוהא נסיבת אציצא טניפא
		טלק = 1	
טמע	6:13	טמעו פרעה וכל משיריתיה בימא	נצח מלאכא ועל ידוי דמשה ואהרן
		טמע = 1	
טנף	6:11	טניפא וטלקת על רישיה זקף	על סוסא הוא אבוהא נסיבת אציצא
		טנף = 1	
טעם	1:8	טעם מלכא על כל דאיתמנא	גופא ולית דאניס ארום כן שם
	5:1	טעם על מלכא ופקיד למיקטלה	הי כמא דאיתעבד מן ושתי דשם
	6:8	טעם וייתון לבוש ארגוונא	ישים מלכא
	8:5	טעם למיכתוב למיהוי תייבין	אני בעינוי יפקד מלכא וישים
	2:20	טעמא וכל פיקודיא דאיתחייב	וחמרא דעמין נוכראין לא הות
	1:7	טעמיה ולא בחוסרנא אלהין	למשתי למלכא דסגי ריחיה ובסים
	3:8	טעמין חמרנא ליתיהון שתן יומי	עמא לחמנא ותבשילנא ליתיהון
		טעם = 7	

טען	5:2	איטענת רחמין ואושיט מלכא	דמען ומסתכלא כלפי שמיא מן יד
	2:9	ואיטענת חיסדא קומוי ופקיד	ושפרת עולימתא בעינוי
	2:17	ואיטענת רחמין וטיבו קומוי מן	ית אסתר מכל נשיא דהוו מתנסבן
	2:15	טעינת טיבו ומשכחא רחמין	רבא דמלכא נטיר נשיא והות אסתר
		טען = 4	
טפל	3:13	טפליא ונשיא ביומא חדא בתלתסר	כל יהודאי מן עולימא ועד סבא
	5:9	טפליא עסיקן בפתגמי אוריתא	ליבא וכד חמא המן ית מרדכי וית
	8:11	טפלין ונשין ושללהון לעדאה	עמא ופילכא דמעיקין יתהון
		טפל = 3	
טרד	2:17	וטרד מן קיטון בית דמכיה ית	ושוי מניכא דדהבא על רישה
		טרד = 1	
יאי	1:7	דיאה למשתי למלכא דסגי ריחיה	אישתניו והוו שתן חמר עסיס
	1:13	יאה למהוי מתמלל פתגם מלכא	וחושבן עלמא ארום הי כדין
		יאי = 2	
יד	1:12	ביד רבניא ורגז מלכא לחדא	למיעל בגזירת מלכא דאיתפקדת
	1:15	ביד רבניא	ית מימר מלכא אחשורוש דגזר עלה
	5:1	ביד עורלאה הדין ולא תעביד	אמרת רבוני דעלמא לא תימסרינני
	3:13	בידא דריהטונין לכל פילכי	ולשדרא פיטקין
	8:10	בידא דרהטונין רהטי סוסוון	סיטומתא דמלכא ושלח פיטקין
	5:1	בידוי דהמן בר המדתא בר עדא	על עמך ולא תמסור בנוי דיעקב
	3:2	בידי תרין חולקין מכל מא דיהב	כל מא די יהב לן ועד השתא אית
	3:2	בידי ית מרדכי וית כל עמיה	אלפין ככרין דכסף למלכא וימסור
	3:2	בידי ממא לפרנסא אוכלוסיי	ונפקו מתחות ידיי ולא הוה
	3:7	בידי הי כנוני ימא ולא הוה	ירחא דאדר ואמר בליען אינון
	1:4	בידיה מן כרש מדאה ואוף כרש	אחוי להון ית עותריה די אישתאר
	3:2	בידיה מדעם מן ממונא ומן	כיון דחמא הינון דלא אישתייר
	5:2	בידיה וקריבת אסתר ומטת לידא	ית תיגדא דדהבא דהוה נקיט
	6:13	בידיהון ואוף אנת לא תיכול	דאבאישו להון מסר יתהון אלההון
	3:11	בידך למעבד כמא דיוטב קומך	יהי מתיהב לך ועמא יהון מסירין
	2:1	יד תקף רוגזא דמלכא וגזר	גזרת עלה בעיטת שבע רבניא מן
	2:13	יד יתיהב לה למיעל עמה מן בית	כל רב וסרכן די צביא למימר מן
	3:2	יד תקיף רוגזיה דהמן ואמר	נשא עבדא למאן כרסוי למאן מן
	3:2	יד איתמלי המן עילווי מרדכי	ולא קם ולא זע מיניה מן
	3:2	יד כד נפק המן מן קדם מלכא	דעבד יעקב אבוהון לעשו אבא מן
	3:2	יד אשתמיט מלמיפלח ית מרדכי	רברבניא ועבדוי דמלכא ומן
	4:14	יד בעלי דבביהון ואנת וגניסת	וישיזיב יתהון מרי עלמא מן
	5:2	יד איטענת רחמין ואושיט מלכא	דמען ומסתכלא כלפי שמיא מן
	5:9	יד תקף רוגזיה ואיתמלי המן	בטרקליליה כל קבל ארכובתיה מן
	6:1	יד איתמלי מרי עלמא רחמין	קטילין על גזירת המן רשיעא מן
	6:11	יד נפלת מן איגרא ומיתת מן	לה ואוף אנת ברתי בהתתיתי מן
	1:7	ידא דמלכא	טעמיה ולא בחוסרנא אלהין כמיסת
	1:14	ידא דכהנא רבא דהוה לביש	שפנינין על מדבח אדמתא על
	2:18	ידא דמלכא	עבד ויהב לה מתנן וחולק כמיסת
	2:21	ידא במלכא אחשורוש למקטליה	דיקטול לאסתר מלכתא ולאושטא
	3:2	ידא במרדכי לבלחודוי ובעא המן	חומתא והוה שט בעינוי למושטא
	3:6	ידא למקטול ית מרדכי בלחודוי	והוה חוך קומוי לאושטא
	3:9	ידא דעבדי מטבעא לאעלא לבית	אתיהיב לי וכספא יהי מתיהיב על
	4:1	ידא דאליהו כהנא רבא ית כל מא	ומרדכי ידע על
	6:2	ידא לקטלא ית מלכא אחשורוש	מנטורי פלטירין די בעו לאושטא
	6:9	ידא דגברא רבא מרברבני מלכא	לבושא דארגוונא וסוסא על
	1:1	ידוי וכען לא אישתעבדו ליה מן	ולישניא ואפרכיא כבישן תחות
	1:2	ידוי דנבוכדנצר ונחת לבבל	ותו מן ירושלם אישתבא על

ומן ידוי דסנחריב אישתבא על	ידוי דחזקיה ותב לירושלם ותו	1:2	
דשלמה דאישתבא מן ירושלם על	ידוי דשישק מלכא דמצרים	1:2	
מלכא דמצרים וממצרים אישתבא על	ידוי דסנחריב ומן ידוי	1:2	
הוו ולא יכילית למיפק מתחות	ידוי עד זמן דאיזדבנית ליה	3:2	
ואישתיירת קרתא ההיא תחות	ידוי דמלכא אחשורוש כל יומי	3:2	
קדם יצחק יעקב נצח מלאכא ועל	ידוי דמשה ואהרן טמעו פרעה	6:13	
דסנאה בשאלתי ופורקן עמי מן	ידוי דבעיל דבבא בבעותי	7:3	
שפיר תתיהב לי שיזוב נפשי מן	ידוי דסנאה בשאלתי ופורקן עמי	7:3	
פתגמי פורייא האילין ועל	ידוי דמרדכי איתכתיבת מגילתא	9:32	
ואעדי מלכא ית גושפנקיה מעילוי	ידיה ויהבה להמן בר המדתא	3:10	
צליבו על קיסא בגין די אושיט	ידיה ביהודאין	8:7	
למיתן לה מיכלא ומישתיא על	ידיהון מן בית מלכא ושני יתה	2:9	
איתכבישת הינדקי קרתא תחות	ידיהון ובזו ית קרתא וקטילו	3:2	
אלפין ככרין דאמר המן למתקל על	ידיהון דגזברין דממנן על בית	4:7	
עורלת בניהון ולאחתא תפלין על	ידיהון ועל רישיהון	8:16	
קטלו ובעדאה לא אושיטו ית	ידיהון	9:10	
גוברין ובעדאה לא אושיטו ית	ידיהון	9:15	
עמלק ובעדאה לא אושיטו ית	ידיהון	9:16	
נכסוי דמלכא ונפקו מתחות	ידיי ולא הוה בידי ממא לפרנסא	3:2	
עולימתן סגיען לשושן בירנותא	ליד הגי ואידברת אסתר באונסא	2:8	
אסתר באונסא ואיתעלת לבית מלכא	לידא דהגי נטיר נשיא	2:8	
הות תייבא לבית נשיא תיניין	לידא דשעגז רבא דמלכא נטיר	2:14	
נקיט בידיה וקריבת אסתר ומטת	לידא ואחדת ברישא דתיגדא	5:2	
ית ברתיה וכד איתכנשו עולמתן	לידוי דהגי הות תמן ברתיה	5:1	
ברביתא ולא הו אלא לאישתמוטי	מידוי דהמן כיון דמטא זמן	3:2	
	יד = 64		
גבר חסידא	ומודה ומצלי קדם אלהיה על	2:5	ידי
ית סקא ויתיב על קיטמא והוה	מודה ומצלי עד עידן רמשא והמן	6:12	
ליה לעבדא או דילמא אין לא	מודי אנא דאנא עבדיה או דילמא	3:2	
	ידי = 3		
לשיצאותיה מן עלמא דעד כדו לא	אישתמודע בעלמא פסוקו מיני עד	3:1	ידע
לחכימיא בנוי דיששכר דחכימין	במנדעא דעידנייא וזימניא בספר	1:13	
כן דאיתעביד בהון ניסא למרדכי	וידעון פורקנא דמטת להון	9:26	
מתמלל פתגם מלכא קדם כל דחכים	וידעי אוריתא ודינא	1:13	
בעלמא פסוקו מיני עד די יתרברב	וישתמודע לכל עמיא ומן בתר כן	3:1	
בידי הי כנוני ימא ולא הוה	ידע דבנוי דיוסף מתילין לנוני	3:7	
קדם מרי עלמא על עמיה וכד	ידע מרדכי בזע ית לבושוי	4:1	
ומרדכי	ידע על ידא דאליהו כהנא רבא	4:1	
ועמין דדיירין בפילכי מלכא	ידעין די כל גבר ואינתתא די	4:11	
לכל עמא בית ישראל למהויהון	ידעין מא חזו למקבע יומי	9:26	
ההיא חובתא ומאן הוא חכימא די	ינדע אין לשתא דאתיא בעידנא	4:14	
ומצלי קדם דרתא די בבית נשייא	למידע ית שלם אסתר ומא	2:11	
מלכותא ופקידת ליה על מרדכי	למידע מא דין קל בכותא דהוא	4:5	
	ידע = 13		
ואמרת אסתר אין על מלכא שפר	איתיהב רשו אוף מחר ליהודאין	9:13	יהב
אגזור ותתעבד בבהילו ורעותיך	איתיהיב ליך	5:3	
מלכא ביומא דעל למלכותא די	איתיהיב כלילא דמלכותא ברישיה	6:8	
דחיית מאה ועשרין ושבע שנין	איתיהיבת ליה ארכא ומלך מן	1:1	
מונא בסיון לא על בגלל דביה	איתיהיבת אוריתא בסיני בתמוז	3:7	
זריזין כפתגמא דמלכא וגזירתא	איתיהיבת בשושן בירנותא ומלכא	3:15	
כפתגמא דמלכא וגזירת דינא	איתיהיבת בשושן בירנותא	8:14	
אלפין ככרין דכסף לחוד קולמוסא	אתיהיב לי וכספא יהי מתיהיב	3:9	
וית דיטגמאה דכתב גזירתא	דאיתיהיב בשושן לשיציותהון	4:8	

	3:2	דיהב ליה מלכא לפרנסא פלגות	המן והנפק כל ממונא וכל זוודין
	3:2	דיהב לי מלכא ואנת אמאי	אית בידי תרין חולקין מכל מא
	3:2	דיהב לי מלכא לפרנסא ית	אמר ליה הא כולהון זוודין
	3:2	הב לן ניכול ולא הוה ליה מא	אתו אוכלוסוי דהמן אמרו ליה
	9:14	ואיתיהיבת גזירת דינא בשושן	ואמר מלכא לאיתעובדא כדין
	2:18	ויהב לה מתנן וחולק כמיסת ידא	והניית שיבוק כרגא לפלכיא עבד
	3:2	ויהב להון זוודין וכל נבוז	פלגותהון וית המן על פלגותהון
	3:2	ויהב לי מלכא זוודין	ומני יתי על שית רבובן אוכלסין
	3:10	ויהבה להמן בר המדתא מזרעית	מלכא ית גושפנקיה מעילוי ידיה
	8:2	ויהבה למרדכי ושויאת אסתר ית	ית עיזקת סיטומתא דאעבר מן המן
	7:2	ויתיהב לך ומא בעותיך אפילו	דחמרא מא שאילתיך אסתר מלכתא
	3:2	יהב לן מלכא כל מא די יהב לן	אמר ליה מרדכי הלא בשוה בפלגות
	3:2	יהב לן ועד השתא אית בידי	בפלגות יהב לן מלכא כל מא די
	4:8	יהב ליה לאחזאה ית אסתר	דאיתיהיב בשושן לשיציותהון
	8:11	יהב מלכא לסייעא ליהודאין	די
	3:9	יהבו סילעא לגולגלתא כד נפקו	עני מרי עלמא וכן אמר הא כבר
	8:7	יהבית לאסתר ויתיה צליבו על	ולמרדכי יהודאה הא בית המן
	3:2	יהבת לי כולי ממונך לא	ככרין דכסף שדר ליה מרדכי אין
	2:3	יהיב סמתר משחהון	מלכא נטיר נשיא ויתגזר למהוי
	3:2	יהיב לך מזוני דאוכלוסאי מן	תרין לא אוזיף לך חד אין אנא
	3:2	יהיב עשרא אלפין ככרין דכסף	רוגזיה דהמן ואמר בליביה אנא
	3:9	יהיב לך מאה זוזי דסכום	ועל כל חד וחד מנהון אנא
	2:9	יהיבין לה וית שבע עולימתן	המניכין ולבושי מלכותא למהוי
	2:13	יתיהב לה למיעל עמה מן בית	רב וסרכן די צביא למימר מן יד
	8:13	לאיתיהבא גזירת דינא בכל	דיטגמאה דכתיבא
	3:11	מתיהב לך ועמא יהון מסירין	ואמר מלכא להמן כספא יהי
	3:14	מתיהבא גזירתא בכל פילכא	דיטגמא דכתבא למיהוי
	3:9	מתיהיב על ידא דעבדי מטבעא	קולמוסא אתיהיב לי וכספא יהי
	6:9	מתיהיב לבושא דארגוונא וסוסא	ויהי
	7:3	תתיהב לי שיזוב נפשי מן ידוי	רמא ואין קדם מלכא דארעא שפיר
		יהב = 40	
יום	9:15	ביום ארבסר לירחא דאדר וקטלו	ואיתכנשו יהודאין דבשושן אוף
	9:17	ביום תלתסרי לירח אדר הוה	
	1:11	ביומא דשבתא ובגין כן איתגזר	ערטולאן ומנפסן לה עמר וכיתן
	2:9	ביומא דשבתא כולהין צדקתן	חורפיתא בשתא בשבתא רגועיתא
	3:13	ביומא חדא בתלתסר יומין לירח	מן עולימא ועד סבא טפליא ונשיא
	5:1	ביומא תליתאה דפיסחא ולבשת	והוה
	5:9	ביומא ההוא חדי ובדח ליבא וכד	ונפק המן מלוות מלכא
	6:8	ביומא דעל למלכותא וסוסא דרכב	ארגוונא דלבישו ביה ית מלכא
	6:8	ביומא דעל למלכותא די איתיהיב	למלכותא וסוסא דרכב עלוי מלכא
	7:2	ביומא תניינא במשתייא דחמרא	ואמר מלכא לאסתר אוף
	8:1	ביומא ההוא מסר מלכא אחשורוש	
	8:12	ביומא חד בכל פילכי מלכא	
	9:1	ביומא דחשיבו בעלי דבבין	מלכא וגזירת דיניה לאיתעובדא
	9:11	ביומא ההוא על מניין קטילין	
	1:1	ביומוי דאחשורוש רשיעא הוא	והוה
	2:20	ביומי ריחוקהא הות מיזדהרא	עבדת שביא ומועדיא הות נטרא
	1:2	ביומיא האינון כד בעא מלכא	
	2:21	ביומיא האינון ומרדכי יתיב	
	1:1	דביומוי בטילת עיבידת בית	דאחשורוש רשיעא הוא אחשורוש
	1:10	וביומא שביעאה דהוא יומא	שבתא לחמא לא סעד ומוי לא שתא
	4:16	וביממא ואוף אנא ועולומתיי	וצלו קדם מרי עלמא בליליא
	2:20	ויום חדא הוה שאיל לה מאידין	וכמיסת יום
	1:18	ויומא הדין תהויין אמרין	
	2:11	ויומא מרדכי הוא אזיל ומצלי	ובכל יומא

יום יום

דבעא למקטלך ברמשא בבית דמכך	ויומא דין בעא למילבש איצטילא	7:6
ובדיחות ליבא ליהודאין משתיא	ויומא טבא וסגיעין מעמי ארעא	8:17
ארבסר לירח אדר חדוא ומשתיא	ויומא טבא ומשדרין דורון גבר	9:19
ודדיירין בכל קרתא וקרתא	ויומי פוריא האיליין לא	9:28
	ויומיא האיליין איתחייבו	9:28
וכמיסת	יום ויום חדא הוה שאיל לה	2:20
טבא וחדוא כד חזי למעבד על	יום ניסא וית עשרתי בנוי דהמן	9:13
ונחו בארבסר ביה ומעבד ביה	יום משתיא וחדוא	9:17
ביה ונחו בחמיסר ביה ומעבד ביה	יום מישתיא וחדווא	9:18
דיתבין בקירוי פצחיא עבדין ית	יום ארבסר לירח אדר חדוא	9:19
דינא עילויהון למהוי עבדין ית	יום ארבסר וית יום חמיסר ביה	9:21
למהוי עבדין ית יום ארבסר וית	יום חמיסר ביה בכל שתא ושתא	9:21
לא שתא וביומא שביעאה דהוא	יומא דשבתא עלת קבילתיה	1:10
יי מן יומא קדמאה דמשתייא עד	יומא שביעאה דהוא שבתא לחמא	1:10
ומרדכי צדיקא צלי קדם יי מן	יומא קדמאה דמשתייא עד יומא	1:10
ובכל	יומא ויומא מרדכי הוא אזיל	2:11
מרדכי להמן אמאי לא תפלח יתי	יומא בשבעתא כמא דכתיב בשטר	3:2
דילמא אין מסרב אנא למפלח ליה	יומא חד בשבעתא כל יומי חיי	3:2
עבוד פלח למרדכי יהודאה	יומא חד בשבעתא עד זמן די רבי	3:2
והוה כד מללותהון לוותיה	יומא דין ויומא חדא ולא קביל	3:4
לצבעא פייסא דעדבין קדם המן מן	יומא ליומא שרי מן חד בשבא	3:7
לכנישתא דישראל לסעודת	יומא דבא בשיתא בשבא ולא על	3:7
דהמן והוה צבו מן שמיא דכל	יומא הות מיקלקלא בריעא ובמוי	5:1
על מלכא ישפר יעול מלכא והמן	יומא דין למשתייא דעבדית ליה	5:4
מחר ליהודאין די בשושן למעבד	יומא טבא וחדוא כד חזי למעבד	9:13
איהוא על דציית לעיטתה איתקצרו	יומוי ואתפליג מלכותיה דמן	1:1
ובאשלמות	יומי משתיא האיליין עבד מלכא	1:5
וית שבע עולימתן לשמשותה שבע	יומי שבתא יחולתא הות משמשא	2:9
עשר ירחי שתא ארום כדין שלמין	יומי סמתוריהון שיתא ירחין	2:12
למפלח ליה יומא חד בשבעתא כל	יומי חיי ובניי לבנוי עד סוף	3:2
תחות ידוי דמלכא אחשורוש כל	יומי חיוי וכל יומי דרווש בר	3:2
אחשורוש כל יומי חיוי וכל	יומי דרווש בר אסתר מלכתא	3:2
טעמין חמרנא ליתיהון שתן	יומי גינוסיא דילנא ליתיהון	3:8
ומאבלו ליומא טבא למעבד בהון	יומי משתייא וחדווא ולשדרא	9:22
למהויהון ידעין מא חזו למקבע	יומי פוריא האיליין בגין כן	9:26
זמן שתא בשתא בגין כן דיפרסמון	יומי ניסא ופתגמי מגילאתא הדא	9:26
לקיימא ית	יומי פורייא האיליין באדר	9:31
דיי ובין עמא בית ישראל פסק מן	יומיא ושרי בירחיא בניסן ולא	3:7
קיימא די יהון עבדין ית תרין	יומיא האיליין למקרי ית	9:27
הלא אינון כתיבין על ספר פתגמי	יומיא למלכי מדאי ופרסאי	10:2
ומשתיא לכל עבדוי מאה ותמנין	יומין	1:4
מלכותיה ועבד סעודתא לעבדוי	יומין סגיעין ומשתיא לכל	1:4
למן רבא ועד זעירא משתיא שבעא	יומין בדרת גינתא גואה דלמלכא	1:5
רבנייא דמשמשין באילין שבעא	יומין קדם אפי מלכא אחשורוש	1:10
דמלכא בירחא קדמאה בתליסר	יומין ביה ואיתכתיב ככל דפקיד	3:12
טפליא ונשיא ביומא חדא בתלתסר	יומין לירח תריסר הוא ירחא	3:13
למיעל לות מלכא דין זמן תלתין	יומין	4:11
עלוי לא תיכלון ולא תשתון תלתא	יומין וצלו קדם מרי עלמא	4:16
בירחא תליתאי בעשרין ותלתא	יומין ביה ואיתכתיב ככל דפקיד	8:9
בכל פילכי מלכא אחשורוש בתלתסר	יומין לירח תריסר הוא ירחא	8:12
ירחין הוא ירח אדר בתלתסר	יומין ביה דמטא פתגם מלכא	9:1
כזמן	יומין דנחו בהון יהודאין מן	9:22
פייסא דעדבין קדם המן מן יומא	ליומא שרי מן חד בשבא ולא על	3:7
לכל עמיא למהויהון זמינין	ליומא הדין	3:14
להון מדבונא לחדוה ומאבלו	ליומא טבא למעבד בהון יומי	9:22
בגין כן קרו	ליומיא האיליין פורייא על שום	9:26

יום = 81

יזף יסף

יזף	3:2	אוזיף לי ואנא פרע לך על חד	הדר גבי מרדכי אמר ליה
	3:2	אוזיף לי ואנא פרע לך על חד	אמר ליה המן אי ניחא קומך
	3:2	אוזיף לך חד אין אנא יהיב לך	אמר ליה מרדכי משום תרין לא
	3:2	למיזף מן מרדכי ברביתא ואמר	לפרנסא אוכלוסיי דמלכא אזלית
	3:2	למיזפי ברביתא מטול דעשו	מן מרדכי ברביתא ואמר דאסור
	3:2	מוזיף לך ברביתא דאנא מן יעקב	מן מא יתזון ותוב דלית אנא
	3:2	מוזיף לך כלל ברביתא אלא אין	פרע לך על חד עשרא אמר לית אנא
	3:2	תיזיף ברביתא ולא הו אלא	עממין תיזיף ברביתא ולאחוך לא
	3:2	תיזיף ברביתא ולאחוך לא תיזיף	אחי הוו ורחמנא אמר לבר עממין
		יזף = 9	
יחי	6:10	אוחי סב ית לבוש ארגוונא וית	ואמר מלכא להמן
	6:10	אוחי ולא תימנע מידעם מן כל	עלי כפתגמא הדין אמר ליה מלכא
	5:5	אוחיו ית המן למעבד ית פתגם	ואמר מלכא
	6:14	ואוחיאו להנעלא ית המן למשתיא	ממללן עימיה ורברבני מלכא מטו
		יחי = 4	
יחס	9:28	וייחוסא דבית ישראל דשריא בכל	דרא ודרא ייחוסי דכהני ולוואי
	8:3	ייחוס אגג וית זימיוניה דחשיב	ליה לבטלא ית בישת המן דמן
	8:5	ייחוס אגג דכתב להובדא ית כל	זימיוניה דהמן בר המדתא דמן
	9:24	ייחוס אגג מעיק כל יהודאין	ארום המן בר המדתא דמן
	9:28	ייחוסי דכהני ולוואי וייחוסא	בהון משתיא בכל דרא ודרא
		יחס = 5	
יכל	8:6	איכול לסוברא ולמיחמי בבישתא	ארום אי כדין
	8:6	איכול למתעתדא ולמחמי בעידן	בבישתא דתינדן ית עמי והי כדין
	1:2	יכיל ושדר ואייתי ארדיכלין מן	ובעא למיתב עלוי ולא הוה
	1:18	יכיל לסוברא כמיסת חוך דין	כדין לכל רברבני מלכא ומאן
	1:2	יכילו ועבדו אוחרן ארע מיניה	אלכסנדריאה למעבד כוותיה ולא
	3:2	יכילית למיפק מתחות ידוי עד	מטול דעשו ויעקב אחי הוו ולא
	5:14	תיכול לשנוקיה דאישתיזיבו	יצחק מינה יצחק אבוי במיא לא
	5:14	תיכול למירמיה די אישתיזב	אינתתיה וכל רחמוי בנורא לא
	5:14	תיכול למרמא יתיה די	ובני ישראל בגוב אריוותא לא
	5:14	תיכול למקטליה די אישתיזב	אישתיזב אברהם אבוי בסייפא לא
	6:13	תיכול לאבאשא ליה ארום מינפל	אלההון בידיהון ואוף אנת לא
		יכל = 11	
ילד	2:10	ולדותהא ארום מרדכי פקד עלהא	לא חויאת אסתר ית עמהא וית בית
	2:20	ילדותה וית עמה כמא דפקד עלהא	אומה אנת ולא הות אסתר מחוייא
	8:6	ילדותי	ולמחמי בעידן דיובדון גניסת
	2:7	ילידת יתה אימה מיתת אימה	אבוהא אשתארת במיעין דאימה וכד
	2:5	מלמילד פקיד דוד לשלמה בריה	למיפק מיניה וכדו פסק שמעי
		ילד = 5	
ים	6:13	בימא דסוף וכל מלכיא	ואהרן טמעו פרעה וכל משיריתיה
	1:6	ימא רבא ואיטונין מציירין	ומרמרין ודורא דבכרכי
	1:14	ימא ורובי כהניא הוו מרסן	רבא דהוה לביש חושנא דביה כרום
	3:7	ימא ולא הוה ידע דבנוי דיוסף	בליען אינון בידי הי כנוני
	3:7	ימא יסגון בגו בני אינשא על	לנוני ימא דהכין כתיב וכנוני
	3:7	ימא דהכין כתיב וכנוני ימא	ידע דבנוי דיוסף מתילין לנוני
	10:1	ימא	אחשורוש כרגא על ארעא והפרכי
		ים = 7	
ימין	3:2	ימינא ואחזי להמן שטר שיעבודא	מן קדם מלכא פשט מרדכי ריגליה
	5:9	ימינא ואחוי ליה שטר זבינתא	מיניה אילהין פשט ית ריגליה
		ימין = 2	
יסף	9:27	דמיתוספין עילויהון ולא יעבר	בניהון ועילוי כל דייראי

Preceding context	Keyword in context	Ref	Root
	ואוסיפת אסתר ומלילת קדם מלכא	8:3	
	יסף = 2		
עמיה בכסלו לא על מן בגלל דביה	איתיסר בית מוקדשא בטבת לא על	3:7	יסר
	יסר = 1		
מימר מרדכי הות אסתר עבדת שביא	ומועדיא הות נטרא ביומי	2:20	יעד
למעסק באוריתא ולמיטר שביא	ומועדיא למגזר עורלת בניהון	8:16	
	יעד = 2		
קלוסנטרין ולאוקמא חד בכין	איתיעטו בלישנהון בגתן ותרש	2:21	יעט
הכי אילהין דין קטול גזרת עלה	בעיטת שבע רבניא מן יד תקף	2:1	
ערטיליתא ואוף איהוא על דציית	לעיטתה איתקצרו יומוי ואתפליג	1:1	
עד שנת תרתין לדריוש בגין	עיטתא דושתי חייבתא ברתיה	1:1	
אפייא בכן איסתתר מלכא ושאל	עיטתא לרברבנוי דקריבין לותיה	1:14	
	יעט = 5		
חזי לאיתעובדא לגבר דמלכא צבי	ביקריה וחשיב המן בליבביה	6:6	יקר
המן לות מלכא גבר דמלכא צבי	ביקריה	6:7	
כדין יתעביד לגברא דמלכא צבי	ביקריה	6:9	
מלכא ית גברא דמלכא צבי	ביקריה וירכבנוהי עילוי סוסא	6:9	
כדין יתעבד לגברא דמלכא צבי	ביקריה וכד הוו אזלין קבל	6:11	
ומן בתר כן כל נשיא יתנון רבו	ויקר למריהון למרבא ועד זעירא	1:20	
קרתא וקטילו כל גיברהא וכולהון	יקירהא אסרו בשושלוון ואיתי	3:2	
ואמר מלכא מא איתעביד	יקרא ורבותא למרדכי על דין	6:3	
ואמר למאן יצבי מלכא למעבד	יקרא יתיר מיני	6:6	
מילתא מן שמיא ואיתעבדת ההיא	יקרא למרדכי צדיקא אחוי דאבא	7:6	
וסנדלכין ובההוא עותרא תקף	יקריה וסגא תקוף מלכותיה ועבד	1:4	
	יקר = 11		
יתה לות אידרון בית מלכותיה	בירחא עשיראה הוא ירחא דטבת	2:16	ירח
	בירחא קדמאה הוא ירחא דניסן	3:7	
ואיתקריו לובלרין דמלכא	בירחא קדמאה בתליסר יומין ביה	3:12	
ואיתקרו ליבלרין דמלכא	בירחא תליתאי בעשרין ותלתא	8:9	
בית ישראל פסק מן יומיא ושרי	בירחיא בניסן ולא על מן בגלל	3:7	
בהון יהודאין מן בעלי דבביהון	ובירחא דאיתהפיך להון מדבונא	9:22	
ובתריסר ירחין הוא	ירח אדר בתלתסר יומין ביה	9:1	
בית מלכותיה בירחא עשיראה הוא	ירחא דטבת בשתא שביעיתא	2:16	
לסוף תריסר ירחי שתא דאיהוא	ירחא דאדר ואמר בליען אינון	3:7	
בירחא קדמאה הוא	ירחא דניסן בשנת תריסר למלכות	3:7	
בתלתסר יומין לירח תריסר הוא	ירחא דאדר ושללהון לעדאה	3:13	
בתלתסר יומין לירח תריסר הוא	ירחא דאדר	8:12	
דמתינן בתפנוקיהון תרי עשר	ירחי שתא ארום כדין שלמין	2:12	
זמן בתר די שלמין תרי עשר	ירחי שתא עולימתא עיילא לוות	2:13	
ביכוריא כד מטא לסוף תריסר	ירחי שתא דאיהוא ירחא דאדר	3:7	
ית שערא ומפנק ית בישרא ושיתא	ירחין בבוסמיא ובסמתורי נשיא	2:12	
שלמין יומי סמתוריהון שיתא	ירחין בסטכת ואנפקיין דמנתר	2:12	
הדא כרעותי וכצביון נפשי לקצת	ירחין תלתא איתכבישת הינדקי	3:2	
ובתריסר	ירחין הוא ירח אדר בתלתסר	9:1	
ונשיא ביומא חדא בתלתסר יומין	לירח תריסר הוא ירחא דאדר	3:13	
מלכא אחשורוש בתלתסר יומין	לירח תריסר הוא ירחא דאדר	8:12	
ביום תלתסרי	לירח אדר הוה קטול בזרעית	9:17	
פצחיא עבדין ית יום ארבסר	לירח אדר חדוא ומשתיא ויומא	9:19	
יהודאין דבשושן אוף ביום ארבסר	לירחא דאדר וקטלו בשושן תלת	9:15	
	ירח = 24		
במנדעא דעידנייא וזימניא בספר	אוריתא וחושבן עלמא ארום הי	1:13	ירי

ירי ית

	1:13	אוריתא ודינא	פתגם מלכא קדם כל דחכים וידעי
	3:7	אוריתא בסיני בתמוז לא על מן	לא על בגלל דביה איתיהיבת
	5:9	אוריתא בסנהדרין דעבדת להון	מרדכי וית טפליא עסיקן בפתגמי
	3:8	אוריתהון שניין מכל עמא לחמנא	בכל פילכי מלכותך וגזירת
	8:16	באוריתא ולמיטר שביא ומועדיא	ליהודאין הות רשותא למעסק
	1:15	כאוריתא מא לאיתעיבדא במלכתא	
		ירי = 7	
ירע	1:6	יריען דבוץ גוון חיוור	ומן אילנא לאילנא הוו פריסן
		ירע = 1	
ירק	1:6	ירקין וברקין ומרוקין וחיורין	עילוי עמודי מרמרין סמקין
		ירק = 1	
ירר	1:4	יוררין ובורלין וסנדלכין	אחמתין דנחשא מליין דהב טב
		ירר = 1	
ישט	8:7	אושיט ידיה ביהודאין	ויתיה צליבו על קיסא בגין די
	9:10	אושיטו ית ידיהון	מעיקא דיהודאין קטלו ובעדאה לא
	9:15	אושיטו ית ידיהון	תלת מאה גוברין ובעדאה לא
	9:16	אושיטו ית ידיהון	אלפין מזרעית עמלק ובעדאה לא
	5:2	ואושיט מלכא לאסתר ית תיגדא	כלפי שמיא מן יד איטענת רחמין
	2:21	ולאושטא ידא במלכא אחשורוש	לאשקאה סמא דיקטול לאסתר מלכתא
	4:11	יושיט ליה מלכא ית תגדא דדהבא	גזירת דיניה לממת לבר ממאן די
	3:6	לאושטא ידא למקטול ית מרדכי	והוה חוך קומוי
	6:2	לאושטא ידא לקטלא ית מלכא	מלכא מנטורי פלטירין די בעו
	9:2	לאושטא לקטלא ית כל דתבעין	בכל פילכי מלכא אחשורוש
	3:2	למושטא ידא במרדכי לבלחודוי	מרדכי חומתא והוה שט בעינוי
		ישט = 11	
ישן	6:1	שינתיה דמלכא ואקדים בצפרא	ונחת ושגיש ית אחשורוש ונדת
		ישן = 1	
ישר	6:13	במישר חקליא אבימלך קדם יצחק	הי כמא דנפלו מלכיא קדם אברהם
		ישר = 1	
ית	2:9	וית מתנתהא המניכין ולבושי	ופקיד לאיתבהלא ית סמתר רבותהא
	2:9	וית עולימתהא לאוטבא להון	ידיהון מן בית מלכא ושני יתה
	2:9	וית שבע עולימתן לשמשותה שבע	ולבושי מלכותא למהוי יהיבין לה
	2:10	וית בית ולדותהא ארום מרדכי	לא חויאת אסתר ית עמהא
	2:20	וית עמה כמא דפקד עלהא מרדכי	ולא הות אסתר מחוייא ילדותה
	2:20	וית מימר מרדכי הות אסתר עבדת	וית עמה כמא דפקד עלהא מרדכי
	3:2	וית עמיה אנא קטיל בסיפא	ואנא צליב ית מרדכי על צליבא
	3:2	וית המן על פלגותהון ויהב	עליהון ית מרדכי על פלגותהון
	3:2	וית כל עמיה ואנא צליב ית	למלכא וימסור בידי ית מרדכי
	3:6	וית ברכתא ויהודאי אינון עמא	עשו אבא דאבוי דהמן ית בכורתא
	3:8	וית גזירת דיני מלכא ליתיהון	נטרין ונימוסנא לא מקיימין
	4:7	וית דררא דממון כסף עשר אלפין	דלא סגד להמן ולא גחן לאנדרטיה
	4:8	וית דיטגמאה דכתב גזירתא	
	5:9	וית טפליא עסיקן בפתגמי	ליבא וכד חמא המן ית מרדכי
	5:11	וית מא דירבי יתיה מלכא עילוי	ובר מן שמשי דהוא ספרנא דמלכא
	6:10	וית סוסא ועיבד כן למרדכי אמר	להמן אוחי סב ית לבוש ארגוונא
	6:11	וית סוסא ואלביש ית מרדכי	ודבר המן ית לבוש ארגוונא
	8:1	וית כל תוסברוי ומרדכי על קדם	מעיק דיהודאי וית אינשי ביתיה
	8:1	וית אינשי ביתיה וית כל	ית ביתא דהמן מעיק דיהודאי
	8:3	וית זימיוניה דחשיב על	ית בישת המן דמן ייחוס אגג

ית ית

9:7	וית אספתא	וית פרשנדתא וית דלפון
9:7	וית פרשנדתא וית דלפון וית	
9:8	וית אדליא וית ארידתא	וית פורתא
9:8	וית פורתא וית אדליא וית	
9:8	וית ארידתא	וית פורתא וית אדליא
9:9	וית פרמשתא וית אריסי וית	
9:9	וית אריסי וית ארידי וית	וית פרמשתא
9:9	וית ויזתא	פרמשתא וית אריסי וית ארידי
9:9	וית ארידי וית ויזתא	וית פרמשתא וית אריסי
9:12	וית עשרתי בנוי דהמן ובמשאר	גובריא רופילין דמזרעית עמלק
9:13	וית עשרתי בנוי דהמן יזדקפון	כד חזי למעבד על יום ניסא
9:14	וית עשרתי בנוי דהמן צליבו	ואיתיהיבת גזירת דינא בשושן
9:21	וית יום חמיסר ביה בכל שתא	למהוי עבדין ית יום ארבסר
9:23	וית דכתב מרדכי בגינהון	יהודאין כחדא ית דשריאו למעבד
9:25	וית בנוי על קיסא	למרדכי וליהודאי ויצלבון יתיה
8:7	ויתיה צליבו על קיסא בגין די	יהודאה הא בית המן יהבית לאסתר
1:1	ית בית מוקדשא איתגזר עלה	נבוכדנצר ועל דלא שבקת למבני
1:1	ית אסתר דהיא מן בנת שרה	ושתי לאיתקטלא ועתיד הוא למיסב
1:2	ית בבל אחתיה לעילם ובתר כן	ונחת לבבל וכדו צדא כרש מדאה
1:4	ית בבל חפר בספר פרת ואשכח	כרש אשכח ההוא עותרא בצדאותיה
1:4	ית עותריה די אישתאר בידיה מן	אכלו ושתו ואיתפנקו אחוי להון
1:11	ית בנאתא דישראל ערטולאן	ערטולתא על עיסק דהוה מפלחא
1:11	ית שופרה ארי שפירת חיזו היא	דמלכותא לאחזאה לעמיא ורברבניא
1:11	ית ושתי מלכתא ערטולתא על	על איליין שבעא רבניא לאיתאה
1:14	ית משתיהון והוי דכיר ית	וכן אמרו ריבונוי דעלמא ערבל
1:14	ית דינא ההוא ברם צלו קדם יי	וסריבו בנוי דיששכר למידן
1:14	ית אפי מלכא דיתבין בדרגא	שבעה רברבני פרסאי ומדאי חזן
1:14	ית דמא ומסדרן קומך סידור לחם	ורובי כהניא הוו מרסן ובחשן
1:14	ית צדיקיא דקריבו קומך בבית	ערבל ית משתיהון והוי דכיר
1:15	ית מימר מלכא אחשורוש דגזר	במלכתא ושתי בגין דלא עבדת
1:17	ית ושתי מלכתא קומוי ולא עלת	מלכא אחשורוש אמר לאיתאה
1:18	ית פתגם די עבדת ושתי מלכתא	למעבד לגובריהון הי כמא דקבילו
1:19	ית רישה ומלכותה יתן מלכא	קדם מלכא יגזור מלכא ויעדי
2:1	ית ושתי מתיבין ליה רברבנוי	דמלכא אחשורוש שרי למדכר
2:3	ית כל עולימתא בתולתא שפירת	בכל פילכי מלכותיה ויכנשון
2:6	ית בבל נפק מרדכי מבבל עם	מלכא דבבל וכד צדא כרש ודריוש
2:7	ית הדסה היא אסתר בת אחבוי	והוה מרבי
2:9	ית סמתר רבותהא וית מתנתהא	חיסדא קומוי ופקיד לאיתבהלא
2:10	ית עמהא וית בית ולדותהא ארום	לא חויאת אסתר
2:11	ית שלם אסתר ומא איתעביד בה	קדם דרתא די בבית נשייא למידע
2:12	ית שערא ומפנק ית בישרא ושיתא	ירחין בסטכת ואנפקיין דמנתר
2:12	ית בישרא ושיתא ירחין בבוסמיא	ואנפקיין דמנתר ית שערא ומפנק
2:13	ית כל רב וסרכן די צביא למימר	שתא עולימתא עיילא לוות מלכא
2:14	ית מלכא ובעידן צפרא הות	בעידן רמשא הות עיילא לשמושי
2:15	ית מאן די יימר הגי רבא דמלכא	צרוך כל מידעם ארום אילהין
2:17	ית איקונין דושתי ואקים תמן	רישה וטרד מן קיטון בית דמכיה
2:17	ית אסתר מכל נשיא דהוו מתנסבן	ורחים מלכא
2:17	ית איקונין דאסתר ואותיב יתה	ית איקונין דושתי ואקים תמן
2:21	ית מרדכי ולית רבות לסלקא	מלכא בעייא לסלקא יתן ולאוקומא
3:1	ית כורסייה מעילווי כל	רשיעא ומנייה רב על כולא ותקין
3:1	ית המן בר המדתא דמזרעית אגג	והא כען רבי מלכא אחשורוש
3:2	ית קרתא וקטילו כל גיברהא	הינדקי קרתא תחות ידיהון ובזו
3:2	ית המן בר המדתא דמזרעית אגג	חד בשבעתא עד זמן די רבי מלכא
3:2	ית כורסייה עיל מן כולהון	דמזרעית אגג ואעיל יתיה ושוי
3:2	ית מרדכי שדר ליה מרדכי להמן	דמלכא ומן יד אשתמיט מלמיפלח
3:2	ית מרדכי על צליבא וית עמיה	מרדכי וית כל עמיה ואנא צליב

ית ית

לבלחודוי ובעא המן למשיציא	ית כולהון יהודאי אמרין ליה	3:2
זוודין דיהב לי מלכא לפרנסא	ית אוכלוסין דאנא מתמני	3:2
יתהון בבהילו עלה ומני עליהון	ית מרדכי על פלגותהון וית המן	3:2
דמלכא למרדכי מא דין אנת עבר	ית תפקידתא דמלכא	3:3
חוך קומוי לאושטא ידא למקטול	ית מרדכי בלחודוי ארום חויאו	3:6
עמא דמרדכי ובעא המן לשיצאה	ית כל יהודאי די בכל מלכות	3:6
דשקל מן עשו אבא דאבוי דהמן	ית בכורתא וית ברכתא ויהודאי	3:6
ואעדי מלכא	ית גושפנקיה מעילוי ידיה	3:10
מלכא לשיצאה לקטלא ולהובדא	ית כל יהודאי מן עולימא ועד	3:13
חתים מן טינא ושדר מרי עלמא	ית אליהו כהנא רבא לחואה	4:1
על עמיה וכד ידע מרדכי בזע	ית לבושוי ואלבש לבושא דשק על	4:1
ידע על ידא דאליהו כהנא רבא	ית כל מא דאיתעבד בשמי מרומא	4:1
מלכותא למלבש ית מרדכי ולמעדי	ית שקיה מעילויה ולא קביל	4:4
לחדא ושדרת לבושי מלכותא למלבש	ית מרדכי ולמעדי ית שקיה	4:4
וחוי ליה מרדכי	ית כל דערעיה על עיסק דלא סגד	4:7
לשיציותהון יהב ליה לאחזאה	ית אסתר ולחואה לה מא דחשיב	4:8
ועל התך וחוי לאסתר	ית פתגמי מרדכי	4:9
לבר ממאן די יושיט ליה מלכא	ית תגדא דדהבא ויחי ואנא לא	4:11
וכד חמא המן רשיעא	ית התך דשמיה דניאל עאל ונפיק	4:12
וגבריאל מלאכיא וחויאו למרדכי	ית פתגמי אסתר	4:12
איזיל כנוש	ית יהודאי די משתכחן בשושן	4:16
למיקטלה בגין דהוה צבי למיסביה	ית ברתיה וכד איתכנשו עולמתן	5:1
רחמין ואושיט מלכא לאסתר	ית תיגדא דדהבא דהוה נקיט	5:2
והוה כד חמא מלכא	ית אסתר קיימא כד נסיסא בדרתא	5:2
ואמר מלכא אוחיו	ית המן למעבד ית פתגם גזירת	5:5
ואמר מלכא אוחיו ית המן למעבד	ית פתגם גזירת אסתר ועל מלכא	5:5
ישפר למיתן ית שאילתי ולמעבד	ית בעותי יעול מלכא והמן	5:8
מלכא ואין על מלכא ישפר למיתן	ית שאילתי ולמעבד ית בעותי	5:8
חדי ובדח ליבא וכד חמא המן	ית מרדכי וית טפליא עסיקן	5:9
ולא רתת מיניה אילהין פשט	ית ריגליה ימינא ואחוי ליה	5:9
ואישתעי להון המן	ית עותריה והיך איתמני עם	5:11
טימי לוותי בכל עידן דאנא חמי	ית מרדכי יהודאה יתיב	5:13
אמין ובצפרא אמר למלכא ויצלבון	ית מרדכי עילווי דעד כדון לא	5:14
מרדכי על בגתן ותרש הוה מאפיך	ית פצימי ספרא ולא צבי למקרי	6:1
לשמשי ספרא וכד חמא שמשי ספרא	ית מאן דחוי מרדכי על בגתן	6:1
די ממנא על שיגושתא ונחת ושגיש	ית אחשורוש ונדת שינתיה דמלכא	6:1
די בעו לאושטא ידא לקטלא	ית מלכא אחשורוש בבית דמכיה	6:2
מלכא בריתא למימר למלכא למצלוב	ית מרדכי על קיסא דזמין ליה	6:4
לבוש ארגוונא דלבישו ביה	ית מלכא ביומא דעל למלכותא	6:8
וילבשון תורבייני מלכא	ית גברא דמלכא צבי ביקריה	6:9
ואמר מלכא להמן אוחי סב	ית לבוש ארגוונא וית סוסא	6:10
לבוש ארגוונא וית סוסא ואלביש	ית מרדכי וארכביניה בפתאה	6:11
ודבר המן	ית לבוש ארגוונא וית סוסא	6:11
ית לבוש ארגוונא מעלוי ולבש	ית סקא ויתיב על קיטמא והוה	6:12
דבתרע פלטירין דמלכא ואשלח	ית לבוש ארגוונא מעלוי ולבש	6:12
המן לזרש אינתתיה ולכל רחמוי	ית כל דערעיה ואמרו ליה	6:13
מלכא מטו ואוחיאו להנעלא	ית המן למשתיא דעבדת אסתר	6:14
וזקפת אסתר	ית עינהא כלפי שמיא ואמרת אין	7:3
דמיין לעשרתי בנוי דהמן קטעין	ית אילנא דבגינתא גוואה בכן	7:7
ומלכא זקף	ית עינוי וחזא והא עשרתי	7:7
וצליבו	ית המן על קיסא דזמין למרדכי	7:10
מסר מלכא אחשורוש לאסתר מלכתא	ית ביתא דהמן מעיק דיהודאי	8:1
המן ויהבה למרדכי ושויאת אסתר	ית מרדכי רב וסרכן על בית	8:2
ואעדי מלכא	ית עיזקת סיטומתא דאעבר מן	8:2
ובכיאת ופגנת ופייסת ליה לבטלא	ית בישת המן דמן ייחוס אגג	8:3
מלכא לאסתר	ית תיגדא דדהבא ואיזדקפת אסתר	8:4

Root			
ית	לסוברא ולמיחמי בבישתא דתינדן	ית עמי והי כדין איכול	8:6
	נפשיהון לשיצאה ולקטלא ולהובדא	ית כל חילוות עמא ופילכא	8:11
	וקירווא לאיתכנשא ולקיימא	ית נפשיהון לשיצאה ולקטלא	8:11
	מלכא אחשורוש לאושטא לקטלא	ית כל דתבעין בישתהון וגבר לא	9:2
	די למלכא ממנן עילויהון	ית יהודאין לארכונין ארום נפל	9:3
	קטלו ובעדאה לא אושיטו	ית ידיהון	9:10
	מאה גוברין ובעדאה לא אושיטו	ית ידיהון	9:15
	מזרעית עמלק ובעדאה לא אושיטו	ית ידיהון	9:16
	דבפילכי מלכא איתכנשו וקיימו	ית נפשיהון ואשכחו נייחא	9:16
	דבשושן איתכנשו לשיצאה	ית בנוי דעמלק בתלתסר ביה	9:18
	דיתבין בקירוי פצחיא עבדין	ית יום ארבסר לירח אדר חדוא	9:19
	וכתב מרדכי	ית פתגמיא האיליין ושדר	9:20
	דינא עילויהון למהוי עבדין	ית יום ארבסר וית יום חמיסר	9:21
	עילוויהון כולהון יהודאין כחדא	ית דשריאו למעבד וית דכתב	9:23
	ית תרין יומיא האיליין למקרי	ית מגילתא כמכתב רושם עיבראי	9:27
	ולא יעבר קיימא די יהון עבדין	ית תרין יומיא האיליין למקרי	9:27
	ברת אביחיל ומרדכי יהודאי	ית כל מגילאתא הדא תוקפא	9:29
	הדא תוקפא דניסא לקיימא	ית איגרתא דפורייא הדא תנייתא	9:29
	לקיימא	ית יומי פורייא האיליין באדר	9:31
	אשתארת במיעין דאימה וכד ילידת	יתה אימה מיתת אימה ונסבה	2:7
	על ידיהון מן בית מלכא ושני	יתה וית עולימתהא לאוטבא להון	2:9
	לות מלכא אחשורוש לאיתא ואעיל	יתה לות אידרון בית מלכותיה	2:16
	יתה על כורסי תיניין ואמליך	יתה חולף ושתי	2:17
	תמן ית איקונין דאסתר ואותיב	יתה על כורסי תיניין ואמליך	2:17
	מלכא אוכלוסין סגיעין למכבש	יתה ושדר יתהון בבהילו עלה	3:2
	ופמה הוה סרי לחדא ואפיקו	יתה בבהילו ומינך איסתקף עליי	5:1
	וברקין ומרוקין וחיורין אותיב	יתהון עילוי ערסן דמלתין די	1:6
	ופקיד לאשקאה	יתהון במאני דהבא דבית מוקדשא	1:7
	ואבגתא עתיד מרי עלמא לעסאה	יתהון כגבר דעצר עינבוי	1:10
	סגיעין למכבש יתה ושדר	יתהון בבהילו עלה ומני עליהון	3:2
	בגין זכות אבהת עלמא וישיזיב	יתהון מרי עלמא מן יד בעלי	4:14
	ושילטוניא דאבאישו להון מסר	יתהון אלההון בידיהון ואוף	6:13
	כל חילוות עמא ופילכא דמעיקין	יתהון טפלין ונשין ושללהון	8:11
	בקרבא על קרתא דהינדקי ומני	יתי על שית רבובן אוכלסין	3:2
	בר המדתא דמן זרעית אגג שדר	יתי מלכא אחשורוש בקרבא על	3:2
	בשטר זבינתא שדר ליה המן שחרר	יתי ואנא אתן לך עשרא אלפין	3:2
	ליה מרדכי להמן אמאי לא תפלח	יתי יומא בשבעתא כמא דכתיב	3:2
	הדא להיתנסבא ליה וכען שוי	יתי לרחמין בעינוי די לא	5:1
	מלכתא למשתייא דעבדת אילהין	יתי ואוף לעידן מחר אנא מזומן	5:12
	אמר ליה המן בבעו מינך קטול	יתי ולא תגזור עלי כפתגמא	6:10
	פקיד דוד לשלמה בריה למקטול	יתיה	2:5
	בר המדתא דמזרעית אגג ואעיל	יתיה ושוי ית כורסיה עיל מן	3:2
	עבדא עמונאה דלא למשבק למבני	יתיה דדחיל אנא מן יהודאי	5:3
	עבדא עמונאה דלא למשבק למבני	יתיה דילמא ימרדון בי יהודאי	5:6
	דהוא ספרנא דמלכא וית מא דירבי	יתיה מלכא עילוי כל רברבניא	5:11
	בגוב אריוותא לא תיכול למרמא	יתיה די אישתיזיבו מיניה	5:14
	אמין ואמר מלכא איזילו צלובו	יתיה עלוי	7:9
	למעבד למרדכי וליהודאי ויצלבון	יתיה וית בנוי על קיסא	9:25
	מלכתא בפתגם מלכא בעייא לסלקא	יתן ולאוקומא ית מרדכי ולית	2:21

ית = 184

Root			
יתב	ירקין וברקין ומרוקין וחיורין	אותיב יתהון עילוי ערסן	1:6
	פרסאי ומדאי חזן ית אפי מלכא	דיתבין בדרגא קמאה דבכורסי	1:14
	בגין כן יהודאין פצחאי	דיתבין בקירוי פצחיא עבדין ית	9:19
	ואקים תמן ית איקונין דאסתר	ואותיב יתה על כורסי תיניין	2:17
	תיניינא ומרדכי מצלי ואזל	ויתיב בתרע מלכא	2:19

יתב כד

	6:12	ויתיב על קיטמא והוה מודה	ארגוונא מעלוי ולבש ית סקא
	7:8	יתבא עלה ותוה מלכא ואמר הא	והא המן גחין על דרגשיעא דאסתר
	3:15	יתבין למישתי חמרא וקרתא	בשושן בירנותא ומלכא והמן הוו
	1:2	יתיב עילוי ההוא כורסי	שנין ובשתא תליתאה למלכותיה
	2:21	יתיב בסנהדרין דתקינת ליה	ביומיא האינון ומרדכי
	5:1	יתיב על כורסי מלכותיה בבית	בית מלכא דבירושלם ומלכא הוה
	5:13	יתיב בסנהדרין עם עולמיא בתרע	עידן דאנא חמי ית מרדכי יהודאה
	1:2	למיתב עלוי ולא הוה יכיל ושדר	ובתר כן מלך אחשורוש ובעא
	1:2	למיתב על כורסיה דשלמה	האינון כד בעא מלכא אחשורוש
		יתב = 15	
יתר	4:13	יתיר מן כל יהודאי	למהך לאישתיזבא בבית מלכא
	6:6	יתיר מיני	למאן יצבי מלכא למעבד יקרא
		יתר = 2	
כאן	2:14	ומכאן ואילך לא תיעל תוב לות	דשעגז רבא דמלכא נטיר מטרוניתא
		כאן = 1	
כבר	3:9	כבר יהבו סילעא לגולגלתא כד	מלכא עני מרי עלמא וכן אמר הא
		כבר = 1	
כבש	3:2	איתכבישת הינדקי קרתא תחות	וכצביון נפשי לקצת ירחין תלתא
	1:6	כביש קרוסטלינין ומרמרין	וכרעיהון דכסף שריין על סטיו
	1:5	כבישין עד פלגותהון דהב טב	אילני עבדין פירין ובושמנין
	1:1	כבישן תחות ידוי וכען לא	כל עמיא אומיא ולישניא ואפרכיא
	3:2	למכבש יתה ושדר יתהון בבהילו	וכנש מלכא אוכלוסין סגיעין
		כבש = 5	
כד	1:10	וכד שפר ליביה דמלכא בחמרא	קבילתיה וקבילת סנהדרין קדם יי
	2:1	וכד נח תקוף רוגזיה דמלכא	כד פג ואישתדך מרווית חמריה
	2:6	וכד צדא כרש ודריוש ית בבל	די אגלי נבוכדנצר מלכא דבבל
	2:7	וכד ילידת יתה אימה מיתת אימה	אבוהא אשתארת במיעין דאימה
	2:12	וכד מטא סידור עולימתא	
	2:15	וכד מטא סידור אסתר בת אביחיל	
	2:21	וכד חמון תרין רברבניא בנסו	דתקינת ליה אסתר בתרע מלכא
	4:1	וכד ידע מרדכי בזע ית לבושוי	ויצלי קדם מרי עלמא על עמיה
	4:12	וכד חמא המן רשיעא ית התך	
	5:1	וכד איתכנשו עולמתן לידוי	דהוה צבי למיסביה ית ברתיה
	5:4	וכד שמעת אסתר מילייא האיליין	
	5:9	וכד חמא המן ית מרדכי וית	מלכא ביומא ההוא חדי ובדח ליבא
	6:1	וכד חמא שמשי ספרא ית מאן	נסים אפין ואמר לשמשי ספרא
	6:11	וכד הוו אזלין קבל ביתא דהמן	יתעבד לגברא דמלכא צבי ביקריה
	9:25	וכד עלת אסתר קדם מלכא אמר לה	
	1:2	וכדו צדא כרש מדאה ית בבל	על ידוי דנבוכדנצר ונחת לבבל
	2:5	וכדו פסק שמעי מלמילד פקיד	ואסתר פריקיא למיפק מיניה
	1:2	כד בעא מלכא אחשורוש למיתב על	ביומיא האינון
	2:1	כד פג ואישתדך מרווית חמריה	בתר פתגמיא האיליין
	2:8	כד אישתמע פתגם כרוז מלכא	והוה
	2:20	כד הות מתרביא עימיה	על פם מרדכי הי כמא דהות נטרא
	3:2	כד נפק המן מן קדם מלכא פשט	יעקב אבוהון לעשו אבא מן יד
	3:4	כד מללותהון לוותיה יומא דין	והוה
	3:7	כד מטא לסוף תריסר ירחי שתא	דמינהון מתקרבין ביכוריא
	3:9	כד נפקו ממצרים דסכום סילעיא	הא כבר יהבו סילעא לגולגלתא
	3:9	כד נפקו ממצרים הות שית מאה	לך מאה זוזי דסכום אבהתהון
	4:2	כד לביש לבושא דשק	לגבר למיעל לתרע פלטירין דמלכא
	5:2	כד חמא מלכא ית אסתר קיימא כד	והוה

המן אילהין למשכוב עם מלכתא	כד אנא שרי בביתא כען כל עמיא	7:8	
סרהיבו כתובו בגין יהודאין	כד שפיר בעיניכון בשום מימרא	8:8	
די בשושן למעבד יומא טבא וחדוא	כד חזי למעבד על יום ניסא וית	9:13	
אישתעבדו ליה מן בגלל הכי ובתר	כדו איתגלי קדם יי דעתידה	1:1	
קומיי לשיצאותיה מן עלמא דעד	כדו לא אישתמודע בעלמא פסוקו	3:1	
ויצלבון ית מרדכי עילווי דעד	כדון לא איתנסי חד בצליבת	5:14	
	כד = 35		
שפנינין על מדבח אדמתא על ידא	דכהנא רבא דהוה לביש חושנא	1:14	כהן
משתיא בכל דרא ודרא ייחוסי	דכהני ולוואי וייחוסא דבית	9:28	
טינא ושדר מרי עלמא ית אליהו	כהנא רבא לחואה למרדכי די	4:1	
ומרדכי ידע על ידא דאליהו	כהנא רבא ית כל מא דאיתעבד	4:1	
חושנא דביה כרום ימא ורובי	כהניא הוו מרסן ובחשן ית דמא	1:14	
	כהן = 5		
הו אלא לאישתמוטי מידוי דהמן	כיון דמטא זמן סעודתא אתו	3:2	כון
נפקי קרבא דמאחרין במשריתא	כיון דחמא הינון דלא אישתייר	3:2	
	כון = 2		
ארדיכלין מן אלכסנדריאה למעבד	כוותיה ולא יכילו ועבדו אוחרן	1:2	כות
	כות = 1		
איתבריו שימשא וסיהרא שבעא	כוכביא ותריסר מזליא בחמשא	3:7	ככב
	ככב = 1		
יתי ואנא אתן לך עשרא אלפין	ככרין דכסף שדר ליה מרדכי אין	3:2	ככר
בליביה אנא יהיב עשרא אלפין	ככרין דכסף למלכא וימסור בידי	3:2	
ממצרים דסכום סילעיא הוו מאה	ככרין ואלפא ושבע מאה ושובעין	3:9	
אלפי זוזין הוויין עשרת אלפין	ככרין דכסף לחוד קולמוסא	3:9	
וית דררא דממון כסף עשר אלפין	ככרין דאמר המן למתקל על	4:7	
	ככר = 5		
ובגין כן גזר למהוי אתיא	בכלילא דמלכותא לאחזאה לעמיא	1:11	כליל
עלהא למיתי ערטולאתא ברם	כלילא דמלכותא על רישהא בגין	1:11	
ביומא דעל למלכותא די איתיהיב	כלילא דמלכותא ברישיה	6:8	
	כליל = 3		
וישתמע פתגם גזירת מלכא די עבד	בכל ארום גזירתא רבא היא ומן	1:20	כלל
עמיא אומיא ולישניא די דיירין	בכל ממשלתי איזדהרו למיהוי כל	1:22	
וימני מלכא אפיטרופין	בכל פילכי מלכותיה ויכנשון ית	2:3	
המן לשיצאה ית כל יהודאי די	בכל מלכות אחשורוש עמיה	3:6	
ולישניא ומקצת מנהון דיירין	בכל פילכי מלכותך וגזירת	3:8	
דכתבא למיהוי מתיהבא גזירתא	בכל פילכא ופילכא מפרסם לכל	3:14	
וכל דא ליתיה טימי לוותי	בכל עידן דאנא חמי ית מרדכי	5:13	
ביומא חד	בכל פילכי מלכא אחשורוש	8:12	
דכתיבא לאיתיהבא גזירת דינא	בכל פילכא ופילכא בריר לכל	8:13	
איתכנשו יהודאין בקירויהון	בכל פילכי מלכא אחשורוש	9:2	
מרדכי בבית מלכא ומטבעיה נפק	בכל פילכיא ארום גברא מרדכי	9:4	
ומחו יהודאין	בכל בעלי דבביהון מחת קטילת	9:5	
יום ארבסר וית יום חמיסר ביה	בכל שתא ושתא	9:21	
דוכרנא ולאיתעובדא בהון משתיא	בכל דרא ודרא ייחוסי דכהני	9:28	
וייחוסא דבית ישראל דשריא	בכל פילכא ופילכא ודדיירין	9:28	
בכל פילכא ופילכא ודדיירין	בכל קרתא וקרתא ויומי פוריא	9:28	
עילוי רברבניא ועילוי כל עמיא	דבכל פלכיא דשליט בהון מלכא	1:16	
אגג דכתב להובדא ית כל יהודאין	דבכל פילכי מלכא	8:5	
די יהב מלכא לסייעא ליהודאין	דבכל קירווא וקירווא לאיתכנשא	8:11	

כלל כלל

ברתיה דהמן והוה צבו מן שמיא	דכל יומא הות מיקלקלא בריעא	5:1
	ובכל יומא ויומא מרדכי הוא	2:11
	ובכל פילכא ופילכא אתר דפתגם	4:3
	ובכל קירווא וקירווא אתר	8:17
ובזו ית קרתא וקטילו כל גיברהא	וכולהון יקירהא אסרו בשושלוון	3:2
בבל נפק מרדכי מבבל עם דניאל	וכל כנישתא דישראל דהוו תמן	2:6
דעמין נוכראין לא הות טעמא	וכל פיקודיא דאיתחייב בהון	2:20
על פלגותהון ויהב להון זוודין	וכל נבוז בייתהון בשוה כמיסת	3:2
דמלכא אחשורוש כל יומי חיוי	וכל יומי דרווש בר אסתר מלכתא	3:2
ממערבא אזל המן והנפק כל ממונא	וכל זוודין דיהב ליה מלכא	3:2
נחת מבולא ואישתיזיב נח ובנוי	וכל דהוו עמיה בכסלו לא על מן	3:7
	וכל דא ליתיה טימי לוותי בכל	5:13
ואמרת ליה זרש אינתתיה	וכל רחמוי בנורא לא תיכול	5:14
פרעה וכל משיריתיה בימא דסוף	וכל מלכיא ושילטוניא דאבאישו	6:13
ועל ידוי דמשה ואהרן טמעו פרעה	וכל משיריתיה בימא דסוף וכל	6:13
	וכל רברבני פילכיא	9:3
	וכל עובדי תוקפיה וגבורתיה	10:2
ואישתעי המן לזרש אינתתיה	ולכל רחמוי ית כל דערעיה	6:13
בר עמלק רשיעא ומנייה רב על	כולא ותקין ית כורסייה	3:1
אזל גבי מרדכי אמר ליה הא	כולהון זוודין דיהב לי מלכא	3:2
יתיה ושוי ית כורסייה עיל מן	כולהון רברבניא ועבדוי דמלכא	3:2
לבלחודוי ובעא המן למשיציא ית	כולהון יהודאי אמרין ליה	3:2
יהודאין והובדו חמש מאה גוברין	כולהון רופילין מן בית עמלק	9:6
וקבילו עילוויהון	כולהון יהודאין כחדא ית	9:23
בשבתא רגועיתא ביומא דשבתא	כולהין צדקתן וחוזיין למיתן	2:9
שדר ליה מרדכי אין יהבת לי	כולי ממונך לא משחררנא לך דכן	3:2
למהוי עבד פלח למרדכי יהודאה	ככל מא דכתיב באיגרתא הדא	3:2
בתליסר יומין ביה ואיתכתיב	ככל דפקיד המן לות	3:12
צומא גזר ויתיב על קיטמא ועבד	ככל די פקידית עלוי אסתר	4:17
ותלתא יומין ביה ואיתכתיב	ככל דפקיד מרדכי לות יהודאין	8:9
מלכותיה דמן קדמת דנא הוון	כל עמיא אומיא ולישניא	1:1
דאניס ארום כן שם טעם מלכא על	כל דאיתמנא אפיטרופוס על	1:8
גברא בר ישראל וכרעות גבר מן	כל אומא ולישן	1:8
יאה למהוי מתמלל פתגם מלכא קדם	כל דחכים וידעי אוריתא ודינא	1:13
ארום עילוי רברבניא ועילוי	כל עמיא דבכל פלכיא דשליט	1:16
גזירת פתגם גזירת מלכתא על	כל נשיא לאיתגלגלא מריהון	1:17
גזירתא רבא היא ומן בתר כן	כל נשיא יתנון רבו ויקר	1:20
בכל ממשלתי איזדהרו למיהוי	כל אנש מסרבן על אינתתיה וכפי	1:22
בכל פילכי מלכותיה ויכנשון ית	כל עולימתא בתולתא שפירת חיזו	2:3
עולימתא עיילא לוות מלכא ית	כל רב וסרכן די צביא למימר מן	2:13
למיעל לות מלכא לא תבעת צרוך	כל מידעם ארום אילהין ית מאן	2:15
טעינת טיבו ומשכחא רחמין בעיני	כל חמהא	2:15
ואיטענת רחמין וטיבו קומוי מן	כל בתולתן ושוי מניכא דדהבא	2:17
ומן בתר כן איתפרע מיניה על	כל עיקתין די עבד איהו	3:1
כולא ותקין ית כורסייה מעילווי	כל רברבניא דעימיה עני מרי	3:1
האילין עלת מדת דינא קדם רבון	כל עלמיא וכן אמרת הלא המן	3:1
ממערבא אזל המן והנפק	כל ממונא וכל זוודין דיהב ליה	3:2
אנא למפלח ליה יומא חד בשבעתא	כל יומי חיי ובניי לבנוי עד	3:2
הלא בשוה בפלגות יהב לן מלכא	כל מא די יהב לן ועד השתא אית	3:2
	כל עבדוי דמלכא דבתרע פלטירין	3:2
ידיהון ובזו ית קרתא וקטילו	כל גיברהא וכולהון יקירהא	3:2
ההיא תחות ידוי דמלכא אחשורוש	כל יומי חיוי וכל יומי דרווש	3:2
וימסור בידי ית מרדכי וית	כל עמיה ואנא צליב ית מרדכי	3:2
יומי חיי ובניי לבנוי עד סוף	כל דריא או דילמא אין אנא	3:2
עמא דמרדכי ובעא המן לשיצאה ית	כל יהודאי די בכל מלכות	3:6
שפיר יתכתיב להובדיהון ועל	כל חד וחד מנהון אנא יהיב לך	3:9

מלכא לשיצאה לקטלא ולהובדא ית	כל יהודאי מן עולימא ועד סבא	3:13
ידע על ידא דאליהו כהנא רבא ית	כל מא דאיתעבד בשמי מרומא ומא	4:1
וחוי ליה מרדכי ית	כל דערעיה על עיסק דלא סגד	4:7
מלכא לדרתא גואה בלא רשו וכען	כל עבדי מלכא ועמין דדיירין	4:11
דדיירין בפילכי מלכא ידעין די	כל גבר ואינתתא די יעול לות	4:11
לאישתיזבא בבית מלכא יתיר מן	כל יהודאי	4:13
מלכותיה בבית מלכותא ומסתכל	כל קבל תרע ביתא ענת אסתר וכן	5:1
בדרתא דבבית מלכא גואה דמתבני	כל קבל בית מלכא דבירושלם	5:1
בטולמא דלחים דמכתבא בטרקליליה	כל קבל ארכובתיה מן יד תקף	5:9
וית מא דירבי יתיה מלכא עילוי	כל רברבניא ועבדי מלכא	5:11
כקל גדיין דעיזין עד דאיתנדדו	כל אינגלי מרומא וקמו מתבהלין	6:1
מלכא אוחי ולא תימנע מידעם מן	כל מאן דמלילתא	6:10
לזרש אינתתיה ולכל רחמוי ית	כל דערעיה ואמרו ליה חכימוי	6:13
עם מלכתא כד אנא שרי בביתא כען	כל עמיא אומיא ולישניא דאינו	7:8
דיהודאי וית אינשי ביתיה וית	כל תוסברוי ומרדכי על קדם	8:1
דמן ייחוס אגג דכתב להובדא ית	כל יהודאין דבכל פילכי מלכא	8:5
לשיצאה ולקטלא ולהובדא ית	כל חילוות עמא ופילכא דמעיקין	8:11
מלכא אחשורוש לאושטא לקטלא ית	כל דתבעין בישתהון וגבר לא קם	9:2
באנפיהון ארום נפל פחדהון על	כל עמיא	9:2
האיליין ושדר פיטקין לות	כל יהודאין דבכל פילכי מלכא	9:20
בר המדתא דמן ייחוס אגג מעיק	כל יהודאין חשיב על יהודאין	9:24
עילויהון ועילוי בניהון ועילוי	כל דייראי דמיתוספין עילויהון	9:27
ברת אביחיל ומרדכי יהודאי ית	כל מגילאתא הדא תוקפא דניסא	9:29
ושדר פיטקין לות	כל יהודאין למאה ועשרין ושבע	9:30
אלקפטא למלכא אחשורוש ורבן על	כל יהודאין ומתרעי לסגי אחוי	10:3
חד עשרא אמר לית אנא מוזיף לך	כלל ברביתא אלא אין בעית	3:2
תליתאה למלכותיה עבד משתיא רבא	לכל רברבנוי ועבדוי אוכלוסי	1:3
לעבדוי יומין סגיעין ומשתיא	לכל עבדוי מאה ותמנין יומין	1:4
יומי משתיא האיליין עבד מלכא	לכל עמא בית ישראל דאישתכחו	1:5
מלכתא ומיתמלכן למעבד כדין	לכל רברבני מלכא ומאן יכיל	1:18
פיטקין כתיבן וחתימן בעיזקתיה	לכל פלכי מלכא פלך ופלך כמכתב	1:22
ועבד מלכא משתייא רבא	לכל רברבנוי ועבדוי והוו קרו	2:18
מיני עד די יתרברב וישתמודע	לכל עמיא ומן בתר כן איתפרע	3:1
ולשדרא פיטקין בידא דריהטונין	לכל פילכי מלכא לשיצאה לקטלא	3:13
גזירתא בכל פילכא ופילכא מפרסם	לכל עמיא למהויהון זמינין	3:14
דינא בכל פילכא ופילכא בריר	לכל עמיא דיהון יהודאין	8:13
ופתגמי מגילאתא הדא לאישתמעא	לכל עמא בית ישראל למהויהון	9:26
לעמיה בית ישראל וממליל שלמא	לכל זרעיה דבית יעקב	10:3
ורחים מלכא ית אסתר	מכל נשיא דהוו מתנסבן ואיטענת	2:17
ועד השתא אית בידי תרין חולקין	מכל מא דיהב לי מלכא ואנת	3:2
מלכותך וגזירת אוריתהון שניין	מכל עמא לחמנא ותבשילנא	3:8
	כלל = 118	

כן

תרין קלוסנטרין ולאוקמא חד	בכין איתיעטו בלישנהון בגתן	2:21
אתא זימנא למיהוי עלם חרוב הא	בכין איתכנשו ואתו קדם מרי	6:1
מלאכא דשגושתא לערבלא משתיהון	בכן אמר למהומן ביזתא חרבונא	1:10
ומסדרן קומך סידור לחם אפייא	בכן איסתתר מלכא ושאל עיטתא	1:14
בתתובתא איהוא יהא עדב חילופך	בכן שרי שמשי צפרא לצבעא	3:7
קטעין ית אילנא דבגינתא גוואה	בכן קם בריתחיה ממשתייא דחמרא	7:7
דבנוי דיוסף מתילין לנוני ימא	דהכין כתיב וכנוני ימא יסגון	3:7
לי כולי ממונך לא משחררנא לך	דכן אמרין בני נשא עבדא למאן	3:2
לית שלם אמר אלהי לרשיעא מטול	הכן מרדכי לא חמיט ולא סגיד	3:2
זבינתא בטרקליליה על ארכובתא	והכין כתיב ומפרש שטר מכירת	3:2
ית דינא ההוא ברם צלו קדם יי	וכן אמרו ריבונוי דעלמא ערבל	1:14
עמא ועמא כממלל לישניה קרי	וכן אמר אתון עמיא אומיא	1:22
ית ושתי מתיבין ליה רברבנוי	וכן אמרין הלא את הוא דחייבת	2:1

רבבניא דעימיה עני מרי עלמיא	וכן אמר לא ניחא קומיי	3:1	
לי מלכא זוודין לפרנסותהון	וכן עבד למרדכי בר שמעי בר	3:2	
קדישא נפלת ברת קלא מן שמיא	וכן אמרת לא תדחלין כנישתא	3:7	
לבית גנזי מלכא עני מרי עלמא	וכן אמר הא כבר יהבו סילעא	3:9	
כל קבל תרע ביתא ענת אסתר	וכן אמרת רבוני דעלמא לא	5:1	
דאנא שמע ענת מדת דינא רחמין	וכן אמרת לא קל גדיין אנת שמע	6:1	
מדאה ית בבל אחתיה לעילם ובתר	כן מלך אחשורוש ובעא למיתב	1:2	
מנהג גופא ולית דאניס ארום	כן שם טעם מלכא על כל דאיתמנא	1:8	
עמר וכיתן ביומא דשבתא ובגין	כן איתגזר עלהא למיתי	1:11	
דאבוהא לדניאל ארגוונא ובגין	כן גזר למהוי אתיא בכלילא	1:11	
ארום גזירתא רבא היא ומן בתר	כן כל נשיא יתנון רבו ויקר	1:20	
וישתמודע לכל עמיא ומן בתר	כן איתפרע מיניה על כל עיקתין	3:1	
ועולומתיי נצום הי כדין ובתר	כן איעול לות מלכא דלא כדינא	4:16	
בצליבת קיסא ואישתיזיב ומן בתר	כן עול עם מלכא לבית משתייא	5:14	
לבוש ארגוונא וית סוסא ועיבד	כן למרדכי אמר ליה המן לאידין	6:10	
בגין	כן יהודאין פצחאי דיתבין	9:19	
בגין	כן קרו ליומיא האיליין פורייא	9:26	
למקבע יומי פוריא האיליין בגין	כן דאיתעביד בהון ניסא למרדכי	9:26	
נטרין ליה זמן שתא בשתא בגין	כן דיפרסמון יומי ניסא ופתגמי	9:26	
פורייא על שום פייסא בגין	כן נטרין ליה זמן שתא בשתא	9:26	
	כן = 34		
דהוה צבי למיסביה ית ברתיה וכד	איתכנשו עולמתן לידוי דהגי	5:1	כנש
זימנא למיהוי עלם חרוב הא בכין	איתכנשו ואתו קדם מרי עלמא	6:1	
	איתכנשו יהודאין בקירויהון	9:2	
ושאר יהודאין דבפילכי מלכא	איתכנשו וקיימו ית נפשיהון	9:16	
ויהודאין דבשושן	איתכנשו לשיצאה ית בנוי דעמלק	9:18	
	ואיתכנשו יהודאין דבשושן אוף	9:15	
פתגם כרוז מלכא וגזירתיה	ובאיתכנשות עולימתן סגיען	2:8	
	ובאיתכנשות בתולתן זימנא	2:19	
אפיטרופין בכל פילכי מלכותיה	ויכנשון ית כל עולימתא בתולתא	2:3	
מרדת עלוי קרתא דשמה הינדקי	וכנש מלכא אוכלוסין סגיעין	3:2	
איזיל	כנוש ית יהודאי די משתכחן	4:16	
נפק מרדכי מבבל עם דניאל וכל	כנישתא דישראל דהוו תמן בבבל	2:6	
מן שמיא וכן אמרת לא תדחלין	כנישתא דישראל דאין תהדרין	3:7	
מגילתא כמכתב רושם עיבראי בבית	כנישתהון בחד עשר ותריסר	9:27	
ליהודאין דבכל קירווא וקירווא	לאיתכנשא ולקיימא ית נפשיהון	8:11	
לויתן ותרנגול ברא דאיתעתדו	לכנישתא דישראל לסעודת יומא	3:7	
	כנש = 16		
תקליטיהון דדהב טב וכרעיהון	דכסף שריין על סטיו כביש	1:6	כסף
ואנא אתן לך עשרא אלפין ככרין	דכסף שדר ליה מרדכי אין יהבת	3:2	
אנא יהיב עשרא אלפין ככרין	דכסף למלכא וימסור בידי ית	3:2	
זוזין הוויין עשרת אלפין ככרין	דכסף לחוד קולמוסא אתיהיב לי	3:9	
דכסף לחוד קולמוסא אתיהיב לי	וכספא יהי מתיהיב על ידא	3:9	
אונקלוון ודשרין סגלגלין די	כסף כפיסן עילוי עמודי מרמרין	1:6	
גחן לאנדרטיה וית דררא דממון	כסף עשר אלפין ככרין דאמר המן	4:7	
ואמר מלכא להמן	כספא יהי מתיהב לך ועמא יהון	3:11	
על רישיה כאבילא על בהתיה	וכיסופיה	6:12	
	כסף = 9		
ואפרכיא כבישן תחות ידוי	וכען לא אישתעבדו ליה מן בגלל	1:1	כען
לות מלכא לדרתא גואה בלא רשו	וכען כל עבדי מלכא ועמין	4:11	
איסתקף עלוי הדא להיתנסבא ליה	וכען שוי יתי לרחמין בעינוי	5:1	
לבטלא בניין בית מוקדשך והא	כען רבי מלכא אחשורוש ית המן	3:1	

עם מלכתא כד אנא שרי בביתא	כען כל עמיא אומיא ולישניא	7:8	
מלכא והא קיסא קאים בביתא דהמן	כען אין על מלכא שפר יתנסח אע	7:9	
	כען = 7		
כל אנש מסרבן על אינתתיה	וכפי לה למיהוי ממללא בלישן	1:22	כפי
	כפי = 1		
מן השתא לית לן למיכול ונמות	בכפנא אמר ליה מרדכי הלא בשוה	3:2	כפן
	כפן = 1		
ודשרין סגלגלין די כסף	כפיסן עילוי עמודי מרמרין	1:6	כפס
	כפס = 1		
טחוליהון ואיקדדו פיסת	כף ריגליהון	8:10	כפף
	כפף = 1		
לה משתיא דאסתר והניית שיבוק	כרגא לפלכיא עבד ויהב לה מתנן	2:18	כרג
ושוי מלכא אחשורוש	כרגא על ארעא והפרכי ימא	10:1	
	כרג = 2		
והוה כד אישתמע פתגם	כרוז מלכא וגזירתיה	2:8	כרוז
	כרוז = 1		
כביש קרוסטלינין ומרמרין ודורא	דבכרכי ימא רבא ואיטונין	1:6	כרך
	כרך = 1		
רבא דהוה לביש חושנא דביה	כרום ימא ורובי כהניא הוו	1:14	כרם
	כרם = 1		
ית אפי מלכא דיתבין בדרגא קמאה	דבכורסי מלכותא	1:14	כרס
למלכותיה יתיב עילוי ההוא	כורסי מלכותיה ארדיכליא דעבדו	1:2	
איקונין דאסתר ואותיב יתה על	כורסי תיניין ואמליך יתה חולף	2:17	
דבירושלם ומלכא הוה יתיב על	כורסי מלכותיה בבית מלכותא	5:1	
כד בעא מלכא אחשורוש למיתב על	כורסיה דשלמה דאישתבא מן	1:2	
ומנייה רב על כולא ותקין ית	כורסיה מעילווי כל רברבניא	3:1	
אגג ואעיל יתיה ושוי ית	כורסיה עיל מן כולהון	3:2	
דכן אמרין בני נשא עבדא למאן	כרסוי למאן מן יד תקיף רוגזיה	3:2	
	כרס = 8		
על דרגשין תקליטיהון דדהב טב	וכרעיהון דכסף שריין על סטיו	1:6	כרע
	כרע = 1		
יריען דבוץ גוון חיוור כספירין	וכרתנין ותכלא אחידן באשלי	1:6	כרתן
	כרתן = 1		
לאשתצאה מגו עלמא והי כמא די	איתכתיב ואיתחתם להובדותהון	4:1	כתב
מן עלמא עילוי ארעא הי כדין	איתכתיב ואיתחתם בשמי מרומא	4:1	
פורייא האילין ועל ידוי דמרדכי	איתכתיבת מגילתא בפיטקא	9:32	
סיטומתא דמלכא ארום פיטקא	דאיתכתיב בשום מימרא דמלכא	8:8	
וית דיטגמאה	דכתב גזירתא דאיתיהיב בשושן	4:8	
דהמן בר המדתא דמן ייחוס אגג	דכתב להובדא ית כל יהודאין	8:5	
כחדא ית דשריאו למעבד וית	דכתב מרדכי בגינהון	9:23	
דיטגמא	דכתבא למיהוי מתיהבא גזירתא	3:14	
עבד פלח למרדכי יהודאה ככל מא	דכתיב באיגרתא הדא כרעותי	3:2	
לא תפלח יתי יומא בשבעתא כמא	דכתיב בשטר זבינתא שדר ליה	3:2	
דיטגמאה	דכתיבא לאיתיהבא גזירת דינא	8:13	

לאסתר מלכתא ואמרת אסתר למלכא	ואיתכתיב על שום מרדכי	2:22	
קשוט ואיצטליבו תריהון על קיסא	ואיתכתיב בספר דוכרניא דמתקרי	2:23	
בירחא קדמאה בתליסר יומין ביה	ואיתכתיב ככל דפקיד המן לות	3:12	
תליתאי בעשרין ותלתא יומין ביה	ואיתכתיב ככל דפקיד מרדכי לות	8:9	
הכי מחנפין לחייביא אמר לון	והכתיק בנבואת ישעיה לית שלם	3:2	
פתגם גזירת מלכותא מן קומוי	ויתכתיב בגזירת פרסאי ומדאי	1:19	
עלוי ולא אשתכחו אזל מרדכי	וכתב שטר זבינתא בטרקליליה על	3:2	
	וכתב בשום מימרא דמלכא	8:10	
	וכתב מרדכי ית פתגמיא האיליין	9:20	
	וכתבת אסתר מלכתא ברת אביחיל	9:29	
בה מלכא וקרי לה בשמא מפרש	וכתיב	2:14	
אין קדם מלכא שפיר	יתכתיב להובדיהון ועל כל חד	3:9	
לכל פלכי מלכא פלך ופלך	כמכתב רושמיה ולות עמא ועמא	1:22	
יומיא האיליין למקרי ית מגילתא	כמכתב רושם עיבראי בבית	9:27	
עמא ועמא פילכא ופילכא כרושם	כתבהא ועמא ועמא כממלל לישניה	3:12	
פילכיא פילכא ופילכא כרושם	כתבהא ועמא ועמא כממלל לישניה	8:9	
לישניה ולות יהודאין כרושם	כתבהון וכממלל לישנהון	8:9	
ואתון סרהיבו	כתובו בגין יהודאין כד שפיר	8:8	
בטרקליליה על ארכובתא והכין	כתיב ומפרש שטר מכירת המן אנא	3:2	
דיוסף מתילין לנוני ימא דהכין	כתיב וכנוני ימא יסגון בגו	3:7	
לישניה בשום מלכא אחשורוש	כתיב ומפרש ומתחתם בקושפנקא	3:12	
ואישתכח	כתיב בספרא די חוי מרדכי על	6:2	
מרדכי דרבייה מלכא הלא אינון	כתיבין על ספר פתגמי יומיא	10:2	
ושלח פיטקין	כתיבן וחתימן בעיזקתיה לכל	1:22	
בעינוי יפקד מלכא וישים טעם	למיכתוב למיהוי תייבין פיטקיא	8:5	
אמר ליה המן לחיי בעו ניירא	למכתב שטר זבינתא עלוי ולא	3:2	
	כתב = 38		
דישראל ערטולאן ומנפסן לה עמר	וכיתן ביומא דשבתא ובגין כן	1:11	כתן
	כתן = 1		
למיעול לות מלכא לדרתא גואה	בלא רשו וכען כל עבדי מלכא	4:11	לא
דאויל מרודך בר נבוכדנצר ועל	דלא שבקת למבני ית בית מוקדשא	1:1	
מא לאיתעיבדא במלכתא ושתי בגין	דלא עבדת ית מימר מלכא	1:15	
ומדאי ולא יתבטל הדא גזירתא	דלא תיעול ושתי קדם מלכא ומן	1:19	
ולדותהא ארום מרדכי פקד עלהא	דלא תחוי	2:10	
במשריתא כיון דחמא הינון	דלא אישתייר בידיה מדעם מן	3:2	
מרדכי ית כל דערעיה על עיסק	דלא סגד להמן ולא גחן	4:7	
ופקידת ליה על עיסק מרדכי	דלא יגרי עם המן מצותא ארום	4:10	
המן רשיעא גזר על מימר אחשורוש	דלא למיעול לות מלכא לדרתא	4:11	
כדין ובתר כן איעול לות מלכא	דלא כדינא והי כמא דהובדית מן	4:16	
חורונאה וטוביה עבדא עמונאה	דלא למשבק למבני יתיה דדחיל	5:3	
חורונאה וטוביה עבדא עמונאה	דלא למשבק למבני יתיה דילמא	5:6	
והוה על רישיה תלת אמין בגין	דלא יכול מיניה עופא וזרש	9:14	
מתיבין ליה רברבנוי וכן אמרין	הלא את הוא דחייבת עלה דין	2:1	
בנסו וקצפו ואמרו דין לדין	הלא מלכתא בפתגם מלכא בעייא	2:21	
קדם רבון כל עלמיא וכן אמרת	הלא המן רשיעא סליק מן שושן	3:1	
ונמות בכפנא אמר ליה מרדכי	הלא בשוה בפלגות יהב לן מלכא	3:2	
ואמרת ליה כדנא תימר למרדכי	הלא המן רשיעא גזר על מימר	4:11	
ופירוש רבות מרדכי דרבייה מלכא	הלא אינון כתיבין על ספר	10:2	
מן אלכסנדריאה למעבד כוותיה	ולא יכילו ועבדו אוחרן ארע	1:2	
מלך אחשורוש ובעא למיתב עלוי	ולא הוה יכיל ושדר ואייתי	1:2	
למלכא דסגי ריחיה ובסים טעמיה	ולא בחוסרנא אלהין כמיסת ידא	1:7	
לאיתאה ית ושתי מלכתא קומוי	ולא עלת	1:17	
ויתכתיב בגזירת פרסאי ומדאי	ולא יתבטל הדא גזירתא דלא	1:19	
למקטלה אלהין דתיעול קומיי	ולא עלת ופקידית למעדי מינה	2:1	

לא לא

בביתא דמרדכי שובעין וחמש שנין	ולא חמת אפי גבר אילהין אפי	2:7
הוה שאיל לה מאידין אומה אנת	ולא הות אסתר מחוייא ילדותה	2:20
ימינא ואחזי להמן שטר שיעבודא	ולא קם ולא זע מיניה מן יד	3:2
ואחזי להמן שטר שיעבודא ולא קם	ולא זע מיניה מן יד איתמלי	3:2
לרשיעא מטול הכן מרדכי לא חמיט	ולא סגיד	3:2
נכסוי דמלכא ונפקו מתחות ידיי	ולא הוה בידי ממא לפרנסא	3:2
ניירא למכתב שטר זבינתא עלוי	ולא אשתכחו אזל מרדכי וכתב	3:2
מטול דעשו ויעקב אחי הוו	ולא יכילית למיפק מתחות ידוי	3:2
ברביתא ולאחוך לא תיזיף ברביתא	ולא הו אלא לאישתמוטי מידוי	3:2
למיחמט ולמיפלח לפולחנא נוכראה	ולא הוה סגיד להמן על די הוה	3:2
דהמן אמרו ליה הב לן ניכול	ולא הוה ליה מא למיתן ובעו	3:2
על דהוא יהודי ויהודאי לא פלחן	ולא גחנן לה	3:4
לוותיה יומא דין ויומא חדא	ולא קביל מנהון וחויאו להמן	3:4
ארום לית מרדכי גחין לאנדרטיה	ולא הוה סגיד ליה ואיתמלי המן	3:5
לסעודת יומא רבא בשיתא בשבא	ולא על מן בגלל דביה איתברי	3:7
איתבריו שמיא וארעא בתרין בשבא	ולא על מן בגלל דביה איתבני	3:7
מן יומיא ושרי בירחיא בניסן	ולא על מן בגלל זכותא דפיסחא	3:7
בליען אינון בידי הי כנוני ימא	ולא הוה ידע דבנוני דיוסף	3:7
דביה איתברי אדם קמאה בשבא	ולא על מן בגלל דאיהוא קיים	3:7
בגלל דביה איתפקד שור ירושלם	ולא חזי למיקם עקתא תרין	3:7
מן יומא ליומא שרי מן חד בשבא	ולא על מן בגלל דביה איתבריו	3:7
איתברי גנתא דעדן בארבע בשבא	ולא על מן בגלל דביה איתבריו	3:7
על מן בגלל זכותא דפיסחא באיר	ולא על מן בגלל דביה נחת מונא	3:7
ותריסר מזליא בחמשא בשבא	ולא על מן בגלל דביה איתברי	3:7
דביה איתבני רקיעא בתלת בשבא	ולא על מן בגלל דביה איתברי	3:7
מרדכי ולמעדי ית שקיה מעילויה	ולא קביל	4:4
דערעיה על עיסק דלא סגד להמן	ולא גחן לאנדרטיה וית דררא	4:7
ארום משתק שתוקי בעידנא ההיא	ולא תפגיע על יהודאי רווחא	4:14
בשושן וצומו עלוי לא תיכלון	ולא תשתון תלתא יומין וצלו	4:16
אנת ברחמך סגיען חוס על עמך	ולא תמסור בנוי דיעקב בידוי	5:1
לא תימסרינני ביד עורלאה הדין	ולא תעביד רעות המן רשיעא	5:1
אנא בעיא פלגות מלכותא בשאילתי	ולא בנין בית מוקדשא בבעותי	5:7
ומרדכי לא קם מן קדם אנדרטיה	ולא רתת מיניה אילהין פשט ית	5:9
ותרש הוה מאפיך ית פצימי ספרא	ולא צבי למקרי והות רעוא מן	6:1
ליה המן בבעו מינך קטול יתי	ולא תגזור עלי כפתגמא הדין	6:10
כפתגמא הדין אמר ליה מלכא אוחי	ולא תימנע מידעם מן כל מאן	6:10
כל דייראי דמיתוספין עילויהון	ולא יעבר קיימא די יהון עבדין	9:27
ואפרכיא כבישן תחות ידוי וכען	לא אישתעבדו ליה מן בגלל הכי	1:1
ברם מרדכי צדיקא וסיעתיה	לא הוו תמן	1:5
דהוא שבתא לחמא לא סעד ומוי	לא שתא וביומא שביעאה דהוא	1:10
עד יומא שביעאה דהוא שבתא לחמא	לא סעד ומוי לא שתא וביומא	1:10
דאגג רשיעא קדם מלכא ורברבניא	לא עילוי מלכא בלחודוי סרחת	1:16
על מא דעבדת אמר לון מלכא אנא	לא גזרית למקטלה אלהין דתיעול	2:1
	לא חויאת אסתר ית עמהא וית	2:10
נטיר מטרוניתא ומכאן ואילך	לא תיעל תוב לות מלכא ארום	2:14
דנסבה ליה לברת למיעל לות מלכא	לא תבעת צרוך כל מידעם ארום	2:15
תבשילין וחמרא דעמין נוכראין	לא הות טעמא וכל פיקודיא	2:20
דעימיה עני מרי עלמיא וכן אמר	לא ניחא קומיי לשיצאותיה מן	3:1
לשיצאותיה מן עלמא דעד כדו	לא אישתמודע בעלמא פסוקו מיני	3:1
לי השתא אנא מתעכבין בקרבא	לא יהי לן מא למיכול אזל גבי	3:2
מרדכי שדר ליה מרדכי להמן אמאי	לא תפלח יתי יומא בשבעתא כמא	3:2
מרדכי אין יהבת לי כולי ממונך	לא משחררנא לך דכן אמרין בני	3:2
אלהי לרשיעא מטול הכן מרדכי	לא חמיט ולא סגיד	3:2
ליה לעבדא או דילמא אין	לא מודי אנא דאנא עבדיה או	3:2
לבר עממין תיזיף ברביתא ולאחוך	לא תיזיף ברביתא ולא הו אלא	3:2
תרין אמר ליה מרדכי משום תרין	לא אוזיף לך חד אין אנא יהיב	3:2

לא לבלר

	3:4	לא פלחן ולא גחנן לה	גחין על דהוא יהודי ויהודאי
	3:4	לא הוה גחין על דהוא יהודי	לחם ולאנדרטא די הקים בחדייה
	3:4	לא סגיד על דהוא עבדיה דאזדבן	המן ארום חוי להון די להמן
	3:7	לא על מן בגלל דביה סליק משה	מרי עלמא ומלילת עם משה באלול
	3:7	לא על בגלל דביה איתיהיבת	מן בגלל דביה נחת מונא בסיון
	3:7	לא על מן בגלל דביה איתפקד	איתיהיבת אוריתא בסיני בתמוז
	3:7	לא על מן בגלל דביה איתיסר	נח ובנוי וכל דהוו עמיה בכסלו
	3:7	לא על מן בגלל דהוא ריש שתא	ומיסת הוי לעוקתא ההיא בשבט
	3:7	לא על מן בגלל דביה נחת מבולא	חוביהון דישראל במרחשון
	3:7	לא על מן בגלל דביה משתבקין	למיסב לוחין אוחרניתא בתשרי
	3:7	לא תדחלין כנישתא דישראל דאין	נפלת ברת קלא מן שמיא וכן אמרת
	3:7	לא על מן בגלל דביה סליק	דביה איתיסר בית מוקדשא בטבת
	3:7	לא על מן בגלל דביה פסקן מיתי	למיקם עקתא תרין זימנין באב
	3:8	לא מקיימין וית גזירת דיני	דילנא ליתיהון נטרין ונימוסנא
	4:5	לא קביל לבושי מלכותא דשדרת	קל בכותא דהוא בכי ועל מא דין
	4:11	לא אתקריתי למיעל לות מלכא	מלכא ית תגדא דדהבא וייחי ואנא
	4:11	לא מתקרי על פמיה דהמן חדא	יעול לות מלכא לדרתא גואה די
	4:13	לא תחשבין בנפשיכי למהך	לאתבא לות אסתר כדנא תימרון לה
	4:16	לא תיכלון ולא תשתון תלתא	די משתכחן בשושן וצומו עלוי
	5:1	לא תימסרינני ביד עורלאה הדין	ענת אסתר וכן אמרת רבוני דעלמא
	5:1	לא יקטלינני ויעבד צבותי	וכען שוי יתי לרחמין בעינוי די
	5:3	לא אתן ליך דהכדין קיימת	דאיהו קאים בתחום פלגות מלכותי
	5:3	לא אעבד לך מילתא אחריתי דאנת	דילמא ימרדון בי הדא בעותא
	5:6	לא אתין ליך דהכדין קיימית	קאים בתחום פלגות מלכותי
	5:9	לא קם מן קדם אנדרטיה ולא רתת	להון אסתר בתרע מלכא ומרדכי
	5:12	לא הנעלת אסתר מלכתא למשתייא	ואמר המן ברם
	5:14	לא תיכול למקטליה די אישתיזב	די אישתיזב אברהם אבוי בסיפא
	5:14	לא תיכול למרמא יתיה די	ואהרן ובני ישראל בגוב אריוותא
	5:14	לא איתנסי חד בצליבת קיסא	ית מרדכי עילווי דעד כדון
	5:14	לא תיכול למירמיה די אישתיזב	זרש אינתתיה וכל רחמוי בנורא
	5:14	לא תיכול לשנוקיה דאישתיזיבו	מינה יצחק מינה יצחק אבוי במיא
	6:1	לא קל גדיין אנת שמע אילהין	ענת מדת דינא רחמין וכן אמרת
	6:3	לא איתעביד עימיה שום מידעם	דין ואמרו עולימי מלכא משמשנוי
	6:13	לא תיכול לאבאשא ליה ארום	יתהון אלההון בידיהון ואוף אנת
	7:2	לא אתן ליך דהכדין קיימית	דהוא קאים בתחום פלגות מלכותי
	7:8	לא אתא המן אילהין למשכוב עם	ותוה מלכא ואמר הא ברם בקושטא
	8:8	לא יתיב ריקנו	ומיסתתם בעיזקת סיטומתא דמלכא
	9:2	לא קם באנפיהון ארום נפל	ית כל דתבעין בישתהון וגבר
	9:10	לא אושיטו ית ידיהון	מעיקא דיהודאין קטלו ובעדאה
	9:15	לא אושיטו ית ידיהון	בשושן תלת מאה גוברין ובעדאה
	9:16	לא אושיטו ית ידיהון	אלפין מזרעית עמלק ובעדאה
	9:28	לא יעברון מגו יהודאי	וקרתא ויומי פוריא האיליין
	9:28	לא ישתיצי מבניהון	יעברון מגו יהודאי ודוכרנהון
	2:1	לאו הכי אילהין דין קטול גזרת	למעדי מינה מלכותא אמרו ליה
		לא = 127	
לב	3:2	בליביה אנא יהיב עשרא אלפין	מן יד תקיף רוגזיה דהמן ואמר
	5:9	ליבא וכד חמא המן ית מרדכי	מלכא ביומא ההוא חדי ובדח
	8:17	ליבא ליהודאין משתיא ויומא	דיניה מטי חדווא ובדיחות
	1:10	ליביה דמלכא בחמרא גרי ביה יי	וקבילת סנהדרין קדם יי וכד שפר
		לב = 4	
לבב	6:6	בליבביה ואמר למאן יצבי מלכא	דמלכא צבי ביקריה וחשיב המן
	7:5	ליבביה למעבד כדין	חציפא וחייבא ומרודא די אמלכיה
		לבב = 2	

לבלר		לות

לבלר

Ref		
8:9	ליבלרין דמלכא בירחא תליתאי	ואיתקרו

לבלר = 2

לבש

Ref		
8:15	בלבוש מלכותא תכלא וחרי	ומרדכי נפק מן קדם מלכא
1:11	דאלביש נבודכנצר אבוי דאבוהא	דמלכותא על רישתא בגין זכותא
6:8	דלבישו ביה ית מלכא ביומא דעל	מלכא טעם וייתון לבוש ארגוונא
6:11	ואלביש ית מרדכי וארכביניה	המן ית לבוש ארגוונא וית סוסא
4:1	ואלבש לבושא דשק על בישריה	וכד ידע מרדכי בזע ית לבושי
6:9	וילבשון תורבייני מלכא ית	רבא מרברבני מלכא איסטרטיגין
2:9	ולבושי מלכותא למהוי יהיבין	רבוותהא וית מתנתהא המניכין
6:12	ולבש ית סקא ויתיב על קיטמא	ואשלח ית לבוש ארגוונא מעלוי
5:1	ולבשת אסתר לבושי מלכותא ושרת	והוה ביומא תליתאה דפיסחא
4:3	לבוש דשק וקיטמא הוה מיחשם	ליהודאי וצומא ובכותא ומספדא
6:8	לבוש ארגוונא דלבישו ביה ית	ישים מלכא טעם וייתון
6:10	לבוש ארגוונא וית סוסא ועיבד	ואמר מלכא להמן אוחי סב ית
6:11	לבוש ארגוונא וית סוסא ואלביש	ודבר המן ית
6:12	לבוש ארגוונא מעלוי ולבש ית	דבתרע פלטירין דמלכא ואשלח ית
4:1	לבושא דשק על בישריה ושוי	ידע מרדכי בזע ית לבושי ואלבש
4:2	לבושא דשק	לתרע פלטירין דמלכא כד לביש
6:9	לבושא דארגוונא וסוסא על ידא	ויהי מתיהיב
4:1	לבושי ואלבש לבושא דשק על	על עמיה וכד ידע מרדכי בזע ית
4:4	לבושי מלכותא למלבש ית מרדכי	לה ואיזדעזעת מלכתא לחדא ושדרת
4:5	לבושי מלכותא דשדרת ליה	דהוא בכי ועל מא דין לא קביל
5:1	לבושי מלכותא ושרת עלהא רוח	תליתאה דפיסחא ולבשת אסתר
1:14	לביש חושנא דביה כרום ימא	אדמתא על ידא דכהנא רבא דהוה
4:2	לביש לבושא דשק	למיעל לתרע פלטירין דמלכא כד
6:1	לביש בית ישראל ופקיד	ואמר לבזעא סיטומתא דאיתחתמא
1:3	לבישין ארגוונין אכלין ושתין	פילכיא עטיפן באיצטלוון דמילת
7:6	למילבש איצטילא דמלכותא	ברמשא בבית דמכך ויומא דין בעא
4:4	למלבש ית מרדכי ולמעדי ית	מלכתא לחדא ושדרת לבושי מלכותא

לבש = 27

לואה

Ref		
9:28	ולוואי וייחוסא דבית ישראל	בכל דרא ודרא ייחוסי דכהני

לואה = 1

לוח

Ref		
3:7	לוחין אוחרניתא בתשרי לא על	סליק משה בטורא דסיני למיסב

לוח = 1

לות

Ref		
1:22	ולות עמא ועמא כממלל לישניה	מלכא פלך ופלך כמכתב רושמיה
3:12	ולות רברבני עמא ועמא פילכא	ארכונין על כל פילכא ופילכא
3:12	ולות היפרכין דמתמנן ארכונין	המן לות איסטרטיליטי מלכא
8:9	ולות יהודאי כתבהון	כתבה ועמא כממלל לישניה
8:9	ולות איסטרטיליוסי ואיפרכין	ככל דפקיד מרדכי לות יהודאין
2:13	לות מלכא ית כל רב וסרכן די	עשר ירחי שתא עולימתא עיילא
5:12	לוותה למסעוד עם מלכא	יתי ואוף לעידן מחר אנא מזמן
5:13	לוותי בכל עידן דאנא חמי ית	וכל דא ליתיה טימי
3:4	לוותיה יומא דין ויומא חדא	והוה כד מללוותהון
6:5	לוותיה הא המן קאים בדרתא	ואמרו עולימי מלכא
2:14	לות מלכא ארום אילהין ההיא	ומכאן ואילך לא תיעול תוב
2:15	לות מלכא לא תבעת צרוך כל	דמרדכי דנסבה ליה לברת למיעל
2:16	לות מלכא אחשורוש לאיתא ואעיל	ואידברת אסתר
2:16	לות אידרון בית מלכותיה בירחא	מלכא אחשורוש לאיתא ואעיל יתה
3:2	לות מלכא אחשורוש ואישתיירו	אסרו בשושלוון ואיתי אונון
3:12	לות איסטרטיליטי מלכא ולות	ביה ואיתכתיב בכל דפקיד המן
4:6	לות מרדכי לפתאה דקרתא דלדקם	ונפק התך למללא
4:8	לות מלכא לפייסא ליה ולמבעי	עמא דיהודאי ולפקדא עלהא למיעל

	4:11	לות מלכא לדרתא גואה בלא רשו	על מימר אחשורוש דלא למיעול
	4:11	לות מלכא לדרתא גואה די לא	די כל גבר ואינתתא די יעול
	4:12	לות אסתר ותקף רוגזיה ביה	ית התך דשמיה דניאל עאל ונפיק
	4:13	לות אסתר כדנא תימרון לה לא	מרדכי למיכאל וגבריאל לאתבא
	4:15	לות מרדכי	אסתר למיכאל גבריאל לאתבא
	4:16	לות מלכא דלא כדינא והי כמא	נצום הי כדין ובתר כן איעול
	6:7	לות מלכא גבר דמלכא צבי	ואמר המן
	8:9	לות יהודאין ולות	ביה ואיתכתיב ככל דפקיד מרדכי
	9:20	לות כל יהודאין דבכל פילכי	ית פתגמיא האיליין ושדר פיטקין
	9:30	לות כל יהודאין למאה ועשרין	ושדר פיטקין
	1:14	לותיה ואיליין שמאתהון כרשנא	ושאל עיטתא לרברבנוי דקריבין
	5:9	מלוות מלכא ביומא ההוא חדי	ונפק המן
	7:7	מלוות מלכא	חמא ארום איסתקפת עלוי בישתא
		לות = 32	
לחד	1:12	לחדא וחמתיה רתחת ביה	דאיתפקדת ביד רבניא ורגז מלכא
	4:4	לחדא ושדרת לבושי מלכותא	וחויאו לה ואיזדעזעת מלכתא
	5:1	לחדא ואפיקו יתה בבהילו ומינך	ובמוי דריגלאין ופמה הוה סרי
		לחד = 3	
לחוד	1:16	בלחודוי סרחת מלכתא ושתי ארום	מלכא ורברבניא לא עילוי מלכא
	3:6	בלחודוי ארום חויאו ליה	לאושטא ידא למקטול ית מרדכי
	3:2	לבלחודוי ובעא המן למשיציא ית	שט בעינוי למושטא ידא במרדכי
	3:9	לחוד קולמוסא אתיהיב לי וכספא	הוויין עשרת אלפין ככרין דכסף
	5:3	לחוד למבני בית מוקדשא דאיהו	פלגות מלכותי איתנני ליה ליך
	5:6	לחוד למיבני בית מוקדשא	פלגות מלכותי ותיתעביד בעותיך
	7:2	לחוד למבני בית מוקדשא דהוא	עד פלגו מלכותא איתניניה לך
		לחוד = 7	
לחי	9:27	ולחייתא ופילכיא וקירויא כפום	וארביסר וחמיסר בני פיצחיא
		לחי = 1	
לחם	3:2	דלחים תרגום ירושלמי בשנת	פלח מטול דאיזדבן ליה בטולמא
	5:9	דלחים דמכתבא בטרקליליה כל	שטר זבינתא דאיזדבן ליה בטולמא
	1:14	לחם אפייא בכן איסתתר מלכא	ית דמא ומסדרן קומך סידור
	3:4	לחם ולאנדרטא די הקים בחדייה	דהוא עבדיה דאזדבן ליה בטולמת
	1:10	לחמא לא סעד ומוי לא שתא	עד יומא שביעאה דהוא שבתא
	3:8	לחמנא ותבשילנא ליתיהון טעמין	וגזירת אוריתהון שניין מכל עמא
		לחם = 6	
ליל	4:16	בליליא ובימממא ואוף אנא	תלתא יומין וצלו קדם מרי עלמא
	6:1	בליליא ההוא סליקת קבילת	
		ליל = 2	
לית	3:2	דלית אנא מוזיף לך ברביתא	דאוכלוסאי מן מא יתזון ותוב
	1:8	ולית דאניס ארום כן שם טעם	ושקותא כהלכת מנהג גופא
	2:21	ולית רבות לסלקא תרין	לסלקא יתן ולאוקומא ית מרדכי
	3:9	ולית רשו לאחשורוש לזבוניהון	סלעין ולית לך רשו למזבוניהון
	3:9	ולית לך רשו למזבוניהון ולית	ושבע מאה ושובעין ושבעא סלעין
	2:7	לית לה אבא ואימא ועולימתא	דאיתעביד לה לתורביינא ארום
	3:2	לית לן למיכול ונמות בכפנא	לרישא נפקו ואזלו מן השתא
	3:2	לית אנא מוזיף לך כלל ברביתא	לי ואנא פרע לך על חד עשרא אמר
	3:2	לית שלם אמר אלהי לרשיעא מטול	אמר לון והכתיב בנבואת ישעיה
	3:2	לית מן דינא למסגוד מרא	עבר על פוקדנא דמלכא אמר לון
	3:5	לית מרדכי גחין לאנדרטיה ולא	וחמא המן ארום
	3:8	לית ליה שום טימי מנהון ומא	מלכא ליתיהון עבדין ולמלכא

האיליין איתרטטא ואמרת אסתר	לית אנא בעיא מינך אילהין אין	5:4	
ואתיבת אסתר ואמרת	לית אנא בעיא פלגות מלכותא	5:7	
ולאמהן איזדבננא שתקית ארום	לית למעיקא טימין ורווחא	7:4	
וכל דא	ליתיה טימי לוותי בכל עידן	5:13	
שתן יומי גינוסיא דילנא	ליתיהון נטרין ונימוסנא לא	3:8	
מקיימין וית גזירת דיני מלכא	ליתיהון עבדין ולמלכא לית ליה	3:8	
שניין מכל עמא לחמנא ותבשילנא	ליתיהון טעמין חמרנא ליתיהון	3:8	
ותבשילנא ליתיהון טעמין חמרנא	ליתיהון שתן יומי גינוסיא	3:8	
	לית = 21		
אינתתיה וכפי לה למיהוי ממללא	בלישן גברא וכממלל עמיה	1:22	לשן
ולאוקמא חד בכין איתיעטו	בלישנהון בגתן ותרש טורסאי	2:21	
ישראל וכרעות גבר מן כל אומא	ולישן	1:8	
קדמת דנא הוון כל עמיא אומיא	ולישניא ואפרכיא כבישן תחות	1:1	
קרי וכן אמר אתון עמיא אומיא	ולישניא די דיירין בכל ממשלתי	1:22	
מיבדר ומיתפרש ביני עמיא אומיא	ולישניא ומקצת מנהון דיירין	3:8	
שרי בביתא כען כל עמיא אומיא	ולישניא דאינו מא לאיתעובדא	7:8	
יהודאין כרושם כתבהון וכממלל	לישנהון	8:9	
רושמיה ולות עמא ועמא כממלל	לישניה קרי וכן אמר אתון עמיא	1:22	
כרושם כתבהא ועמא ועמא כממלל	לישניה בשום מלכא אחשורוש	3:12	
כרושם כתבהא ועמא ועמא כממלל	לישניה ולות יהודאין כרושם	8:9	
על דהוה חכים למללא בשובעין	לישנין וחוי לאסתר מלכתא	2:22	
	לשן = 12		
בבית נשייא למידע ית שלם אסתר	ומא איתעביד בה	2:11	מא
ולמלכא לית ליה שום טימי מנהון	ומא הנאה אית ליה בהון אין	3:8	
ית כל מא דאיתעבד בשמי מרומא	ומא דאיתחייבו עמא בית ישראל	4:1	
מא צרוך אית ליך אסתר מלכתא	ומא בעותיך אפילו אין אנת	5:3	
דחמרא מא שאלתיך אסתר מלכתא	ומא בעותיך אפילו אין אנת	5:6	
שאילתיך אסתר מלכתא ויתיהב לך	ומא בעותיך אפילו עד פלגו	7:2	
מא עבדו מא שאילתיך אסתר מלכתא	ומא בעותיך עוד ותיתעבד	9:12	
ומדאי למעבד לגובריהון הי	כמא דקבילו ית פתגם די עבדת	1:18	
אסתר מחוויא ילדותה וית עמה	כמא דפקד עלהא מרדכי וית מימר	2:20	
ישראל הות נטרא על פם מרדכי הי	כמא דהות נטרא כד הות מתרביא	2:20	
עיסק זבינותא דאיזדבנית ליה הי	כמא דנטר עשו ליעקב על עיסק	3:2	
אמאי לא תפלח יתי יומא בשבעתא	כמא דכתיב בשטר זבינתא שדר	3:2	
ועמא יהון מסירין בידך למעבד	כמא דיוטב קומך	3:11	
ישראל לאשתצאה מגו עלמא והי	כמא די איתכתיב ואיתחתם	4:1	
איעול לות מלכא דלא כדינא והי	כמא דהובדית מן בית נשאי	4:16	
תעביד רעות המן רשיעא מיני הי	כמא דאיתעבד מן ושתי דשם טעם	5:1	
מרדכי דשרית למינפל קומוי הי	כמא דנפלו מלכיא קדם אברהם	6:13	
באדר בתרא בזמן עיבוריהון הי	כמא דקיים עילויהון מרדכי	9:31	
מרדכי יהודאי ואסתר מלכתא והי	כמא דקיימו יהודאין על	9:31	
כאוריתא	מא לאיתעיבדא במלכתא ושתי	1:15	
את הוא דחייבת עלה דין קטול על	מא דעבדת אמר לון מלכא אנא לא	2:1	
השתא אית בידי תרין חולקין מכל	מא דיהב לי מלכא ואנת אמאי	3:2	
יהיב לך מזוני דאוכלוסאי מן	מא יתזון ותוב דלית אנא מוזיף	3:2	
ליה הב לן ניכול ולא הוה ליה	מא למיתן ובעו למיקטליה הדר	3:2	
אנא מתעכבין בקרבא לא יהי לן	מא למיכול אזל גבי מרדכי אמר	3:2	
בשוה בפלגות יהב לן מלכא כל	מא די יהב לן ועד השתא אית	3:2	
עבד פלח למרדכי יהודאה ככל	מא דכתיב באיגרתא הדא כרעותי	3:2	
יהודאי אמרין ליה חכימיא	מא דין אנת עבר על פוקדנא	3:2	
משיעבודיה דמרדכי ופרע לעמיה	מא דעבד יעקב אבוהון לעשו אבא	3:2	
די בתרע פלטירין דמלכא למרדכי	מא דין אנת עבר ית תפקידתא	3:3	
על ידא דאליהו כהנא רבא ית כל	מא דאיתעבד בשמי מרומא ומא	4:1	
ופקידת ליה על מרדכי למידע	מא דין קל בכותא דהוא בכי ועל	4:5	
מא דין קל בכותא דהוא בכי ועל	מא דין לא קביל לבושי מלכותא	4:5	

	4:8	מא דחשיב המן רשיעא על עמא	ליה לאחזאה ית אסתר ולחואה לה
	5:3	מא צרוך אית ליך אסתר מלכתא	ואמר לה מלכא
	5:6	מא שאלתיך אסתר מלכתא ומא	ואמר מלכא לאסתר במשתייא דחמרא
	5:11	מא דירבי יתיה מלכא עילוי כל	מן שמשי דהוא ספרנא דמלכא וית
	6:1	מא דין קל גדיין דאנא שמע ענת	עלמא ענה רבון עלמא ואמר להון
	6:3	מא איתעביד יקרא ורבותא	ואמר מלכא
	7:2	מא שאילתיך אסתר מלכתא ויתיהב	ביומא תניינא במשתייא דחמרא
	7:8	מא לאיתעובדא בה פתגמא נפקת	כל עמיא אומיא ולישניא דאינו
	9:12	מא עבדו מא שאילתיך אסתר	בנוי דהמן ובמשאר פילכי מלכא
	9:12	מא שאילתיך אסתר מלכתא ומא	ובמשאר פילכי מלכא מא עבדו
	9:26	מא חזו למקבע יומי פוריא	עמא בית ישראל למהויהון ידעין
	3:2	ממא לפרנסא אוכלוסיי דמלכא	ונפקו מתחות ידיי ולא הוה בידי
		מא = 45	
מאה	9:14	ומאה ותמניא מיתו עם חמש מאה	שמשי ספרא איתקטיל בסייפא
	8:9	למאה ועשרין ושבע פילכיא	פילכיא דמן הינדיא רבא ועד כוש
	9:30	למאה ועשרין ושבע פילכין	ושדר פיטקין לות כל יהודאין
	1:1	מאה ועשרין ושבע שנין	ית אסתר דהיא מן בנת שרה דחיית
	1:1	מאה ועשרין ושבע פלכין	מן הינדיא רבא ועד מערבא דכוש
	1:4	מאה ותמנין אחמתין דנחשא	חפר בספר פרת ואשכח תמן שית
	1:4	מאה ותמנין יומין	יומין סגיעין ומשתיא לכל עבדוי
	3:9	מאה אלפי זוזין הוויין עשרת	שית מאה אלפי גברי וסכום שית
	3:9	מאה זוזי דסכום אבהתהון כד	כל חד וחד מנהון אנא יהיב לך
	3:9	מאה ככרין ואלפא ושבע מאה	נפקו ממצרים דסכום סילעיא הוו
	3:9	מאה אלפי גברי וסכום שית מאה	כד נפקו ממצרים הות שית
	3:9	מאה ושובעין ושבעא סלעין ולית	הוו מאה ככרין ואלפא ושבע
	9:6	מאה גוברין כולהון רופילין מן	קטלו יהודאין והובדו חמש
	9:12	מאה גובריא רופילין דמזרעית	בירנותא קטלו יהודאין חמש
	9:14	מאה גוברין דאיתקטילו בשושן	ומאה ותמניא מיתו עם חמש
	9:15	מאה גוברין ובעדאה לא אושיטו	לירחא דאדר וקטלו בשושן תלת
	5:11	מאתן ותמניא בר מן עשרתי	קומוי סגיעות בנוי דסכומהון
		מאה = 17	
מאן	6:1	מאן דחוי מרדכי על בגתן ותרש	ספרא וכד חמא שמשי ספרא ית
	6:6	מאן חזי לאיתעובדא לגבר דמלכא	ועל המן ואמר ליה מלכא
	6:10	מאן דמלילתא	אוחי ולא תימנע מידעם מן כל
	1:18	ומאן יכיל לסוברא כמיסת חוך	למעבד כדין לכל רברבני מלכא
	4:14	ומאן הוא חכימא די ינדע אין	אבהתך תובדון על ההיא חובתא
	3:2	למאן כרסוי למאן מן יד תקיף	לך דכן אמרין בני נשא עבדא
	3:2	למאן מן יד תקיף רוגזיה דהמן	אמרין בני נשא עבדא למאן כרסוי
	6:6	למאן יצבי מלכא למעבד יקרא	ביקריה וחשיב המן בליביה ואמר
	2:15	מאן די יימר הגי רבא דמלכא	צרוך כל מידעם ארום אילהין ית
	6:4	מאן גברא דקאים בדרתא והמן	ואמר מלכא
	7:5	מאן הוא דין ובאידין אתר הוא	מלכא אחשורוש ואמר לאסתר מלכתא
	7:7	מאן הוא דין והמן קם למתבע	דחמרא ואזל לגינתא גוואה למחמי
	8:1	מאן הוא לה	קדם מלכא ארום חויאת ליה אסתר
	4:11	ממאן די יושיט ליה מלכא ית	חדא היא גזירת דיניה לממת לבר
	1:7	במאני דהבא דבית מוקדשא	ופקיד לאשקאה יתהון
	1:7	ומאניא אחרנייתא דהוו ליה	נבוכדנצר רשיעא מן ירושלם
	1:7	מאני בית מוקדשא אישתניו והוו	דמותיהון הי כאבר ומן קדם
		מאן = 17	
מבול	3:7	מבולא ואישתיזיב נח ובנוי וכל	לא על מן בגלל דביה נחת
		מבול = 1	
מגן	7:4	מגן אנא ועמי בית ישראל	ארום ניזדבננא

		מגן = 1	
מדד	3:1	מדת דינא קדם רבון כל עלמיא	בתר פתגמיא האיליין עלת
	6:1	מדת דינא רחמין וכן אמרת לא	מא דין קל גדיין דאנא שמע ענת
		מדד = 2	
מונא	3:7	מונא בסיון לא על בגלל דביה	באיר ולא על מן בגלל דביה נחת
		מונא = 1	
מות	2:7	דמית אבוהא אשתארת במיעין	שפירת ריוו ושפירת חיזו ובעידן
	6:11	ומיתת מן עקתא	בהתתיתי מן יד נפלת מן איגרא
	3:2	ונמות בכפנא אמר ליה מרדכי	ואזלו מן השתא לית לן למיכול
	4:11	לממת לבר ממאן די יושיט ליה	פמיה דהמן חדא היא גזירת דיניה
	9:14	מיתו עם חמש מאה גוברין	איתקטיל בסייפא ומאה ותמניא
	3:7	מיתי מדברא וביה חדרת שכינת	באב לא על מן בגלל דביה פסקן
	2:7	מיתת אימה ונסבה מרדכי ליה	דאימה וכד ילידת יתה אימה
		מות = 7	
מזל	3:7	מזליא בחמשא בשבא ולא על מן	וסיהרא שבעא כוכביא ותריסר
		מזל = 1	
מחי	9:5	ומחו יהודאין בכל בעלי	
	3:2	יתמחי עלוי וקבילית אנא המן	יתנסח אע מביתה דהמן וזקיף
	7:9	יתמחי עלוי רומיה חמשין אמין	שפר יתנסח אע מן ביתיה וזקיף
	9:5	מחת קטילת סיפא וקטילת	ומחו יהודאין בכל בעלי דבביהון
		מחי = 4	
מחר	5:8	ולמחר אנא עבדא כפתגם גזירת	והמן למשתיא דאעבד להון ברמשא
	5:12	מחר אנא מזומן לוותה למסעוד	דעבדת אילהין יתי ואוף לעידן
	9:13	מחר ליהודאין די בשושן למעבד	על מלכא שפר איתיהב רשו אוף
		מחר = 3	
מטול	3:2	מטול דיהודאי איתסר לון	ומרדכי לא חמיט לאנדרטא דיליה
	3:2	מטול דאיזדבן ליה בטולמא	להמן על די הוה ליה עבד פלח
	3:2	מטול דעשו ויעקב אחי הוו ולא	ואמר דאסור למיזפי ברביתא
	3:2	מטול הכן מרדכי לא חמיט ולא	ישעיה לית שלם אמר אלהי לרשיעא
		מטול = 4	
מטי	3:2	דמטא זמן סעודתא אתו אוכלוסוי	אלא לאישתמוטי מידוי דהמן כיון
	9:1	דמטא פתגם מלכא וגזירת דיניה	הוא ירח אדר בתלתסר יומין ביה
	9:26	דמטת להון	ניסא למרדכי וידעון פורקנא
	5:2	ומטת לידא ואחדת ברישא דתיגדא	דהוה נקיט בידיה וקריבת אסתר
	2:12	מטא סידור עולימתא ועולימתא	וכד
	2:15	מטא סידור אסתר בת אביחיל	וכד
	3:7	מטא לסוף תריסר ירחי שתא	דמינהון מתקרבין ביכוריא כד
	6:14	מטו ואוחיאו להנעלא ית המן	ממללן עימיה ורברבני מלכא
	4:3	מטי אבלא רבא ליהודאי וצומא	דפתגם גזירת מלכא וגזירת דיניה
	8:17	מטי חדווא ובדיחות ליבא	אתר דפתגם מלכא וגזירת דיניה
	4:14	מטיא למיחסן מלכותא	אין לשתא דאתיא בעידנא הדא את
		מטי = 11	
מי	5:14	במיא לא תיכול לשנוקיה	מינה יצחק מינה יצחק אבוי
	5:1	ובמוי דריגלאין ופמה הוה סרי	דכל יומא הות מיקלקלא בריעא
	1:10	ומוי לא שתא וביומא שביעאה	שביעאה דהוא שבתא לחמא לא סעד
		מי = 3	
מידעם	3:2	מדעם מן ממונא ומן זוודין	דחמא הינון דלא אישתייר בידיה
	2:15	מידעם ארום אילהין ית מאן די	לות מלכא לא תבעת צרוך כל

	6:3	מידעם	משמשנוי לא איתעביד עימיה שום
	6:10	מידעם מן כל מאן דמלילתא	אמר ליה מלכא אוחי ולא תימנע
		מידעם = 4	
מיר	2:5	למירא דכיא בר יאיר בר שמעי	מתקרי מרדכי על דהוה מתיל
		מיר = 1	
מלאך	6:1	למלאכא די ממנא על שיגושתא	לביש על בית ישראל ופקיד
	1:10	מלאכא דשגושתא לערבלא משתיהון	ליביה דמלכא בחמרא גרי ביה יי
	6:13	מלאכא ועל ידוי דמשה ואהרן	אבימלך קדם יצחק יעקב נצח
	7:8	מלאכא דחף להמן רשיעא וחמא	לבית משתיא דחמרא והא גבריאל
	7:7	מלאכי דמיין לעשרתי בנוי דהמן	זקף ית עינוי וחזא והא עשרתי
	4:12	מלאכיא וחויאו למרדכי ית	ואיזדמנו תמן מיכאל וגבריאל
		מלאך = 6	
מלי	3:2	איתמלי המן עילווי מרדכי	ולא קם ולא זע מיניה מן יד
	6:1	איתמלי מרי עלמא רחמין וטיבו	על גזירת המן רשיעא מן יד
	3:5	ואיתמלי המן עילוי מרדכי	לאנדרטיה ולא הוה סגיד ליה
	5:9	ואיתמלי המן עילוי מרדכי	קבל ארכובתיה מן יד תקף רוגזיה
	1:4	מליין דהב טב יוררין ובורלין	שית מאה ותמנין אחמתין דנחשא
		מלי = 5	
מלך	2:21	במלכא אחשורוש למקטליה	לאסתר מלכתא ולאושטא ידא
	1:15	במלכתא ושתי בגין דלא עבדת ית	כאוריתא מא לאיתעיבדא
	1:5	דלמלכא דהות נציבא אילני	שבעא יומין בדרת גינתא גואה
	1:9	דלמלכא אחשורוש	מלכותא אתר קיטון ·בית דמוך
	1:7	דמלכא	ולא בחוסרנא אלהין כמיסת ידא
	1:10	דמלכא בחמרא גרי ביה יי מלאכא	סנהדרין קדם יי וכד שפר ליביה
	2:1	דמלכא אחשורוש שרי למדכר ית	חמריה וכד נח תקוף רוגזיה
	2:1	דמלכא וגזר למהוי צליבן שבע	שבע רבניא מן יד תקף רוגזא
	2:14	דמלכא נטיר מטרוניתא ומכאן	נשיא תיניין לידא דשעגז רבא
	2:15	דמלכא נטיר נשיא והות אסתר	אילהין ית מאן די יימר הגי רבא
	2:18	דמלכא	ויהב לה מתנן וחולק כמיסת ידא
	3:2	דמלכא אחשורוש כל יומי חיוי	ואישתיירת קרתא ההיא תחות ידוי
	3:2	דמלכא חמטין וגחנין לאנדרטא	כל עבדוי דמלכא דבתרע פלטירין
	3:2	דמלכא ונפקו מתחות ידיי ולא	בנימין ואנא בזבוזית נכסוי
	3:2	דמלכא דבתרע פלטירין דמלכא	כל עבדוי
	3:2	דמלכא ומן יד אשתמיט מלמיפלח	עיל מן כולהון רברבניא ועבדוי
	3:2	דמלכא אזלית למיזף מן מרדכי	הוה בידי ממא לפרנסא אוכלוסיי
	3:2	דמלכא אמר לון לית מן דינא	מא דין אנת עבר על פוקדנא
	3:3	דמלכא	מא דין אנת עבר ית תפקידתא
	3:3	דמלכא למרדכי מא דין אנת עבר	עבדי מלכא די בתרע פלטירין
	3:12	דמלכא בירחא קדמאה בתליסר	ואיתקריו לובלרין
	3:12	דמלכא	כתיב ומפרש ומתחתם בקושפנקא
	3:15	דמלכא וגזירתא איתיהיבת בשושן	ריהטונין נפקו זריזין כפתגמא
	4:2	דמלכא ארום לית רשו לגבר	ואתא עד קדם תרע פלטירא
	4:2	דמלכא כד לביש לבושא דשק	רשו לגבר למיעל לתרע פלטירין
	4:6	דמלכא	לפתאה דקרתא דלקדם תרע פלטירין
	5:11	דמלכא וית מא דירבי יתיה מלכא	פילכיא ובר מן שמשי דהוא ספרנא
	5:13	דמלכא	עם עולמיא בתרע פלטירין
	6:1	דמלכא ואקדים בצפרא נסיס אפין	ושגיש ית אחשורוש ונדת שינתיה
	6:6	דמלכא צבי ביקריה וחשיב המן	מלכא מאן חזי לאיתעובדא לגבר
	6:7	דמלכא צבי ביקריה	ואמר המן לות מלכא גבר
	6:9	דמלכא צבי ביקריה	קומוי כדין יתעביד לגברא
	6:9	דמלכא צבי ביקריה וירכבנוהי	וילבשון תורביינני מלכא ית גברא
	6:10	דמלכא אמר ליה המן בבעו מינך	ליה אסתר סנהדרין בתרע פלטירין
	6:11	דמלכא צבי ביקריה וכד הוו	וקלס קומוי כדין יתעבד לגברא

מלך מלך

מרדכי לסנהדרין דבתרע פלטירין	דמלכא ואשלח ית לבוש ארגוונא	6:12
למעיקא טימין ורווחא באוזינקא	דמלכא	7:4
לאיתעובדא בה פתגמא נפקת מפמא	דמלכא ואפוי דהמן איתחפיו	7:8
על קיסא דזמין למרדכי וריתחא	דמלכא אישתדכת	7:10
דמלכא ומיסתתם בעיזקת סיטומתא	דמלכא לא יתיב ריקנו	8:8
פיטקא דאיתכתיב בשום מימרא	דמלכא ומיסתתם בעיזקת סיטומתא	8:8
דמלכא וסתומו בעיזקת סיטומתא	דמלכא ארום פיטקא דאיתכתיב	8:8
כד שפיר בעיניכון בשום מימרא	דמלכא וסתומו בעיזקת סיטומתא	8:8
ואיתקרו ליבלרין	דמלכא בירחא תליתאי בעשרין	8:9
וכתב בשום מימרא	דמלכא אחשורוש ואיסתתם בעזקת	8:10
אחשורוש ואיסתתם בעזקת סיטומתא	דמלכא ושלח פיטקין בידא	8:10
נפקי זריזין וסחיפין כפתגמא	דמלכא וגזירת דינא איתיהיבת	8:14
כן גזר למהוי אתיא בכלילא	דמלכותא לאחזאה לעמיא	1:11
עלהא למיתי ערטולאתא ברם כלילא	דמלכותא על רישהא בגין זכותא	1:11
דעל למלכותא די איתיהיב כלילא	דמלכותא ברישיה	6:8
ויומא דין בעא למילבש איצטילא	דמלכותא ולמרכב על סוסא דילך	7:6
ואותיב יתה על כורסי תיניין	ואמליך יתה חולף ושתי	2:17
גזירת דיני מלכא ליתיהון עבדין	ולמלכא לית ליה שום טימי	3:8
ית פתגם די עבדת ושתי מלכתא	ומיתמלכן למעבד כדין לכל	1:18
ושבע שנין איתיהיבת ליה ארכא	ומלך מן הינדיא רבא ועד מערבא	1:1
איתיהיבת בשושן בירנותא	ומלכא והמן הוו יתבין למישתי	3:15
כל קבל בית מלכא דבירושלם	ומלכא הוה יתיב על כורסי	5:1
	ומלכא זקף ית עינוי וחזא והא	7:7
	ומלכא תב בריתחיה מגינתא	7:8
מלכא יגזור מלכא ויעדי ית רישה	ומלכותה יתן מלכא לחברתה	1:19
והמן אישתעמם מן קדם מלכא	ומלכתא	7:6
ומאניא אחרנייתא דהוו ליה	למלכא אחשורוש תמן הוו מחלפן	1:7
והוו שתן חמר עסיס דיאה למשתי	למלכא דסגי ריחיה ובסים טעמיה	1:7
וחוי לאסתר מלכתא ואמרת אסתר	למלכא ואיתכתיב על שום מרדכי	2:22
יהיב עשרא אלפין ככרין דכסף	למלכא וימסור בידי ית מרדכי	3:2
ואמר המן	למלכא אחשורוש איתיי עמא חדא	3:8
אע זקוף חמשין אמין ובצפרא אמר	למלכא ויצלבון ית מרדכי	5:14
לדרתא דבבית מלכא בריתא למימר	למלכא למצלוב ית מרדכי על	6:4
והיפרכין ועבדי עיבידתא די	למלכא ממנן עילויהון ית	9:3
ארום גברא מרדכי רב בית אבא	למלכא ואזיל ומתרברב	9:4
ארום מרדכי יהודאה אלקפטא	למלכא אחשורוש ורבן על כל	10:3
ליה בטולמא דלחים בשנת תרתין	למלכות אחשורוש מרדת עלוי	3:2
הוא ירחא דניסן בשנת תריסר	למלכות אחשורוש צבע פייסא	3:7
דלבישו ביה ית מלכא ביומא דעל	למלכותא וסוסא דרכב עלוי מלכא	6:8
דרכב עלוי מלכא ביומא דעל	למלכותא די איתיהיב כלילא	6:8
ביה תרין שנין ובשתא תליתאה	למלכותיה יתיב עילוי ההוא	1:2
בשתא תליתאה	למלכותיה עבד משתיא רבא לכל	1:3
הוא ירחא דטבת בשתא שביעיתא	למלכותיה	2:16
כתיבין על ספר פתגמי יומיא	למלכי מדאי ופרסאי	10:2
ית בבל אחתיה לעילם ובתר כן	מלך אחשורוש ובעא למיתב עלוי	1:2
ביומיא האינון כד בעא	מלכא אחשורוש למיתב על כורסיה	1:2
מן ירושלם על ידוי דשישק	מלכא דמצרים וממצרים אישתבא	1:2
יומי משתיא האיליין עבד	מלכא לכל עמא בית ישראל	1:5
ולית דאניס ארום כן שם טעם	מלכא על כל דאיתמנא אפיטרופוס	1:8
באילין שבעא יומין קדם אפי	מלכא אחשורוש	1:10
וגזר	מלכא על איליין שבעא רבניא	1:11
מלכא דאיתפקדת ביד רבניא ורגז	מלכא לחדא וחמתיה רתחת ביה	1:12
מלכתא ושתי למיעל בגזירת	מלכא דאיתפקדת ביד רבניא ורגז	1:12
ואמר	מלכא לחכימיא בנוי דיששכר	1:13
הי כדין יאה למהוי מתמלל פתגם	מלכא קדם כל דחכים וידעי	1:13
סידור לחם אפייא בכן איסתתר	מלכא ושאל עיטתא לרברבנוי	1:14
רברבני פרסאי ומדאי חזן ית אפי	מלכא דיתבין בדרגא קמאה	1:14

מלך מלך

ושתי בגין דלא עבדת ית מימר	מלכא אחשורוש דגזר עלה ביד	1:15
קדם מלכא ורברבניא לא עילוי	מלכא בלחודוי סרחת מלכתא ושתי	1:16
כל עמיא דבכל פלכיא דשליט בהון	מלכא אחשורוש	1:16
המן בר בריה דאגג רשיעא קדם	מלכא ורברבניא לא עילוי מלכא	1:16
חדא עם חברתה ברם בקושטא	מלכא אחשורוש אמר לאיתאה ית	1:17
למעבד כדין לכל רברבני	מלכא ומאן יכיל לסוברא כמיסת	1:18
הדא גזירתא דלא תיעול ושתי קדם	מלכא ומן בתר דתיתי קדם מלכא	1:19
אין קדם	מלכא ישפר יפוק פתגם גזירת	1:19
ויעדי ית רישה ומלכותה יתן	מלכא לחברתה דשפירא מינה	1:19
ומן בתר דתיתי קדם מלכא יגזור	מלכא ויעדי ית רישה ומלכותה	1:19
קדם מלכא ומן בתר דתיתי קדם	מלכא יגזור מלכא ויעדי ית	1:19
וישתמע פתגם גזירת	מלכא די עבד בכל ארום גזירתא	1:20
ושפר פתגמא קדם	מלכא ורברבניא ועבד מלכא	1:21
פתגמא קדם מלכא ורברבניא ועבד	מלכא כפתגמי ממוכן	1:21
וחתימן בעיזקתיה לכל פלכי	מלכא פלך ופלך כמכתב רושמיה	1:22
דין קטול על מא דעבדת אמר לון	מלכא אנא לא גזרית למקטלה	2:1
ואמרו עולימי	מלכא משמשנוי יבעון לצרוך	2:2
מלכא משמשנוי יבעון לצרוך	מלכא עולימן בתולתן שפירן	2:2
וימני	מלכא אפיטרופין בכל פילכי	2:3
ובנאוון דתמן מתמני הגי רב	מלכא נטיר נשיא ויתגזר למהוי	2:3
ועולימתא דתישפר קדם	מלכא תיעול למחסן מלכותא חולף	2:4
חולף ושתי ושפר פתגמא קדם	מלכא ועבד הכי	2:4
דהוו תמן בבבל ועלו עם כרש	מלכא למידר בשושן בירנותא	2:6
מלכא דיהודה די אגלי נבוכדנצר	מלכא דבבל וכד צדא כרש ודריוש	2:6
עם גלותא דאגליאת עם יכניה	מלכא דיהודה די אגלי נבוכדנצר	2:6
אסתר באונסא ואיתעלת לבית	מלכא לידא דהגי נטיר נשיא	2:8
והוה כד אישתמע פתגם כרוז	מלכא וגזירתיה ובאיתכנשות	2:8
ומישתיא על ידיהון מן בית	מלכא ושני יתה וית עולימתהא	2:9
עולימתא ועולימתא למיעל קדם	מלכא אחשורוש מסוף די הוי לה	2:12
למיעל עמה מן בית נשיא עד בית	מלכא	2:13
ירחי שתא עולימתא עיילא לוות	מלכא ית כל רב וסרכן די צביא	2:13
רמשא הות עיילא לשמושי ית	מלכא ובעידן צפרא הות תייבא	2:14
ומכאן ואילך לא תיעל תוב לות	מלכא ארום אילהין ההיא	2:14
ארום אילהין ההיא דאיתרעי בה	מלכא וקרי לה בשמא מפרש וכתיב	2:14
דנסבה ליה לברת למיעל לות	מלכא לא תבעת צרוך כל מידעם	2:15
ואידברת אסתר לות	מלכא אחשורוש לאיתא ואעיל יתה	2:16
ורחים	מלכא ית אסתר מכל נשיא דהוו	2:17
ועבד	מלכא משתייא רבא לכל רברבנוי	2:18
ומרדכי מצלי ואזל ויתיב בתרע	מלכא	2:19
בגתן ותרש טורסאי תרין רבני	מלכא מנטורי פלטיריא ואמרו	2:21
דין לדין הלא מלכתא בפתגם	מלכא בעייא לסלקא יתן	2:21
בסנהדרין דתקינת ליה אסתר בתרע	מלכא וכד חמון תרין רברבניא	2:21
בספר דוכרניא דמתקרי תדירא קדם	מלכא	2:23
ביניין בית מוקדשך והא כען רבי	מלכא אחשורוש ית המן בר המדתא	3:1
מרדכי הלא בשוה בפלגות יהב לן	מלכא כל מא די יהב לן ועד	3:2
כל ממונא וכל זוודין דיהב ליה	מלכא לפרנסא פלגות אוכלוסיא	3:2
ליה הא כולהון זוודין דיהב לי	מלכא לפרנסא ית אוכלוסין דאנא	3:2
תרין חולקין מכל מא דיהב לי	מלכא ואנת אמאי בזביזתא חולקך	3:2
להמן ארום כדין פקיד עלוי	מלכא ומרדכי לא חמיט לאנדרטא	3:2
אבא מן יד כד נפק המן מן קדם	מלכא פשט מרדכי ריגליה ימינא	3:2
יומא חד בשבעתא עד זמן די רבי	מלכא ית המן בר המדתא דמזרעית	3:2
על שית רבובן אוכלסין ויהב לי	מלכא זוודין לפרנסותהון וכן	3:2
המדתא דמן זרעית אגג שדר יתי	מלכא אחשורוש בקרבא על קרתא	3:2
מן ממונא ומן זוודין דיהב ליה	מלכא לפרנסא פלגות אוכלוסיא	3:2
עלוי קרתא דשמה הינדקי וכנש	מלכא אוכלוסין סגיעין למכבש	3:2
אסרו בשושלוון ואיתי אונון לות	מלכא אחשורוש ואישתיירת קרתא	3:2
ואמרו עבדי	מלכא די בתרע פלטירין דמלכא	3:3

מלך מלך

לא מקיימין וית גזירת דיני	מלכא	ליתיהון עבדין ולמלכא	3:8
דעבדי מטבעא לאעלא לבית גנזי	מלכא	עני מרי עלמא וכן אמר הא	3:9
אין קדם	מלכא	שפיר יתכתיב להובדיהון	3:9
ואעדי	מלכא	ית גושפנקיה מעילוי ידיה	3:10
ואמר	מלכא	להמן כספא יהי מתיהב לך	3:11
ועמא ועמא כממלל לישניה בשום	מלכא	אחשורוש כתיב ומפרש	3:12
ככל דפקיד המן לות איסטרטיליטי	מלכא	ולות היפרכין דמתמנן	3:12
בידא דריהטונין לכל פילכי	מלכא	לשיצאה לקטלא ולהובדא ית	3:13
פילכא ופילכא אתר דפתגם גזירת	מלכא	וגזירת דיניה מטי אבלא	4:3
דגזברין דממנן על בית גנזי	מלכא	בגין יהודאי להובדותהון	4:7
דיהודאי ולפקדא עלהא למיעל לות	מלכא	לפייסא ליה ולמבעי רחמין	4:8
מלכא ועמין דדיירין בפילכי	מלכא	ידעין די כל גבר ואינתתא	4:11
מימר אחשורוש דלא למיעול לות	מלכא	לדרתא גואה בלא רשו וכען	4:11
ואנא לא אתקריתי למיעל לות	מלכא	דין זמן תלתין יומין	4:11
די כל גבר ואינתתא די יעול לות	מלכא	לדרתא גואה די לא מתקרי	4:11
לממת לבר ממאן די יושיט ליה	מלכא	ית תגדא דדהבא וייחי	4:11
גואה בלא רשו וכען כל עבדי	מלכא	ועמין דדיירין בפילכי	4:11
בנפשיכי למהך לאישתיזבא בבית	מלכא	יתיר מן כל יהודאי	4:13
הי כדין ובתר כן איעול לות	מלכא	דלא כדינא והי כמא	4:16
מלכא גואה דמתבני כל קבל בית	מלכא	דבירושלם ומלכא הוה יתיב	5:1
קודשא וקמת וצליאת בדרתא דבבית	מלכא	גואה דמתבני כל קבל בית	5:1
דאיתעבד מן ושתי דשם טעם על	מלכא	ופקיד למיקטלה בגין דהוה	5:1
מן יד איטענת רחמין ואושיט	מלכא	לאסתר ית תיגדא דדהבא	5:2
והוה כד חמא	מלכא	ית אסתר קיימא כד נסיסא	5:2
ואמר לה	מלכא	מא צרוך אית ליך אסתר	5:3
אנא בעיא מינך אילהין אין על	מלכא	ישפר יעול מלכא והמן	5:4
אילהין אין על מלכא ישפר יעול	מלכא	והמן יומא דין למשתייא	5:4
למעבד ית פתגם גזירת אסתר ועל	מלכא	והמן למשתייא דעבדת אסתר	5:5
ואמר	מלכא	אוחיו ית המן למעבד ית	5:5
ואמר	מלכא	לאסתר במשתייא דחמרא מא	5:6
ולמחר אנא עבדא כפתגם גזירת	מלכא		5:8
שאילתי ולמעבד ית בעותי יעול	מלכא	והמן למשתייא דאעבד להון	5:8
רחמין בעיני מלכא ואין על	מלכא	ישפר למיתן ית שאילתי	5:8
אין אשכחית רחמין בעיני	מלכא	ואין על מלכא ישפר למיתן	5:8
בסנהדרין דעבדת להון אסתר בתרע	מלכא	ומרדכי לא קם מן קדם	5:9
ונפק המן מלוות	מלכא	ביומא ההוא חדי ובדח	5:9
מלכא עילוי כל רברבניא ועבדי	מלכא		5:11
ספרנא דמלכא וית מא דירבי יתיה	מלכא	עילוי כל רברבניא ועבדי	5:11
עותריה והיך איתמני עם דוכוסי	מלכא	והיך רהיטין קומוי	5:11
מחר אנא מזומן לוותה למסעוד עם	מלכא		5:12
ואישתיזיב ומן בתר כן עול עם	מלכא	לבית משתייא בחדוה ושפר	5:14
מתקריין מילייא מגו פצימיא קדם	מלכא		6:1
מרדכי על בגתן ותרש תרין רבני	מלכא	מנטורי פלטירין די בעו	6:2
די בעו לאושטא ידא לקטלא ית	מלכא	אחשורוש בבית דמכיה	6:2
למרדכי על דין ואמרו עולימי	מלכא	משמשנוי לא איתעביד	6:3
ואמר	מלכא	מא איתעביד יקרא ורבותא	6:3
בדרתא והמן עאל לדרתא דבבית	מלכא	בריתא למימר למלכא	6:4
ואמר	מלכא	מאן גברא דקאים בדרתא	6:4
ואמרו עולימי	מלכא	לוותיה הא המן קאים	6:5
לוותיה הא המן קאים בדרתא ואמר	מלכא	יעול	6:5
ועל המן ואמר ליה	מלכא	מאן חזי לאיתעובדא לגבר	6:6
המן בליבביה ואמר למאן יצבי	מלכא	למעבד יקרא יתיר מיני	6:6
ואמר המן לות	מלכא	גבר דמלכא צבי ביקריה	6:7
ישים	מלכא	טעם וייתון לבוש ארגוונא	6:8
לבוש ארגוונא דלבישו ביה ית	מלכא	ביומא דעל למלכותא וסוסא	6:8
דעל למלכותא וסוסא דרכב עלוי	מלכא	ביומא דעל למלכותא די	6:8
איסטרטיגין וילבשון תורביני	מלכא	ית גברא דמלכא צבי	6:9

מלך מלך

על ידא דגברא רבא מרברבני	מלכא איסטרטיגין וילבשון	6:9
תגזור עלי כפתגמא הדין אמר ליה	מלכא אוחי ולא תימנע מידעם מן	6:10
יהודאי אית בשושן אתיב ליה	מלכא לההוא דסדרת ליה אסתר	6:10
ליה המן לאידין מרדכי אתיב ליה	מלכא למרדכי יהודאה אמר ליה	6:10
ואמר	מלכא להמן אוחי סב ית לבוש	6:10
כען אינון ממללן עימיה ורברבני	מלכא מטו ואוחיאו להנעלא ית	6:14
ועל	מלכא והמן למשתי חמרא עם אסתר	7:1
ואמר	מלכא לאסתר אוף ביומא תניינא	7:2
ואמרת אין אשכחית רחמין קומך	מלכא רמא ואין קדם מלכא דארעא	7:3
רחמין קומך מלכא רמא ואין קדם	מלכא דארעא שפיר תתיהב לי	7:3
ואמר	מלכא אחשורוש ואמר לאסתר	7:5
למצלביה והמן אישתעמם מן קדם	מלכא ומלכתא	7:6
בר מפיבשת בר יהונתן בר שאול	מלכא בר קיש בר אביאל בר צרור	7:6
ארום איסתקפת עלוי בישתא מלוות	מלכא	7:7
דרגשיעא דאסתר יתבא עלה ותוה	מלכא ואמר הא ברם בקושטא לא	7:8
מלאכא דחף להמן רשיעא וחמא	מלכא והא המן גחין על דרגשיעא	7:8
למצלב מרדכי דמליל טבא בגין	מלכא והא קיסא קאים בביתא	7:9
קאים בביתא דהמן כען אין על	מלכא שפר יתנסח אע מן ביתיה	7:9
עלוי רומיה חמשין אמין ואמר	מלכא איזילו צלובו יתיה עלוי	7:9
ואמר חרבונא חד מן רבניא קדם	מלכא הא קיסא דזמין המן למצלב	7:9
וית כל תוסברוי ומרדכי על קדם	מלכא ארום חויאת ליה אסתר מאן	8:1
ביומא ההוא מסר	מלכא אחשורוש לאסתר מלכתא ית	8:1
ואעדי	מלכא ית עיזקת סיטומתא דאעבר	8:2
ואוסיפת אסתר ומלילת קדם	מלכא ונפלת קדם ריגלוי ובכיאת	8:3
	מלכא לאסתר ית תיגדא דדהבא	8:4
דדהבא ואיזדקפת אסתר וקמת קדם	מלכא	8:4
ואמרת אין על	מלכא שפור ואין אשכחית רחמין	8:5
ית כל יהודאין דבכל פילכי	מלכא	8:5
מלכא וטבתא אני בעינוי יפקד	מלכא וישים טעם למיכתוב	8:5
רחמין קומוי ותקין פתגמא קדם	מלכא וטבתא אני בעינוי יפקד	8:5
ואמר	מלכא אחשורוש לאסתר מלכתא	8:7
די יהב	מלכא לסייעא ליהודאין דבכל	8:11
ביומא חד בכל פילכי	מלכא אחשורוש בתלתסר יומין	8:12
ומרדכי נפק מן קדם	מלכא בלבוש מלכותא תכלא וחרי	8:15
ובכל קירווא וקירווא אתר דפתגם	מלכא וגזירת דיניה מטי חדווא	8:17
בתלתסר יומין ביה דמטא פתגם	מלכא וגזירת דיניה לאיתעובדא	9:1
יהודאין בקירויהון בכל פילכי	מלכא אחשורוש לאושטא לקטלא ית	9:2
אפיטרופוס ורב סרכן מרדכי בבית	מלכא ומטבעיה נפק בכל פילכיא	9:4
קטילין בשושן בירנותא קדם	מלכא	9:11
עשרתי בנוי דהמן ובמשאר פילכי	מלכא מא עבדו מא שאילתיך אסתר	9:12
ואמר	מלכא לאסתר מלכתא בשושן	9:12
ואמרת אסתר אין על	מלכא שפר איתיהב רשו אוף מחר	9:13
ואמר	מלכא לאיתעובדא כדין	9:14
בשושן דהוו מתמנן על אישקקי	מלכא	9:14
ושאר יהודאין דבפילכי	מלכא איתכנשו וקיימו ית	9:16
לות כל יהודאין דבכל פילכי	מלכא אחשורוש דקריבין	9:20
וכד עלת אסתר קדם	מלכא אמר לה מלכא יתוב	9:25
וכד עלת אסתר קדם מלכא אמר לה	מלכא יתוב זימיוניה בישא	9:25
ושוי	מלכא אחשורוש כרגא על ארעא	10:1
ופירוש רבות מרדכי דרבייה	מלכא הלא אינון כתיבין על ספר	10:2
לשיצאה ית כל יהודאי די בכל	מלכות אחשורוש עמיה דמרדכי	3:6
למאה ועשרין ושבע פילכין	מלכות אחשורוש פתגמי שלמא	9:30
רשיעתא עבדת משתה נשיא בבית	מלכותא אתר קיטון בית דמוך	1:9
דיתבין בדרגא קמאה דבכורסי	מלכותא	1:14
קדם מלכא ישפר יפוק פתגם גזירת	מלכותא מן קומוי ויתכתיב	1:19
ולא עלת ופקדית למעדי מינה	מלכותא אמרו ליה לאו הכי	2:1
דתישפר קדם מלכא תיעול למחסן	מלכותא חולף ושתי ושפר פתגמא	2:4

מלל מלך

וית מתנתהא המניכין ולבושי	מלכותא למהוי יהיבין לה וית	2:9
מלכתא לחדא ושדרת לבושי	מלכותא למלבש ית מרדכי ולמעדי	4:4
בכי ועל מא דין לא קביל לבושי	מלכותא דשדרת ליה	4:5
דעל מימר פומיה מתחתכן פתגמי	מלכותא ופקידת ליה על מרדכי	4:5
בעידנא הדא את מטיא למיחסן	מלכותא	4:14
דפיסחא ולבשת אסתר לבושי	מלכותא ושרת עלהא רוח קודשא	5:1
יתיב על כורסי מלכותיה בבית	מלכותא ומסתכל כל קבל תרע	5:1
אסתר ואמרת לית אנא בעיא פלגות	מלכותא בשאילתי ולא בנין בית	5:7
די ירבי כרש דריוש בריך ויחסן	מלכותא ותיתעבד	7:2
לך ומא בעותיך אפילו עד פלגו	מלכותא איתניניה לך לחוד	7:2
רישיה ולמרדא בך ולמיסב מינך	מלכותא ואיסתקפת מילתא מן	7:6
ומרדכי נפק מן קדם מלכא בלבוש	מלכותא תכלא וחרי והמניכא	8:15
מוקדשא דאיהו קאים בתחום פלגות	מלכותי לא אתן ליך דהכדין	5:3
אפילו אין אנת בעיא פלגות	מלכותי איתנני ליה ליך לחוד	5:3
דאיהוא קאים בתחום פלגות	מלכותי לא אתין ליך דהכדין	5:6
אפילו אין אנת בעיא עד פלגות	מלכותי ותיתעביד בעותיך לחוד	5:6
מוקדשא דהוא קאים בתחום פלגות	מלכותי לא אתן ליך דהכדין	7:2
לעיטתה איתקצרו יומוי ואתפליג	מלכותיה דמן קדמת דנא הוון כל	1:1
יתיב עילוי ההוא כורסי	מלכותיה ארדיכליא דעבדו בשושן	1:2
עותרא תקף יקריה וסגא תקוף	מלכותיה ועבד סעודתא לעבדוי	1:4
מלכא אפיטרופין בכל פילכי	מלכותיה ויכנשון ית כל	2:3
ואעיל יתה לות אידרון בית	מלכותיה בירחא עשיראה הוא	2:16
ומלכא הוה יתיב על כורסי	מלכותיה בבית מלכותא ומסתכל	5:1
ומקצת מנהון דיירין בכל פילכי	מלכותך וגזירת אוריתהון שניין	3:8
וכל משיריתיה בימא דסוף וכל	מלכיא ושילטוניא דאבאישו להון	6:13
למינפל קומוי הי כמא דנפלו	מלכיא קדם אברהם במישר חקליא	6:13
אוף ושתי	מלכתא רשיעתא עבדת משתה נשיא	1:9
שבעא רבניא לאיתאה ית ושתי	מלכתא ערטולתא על עיסק דהוה	1:11
וסריבת	מלכתא ושתי למיעל בגזירת מלכא	1:12
לא עילוי מלכא בלחודוי סרחת	מלכתא ושתי ארום עילוי	1:16
ארום יפוק גזירת פתגם גזירת	מלכתא על כל נשיא לאיתגלגלא	1:17
אחשורוש אמר לאיתאה ית ושתי	מלכתא קומוי ולא עלת	1:17
דקבילו ית פתגם די עבדת ושתי	מלכתא ומיתמלכן למעבד כדין	1:18
בנסו וקצפו ואמרו דין לדין הלא	מלכתא בפתגם מלכא בעייא לסלקא	2:21
ואמרו לאשקאה סמא דיקטול לאסתר	מלכתא ולאושטא ידא במלכא	2:21
בשובעין לישנין וחוי לאסתר	מלכתא ואמרת אסתר למלכא	2:22
חיוי וכל יומי דרווש בר אסתר	מלכתא בזכותא דמרדכי ברם המן	3:2
ורבנהא וחויאו לה ואיזדעזעת	מלכתא לחדא ושדרת לבושי	4:4
לה מלכא מא צרוך אית ליך אסתר	מלכתא ומא בעותיך אפילו אין	5:3
במשתייא דחמרא מא שאלתיך אסתר	מלכתא ומא בעותיך אפילו אין	5:6
ואמר המן ברם לא הנעלת אסתר	מלכתא למשתייא דעבדת אילהין	5:12
מלכא והמן למשתי חמרא עם אסתר	מלכתא	7:1
במשתייא דחמרא מא שאילתיך אסתר	מלכתא ויתיהב לך ומא בעותיך	7:2
ואמר מלכא אחשורוש ואמר לאסתר	מלכתא מאן הוא דין ובאידין	7:5
קם למתבע חייסא על נפשיה מאסתר	מלכתא ארום חמא ארום איסתקפת	7:7
לא אתא המן אילהין למשכוב עם	מלכתא כד אנא שרי בביתא כען	7:8
ההוא מסר מלכא אחשורוש לאסתר	מלכתא ית ביתא דהמן מעיק	8:1
ואמר מלכא אחשורוש לאסתר	מלכתא ולמרדכי יהודאה הא בית	8:7
מלכא מא עבדו מא שאילתיך אסתר	מלכתא ומא בעותיך עוד ותיתעבד	9:12
ואמר מלכא לאסתר	מלכתא בשושן בירנותא קטלו	9:12
וכתבת אסתר	מלכתא ברת אביחיל ומרדכי	9:29
עילויהון מרדכי יהודאי ואסתר	מלכתא והי כמא דקיימו יהודאין	9:31
גברא חציפא וחייבא ומרודא די	אמלכיה ליביה למעבד כדין	7:5

מלך = 316

נשיא לאיתגלגלא מריהון קומיהון	במללותהון חדא עם חברתה ברם	1:17	מלל

	7:9	דמליל טבא בגין מלכא והא קיסא	הא קיסא דזמין המן למצלב מרדכי
	6:10	דמלילתא	ולא תימנע מידעם מן כל מאן
	1:22	וכממלל עמיה	לה למיהוי ממללא בלישן גברא
	8:9	וכממלל לישנהון	ולות יהודאין כרושם כתבהון
	4:10	ולמללא למרדכי ופקידת ליה על	ואמרת אסתר להתך למיזל
	6:1	ומיליהון והוו מתקריין מילייא	קדם מרי עלמא ואיתגוללו פצימיא
	3:7	ומלילת עם משה באלול לא על מן	וביה חדרת שכינת מרי עלמא
	8:3	ומלילת קדם מלכא ונפלת קדם	ואוסיפת אסתר
	10:3	וממליל שלמא לכל זרעיה דבית	תבע טבתא לעמיה בית ישראל
	1:22	כממלל לישניה קרי וכן אמר	כמכתב רושמיה ולות עמא ועמא
	3:12	כממלל לישניה בשום מלכא	ופילכא כרושם כתבהא ועמא ועמא
	8:9	כממלל לישניה ולות יהודאין	ופילכא כרושם כתבהא ועמא ועמא
	2:22	למללא בשובעין לישנין וחוי	פתגמא למרדכי על דהוה חכים
	4:6	למללא לות מרדכי לפתאה דקרתא	ונפק התך
	5:4	מילייא האיליין איתרטטא ואמרת	וכד שמעת אסתר
	6:1	מילייא מגו פצימיא קדם מלכא	פצימיא ומיליהון והוו מתקריין
	5:3	מילתא אחריתי דאנת בעיא מיני	בי הדא בעותא לא אעבד לך
	7:6	מילתא מן שמיא ואיתעבדת ההיא	ולמיסב מינך מלכותא ואיסתקפת
	4:11	מלין בפום התך ואמרת ליה כדנא	ושויאת אסתר
	3:4	מללותהון לוותיה יומא דין	והוה כד
	1:22	ממללא בלישן גברא וכממלל עמיה	על אינתתיה וכפי לה למיהוי
	6:14	ממללן עימיה ורברבני מלכא מטו	עוד כען אינון
	1:13	מתמלל פתגם מלכא קדם כל דחכים	עלמא ארום הי כדין יאה למהוי
		מלל = 24	
ממן	4:7	דממון כסף עשר אלפין ככרין	ולא גחן לאנדרטיה וית דררא
	3:2	ממונא וכל זוודין דיהב ליה	ממערבא אזל המן והנפק כל
	3:2	ממונא ומן זוודין דיהב ליה	דלא אישתייר בידיה מדעם מן
	3:2	ממוניה ומפרנס פלגות אוכלוסיא	בשתא חדא ומרדכי הוה מצמצם
	3:2	ממונך לא משחררנא לך דכן	ליה מרדכי אין יהבת לי כולי
		ממן = 5	
מן	3:7	דמינהון מתקרבין ביכוריא כד	מן בגלל דהוא ריש שתא לאילני
	1:1	דמן קדמת דנא הוון כל עמיא	איתקצרו יומוי ואתפליג מלכותיה
	3:2	דמן זרעית אגג שדר יתי מלכא	כתיב ומפרש אנא המן בר המדתא
	8:3	דמן ייחוס אגג וית זימיוניה	ופייסת ליה לבטלא ית בישת המן
	8:5	דמן ייחוס אגג דכתב להובדא ית	פיטקיא זימיוניה דהמן בר המדתא
	8:9	דמן הינדיא רבא ועד כוש למאה	דמתמנן ארכונין על פילכיא
	9:24	דמן ייחוס אגג מעיק כל	ארום המן בר המדתא
	10:3	דמן שבטא דבנימן תבע טבתא	כל יהודאין ומתרעי לסגי אחוי
	5:1	ומינך איסתקף עליי הדא	סרי לחדא ואפיקו יתה בבהילו
	1:2	ומן ידוי דסנחריב אישתבא על	אישתבא על ידוי דסנחריב
	1:6	ומן אילנא לאילנא הוו פריסן	
	1:7	ומן קדם מאני בית מוקדשא	הוו מחלפן דמותיהון הי כאבר
	1:19	ומן בתר דתיתי קדם מלכא יגזור	דלא תיעול ושתי קדם מלכא
	1:20	ומן בתר כן כל נשיא יתנון רבו	עבד בכל ארום גזירתא רבא היא
	3:1	ומן בתר כן איתפרע מיניה על	די יתרברב וישתמודע לכל עמיא
	3:2	ומן יד אשתמיט מלמיפלח ית	כולהון רברבניא ועבדוי דמלכא
	3:2	ומן זוודין דיהב ליה מלכא	אישתייר בידיה מדעם מן ממונא
	5:14	ומן בתר כן עול עם מלכא לבית	חד בצליבת קיסא ואישתיזיב
	1:5	למן רבא ועד זעירא משתיא שבעא	עם ערלאין דיירי ארעא
	1:19	מינה	יתן מלכא לחברתה דשפירא
	2:1	מינה מלכותא אמרו ליה לאו הכי	קומיי ולא עלת ופקדית למעדי
	5:14	מינה יצחק אבוי במיא לא תיכול	למקטליה די אישתיזב מינה יצחק
	5:14	מינה יצחק מינה יצחק אבוי	לא תיכול למקטליה די אישתיזב
	3:1	מיני עד די יתרברב וישתמודע	כדו לא אישתמודע בעלמא פסוקו
	5:3	מיני אגזור ותתעבד בבהילו	לך מילתא אחריתי דאנת בעיא

מן מן

יצבי מלכא למעבד יקרא יתיר	מיני	6:6
ולא יכילו ועבדו אוחרן ארע	מיניה ואיתעסקו ביה תרין שנין	1:2
מרדכי ואסתר פריקיא למיפק	מיניה וכדו פסק שמעי מלמילד	2:5
לכל עמיא ומן בתר כן איתפרע	מיניה על כל עיקתין די עבד	3:1
שטר שיעבודא ולא קם ולא זע	מיניה מן יד איתמלי המן	3:2
ויעבד צבותי ובעותי דאנא בעיא	מיניה ואוף אנת ברחמך סגיען	5:1
לא קם מן קדם אנדרטיה ולא רתת	מיניה אילהין פשט ית ריגליה	5:9
תיכול למרמא יתיה די אישתיזיבו	מיניה דניאל נביא ברם יעבדו	5:14
רישיה תלת אמין בגין דלא יכול	מיניה עופא וזרש ערקת עם	9:14
דהובדית מן בית נשאי ואידברית	מינך באונסא כדין אובד מן חיי	4:16
ואמרת אסתר לית אנא בעיא	מינך אילהין אין על מלכא ישפר	5:4
דמלכא אמר ליה המן בבעו	מינך קטול יתי ולא תגזור עלי	6:10
על רישיה ולמרדא בך ולמיסב	מינך מלכותא ואיסתקפת מילתא	7:6
שנין איתיהיבת ליה ארכא ומלך	מן הינדיא רבא ועד מערבא דכוש	1:1
ידוי וכען לא אישתעבדו ליה	מן בגלל הכי ובתר כדו איתגלי	1:1
ועתיד הוא למיסב ית אסתר דהיא	מן בנת שרה דחיית מאה ועשרין	1:1
למיתב על כורסיה דשלמה דאישתבא	מן ירושלם על ידוי דשישק מלכא	1:2
ידוי דחזקיה ותב לירושלם ותו	מן ירושלם אישתבא על ידוי	1:2
הוה יכיל ושדר ואיתי ארדיכלין	מן אלכסנדריאה למעבד כוותיה	1:2
ית עותריה די אישתאר בידיה	מן כרש מדאה ואוף כרש אשכח	1:4
מוקדשא דאייתי נבוכדנצר רשיעא	מן ירושלם ומאניא אחרנייתא	1:7
גברא בר ישראל וכרעות גבר	מן כל אומא ולישן	1:8
ומרדכי צדיקא צלי קדם יי	מן יומא קדמאה דמשתיא עד	1:10
ישפר יפוק פתגם גזירת מלכותא	מן קומוי ויתכתיב בגזירת	1:19
קטול גזרת עלה בעיטת שבע רבניא	מן יד תקף רוגזא דמלכא וגזר	2:1
די אזל בגלותא	מן ירושלם עם גלותא דאגליאת	2:6
לה מיכלא ומישתיא על ידיהון	מן בית מלכא ושני יתה וית	2:9
מן יד יתיהב לה למיעל עמה	מן בית נשיא עד בית מלכא	2:13
ית כל רב וסרכן די צביא למימר	מן יד יתיהב לה למיעל עמה מן	2:13
ושוי מניכא דדהבא על רישה וטרד	מן קיטון בית דמכיה ית	2:17
ואיטענת רחמין וטיבו קומוי	מן כל בתולתן ושוי מניכא	2:17
אמר לא ניחא קומיי לשיצאותיה	מן עלמא דעד כדו לא אישתמודע	3:1
וכן אמרת הלא המן רשיעא סליק	מן שושן לירושלם לבטלא ביניין	3:1
הינון דלא אישתייר בידיה מדעם	מן ממונא ומן זוודין דיהב ליה	3:2
מתמני עליהון לרישא נפקו ואזלו	מן השתא לית לן למיכול ונמות	3:2
בני נשא עבדא למאן כרסוי למאן	מן יד תקיף רוגזיה דהמן ואמר	3:2
אוכלוסיי דמלכא אזלית למיזף	מן מרדכי ברביתא ואמר דאסור	3:2
אנא יהיב לך מזוני דאוכלוסאי	מן מא יתזון ותוב דלית אנא	3:2
לעשו אבא מן יד כד נפק המן	מן קדם מלכא פשט מרדכי ריגליה	3:2
על פוקדנא דמלכא אמר לון לית	מן דינא למסגוד מרא לעבדיה	3:2
לך ברביתא דאנא מן יעקב ואנת	מן עשו ועשו ויעקב אחי הוו	3:2
מא דעבד יעקב אבוהון לעשו אבא	מן יד כד נפק המן מן קדם מלכא	3:2
שיעבודא ולא קם ולא זע מיניה	מן יד איתמלי המן עילווי	3:2
וכן עבד למרדכי בר שמעי בר קיש	מן שיבט בנימין ואנא בזבוזית	3:2
דלית אנא מוזיף לך ברביתא דאנא	מן יעקב ואנת מן עשו ועשו	3:2
יתיה ושוי ית כורסייה עיל	מן כולהון רברבניא ועבדוי	3:2
ארום חויאו ליה דמרדכי אתי	מן יעקב דשקל מן עשו אבא	3:6
ליה דמרדכי אתי מן יעקב דשקל	מן עשו אבא דאבוי דהמן ית	3:6
בגלל זכותא דפיסחא באיר ולא על	מן בגלל דביה נחת מונא בסיון	3:7
דיי ובין עמא בית ישראל פסק	מן יומיא ושרי בירחיא בניסן	3:7
מזליא בחמשא בשבא ולא על	מן בגלל דביה איתברי לויתן	3:7
עקתא תרין זימנין באב לא על	מן בגלל דביה פסקן מיתי מדברא	3:7
וכל דהוו עמיה בכסלו לא על	מן בגלל דביה איתיסר בית	3:7
קדם המן מן יומא ליומא שרי	מן חד בשבא ולא על מן בגלל	3:7
חוביהון דישראל במרחשון לא על	מן בגלל דביה נחת מבולא	3:7
לוחין אוחרניתא בתשרי לא על	מן בגלל דביה משתבקין חוביהון	3:7
ושרי בירחיא בניסן ולא על	מן בגלל זכותא דפיסחא באיר	3:7

איתבני רקיעא בתלת בשבא ולא על	מן	בגלל דביה איתברי גנתא	3:7
גנתא דעדן בארבע בשבא ולא על	מן	בגלל דביה איתבריו שימשא	3:7
איתברי אדם קמאה בשבא ולא על	מן	בגלל דאיהוא קיים בין	3:7
לשיצאה עמא קדישא נפלת ברת קלא	מן	שמיא וכן אמרת לא תדחלין	3:7
איתיסר בית מוקדשא בטבת לא על	מן	בגלל דביה סליק נבוכדנצר	3:7
יומא רבא בשיתא בשבא ולא על	מן	בגלל דביה איתברי אדם קמאה	3:7
לצבעא פייסא דעדבין קדם המן	מן	יומא ליומא שרי מן חד בשבא	3:7
ליומא שרי מן חד בשבא ולא על	מן	בגלל דביה איתבריו שמיא	3:7
אוריתא בסיני בתמוז לא על	מן	בגלל דביה איתפקד שור	3:7
ומלילת עם משה באלול לא על	מן	בגלל דביה סליק משה בטורא	3:7
הוי לעוקתא ההיא בשבט לא על	מן	בגלל דהוא ריש שתא לאילני	3:7
שמיא וארעא בתרין בשבא ולא על	מן	בגלל דביה איתבני רקיעא	3:7
לקטלא ולהובדא ית כל יהודאי	מן	עולימא ועד סבא טפליא	3:13
רשיעא ברם חותמא הוה חתים	מן	טינא ושדר מרי עלמא ית	4:1
די איתכתיב ואיתחתם להובדותהון	מן	עלמא עילוי ארעא הי כדין	4:1
בשמי מרומא על עיסק די איתהניו	מן	סעודתיה דאחשורוש רשיעא	4:1
למהך לאישתיזבא בבית מלכא יתיר	מן	כל יהודאי	4:13
רווחא ושיזבותא יקום ליהודאי	מן	אתר אוחרן בגין זכות אבהת	4:14
עלמא וישיזיב יתהון מרי עלמא	מן	יד בעלי דבביהון ואנת	4:14
דלא כדינא והי כמא דהובדית	מן	בית נשאי ואידברית מינך	4:16
מינך באונסא כדין אובד	מן	חיי עלמא הדין בגין פורקן	4:16
המן רשיעא מיני הי כמא דאיתעבד	מן	ושתי דשם טעם על מלכא	5:1
הות תמן ברתיה דהמן והוה צבו	מן	שמיא דכל יומא הות מיקלקלא	5:1
זלגן דמען ומסתכלא כלפי שמיא	מן	יד איטענת רחמין ואושיט	5:2
למשבק למבני יתיה דדחיל אנא	מן	יהודאי דילמא ימרדון בי	5:3
בטרקליליה כל קבל ארכובתיה	מן	יד תקף רוגזיה ואיתמלי המן	5:9
אסתר בתרע מלכא ומרדכי לא קם	מן	קדם אנדרטיה ולא רתת מיניה	5:9
בנוי דסכומהון מאתן ותמניא בר	מן	עשרתי אוחרנין פולמורכין	5:11
פולמורכין על פילכיא ובר	מן	שמשי דהוא ספרנא דמלכא וית	5:11
ספרא ולא צבי למקרי והות רעוא	מן	קדם מרי עלמא ואיתגוללו	6:1
קטילין על גזירת המן רשיעא	מן	יד איתמלי מרי עלמא רחמין	6:1
ליה מלכא אוחי ולא תימנע מידעם	מן	כל מאן דמלילתא	6:10
ואמר לה ואוף אנת ברתי בהתתיתי	מן	יד נפלת מן איגרא ומיתת מן	6:11
רשיעא איסתכלת שכחטנת ברתיה	מן	איגרא והות דמיא דגברא	6:11
אנת ברתי בהתתיתי מן יד נפלת	מן	איגרא ומיתת מן עקתא	6:11
מן יד נפלת מן איגרא ומיתת	מן	עקתא	6:11
ידוי דסנאה בשאלתי ופורקן עמי	מן	ידוי דבעיל דבבא בבעותי	7:3
שפיר תתיהב לי שיזוב נפשי	מן	ידוי דסנאה בשאלתי ופורקן	7:3
מינך מלכותא ואיסתקפת מילתא	מן	שמיא ואיתעבדת ההיא יקרא	7:6
הדין בעא למצלביה והמן אישתעמם	מן	קדם מלכא ומלכתא	7:6
כען אין על מלכא שפר יתנסח אע	מן	ביתיה וזקיף יתמחי עלוי	7:9
ואמר חרבונא חד	מן	רבניא קדם מלכא הא קיסא	7:9
מלכא ית עיזקת סיטומתא דאעבר	מן	המן ויהבה למרדכי ושויאת	8:2
ומרדכי נפק	מן	קדם מלכא בלבוש מלכותא	8:15
דיהודאי למשלוט בהון ואיתהפכת	מן	שמיא בגין זכותא דאבהתא די	9:1
חמש מאה גוברין כולהון רופילין	מן	בית עמלק	9:6
הוה צליב בתלת אמין והוה רחיק	מן	ארידתא פלגות אמתא ארידתא	9:14
הוה צליב בתלת אמין והוה רחיק	מן	אדליא פלגות אמתא אדליא	9:14
הוה צליב בתלת אמין והוה רחיק	מן	דלפון פלגות אמתא דלפון	9:14
הוה צליב בתלת אמין והוה רחיק	מן	ויזתא פלגות אמתא ויזתא	9:14
הוה צליב בתלת אמין והוה רחיק	מן	ארידי פלגות אמתא ארידי	9:14
הוה צליב בתלת אמין והוה רחיק	מן	אספתא פלגות אמתא אספתא	9:14
הוה צליב בתלת אמין והוה רחיק	מן	אריסי פלגות אמתא אריסי	9:14
אמין ופלגא הוה רחיק פרשנדתא	מן	ארעא ופרשנדתא הוה צליב	9:14
הוה צליב בתלת אמין והוה רחיק	מן	המן פלגות אמתא המן הוה	9:14
הוה צליב בתלת אמין והוה רחיק	מן	פרמשתא פלגות אמתא פרמשתא	9:14
הוה צליב בתלת אמין והוה רחיק	מן	פורתא פלגות אמתא פורתא	9:14

כזמן יומין דנחו בהון יהודאין	מן בעלי דבביהון ובירחא	9:22	
יומא דין ויומא חדא ולא קביל	מנהון וחויאו להמן למחמי	3:4	
ביני עמיא אומיא ולישניא ומקצת	מנהון דיירין בכל פילכי	3:8	
עבדין ולמלכא לית ליה שום טימי	מנהון ומא הנאה אית ליה בהון	3:8	
להובדיהון ועל כל חד וחד	מנהון אנא יהיב לך מאה זוזי	3:9	
לא תיכול לשנוקיה דאישתיזיבו	מנהון משה ואהרן ובני ישראל	5:14	
	מן = 145		
להון המן ית עותריה והיך	איתמני עם דוכוסי מלכא והיך	5:11	מני
ארום כן שם טעם מלכא על כל	דאיתמנא אפיטרופוס על ביתיה	1:8	
דאישתכחו חייביא בשושן בירנותא	דאיתמניאו עם ערלאין דיירי	1:5	
פרסא ומדי איסטרטיגין ורבנין	דממנן על פילכיא עטיפן	1:3	
המן למתקל על ידיהון דגזברין	דממנן על בית גנזי מלכא בגין	4:7	
איסטרטיליטי מלכא ולות היפרכין	דמתמנן ארכונין על כל פילכא	3:12	
ואיפרכין ורברבנין	דמתמנן ארכונין על פילכיא דמן	8:9	
	וימני מלכא אפיטרופין בכל	2:3	
אחשורוש בקרבא על קרתא דהינדקי	ומני יתי על שית רבובן	3:2	
יתה ושדר יתהון בבהילו עלה	ומני עליהון ית מרדכי על	3:2	
דמזרעית אגג בר עמלק רשיעא	ומנייה רב על כולא ותקין ית	3:1	
הדין ולא תעביד רעות המן רשיעא	מיני הי כמא דאיתעבד מן ושתי	5:1	
על בית ישראל ופקיד למלאכא די	ממנא על שיגושתא ונחת ושגיש	6:1	
ועבדי עיבידתא די למלכא	ממנן עילויהון ית יהודאין	9:3	
ביומא ההוא על	מניין קטילין בשושן בירנותא	9:11	
ואבגתא זתר וכרכס מהומן די	מתמני על מהומתא ביזתא בוז	1:10	
דימוסן ובנאוון ובנאוון דתמן	מתמני הגי רב מלכא נטיר נשיא	2:3	
מלכא לפרנסא ית אוכלוסין דאנא	מתמני עליהון לרישא נפקו	3:2	
גוברין דאיתקטילו בשושן דהוו	מתמנן על אישקקי מלכא	9:14	
	מני = 19		
הדין אמר ליה מלכא אוחי ולא	תימנע מידעם מן כל מאן	6:10	מנע
	מנע = 1		
עשרא אלפין ככרין דכסף למלכא	וימסור בידי ית מרדכי וית כל	3:2	מסר
כספא יהי מתיהב לך ועמא יהון	מסירין בידך למעבד כמא דיוטב	3:11	
מלכיא ושילטוניא דבאישו להון	מסר יתהון אלההון בידיהון	6:13	
ביומא ההוא	מסר מלכא אחשורוש לאסתר מלכתא	8:1	
אסתר וכן אמרת רבוני דעלמא לא	תימסרינני ביד עורלאה הדין	5:1	
ברחמך סגיען חוס על עמך ולא	תמסור בנוי דיעקב בידוי דהמן	5:1	
	מסר = 6		
	וכמיסת יום ויום חדא הוה שאיל	2:20	מסת
סליק נבוכדנצר רשיעא על ירושלם	ומיסת הוי לעוקתא ההיא בשבט	3:7	
ובסיס טעמיה ולא בחוסרנא אלהין	כמיסת ידא דמלכא	1:7	
רברבני מלכא ומאן יכיל לסוברא	כמיסת חוך דין ורגיז	1:18	
לפלכיא עבד ויהב לה מתנן וחולק	כמיסת ידא דמלכא	2:18	
זוודין וכל נבוז בייתהון בשוה	כמיסת תלת שנין אזלון אעיקין	3:2	
	מסת = 6		
ולשדרא דורון אינש לחבריה	ומעאן דצדקתא מתנן לחשוכי	9:22	מעא
	מעא = 1		
חיזו ובעידן דמית אבוהא אשתארת	במיעין דאימה וכד ילידת יתה	2:7	מעי
	מעי = 1		
בתר כן כל נשיא יתנון רבו ויקר	למריהון למרבא ועד זעירא	1:20	מרא
אמר לון לית מן דינא למסגוד	מרא לעבדיה אמרו ליה ואפילו	3:2	
אחרביה בגתא ואבגתא עתיד	מרי עלמא לעסאה יתהון כגבר	1:10	

	3:1	מרי עלמיא וכן אמר לא ניחא	מעילווי כל רברבניא דעימיה עני
	3:7	מרי עלמא ומלילת עם משה באלול	מיתי מדברא וביה חדרת שכינת
	3:9	מרי עלמא וכן אמר הא כבר יהבו	לאעלא לבית גנזי מלכא עני
	4:1	מרי עלמא ית אליהו כהנא רבא	חותמא הוה חתים מן טינא ושדר
	4:1	מרי עלמא על עמיה וכד ידע	למרדכי די יקום ויצלי קדם
	4:14	מרי עלמא מן יד בעלי דבביהון	זכות אבהת עלמא וישיזיב יתהון
	4:16	מרי עלמא בליליא וביממא ואוף	ולא תשתון תלתא יומין וצלו קדם
	6:1	מרי עלמא ואיתגוללו פצימיא	צבי למקרי והות רעוא מן קדם
	6:1	מרי עלמא הי כקל גדיין דעיזין	ישראל לרקיעא ואישתמעת קדם
	6:1	מרי עלמא רחמין וטיבו על עמיה	גזירת המן רשיעא מן יד איתמלי
	6:1	מרי עלמא ענה רבון עלמא ואמר	חרוב הא בכין איתכנשו ואתו קדם
	1:17	מריהון קומיהון במללותהון חדא	מלכתא על כל נשיא לאיתגלגלא
		מרא = 15	
מרד	7:6	ולמרדא בך ולמיסב מינך מלכותא	ולאחתא מניכא דדהבא על רישיה
	7:5	ומרודא די אמלכיה ליבביה	אתר הוא גברא חציפא וחייבא
	5:3	ימרדון בי הדא בעותא לא אעבד	דדחיל אנא מן יהודאי דילמא
	5:6	ימרדון בי יהודאי	דלא למשבק למבני יתיה דילמא
	3:2	מרדת עלוי קרתא דשמה הינדקי	בשנת תרתין למלכות אחשורוש
		מרד = 5	
מרס	1:14	מרסן ובחשן ית דמא ומסדרן	דביה כרום ימא ורובי כהניא הוו
		מרס = 1	
מרק	1:6	ומרוקין וחיורין אותיב יתהון	מרמרין סמקין ירקין וברקין
		מרק = 1	
מרר	4:1	במרירות נפשא בקל עציב	רישיה וקבל קבילתא רבתא ובכא
		מרר = 1	
משח	2:3	משחהון	נשיא ויתגזר למהוי יהיב סמתר
		משח = 1	
משל	1:22	ממשלתי איזדהרו למיהוי כל אנש	אומיא ולישניא די דיירין בכל
		משל = 1	
מתל	2:7	אימתילו לאסא אסתר הוו קרו לה	הדסה על די הות צדיקתא וצדיקיא
	2:5	מתיל למירא דכיא בר יאיר בר	ושמיה מתקרי מרדכי על דהוה
	3:7	מתילין לנוני ימא דהכין כתיב	ימא ולא הוה ידע דבנוי דיוסף
		מתל = 3	
מתן	2:12	דמתינן בתפנוקיהון תרי עשר	מסוף די הוי לה כהילכת נשיא
		מתן = 1	
נבא	3:2	בנבואת ישעיה לית שלם אמר	מחנפין לחייביא אמר לון והכתיק
	2:5	נבואה וחמא דאיטימוסין מרדכי	ולא שבקיה על דאיסתכל ברוח
	5:14	נביא ברם יעבדו אע זקוף חמשין	יתיה די אישתיזיבו מיניה דניאל
		נבא = 3	
נדד	6:1	דאיתנדדו כל אינגלי מרומא	עלמא הי כקל גדיין דעיזין עד
	6:1	ונדת שינתיה דמלכא ואקדים	שיגושתא ונחת ושגיש ית אחשורוש
		נדד = 2	
נהג	1:8	מנהג גופא ולית דאניס ארום כן	ושקותא כהלכת
		נהג = 1	
נוח	9:22	דנחו בהון יהודאין מן בעלי	כזמן יומין

נוח	9:17	ונחו בארבסר ביה נמעבד ביה	לירח אדר הוה קטול בזרעית עמלק
	9:18	ונחו בחמיסר ביה ומעבד ביה	דעמלק בתלתסר ביה ובארבסר ביה
	2:1	נח תקוף רוגזיה דמלכא אחשורוש	פג ואישתדך מרווית חמריה וכד
	3:1	ניחא קומיי לשיצאותיה מן עלמא	עני מרי עלמיא וכן אמר לא
	3:2	ניחא קומך אוזיף לי ואנא פרע	בזביזתא חולקך אמר ליה המן אי
	9:16	נייחא מבעלי דבביהון וקטלו	וקיימו ית נפשיהון ואשכחו
		נוח = 7	
נון	3:7	וכנוני ימא יסגון בגו בני	מתילין לנוני ימא דהכין כתיב
	3:7	כנוני ימא ולא הוה ידע דבנוי	דאדר ואמר בליען אינון בידי הי
	3:7	לנוני ימא דהכין כתיב וכנוני	הוה ידע דבנוי דיוסף מתילין
		נון = 3	
נור	5:14	בנורא לא תיכול למירמיה די	ליה זרש אינתתיה וכל רחמוי
		נור = 1	
נחש	1:4	דנחשא מליין דהב טב יוררין	תמן שית מאה ותמנין אחמתין
		נחש = 1	
נחת	1:2	אחתיה לעילם ובתר כן מלך	לבבל וכדו צדא כרש מדאה ית בבל
	7:6	ולאחתא מניכא דדהבא על רישיה	דמלכותא ולמרכב על סוסא דילך
	8:16	ולאחתא תפלין על ידיהון ועל	ומועדיא למגזר עורלת בניהון
	1:2	ונחת לבבל וכדו צדא כרש מדאה	אישתבא על ידוי דנבוכדנצר
	6:1	ונחת ושגיש ית אחשורוש ונדת	למלאכא די ממנא על שיגושתא
	1:6	מחתן על דרגשין תקליטיהון	יתהון עילוי ערסן דמלתין די
	3:7	נחת מונא בסיון לא על בגלל	באיר ולא על מן בגלל דביה
	3:7	נחת מבולא ואישתיזיב נח ובנוי	במרחשון לא על מן בגלל דביה
		נחת = 8	
נטל	8:10	דאיתנטילו טחוליהון ואיקדדו	ורכבי רכשא ערטוליני רמכין
		נטל = 1	
נטר	3:2	דנטר עשו ליעקב על עיסק	זבינותא דאיזדבנית ליה הי כמא
	8:16	ולמיטר שביא ומועדיא למגזר	הות רשותא למעסק באוריתא
	2:21	מנטורי פלטיריא ואמרו לאשקאה	ותרש טורסאי תרין רבני מלכא
	6:2	מנטורי פלטירין די בעו לאושטא	על בגתן ותרש תרין רבני מלכא
	2:3	נטיר נשיא ויתגזר למהוי יהיב	דתמן מתמני הגי רב מלכא
	2:8	נטיר נשיא	ואיתעלת לבית מלכא לידא דהגי
	2:14	נטיר מטרוניתא ומכאן ואילך לא	תיניין לידא דשעגז רבא דמלכא
	2:15	נטיר נשיא והות אסתר טעינת	ית מאן די יימר הגי רבא דמלכא
	3:2	נטיר ליה בבו על עיסק זבינותא	סוף כל דריא או דילמא אין אנא
	4:10	נטיר ליה	בבו די ביני עשו ויעקב הוה
	2:20	נטרא ביומי ריחוקהא הות	אסתר עבדת שביא ומועדיא הות
	2:20	נטרא כד הות מתרביא עימיה	נטרא על פם מרדכי הי כמא דהות
	2:20	נטרא על פם מרדכי הי כמא דהות	בהון נשיא דבית ישראל הות
	3:8	נטרין ונימוסנא לא מקיימין	יומי גינוסיא דילנא ליתיהון
	9:26	נטרין ליה זמן שתא בשתא בגין	פורייא על שום פייסא בגין כן
		נטר = 15	
ניס	9:29	דניסא לקיימא ית איגרתא	ית כל מגילאתא הדא תוקפא
	9:13	ניסא וית עשרתי בנוי דהמן	טבא וחדוא כד חזי למעבד על יום
	9:26	ניסא ופתגמי מגילאתא הדא	בשתא בגין כן דיפרסמון יומי
	9:26	ניסא למרדכי וידעון פורקנא	האיליין בגין כן דאיתעביד בהון
		ניס = 4	
ניר	3:2	ניירא למכתב שטר זבינתא עלוי	ואוכלוסך אמר ליה המן לחיי בעו
		ניר = 1	

נכס נפק

נכס	3:2	נכסוי דמלכא ונפקו מתחות ידיי	מן שיבט בנימין ואנא בזבוזית
		נכס = 1	
נכר	3:2	נוכראה ולא הוה סגיד להמן על	לון למיחמט ולמיפלח לפולחנא
	2:20	נוכראין לא הות טעמא וכל	מיזדהרא תבשילין וחמרא דעמין
	3:15	נוכראין ובקל בכותא דעמא בית	דשושן הות מתערבלא בחדות עמיא
		נכר = 3	
נסב	2:15	דנסבה ליה לברת למיעל לות	אסתר בת אביחיל אחבוי דמרדכי
	7:6	ולמיסב מינך מלכותא ואיסתקפת	דדהבא על רישיה ולמרדא בך
	2:7	ונסבה מרדכי ליה בביתיה והוה	וכד ילידת יתה אימה מיתת אימה
	5:1	להיתנסבא ליה וכען שוי יתי	בבהילו ומינך איסתקף עליי הדא
	1:1	למיסב ית אסתר דהיא מן בנת	ושתי לאיתקטלא ועתיד הוא
	3:7	למיסב לוחין אוחרניתא בתשרי	דביה סליק משה בטורא דסיני
	5:1	למיסביה ית ברתיה וכד איתכנשו	ופקיד למיקטלה בגין דהוה צבי
	2:17	מתנסבן ואיטענת רחמין וטיבו	מלכא ית אסתר מכל נשיא דהוו
	6:11	נסיבת אציצא טניפא וטלקת על	וגברא דרכיב על סוסא הוא אבוהא
	6:10	סב ית לבוש ארגוונא וית סוסא	ואמר מלכא להמן אוחי
		נסב = 10	
נסח	3:2	יתנסח אע מביתה דהמן וזקיף	עשו ליעקב על עיסק בכירותא
	7:9	יתנסח אע מן ביתיה וזקיף	דהמן כען אין על מלכא שפר
		נסח = 2	
נסי	5:14	איתנסי חד בצליבת קיסא	ית מרדכי עילווי דעד כדון לא
		נסי = 1	
נסס	4:17	ונסס מרדכי ועבר על חדוות חגא	
	6:1	נסיס אפין ואמר לשמשי ספרא	שינתיה דמלכא ואקדים בצפרא
	5:2	נסיסא בדרתא ותרתין עינהא	כד חמא מלכא ית אסתר קיימא כד
		נסס = 3	
נעץ	9:14	נעיץ בארעא וארבע אמין ופלגא	חמשין אמין תלת אמין הוה
		נעץ = 1	
נפל	6:13	דנפלו מלכיא קדם אברהם במישר	דשרית למינפל קומוי הי כמא
	8:3	ונפלת קדם ריגלוי ובכיאת	ואוסיפת אסתר ומלילת קדם מלכא
	6:13	למינפל קומוי הי כמא דנפלו	אין מזרעא דצדיקיא מרדכי דשרית
	6:13	מינפל תפול קומוי	אנת לא תיכול לאבאשא ליה ארום
	8:17	נפל פחדא דיהודאין עילוויהון	מעמי ארעא מתגיירין ארום
	9:2	נפל פחדהון על כל עמיא	וגבר לא קם באנפיהון ארום
	9:3	נפל פחדא דמרדכי עילויהון	ית יהודאין לארכונין ארום
	3:7	נפלת ברת קלא מן שמיא וכן	צבע פייסא לשיצאה עמא קדישא
	6:11	נפלת מן איגרא ומיתת מן עקתא	ואוף אנת ברתי בהתתיתי מן יד
	6:13	תפול קומוי	תיכול לאבאשא ליה ארום מינפל
		נפל = 10	
נפס	1:11	ומנפסן לה עמר וכיתן ביומא	מפלחא ית בנאתא דישראל ערטולאן
		נפס = 1	
נפק	5:1	ואפיקו יתה בבהילו ומינך	דריגלאין ופמה הוה סרי לחדא
	3:2	והנפק כל ממונא וכל זוודין	והמן וחילוותיה ממערבא אזל המן
	4:12	ונפיק לות אסתר ותקף רוגזיה	רשיעא ית התך דשמיה דניאל עאל
	4:6	ונפק התך למללא לות מרדכי	
	5:9	ונפק המן מלוות מלכא ביומא	
	3:2	ונפקו מתחות ידיי ולא הוה	ואנא בזבוזית נכסוי דמלכא
	1:17	יפוק גזירת פתגם גזירת מלכתא	ארום

	1:19	יפוק פתגם גזירת מלכותא מן	אין קדם מלכא ישפר
	2:5	למיפק מיניה וכדו פסק שמעי	דאיטימוסין מרדכי ואסתר פריקיא
	3:2	למיפק מתחות ידוי עד זמן	דעשו ויעקב אחי הוו ולא יכילית
	2:6	נפק מרדכי מבבל עם דניאל וכל	וכד צדא כרש ודריוש ית בבל
	3:2	נפק המן מן קדם מלכא פשט	יעקב אבוהון לעשו אבא מן יד כד
	8:15	נפק מן קדם מלכא בלבוש מלכותא	ומרדכי
	9:4	נפק בכל פילכיא ארום גברא	סרכן מרדכי בבית מלכא ומטבעיה
	3:2	נפקו ואזלו מן השתא לית לן	דאנא מתמני עליהון לרישא
	3:9	נפקו ממצרים דסכום סילעיא הוו	הא כבר יהבו סילעא לגולגלתא כד
	3:9	נפקו ממצרים הות שית מאה אלפי	לך מאה זוזי דסכום אבהתהון כד
	3:15	נפקו זריזין כפתגמא דמלכא	ריהטונין
	3:2	נפקי קרבא דמאחרין במשריתא	ומפרנס פלגות אוכלוסיא כהילכת
	8:14	נפקי זריזין וסחיפין כפתגמא	ריהטונין דרכבין על ריכשא
	7:8	נפקת מפמא דמלכא ואפוי דהמן	דאינו מא לאיתעובדא בה פתגמא
		נפק = 21	
נפש	4:13	בנפשיכי למהך לאישתיזבא בבית	אסתר כדנא תימרון לה לא תחשבין
	4:1	נפשא בקל עציב	וקבל קבילתא רבתא ובכא במרירות
	9:5	נפשאתא ועבדו בשנאיהון	סיפא וקטילת גולפין והובד
	3:2	נפשי לקצת ירחין תלתא	באיגרתא הדא כרעותי וכצביון
	7:3	נפשי מן ידוי דסנאה בשאלתי	דארעא שפיר תתיהב לי שיזוב
	7:7	נפשיה מאסתר מלכתא ארום חמא	דין והמן קם למתבע חייסא על
	8:11	נפשיהון לשיצאה ולקטלא	וקירווא לאיתכנשא ולקיימא ית
	9:16	נפשיהון ואשכחו נייחא מבעלי	מלכא איתכנשו וקיימו ית
	9:31	נפשיהון ועל בניהון למהויהון	והי כמא דקיימו יהודאין על
		נפש = 9	
נצב	1:5	נציבא אילני עבדין פירין	בדרת גינתא גואה דלמלכא דהות
		נצב = 1	
נצח	6:13	נצח מלאכא ועל ידוי דמשה	חקליא אבימלך קדם יצחק יעקב
		נצח = 1	
נצי	4:10	מצותא ארום בבו די ביני עשו	על עיסק מרדכי דלא יגרי עם המן
		נצי = 1	
נקט	5:2	נקיט בידיה וקריבת אסתר ומטת	לאסתר ית תיגדא דדהבא דהוה
		נקט = 1	
נקף	1:6	מקפן להון חזור חזור	ימא רבא ואיטונין מציירין
		נקף = 1	
נתן	7:2	איתניניה לך לחוד למבני בית	בעותיך אפילו עד פלגו מלכותא
	5:3	איתנני ליה ליך לחוד למבני	אין אנת בעיא פלגות מלכותי
	5:6	אתין ליך דהכדין קיימית	קאים בתחום פלגות מלכותי לא
	3:2	אתן לך עשרא אלפין ככרין דכסף	שדר ליה המן שחרר יתי ואנא
	5:3	אתן ליך דהכדין קיימת בשבועה	קאים בתחום פלגות מלכותי לא
	7:2	אתן ליך דהכדין קיימית בשבועה	קאים בתחום פלגות מלכותי לא
	1:19	יתן מלכא לחברתה דשפירא מינה	מלכא ויעדי ית רישה ומלכותה
	1:20	יתנון רבו ויקר למריהון למרבא	רבא היא ומן בתר כן כל נשיא
	2:9	למיתן לה מיכלא ומישתיא על	דשבתא כולהין צדקתן וחוזיין
	3:2	למיתן ובעו למיקטליה הדר גבי	הב לן ניכול ולא הוה ליה מא
	5:8	למיתן ית שאילתי ולמעבד ית	בעיני מלכא ואין על מלכא ישפר
	2:18	מתנן וחולק כמיסת ידא דמלכא	שיבוק כרגא לפלכיא עבד ויהב לה
	9:22	מתנן לחשוכי	אינש לחבריה ומעאן דצדקתא
	2:9	מתנתהא המניכין ולבושי מלכותא	לאיתבהלא ית סמתר רבותהא וית
		נתן = 14	

נתר סחף

נתר	2:12	דמנתר ית שערא ומפנק ית בישרא	שיתא ירחין בסטכת ואנפקיין
		נתר = 1	
סב	3:13	סבא טפליא ונשיא ביומא חדא	ית כל יהודאי מן עולימא ועד
		סב = 1	
סבר	1:18	לסוברא כמיסת חוך דין ורגיז	לכל רברבני מלכא ומאן יכיל
	8:6	לסוברא ולמיחמי בבישתא דתינדן	ארום אי כדין איכול
	8:1	תוסברוי ומרדכי על קדם מלכא	וית אינשי ביתיה וית כל
		סבר = 3	
סגד	3:2	וסגדין להמן ארום כדין פקיד	לאנדרטא די הקים המן בחדייה
	3:2	למסגוד מרא לעבדיה אמרו ליה	דמלכא אמר לון לית מן דינא
	4:7	סגד להמן ולא גחן לאנדרטיה	ית כל דערעיה על עיסק דלא
	3:2	סגיד להמן על די הוה ליה עבד	לפולחנא נוכראה ולא הוה
	3:2	סגיד	מטול הכן מרדכי לא חמיט ולא
	3:4	סגיד על דהוא עבדיה דאזדבן	המן ארום חוי להון די להמן לא
	3:5	סגיד ליה ואיתמלי המן עילוי	מרדכי גחין לאנדרטיה ולא הוה
		סגד = 7	
סגי	1:7	דסגי ריחיה ובסים טעמיה ולא	שתן חמר עסיס דיאה למשתי למלכא
	1:4	וסגא תקוף מלכותיה ועבד	ובההוא עותרא תקף יקריה
	8:17	וסגיעין מעמי ארעא מתגיירין	ליבא ליהודאין משתיא ויומא טבא
	3:7	יסגון בגו בני אינשא על ארעא	ימא דהכין כתיב וכנוני ימא
	10:3	לסגי אחוי דמן שבטא דבנימן	ורבן על כל יהודאין ומתרעי
	5:11	סגיעות בנוי דסכומהון מאתן	דוכוסי מלכא והיך רהיטין קומוי
	1:4	סגיעין ומשתיא לכל עבדוי מאה	ועבד סעודתא לעבדוי יומין
	3:2	סגיעין למכבש יתה ושדר יתהון	הינדקי וכנש מלכא אוכלוסין
	4:3	סגיעין	וקיטמא הוה מיתשם עילוי צדיקיא
	6:10	סגיעין מרדכי יהודאי אית	מלכא למרדכי יהודאה אמר ליה
	2:8	סגיען לשושן בירנותא ליד הגי	וגזירתיה ובאיתכנשות עולימתן
	5:1	סגיען חוס על עמך ולא תמסור	בעיא מיניה ואוף אנת ברחמך
		סגי = 12	
סדר	6:10	דסדרת ליה אסתר סנהדרין בתרע	אית בשושן אתיב ליה מלכא לההוא
	1:14	ומסדרן קומך סידור לחם אפייא	כהניא הוו מרסן ובחשן ית דמא
	1:14	סידור לחם אפייא בכן איסתתר	מרסן ובחשן ית דמא ומסדרן קומך
	2:12	סידור עולימתא ועולימתא למיעל	וכד מטא
	2:15	סידור אסתר בת אביחיל אחבוי	וכד מטא
	9:14	סידור צליבתהון דאיצטליבו עם	עשרתי בנוי דהמן צליבו ודין
		סדר = 6	
סוס	6:8	וסוסא דרכב עלוי מלכא ביומא	ביה ית מלכא ביומא דעל למלכותא
	6:9	וסוסא על ידא דגברא רבא	ויהי מתיהיב לבושא דארגוונא
	6:9	סוסא בפתאה דקרתא ויקלסון	צבי ביקריה וירכבנוהי עילוי
	6:10	סוסא ועיבד כן למרדכי אמר ליה	אוחי סב ית לבוש ארגוונא וית
	6:11	סוסא ואלביש ית מרדכי	ודבר המן ית לבוש ארגוונא וית
	6:11	סוסא הוא אבוהא נסיבת אציצא	הוא מרדכי וגברא דרכיב על
	7:6	סוסא דילך ולאחתא מניכא דדהבא	איצטילא דמלכותא ולמרכב על
	8:10	סוסוון ורכבי רכשא ערטוליני	פיטקין בידא דרהטונין רהטי
		סוס = 8	
סוף	3:7	לסוף תריסר ירחי שתא דאיהוא	מתקרבין ביכוריא כד מטא
	2:12	מסוף די הוי לה כהילכת נשיא	למיעל קדם מלכא אחשורוש
	3:2	סוף כל דריא או דילמא אין אנא	כל יומי חיי ובניי לבנוי עד
		סוף = 3	
סחף	8:14	וסחיפין כפתגמא דמלכא וגזירת	דרכבין על ריכשא נפקי זריזין

		סחף = 1	
סטם	6:1	סיטומתא דאיתחתמא לביש על בית	וטיבו על עמיה ואמר לבזעא
	8:2	סיטומתא דאעבר מן המן ויהבה	ואעדי מלכא ית עיזקת
	8:8	סיטומתא דמלכא לא יתיב ריקנו	מימרא דמלכא ומיסתתם בעיזקת
	8:8	סיטומתא דמלכא ארום פיטקא	מימרא דמלכא וסתומו בעיזקת
	8:10	סיטומתא דמלכא ושלח פיטקין	דמלכא אחשורוש ואיסתתם בעזקת
		סטם = 5	
סיהר	3:7	וסיהרא שבעא כוכביא ותריסר	על מן בגלל דביה איתבריו שימשא
		סיהר = 1	
סיע	1:5	וסיעתיה לא הוו תמן	עילויהון ברם מרדכי צדיקא
	8:11	לסיעא ליהודאין דבכל קירווא	די יהב מלכא
		סיע = 2	
סיף	3:2	בסיפא והשתכחית מפקע גרמי	על צליבא וית עמיה אנא קטיל
	5:14	בסיפא לא תיכול למקטליה די	למירמיה די אישתיזב אברהם אבוי
	9:14	בסיפא ומאה ותמניא מיתו עם	ומתפרנסין שמשי ספרא איתקטיל
	2:21	בסיפיה בבית דמכיה	ידא במלכא אחשורוש למקטליה
	9:5	סיפא וקטילת גולפין והובד	בכל בעלי דבביהון מחת קטילת
		סיף = 5	
סכל	6:11	איסתכלת שכחטנת ברתיה מן	הוו אזלין קבל ביתא דהמן רשיעא
	2:5	דאיסתכל ברוח נבואה וחמא	יואב למקטליה ולא שבקיה על
	5:1	ומסתכל כל קבל תרע ביתא ענת	על כורסי מלכותיה בבית מלכותא
	5:2	ומסתכלא כלפי שמיא מן יד	בדרתא ותרתין עינהא זלגן דמען
		סכל = 4	
סכם	3:9	דסכום אבהתהון כד נפקו ממצרים	מנהון אנא יהיב לך מאה זוזי
	3:9	דסכום סילעיא הוו מאה ככרין	סילעא לגולגלתא כד נפקו ממצרים
	5:11	דסכומהון מאתן ותמניא בר מן	והיך רהיטין קומוי סגיעות בנוי
	3:9	וסכום שית מאה אלפי זוזין	ממצרים הות שית מאה אלפי גברי
		סכם = 4	
סלע	3:9	סילעא לגולגלתא כד נפקו	מרי עלמא וכן אמר הא כבר יהבו
	3:9	סילעיא הוו מאה ככרין ואלפא	לגולגלתא כד נפקו ממצרים דסכום
	3:9	סלעין ולית לך רשו למזבוניהון	ואלפא ושבע מאה ושובעין ושבעא
		סלע = 3	
סלק	2:21	לסלקא תרין קלוסנטרין ולאוקמא	ולאוקומא ית מרדכי ולית רבות
	2:21	לסלקא יתן ולאוקומא ית מרדכי	הלא מלכתא בפתגם מלכא בעייא
	3:1	סליק מן שושן לירושלם לבטלא	עלמיא וכן אמרת הלא המן רשיעא
	3:7	סליק נבוכדנצר רשיעא על	בטבת לא על מן בגלל דביה
	3:7	סליק משה בטורא דסיני למיסב	משה באלול לא על מן בגלל דביה
	6:1	סליקת קבילת ריביא דבית ישראל	בליליא ההוא
		סלק = 6	
סמם	2:21	סמא דיקטול לאסתר מלכתא	מנטורי פלטיריא ואמרו לאשקאה
		סמם = 1	
סמק	1:6	סמקין ירקין וברקין ומרוקין	כסף כפיסן עילוי עמודי מרמרין
		סמק = 1	
סמתר	2:12	ובסמתורי נשיא	ית בישרא ושיתא ירחין בבוסמיא
	2:12	סמתוריהון שיתא ירחין בסטכת	ירחי שתא ארום כדין שלמין יומי
	2:3	סמתר משחהון	נטיר נשיא ויתגזר למהוי יהיב
	2:9	סמתר רבותהא וית מתנתהא	חיסדא קומוי ופקיד לאיתבהלא ית
		סמתר = 4	

סנדל	1:4	וסנדלכין ובההוא עותרא תקף	מליין דהב טב יוררין ובורלין
		סנדל = 1	
סני	7:3	דסנאה בשאלתי ופורקן עמי מן	תתיהב לי שיזוב נפשי מן ידוי
		סני = 1	
סעד	5:12	למסעוד עם מלכא	לעידן מחר אנא מזומן לוותה
	3:7	לסעודת יומא רבא בשיתא בשבא	ברא דאיתעתדו לכנישתא דישראל
	1:10	סעד ומוי לא שתא וביומא	יומא שביעאה דהוא שבתא לחמא לא
	1:4	סעודתא לעבדוי יומין סגיעין	יקריה וסגא תקוף מלכותיה ועבד
	3:2	סעודתא אתו אוכלוסוי דהמן	מידוי דהמן כיון דמטא זמן
	4:1	סעודתיה דאחשורוש רשיעא ברם	מרומא על עיסק די איתהניו מן
		סעד = 6	
ספד	4:3	ומספדא לבוש דשק וקיטמא הוה	אבלא רבא ליהודאי וצומא ובכותא
		ספד = 1	
ספר	1:13	בספר אוריתא וחושבן עלמא ארום	במנדעא דעידנייא וזימניא
	2:23	בספר דוכרניא דמתקרי תדירא	תריהון על קיסא ואיתכתיב
	6:2	בספרא די חוי מרדכי על בגתן	ואישתכח כתיב
	10:2	ספר פתגמי יומיא למלכי מדאי	מלכא הלא אינון כתיבין על
	6:1	ספרא וכד חמא שמשי ספרא ית	בצפרא נסיס אפין ואמר לשמשי
	6:1	ספרא ית מאן דחוי מרדכי על	ואמר לשמשי ספרא וכד חמא שמשי
	6:1	ספרא ולא צבי למקרי והות רעוא	בגתן ותרש הוה מאפיך ית פצימי
	9:14	ספרא איתקטיל בסיפא ומאה	הדרין על תרעיא ומתפרנסין שמשי
	5:11	ספרנא דמלכא וית מא דירבי	על פילכיא ובר מן שמשי דהוא
	3:7	צפרא לצבעא פייסא דעדבין קדם	יהא עדב חילופך בכן שרי שמשי
	1:4	בספר פרת ואשכח תמן שית מאה	עותרא בצדאותיה ית בבל חפר
		ספר = 11	
סקף	5:1	איסתקף עליי הדא להיתנסבא ליה	לחדא ואפיקו יתה בבהילו ומינך
	7:7	איסתקפת עלוי בישתא מלוות	מאסתר מלכתא ארום חמא ארום
	7:6	ואיסתקפת מילתא מן שמיא	ולמרדא בך ולמיסב מינך מלכותא
		סקף = 3	
סרב	1:14	וסריבו בנוי דיששכר למידן ית	
	1:12	וסריבת מלכתא ושתי למיעל	
	3:2	מסרב אנא למפלח ליה יומא חד	אנא דאנא עבדיה או דילמא אין
	1:22	מסרבן על אינתתיה וכפי לה	ממשלתי איזדהרו למיהוי כל אנש
		סרב = 4	
סרהב	8:8	סרהיבו כתובו בגין יהודאין כד	ואתון
		סרהב = 1	
סרח	1:16	סרחת מלכתא ושתי ארום עילוי	לא עילוי מלכא בלחודוי
		סרח = 1	
סרי	5:1	סרי לחדא ואפיקו יתה בבהילו	בריעא ובמוי דריגלאין ופמה הוה
		סרי = 1	
סרך	2:13	וסרכן די צביא למימר מן יד	עיילא לוות מלכא ית כל רב
	8:2	וסרכן על בית גניסיה דהמן	ושויאת אסתר ית מרדכי רב
	9:4	סרכן מרדכי בבית מלכא ומטבעיה	ארום אפיטרופוס ורב
		סרך = 3	
סתם	8:10	ואיסתתם בעזקת סיטומתא דמלכא	וכתב בשום מימרא דמלכא אחשורוש

סתם עבד

	8:8	ומיסתתם בעיזקת סיטומתא דמלכא	דאיתכתיב בשום מימרא דמלכא
	8:8	וסתומו בעיזקת סיטומתא דמלכא	בעיניכון בשום מימרא דמלכא
		סתם = 3	
סתר	1:14	איסתתר מלכא ושאל עיטתא	קומר סידור לחם אפייא בכן
		סתר = 1	
עבד	1:1	אישתעבדו ליה מן בגלל הכי	כבישן תחות ידוי וכען לא
	3:2	איתעבד עבוד פלח למרדכי	דמרדכי ברם המן בר המדתא
	2:11	איתעביד בה	נשייא למידע ית שלם אסתר ומא
	6:3	איתעביד עימיה שום מידעם	ואמרו עולימי מלכא משמשנוי לא
	6:3	איתעביד יקרא ורבותא למרדכי	ואמר מלכא מא
	5:3	אעבד לך מילתא אחריתי דאנת	דילמא ימרדון בי הדא בעותא לא
	4:1	דאיתעבד בשמי מרומא ומא	ידא דאליהו כהנא רבא ית כל מא
	5:1	דאיתעבד מן ושתי דשם טעם על	רעות המן רשיעא מיני הי כמא
	2:7	דאיתעביד לה לתורביינא ארום	חמת אפי גבר אילהין אפי מרדכי
	9:26	דאיתעביד בהון ניסא למרדכי	יומי פוריא האיליין בגין כן
	5:8	דאעבד להון ברמשא ולמחר אנא	בעותי יעול מלכא והמן למשתייא
	3:2	דעבד יעקב אבוהון לעשו אבא מן	דמרדכי ופרע לעמיה מא
	1:2	דעבדו בשושן בירנתא	ההוא כורסי מלכותיה ארדיכליא
	3:9	דעבדי מטבעא לאעלא לבית גנזי	לי וכספא יהי מתיהיב על ידא
	5:4	דעבדית ליה	מלכא והמן יומא דין למשתייא
	2:1	דעבדת אמר לון מלכא אנא לא	הוא דחייבת עלה דין קטול על מא
	5:5	דעבדת אסתר	אסתר ועל מלכא והמן למשתייא
	5:9	דעבדת להון אסתר בתרע מלכא	עסיקן בפתגמי אוריתא בסנהדרין
	5:12	דעבדת אילהין יתי ואוף לעידן	לא הנעלת אסתר מלכתא למשתייא
	6:14	דעבדת אסתר	ואוחיאו להנעלא ית המן למשתיא
	7:6	ואיתעבדת ההיא יקרא למרדכי	מלכותא ואיסתקפת מילתא מן שמיא
	5:1	ויעבד צבותי ובעותי דאנא בעיא	לרחמין בעינוי די לא יקטלינני
	9:28	ולאיתעובדא בהון משתיא בכל	איתחייבו למיהוי להון דוכרנא
	5:8	ולמעבד ית בעותי יעול מלכא	על מלכא ישפר למיתן ית שאילתי
	9:17	ומעבד ביה יום משתיא וחדוא	בזרעית עמלק ונחו בארבסר ביה
	9:18	ומעבד ביה יום מישתייא וחדווא	ובארבסר ביה ונחו בחמיסר ביה
	1:4	ועבד סעודתא לעבדוי יומין	תקף יקריה וסגא תקוף מלכותיה
	1:21	ועבד מלכא כפתגמי ממוכן	ושפר פתגמא קדם מלכא ורברבניא
	2:4	ועבד הכי	חולף ושתי ושפר פתגמא קדם מלכא
	2:18	ועבד מלכא משתייא רבא לכל	
	4:17	ועבד ככל די פקידית עלוי אסתר	דפסחא צומא גזר ויתיב על קיטמא
	5:14	ועבד קיסא	בחדוה ושפר פתגמא קדם המן
	1:2	ועבדו אוחרן ארע מיניה	למעבד כוותיה ולא יכילו
	9:5	ועבדו בשנאיהון כרעותהון	וקטילת גולפין והובד נפשאתא
	1:3	ועבדוי אוכלוסי פרסא ומדי	עבד משתיא רבא לכל רברבנוי
	2:18	ועבדוי והוו קרו לה משתיא	מלכא משתייא רבא לכל רברבנוי
	3:2	ועבדוי דמלכא ומן יד אשתמיט	כורסייה עיל מן כולהון רברבניא
	5:11	ועבדי מלכא	יתיה מלכא עילוי כל רברבניא
	9:3	ועבדי עיבידתא די למלכא ממנן	פילכיא איסטרטילוטין והיפרכין
	6:10	ועיבד כן למרדכי אמר ליה המן	סב ית לבוש ארגוונא וית סוסא
	7:2	ותיתעבד	כרש דריוש בריך ויחסן מלכותא
	9:12	ותיתעבד	אסתר מלכתא ומא בעותיך עוד
	5:6	ותיתעביד בעותיך לחוד למיבני	אין אנת בעיא עד פלגות מלכותי
	5:3	ותתעבד בבהילו ורעותיך	אחריתי דאנת בעיא מיני אגזור
	5:14	יעבדו אע זקוף חמשין אמין	מיניה דניאל נביא ברם
	6:11	יתעבד לגברא דמלכא צבי ביקריה	בפתאה דקרתא וקלס קומוי כדין
	6:9	יתעביד לגברא דמלכא צבי	דקרתא ויקלסון קומוי כדין
	6:6	לאיתעובדא לגבר דמלכא צבי	ועל המן ואמר ליה מלכא מאן חזי
	7:8	לאיתעובדא בה פתגמא נפקת מפמא	עמיא אומיא ולישניא דאינו מא
	9:1	לאיתעובדא ביומא דחשיבו בעלי	דמטא פתגם מלכא וגזירת דיניה

עבד עבד

ואמר מלכא	לאיתעובדא כדין ואיתיהיבת	9:14
כאוריתא מא	לאיתעיבדא במלכתא ושתי בגין	1:15
ואיתי ארדיכלין מן אלכסנדריאה	למעבד כוותיה ולא יכילו ועבדו	1:2
כל דאיתמנא אפיטרופוס על ביתיה	למעבד כרעות גברא בר ישראל	1:8
אמרין רבנתא דפרסאי ומדאי	למעבד לגובריהון הי כמא	1:18
די עבדת ושתי מלכתא ומיתמלכן	למעבד כדין לכל רברבני מלכא	1:18
לך ועמא יהון מסירין בידך	למעבד כמא דיוטב קומך	3:11
ואמר מלכא אוחיו ית המן	למעבד ית פתגם גזירת אסתר ועל	5:5
בליביה ואמר למאן יצבי מלכא	למעבד יקרא יתיר מיני	6:6
ומרודא די אמלכיה ליביה	למעבד כדין	7:5
רשו אוף מחר ליהודאין די בשושן	למעבד יומא טבא וחדוא כד חזי	9:13
למעבד יומא טבא וחדוא כד חזי	למעבד על יום ניסא וית עשרתי	9:13
מדבונא לחדוה ומאבלו ליומא טבא	למעבד בהון יומי משתייא	9:22
כולהון יהודאין כחדא ית דשריאו	למעבד וית דכתב מרדכי בגינהון	9:23
מלכא יתוב זימיוניה בישא דחשיב	למעבד למרדכי וליהודאי	9:25
ידוי עד זמן דאיזדבנית ליה	לעבדא ואין מעכבנא מלמיהוי	3:2
אלא אין בעית למזבון גרמך לי	לעבדא אנא מפרנס אוכלוסיי	3:2
לעבדא ואין מעכבנא מלמיהוי ליה	לעבדא או דילמא אין לא מודי	3:2
וסגא תקוף מלכותיה ועבד סעודתא	לעבדוי יומין סגיעין ומשתיא	1:4
לון לית מן דינא למסגוד מרא	לעבדיה אמרו ליה ואפילו הכי	3:2
ולאיתקטלא ולהובדא ואילולי	לעבדין ולאמהן איזדבננא שתקית	7:4
03	משיעבודיה דמרדכי ופרע לעמיה	3:2
בשתא תליתאה למלכותיה	עבד משתיא רבא לכל רברבנוי	1:3
ובאשלמות יומי משתיא האיליין	עבד מלכא לכל עמא בית ישראל	1:5
וישתמע פתגם גזירת מלכא די	עבד בכל ארום גזירתא רבא היא	1:20
והניית שיבוק כרגא לפלכיא	עבד ויהב לה מתנן וחולק כמיסת	2:18
איתפרע מיניה על כל עיקתין די	עבד איהו ואבהתוי לעמא בית	3:1
לי מלכא זוודין לפרנסותהון וכן	עבד למרדכי בר שמעי בר קיש מן	3:2
הוה סגיד להמן על די הוה ליה	עבד פלח מטול דאיזדבן ליה	3:2
בר המדתא דמזרעית אגג למהוי	עבד פלח למרדכי יהודאה ככל מא	3:2
משחררנא לך דכן אמרין בני נשא	עבדא למאן כרסוי למאן מן יד	3:2
ערבאה וסנבלט חורונאה וטוביה	עבדא עמונאה דלא למשבק למבני	5:3
ערבאה וסנבלט חורונאה וטוביה	עבדא עמונאה דלא למשבק למבני	5:6
דאעבד להון ברמשא ולמחר אנא	עבדא כפתגם גזירת מלכא	5:8
דהמן ובמשאר פילכי מלכא מא	עבדו מא שאילתיך אסתר מלכתא	9:12
יומין סגיעין ומשתיא לכל	עבדוי מאה ותמנין יומין	1:4
כל	עבדוי דמלכא דבתרע פלטירין	3:2
ואמרו	עבדי מלכא די בתרע פלטירין	3:3
לדרתא גואה בלא רשו וכען כל	עבדי מלכא ועמין דדיירין	4:11
או דילמא אין לא מודי אנא דאנא	עבדיה או דילמא אין מסרב אנא	3:2
להון די להמן לא סגיד על דהוא	עבדיה דאזדבן ליה בטולמת לחם	3:4
גואה דלמלכא דהות נציבא אילני	עבדין פירין ובושמנין כבישין	1:5
וית גזירת דיני מלכא ליתיהון	עבדין ולמלכא לית ליה שום	3:8
פצחאי דיתבין בקירוי פצחיא	עבדין ית יום ארבסר לירח אדר	9:19
גזירת דינא עילויהון למהוי	עבדין ית יום ארבסר וית יום	9:21
ולא יעבר קיימא די יהון	עבדין ית תרין יומיא האיליין	9:27
אוף ושתי מלכתא רשיעתא	עבדת משתה נשיא בבית מלכותא	1:9
במלכתא ושתי בגין דלא	עבדת ית מימר מלכא אחשורוש	1:15
הי כמא דקבילו ית פתגם די	עבדת ושתי מלכתא ומיתמלכן	1:18
מרדכי וית מימר מרדכי הות אסתר	עבדת שביא ומועדיא הות נטרא	2:20
ברם המן בר המדתא איתעבד	עבוד פלח למרדכי יהודאה יומא	3:2
וכל	עובדי תוקפיה וגבורתיה ופירוש	10:2
הוא אחשורוש דביומוי בטילת	עיבידת בית אלהא רבא והות	1:1
איסטרטילוטין והיפרכין ועבדי	עיבידתא די למלכא ממנן	9:3
ריגליה ימינא ואחזי להמן שטר	שיעבודא ולא קם ולא זע מיניה	3:2
תימסרינני ביד עורלאה הדין ולא	תעביד רעות המן רשיעא מיני הי	5:1

עבד = 106

ואעדי מלכא ית עיזקת סיטומתא	דאעבר מן המן ויהבה למרדכי	8:2	עבר
ונסס מרדכי	ועבר על חדוות חגא דפסחא צומא	4:17	
דייראי דמיתוספין עילויהון ולא	יעבר קיימא די יהון עבדין ית	9:27	
וקרתא ויומי פוריא האיליין לא	יעברון מגו יהודאי ודוכרנהון	9:28	
אמרין ליה חכימיא מא דין אנת	עבר על פוקדנא דמלכא אמר לון	3:2	
דמלכא למרדכי מא דין אנת	עבר ית תפקידתא דמלכא	3:3	
פורייא האיליין באדר בתרא בזמן	עיבוריהון הי כמא דקיים	9:31	
למקרי ית מגילתא כמכתב רושם	עיבראי בבית כנישתהון בחד עשר	9:27	
	עבר = 8		
ניחא קומיי לשיצאותיה מן עלמא	דעד כדו לא אישתמודע בעלמא	3:1	עד
למלכא ויצלבון ית מרדכי עילווי	דעד כדון לא איתנסי חד בצליבת	5:14	
ליה ארכא ומלך מן הינדיא רבא	ועד מערבא דכוש מאה ועשרין	1:1	
עם ערלאין דיירי ארעא למן רבא	ועד זעירא משתיא שבעא יומין	1:5	
יתנון רבו ויקר למריהון למרבא	ועד זעירא	1:20	
יהב לן מלכא כל מא די יהב לן	ועד השתא אית בידי תריין	3:2	
ית כל יהודאי מן עולימא	ועד סבא טפליא ונשיא ביומא	3:13	
על פילכיא דמן הינדיא רבא	ועד כוש למאה ועשרין ושבע	8:9	
בית אלהא רבא והות בטילא	עד שנת תרתין לדריוש בגין	1:1	
עבדין פירין ובושמנין כבישין	עד פלגותהון דהב טב ושלימין	1:5	
קדם יי מן יומא קדמאה דמשתייא	עד יומא שביעאה דהוא שבתא	1:10	
לה למיעל עמה מן בית נשיא	עד בית מלכא	2:13	
לא אישתמודע בעלמא פסוקו מיני	עד די יתרברב וישתמודע לכל	3:1	
כל יומי חיי ובניי לבנוי	עד סוף כל דריא או דילמא אין	3:2	
ולא יכילית למיפק מתחות ידוי	עד זמן דאיזדבנית ליה לעבדא	3:2	
למרדכי יהודאה יומא חד בשבעתא	עד זמן די רבי מלכא ית המן בר	3:2	
ואתא	עד קדם תרע פלטירא דמלכא ארום	4:2	
ומא בעותיך אפילו אין אנת בעיא	עד פלגות מלכותי ותיתעביד	5:6	
מרי עלמא הי כקל גדיין דעיזין	עד דאיתנדדו כל אינגלי מרומא	6:1	
על קיטמא והוה מודה ומצלי	עד עידן רמשא והמן איתבהל	6:12	
ויתיהב לך ומא בעותיך אפילו	עד פלגו מלכותא איתנינה לך	7:2	
ולטוביה ולסנבלט ברם אוריכי	עד די ירבי כרש דריוש בריך	7:2	
	עד = 22		
בכן שרי שמשי צפרא לצבעא פייסא	דעדבין קדם המן מן יומא ליומא	3:7	עדב
דאין תהדרין בתתובתא איהוא יהא	עדב חילופך בכן שרי שמשי צפרא	3:7	
	עדב = 2		
להובדותהון צבע פייסא איהו הוא	עדווא לשגושיהון ולהובדיהון	9:24	עדו
	עדו = 1		
	ואעדי מלכא ית גושפנקיה	3:10	עדי
	ואעדי מלכא ית עיזקת סיטומתא	8:2	
בתר דתיתי קדם מלכא יגזור מלכא	ויעדי ית רישה ומלכותה יתן	1:19	
לבושי מלכותא למלבש ית מרדכי	ולמעדי ית שקיה מעילויה ולא	4:4	
דתיעול קומיי ולא עלת ופקדית	למעדי מינה מלכותא אמרו ליה	2:1	
בר המדתא מעיקא דיהודאין קטלו	ובעדאה לא אושיטו ית ידיהון	9:10	
וקטלו בשושן תלת מאה גוברין	ובעדאה לא אושיטו ית ידיהון	9:15	
וחמשא אלפין מזרעית עמלק	ובעדאה לא אושיטו ית ידיהון	9:16	
תריסר הוא ירחא דאדר ושללהון	לעדאה	3:13	
יתהון טפלין ונשין ושללהון	לעדאה	8:11	
	עדי = 10		
	עוד כען אינון ממללן עימיה	6:14	עוד
שאילתיך אסתר מלכתא ומא בעותיך	עוד ותיתעבד	9:12	
	עוד = 2		

עולם	4:16	ועולומתיי נצום הי כדין ובתר	עלמא בליליא ובימּמא ואוף אנא
	2:4	ועולימתא דתישפר קדם מלכא	
	2:7	ועולימתא שפירת ריוו ושפירת	ארום לית לה אבא ואימא
	2:12	ועולימתא למיעל קדם מלכא	וכד מטא סידור עולימתא
	3:13	עולימא ועד סבא טפליא ונשיא	לקטלא ולהובדא ית כל יהודאי מן
	2:2	עולימי מלכא משמשנוי יבעון	ואמרו
	6:3	עולימי מלכא משמשנוי לא	ורבותא למרדכי על דין ואמרו
	6:5	עולימי מלכא לוותיה הא המן	ואמרו
	2:2	עולימן בתולתן שפירן חיזו	מלכא משמשנוי יבעון לצרוך מלכא
	2:3	עולימתא בתולתא שפירת חיזו	פילכי מלכותיה ויכנשון ית כל
	2:9	עולימתא בעינוי ואיטענת חיסדא	ושפרת
	2:12	עולימתא ועולימתא למיעל קדם	וכד מטא סידור
	2:13	עולימתא עיילא לוות מלכא ית	בתר די שלמין תרי עשר ירחי שתא
	2:9	עולימתהא לאוטבא להון	מן בית מלכא ושני יתה וית
	2:8	עולימתן סגיען לשושן בירנותא	כרוז מלכא וגזירתיה ובאיתכנשות
	2:9	עולימתן לשמשותה שבע יומי	למהוי יהיבין לה וית שבע
	5:13	עולמיא בתרע פלטירין דמלכא	מרדכי יהודאה יתיב בסנהדרין עם
	4:4	עולמתן דאסתר ורבנהא וחויאו	ועלן
	5:1	עולמתן לידוי דהגי הות תמן	למיסביה ית ברתיה וכד איתכנשו
		עולם = 19	
עוף	9:14	עופא וזרע ערקת עם שובעין	תלת אמין בגין דלא יכול מיניה
		עוף = 1	
עוק	3:2	אעיקין על קרתא דהינדקי מרדכי	בשוה כמיסת תלת שנין אזלון
	8:11	דמעיקין יתהון טפלין ונשין	ית כל חילוות עמא ופילכא
	7:4	למעיקא טימין ורווחא באוזינקא	איזדבננא שתקית ארום לית
	3:7	לעוקתא ההיא בשבט לא על מן	רשיעא על ירושלם ומיסת הוי
	8:1	מעיק דיהודאי וית אינשי ביתיה	לאסתר מלכתא ית ביתא דהמן
	9:24	מעיק כל יהודאין חשיב על	המן בר המדתא דמן ייחוס אגג
	3:10	מעיקא דיהודאי	להמן בר המדתא מזרעית אגג
	7:6	מעיקא ובעיל דבבא דבעא למקטלך	ואמרת אסתר גברא
	7:6	מעיקא ובעיל דבבא המן ביש	יעקב בר יצחק בר אברהם וגברא
	9:10	מעיקא דיהודאין קטלו ובעדאה	עשרתי בנוי דהמן בר המדתא
	3:1	עיקתין די עבד איהו ואבהתוי	ומן בתר כן איתפרע מיניה על כל
	3:7	עקתא תרין זימנין באב לא על	שור ירושלם ולא חזי למיקם
	6:11	עקתא	מן יד נפלת מן איגרא ומיתת מן
		עוק = 13	
עז	6:1	דעיזין עד דאיתנדדו כל אינגלי	קדם מרי עלמא הי כקל גדיין
		עז = 1	
עזק	8:10	בעזקת סיטומתא דמלכא ושלח	מימרא דמלכא אחשורוש ואיסתתם
	8:8	בעיזקת סיטומתא דמלכא ארום	בשום מימרא דמלכא וסתומו
	8:8	בעיזקת סיטומתא דמלכא לא יתיב	בשום מימרא דמלכא ומיסתתם
	1:22	בעיזקתיה לכל פלכי מלכא פלך	ושלח פיטקין כתיבן וחתימן
	8:2	עיזקת סיטומתא דאעבר מן המן	ואעדי מלכא ית
		עזק = 5	
עטף	6:12	ומתעטף על רישיה כאבילא על	ואזל לביתיה אביל על ברתיה
	1:3	עטיפן באיצטלוון דמילת לבישין	ורבנין דממנן על פילכיא
		עטף = 2	
עידן	2:14	בעידן רמשא הות עיילא לשמושי	
	8:6	בעידן דיובדון גניסת ילדותי	והי כדין איכול למתעתדא ולמחמי
	4:14	בעידנא הדא את מטיא למיחסן	חכימא די ינדע אין לשתא דאתיא
	4:14	בעידנא ההיא ולא תפגיע על	ארום משתק שתוקי

עידן   על

		בנווי דישׁכר דחכימין במנדעא
		שפירת ריוון ושׁפירת חיזו
		רמשׁא הות עיילא לשׁמושׁי ית מלכא
		למשׁתיא דעבדת אילהין יתי ואוף
		וכל דא ליתיה טימי לוווהי בכל
		על קיטמא והוה מודה ומצלי עד

1:13	דעידנייא וזימניא בספר אוריתא	
2:7	ובעידן דמית אבוהא אשׁתארת	
2:14	ובעידן צפרא הות תייבא לבית	
5:12	לעידן מחר אנא מזומן לוותה	
5:13	עידן דאנא חמי ית מרדכי	
6:12	עידן רמשׁא והמן איתבהל ואזל	
	עידן = 10	

עיון

2:9	בעינוי ואיטענת חיסדא קומי	ושׁפרת עולימתא
3:2	בעינוי למושׁטא ידא במרדכי	עילווי מרדכי חומתא והוה שׁט
5:1	בעינוי די לא יקטלינני ויעבד	ליה וכען שׁוי יתי לרחמין
8:5	בעינוי יפקד מלכא וישׁים טעם	פתגמא קדם מלכא וטבתא אני
2:15	בעיני כל חמהא	אסתר טעינת טיבו ומשׁכחא רחמין
5:8	בעיני מלכא ואין על מלכא ישׁפר	אין אשׁכחית רחמין
8:8	בעיניכון בשׁום מימרא דמלכא	כתובו בגין יהודאין כד שׁפיר
5:2	עינהא זלגן דמען ומסתכלא כלפי	קיימא כד נסיסא בדרתא ותרתין
7:3	עינהא כלפי שׁמיא ואמרת אין	וזקפת אסתר ית
7:7	עינוי וחזא והא עשׂרתי מלאכי	ומלכא זקף ית
	עין = 10	

עכב

3:2	מעכבנא מלמימהוי ליה לעבדא או	זמן דאיזדבנית ליה לעבדא ואין
3:2	מתעכבין בקרבא לא יהי לן מא	אוכלוסיא חבול לי השׁתא אנא
	עכב = 2	

על

4:5	דעל מימר פומיה מתחתכן פתגמי	וקרת אסתר לדניאל דמתקרי התך
1:16	ועילוי כל עמיא דבכל פלכיא	מלכתא ושׁתי ארום עילוי רברבניא
9:27	עילויהון ועילוי בניהון	עילויהון ועילוי בניהון
9:27	עילוי בניהון ועילוי כל	קיימן וקבילו יהודאין עילויהון
1:1	ועל דלא שׁבקת למבני ית בית	ברתיה דאויל מרודך בר נבוכדנצר
3:9	ועל כל חד וחד מנהון אנא יהיב	מלכא שׁפיר יתכתיב להובדיהון
4:5	ועל מא דין לא קביל לבושׁי	מא דין קל בכותא דהוא בכי
6:13	ועל ידוי דמשׁה ואהרן טמעו	קדם יצחק יעקב נצח מלאכא
8:16	ועל רישׁיהון	בניהון ולאחתא תפלין על ידיהון
9:31	ועל בניהון ומהויהון דכירין	כמא דקיימו יהודאין על נפשׁיהון
9:32	ועל מימר אסתר איתקיימו פתגמי	
9:32	ועל ידוי דמרדכי איתכתיבת	איתקיימו פתגמי פורייא האילין
3:1	מעילווי כל רברבניא דעימיה	רב על כולא ותקין ית כורסייה
3:10	מעילוי ידיה לרבה להמן בר	ואעדי מלכא ית גושׁפנקיה
4:4	מעילויה ולא קביל	למלבשׁ ית מרדכי ולמעדי ית שׁקיה
6:12	מעלוי ולבשׁ ית סקא ויתיב על	דמלכא ואשׁלח ית לבושׁ ארגוונא
3:2	עיל מן כולהון רברבניא ועבדוי	ואעיל יתיה ושׁוי ית כורסייה
3:2	עילווי מרדכי חומתא והוה שׁט	ולא זע מיניה מן יד איתמלי המן
5:14	עילווי דעד כדון לא איתנסי חד	אמר למלכא ויצלבון ית מרדכי
8:17	עילוויהון	ארום נפל פחדא דיהודאין
9:23	עילוויהון כולהון יהודאין	וקבילו
1:2	עילוי ההוא כורסי מלכותיה	ובשׁתא תליתאה למלכותיה יתיב
1:6	עילוי אונקלוון ודשׁרין	מטכסין צביען בארגוונא דליין
1:6	עילוי ערסן דמלתין די מחתן על	ומרוקין וחיורין אותיב יתהון
1:6	עילוי עמודי מרמרין סמקין	ודשׁרין סגלגלין די כסף כפיסן
1:16	עילוי מלכא בלחודוי סרחת	רשׁיעא קדם מלכא ורברבניא לא
1:16	עילוי רברבניא ועילוי כל עמיא	בלחודוי סרחת מלכתא ושׁתי ארום
3:5	עילוי מרדכי ריתחא	ולא הוה סגיד ליה ואיתמלי המן
4:1	עילוי ארעא הי כדין איתכתיב	ואיתחמם להובדוותהון מן עלמא
4:3	עילוי צדיקיא סגיעין	לבושׁ דשׁק וקיטמא הוה מיתשׁם
5:9	עילוי מרדכי ריתחא	מן יד תקף רוגזיה ואיתמלי המן
5:11	עילוי כל רברבניא ועבדי מלכא	דמלכא וית מא דירבי יתיה מלכא
6:9	עילוי סוסא בפתאה דקרתא	דמלכא צבי ביקריה וירכבנוהי

על

1:5	עילויהון ברם מרדכי צדיקא	באשלמות אבן טבא ומטללין
9:3	עילויהון	לארכונין ארום נפל פחדא דמרדכי
9:3	עילויהון ית יהודאין לארכונין	ועבדי עיבידתא די למלכא ממנן
9:21	עילויהון למהוי עבדין ית יום	לקיימא גזירת דינא
9:27	עילויהון ולא יעבר קיימא די	ועילוי כל דייראי דמיתוספין
9:27	עילויהון ועילוי בניהון	קיימו וקבילו יהודאין
9:31	עילויהון מרדכי יהודאי ואסתר	בזמן עיבוריהון הי כמא דקיים
1:1	על דציית לעיטתה איתקצרו	לאיתקטלא ערטיליתא ואוף איהוא
1:2	על ידוי דחזקיה ותב לירושלם	ומן ידוי דסנחריב אישתבא
1:2	על ידוי דנבוכדנצר ונחת לבבל	לירושלם ותו מן ירושלם אישתבא
1:2	על ידוי דשישק מלכא דמצרים	דשלמה דאישתבא מן ירושלם
1:2	על כורסיה דשלמה דאישתבא מן	כד בעא מלכא אחשורוש למיתב
1:2	על ידוי דסנחריב ומן ידוי	מלכא דמצרים וממצרים אישתבא
1:3	על פילכיא עטיפן באיצטלוון	ומדי איסטרטיגין ורבנין דממנן
1:6	על סטיו כביש קרוסטלינין	דדהב טב וכרעיהון דכסף שריין
1:6	על דרגשין תקליטיהון דדהב טב	עילוי ערסן דמלתין די מחתן
1:8	על כל דאיתמנא אפיטרופוס על	דאניס ארום כן שם טעם מלכא
1:8	על ביתיה למעבד כרעות גברא בר	מלכא על כל דאיתמנא אפיטרופוס
1:10	על מהומתא ביזתא בוז ביתא	זתר וכרכס מהומן די מתמני
1:11	על רישהא בגין זכותא דאלביש	ערטולאתא ברם כלילא דמלכותא
1:11	על איליין שבעא רבניא לאיתאה	וגזר מלכא
1:11	על עיסק דהוה מפלחא ית בנאתא	לאיתאה ית ושתי מלכתא ערטולתא
1:14	על ידא דכהנא רבא דהוה לביש	ותרין שפנינין על מדבח אדמתא
1:14	על מדבח אדמתא על ידא דכהנא	אימרין בני שנא ותרין שפנינין
1:17	על כל נשיא לאיתגלגלא מריהון	יפוק גזירת פתגם גזירת מלכתא
1:22	על אינתתיה וכפי לה למיהוי	איזדהרו למיהוי כל אנש מסרבן
2:1	על מא דעבדת אמר לון מלכא אנא	את הוא דחייבת עלה דין קטול
2:1	על צליבא	וגזר למהוי צליבן שבע רבניא
2:5	על דהוה מתיל למירא דכיא בר	בירנותא ושמיה מתקרי מרדכי
2:5	על עמיה דהוה בשושן בירנותא	חסידא ומודה ומצלי קדם אלהיה
2:5	על דאיסתכל ברוח נבואה וחמא	ובעא יואב למקטליה ולא שבקיה
2:7	על די הות צניעא בביתא דמרדכי	אימתילו לאסא אסתר הוו קרו לה
2:7	על די הות צדיקתא וצדיקיא	אחבוי ואמאי הוו קרו לה הדסה
2:9	על ידיהון מן בית מלכא ושני	למיתן לה מיכלא ומישתיא
2:17	על רישה וטרד מן קיטון בית	מן כל בתולתן ושוי מניכא דדהבא
2:17	על כורסי תיניין ואמליך יתה	ית איקונין דאסתר ואותיב יתה
2:20	על פם מרדכי הי כמא דהות נטרא	בהון נשיא דבית ישראל הות נטרא
2:22	על שום מרדכי	ואמרת אסתר למלכא ואיתכתיב
2:22	על דהוה חכים למללא בשובעין	ואשתמודע פתגמא למרדכי
2:23	על קיסא ואיתכתיב בספר	ואישתכח קשוט ואיצטליבו תריהון
3:1	על כל עיקתין די עבד איהו	עמיא ומן בתר כן איתפרע מיניה
3:1	על כולא ותקין ית כורסיה	אגג בר עמלק רשיעא ומנייה רב
3:2	על חד עשרא אמר לית אנא מוזיף	אמר ליה אוזיף לי ואנא פרע לך
3:2	על ארכובתא והכין כתיב ומפרש	וכתב שטר זבינתא בטרקליליה
3:2	על עיסק בכירותא יתנסח אע	ליה הי כמא דנטר עשו ליעקב
3:2	על פלגותהון וית המן על	עלה ומני עליהון ית מרדכי
3:2	על עיסק זבינותא דאיזדבנית	או דילמא אין אנא נטיר ליה בבו
3:2	על פלגותהון ויהב להון זוודין	ית מרדכי על פלגותהון וית המן
3:2	על פוקדנא דמלכא אמר לון לית	ליה חכימיא מא דין אנת עבר
3:2	על שית רבובן אוכלסין ויהב לי	על קרתא דהינדקי ומני יתי
3:2	על צליבא וית עמיה אנא קטיל	כל עמיה ואנא צליב ית מרדכי
3:2	על קרתא דהינדקי ומני יתי על	שדר יתי מלכא אחשורוש בקרבא
3:2	על קרתא דהינדקי מרדכי	כמיסת תלת שנין אזלון אעיקין
3:2	על די הוה ליה עבד פלח מטול	נוכראה ולא הוה סגיד להמן
3:2	על חד תרין אמר ליה מרדכי	קומך אוזיף לי ואנא פרע לך
3:4	על דהוא עבדיה דאזדבן ליה	ארום חוי להון די להמן לא סגיד
3:4	על דהוא יהודי ויהודאי לא	די הקים בחדייה לא הוה גחין

על

על

ומיסת הוי לעוקתא ההיא בשבט לא	על מן בגלל דהוא ריש שתא	3:7
למיקם עקתא תרין זימנין באב לא	על מן בגלל דביה פסקן מיתי	3:7
עלמא ומלילת עם משה באלול לא	על מן בגלל דביה סליק משה	3:7
בגלל דביה סליק נבוכדנצר רשיעא	על ירושלם ומיסת הוי לעוקתא	3:7
למיסב לוחין אוחרניתא בתשרי לא	על מן בגלל דביה משתבקין	3:7
אוריתא בסיני בתמוז לא	על מן בגלל דביה איתפקד שור	3:7
חוביהון דישראל במרחשון לא	על מן בגלל דביה נחת מבולא	3:7
איתיסר בית מוקדשא בטבת לא	על מן בגלל דביה סליק	3:7
ימא יסגון בגו בני אינשא	על ארעא	3:7
יומיא ושרי בירחיא בניסן ולא	על מן בגלל זכותא דפיסחא באיר	3:7
בגלל דביה נחת מונא בסיון לא	על בגלל דביה איתיהיבת אוריתא	3:7
מן בגלל זכותא דפיסחא באיר ולא	על מן בגלל דביה נחת מונא	3:7
ובנוי וכל דהוו עמיה בכסלו לא	על מן בגלל דביה איתיסר בית	3:7
אית ליה בהון אין ישבוקינון	על אפי ארעא	3:8
אתיהיב לי וכספא יהי מתיהיב	על ידא דעבדי מטבעא לאעלא	3:9
ולות היפרכין דמתמנן ארכונין	על כל פילכא ופילכא ולות	3:12
ומרדכי ידע	על ידא דאליהו כהנא רבא ית כל	4:1
בזע ית לבושוי ואלבש לבושא דשק	על בישריה ושוי קיטמא על	4:1
דשק על בישריה ושוי קיטמא	על רישיה וקבל קבילתא רבתא	4:1
איתכתיב ואיתחתם בשמי מרומא	על עיסק די איתהניו מן	4:1
די יקום ויצלי קדם מרי עלמא	על עמיה וכד ידע מרדכי בזע ית	4:1
פתגמי מלכותא ופקידת ליה	על מרדכי למידע מא דין קל	4:5
אלפין ככרין דאמר המן למתקל	על ידיהון דגזברין דממנן על	4:7
וחוי ליה מרדכי ית כל דערעיה	על עיסק דלא סגד להמן ולא גחן	4:7
למתקל על ידיהון דגזברין דממנן	על בית גנזי מלכא בגין יהודאי	4:7
מלכא לפייסא ליה ולמבעי רחמין	על עמה	4:8
ולחואה לה מא דחשיב המן רשיעא	על עמא דיהודאי ולפקדא עלהא	4:8
ולמללא למרדכי ופקידת ליה	על עיסק מרדכי דלא יגרי עם	4:10
תימר למרדכי הלא המן רשיעא גזר	על מימר אחשורוש דלא למיעול	4:11
מלכא לדרתא גואה די לא מתקרי	על פמיה דהמן חדא היא גזירת	4:11
ואנת וגניסת בית אבהתך תובדון	על ההיא חובתא ומאן הוא חכימא	4:14
שתוקי בעידנא ההיא ולא תפגיע	על יהודאי רווחא ושיזבותא	4:14
ונסס מרדכי ועבר	על חדוות חגא דפסחא צומא גזר	4:17
חגא דפסחא צומא גזר ויתיב	על קיטמא ועבד ככל די פקידית	4:17
מלכא דבירושלם ומלכא הוה יתיב	על כורסי מלכותיה בבית מלכותא	5:1
ואוף אנת ברחמך סגיעין חוס	על עמך ולא תמסור בנוי דיעקב	5:1
כמא דאיתעבד מן ושתי דשם טעם	על מלכא ופקיד למיקטלה בגין	5:1
לית אנא בעיא מינך אילהין אין	על מלכא ישפר יעול מלכא והמן	5:4
אשכחית רחמין בעיני מלכא ואין	על מלכא ישפר למיתן ית שאילתי	5:8
בר מן עשרתי אוחרנין פולמורכין	על פילכיא ובר מן שמשי דהוא	5:11
ישראל די איזדמנו למהוי קטילין	על גזירת המן רשיעא מן יד	6:1
לבזעא סיטומתא דאיתחתמא לביש	על בית ישראל ופקיד למלאכא די	6:1
איתמלי מרי עלמא רחמין וטיבו	על עמיה ואמר לבזעא סיטומתא	6:1
ישראל ופקיד למלאכא די ממנא	על שיגושתא ונחת ושגיש ית	6:1
שמשי ספרא ית מאן דחוי מרדכי	על בגתן ותרש הוה מאפיך ית	6:1
כתיב בספרא די חוי מרדכי	על בגתן ותרש תרין רבני מלכא	6:2
מא איתעביד יקרא ורבותא למרדכי	על דין ואמרו עולימי מלכא	6:3
למימר למלכא למצלוב ית מרדכי	על קיסא דזמין ליה	6:4
מתיהיב לבושא דארגוונא וסוסא	על ידא דגברא רבא מרברבני	6:9
באורחא הוא מרדכי וגברא דרכיב	על סוסא הוא אבוהא נסיבת	6:11
אבוהא נסיבת איצצא טניפא וטלקת	על רישיה זקף רישיה ואמר לה	6:11
והמן איתבהל ואזל לביתיה אביל	על ברתיה ומתעטף על רישיה	6:12
ברתיה ומתעטף על רישיה כאבילא	על בהתיה וכיסופיה	6:12
לביתיה אביל על ברתיה ומתעטף	על רישיה כאבילא על בהתיה	6:12
מעלוי ולבש ית סקא ויתיב	על קיטמא והוה מודה ומצלי עד	6:12
סוסא דילך ולאחתא מניכא דדהבא	על רישיה ולמרדא בך ולמיסב	7:6
למילבש איצטילא דמלכותא ולמרכב	על סוסא דילך ולאחתא מניכא	7:6

	הוא דין והמן קם למתבע חייסא	על נפשיה מאסתר מלכתא ארום	7:7
	רשיעא וחמא מלכא והא המן גחין	על דרגשיעא דאסתר יתבא עלה	7:8
	קיסא קאים בביתא דהמן כען אין	על מלכא שפר יתנסח אע מן	7:9
	וצליבו ית המן	על קיסא דזמין למרדכי וריתחא	7:10
	ושויאת אסתר ית מרדכי רב וסרכן	על בית גניסיה דהמן	8:2
	ייחוס אגג וית זימיוניה דחשיב	על יהודאין	8:3
	ואמרת אין	על מלכא שפור ואין אשכחית	8:5
	המן יהבית לאסתר ויתיה צליבו	על קיסא בגין די אושיט ידיה	8:7
	ורברבנין דמתמנן ארכונין	על פילכיא דמן הינדיא רבא ועד	8:9
	ריהטונין דרכבין	על ריכשא נפקי זריזין וסחיפין	8:14
	עורלת בניהון ולאחתא תפלין	על ידיהון ועל רישיהון	8:16
	קם באנפיהון ארום נפל פחדהון	על כל עמיא	9:2
	ביומא ההוא	על מניין קטילין בשושן	9:11
	יומא טבא וחדוא כד חזי למעבד	על יום ניסא וית עשרתי בנוי	9:13
	וית עשרתי בנוי דהמן יזדקפון	על קיסא	9:13
	ואמרת אסתר אין	על מלכא שפר איתיהב רשו אוף	9:13
	בנין דאישתארו להמן דהוו הדרין	על תרעיא ומתפרנסין שמשי ספרא	9:14
	המן הוה צליב בתלת אמין והוה	על רישיה תלת אמין בגין דלא	9:14
	דאיצטליבו עם המן אבוהון	על קיסא דזמין למרדכי דרומיה	9:14
	דאיתקטילו בשושן דהוו מתמנן	על אישקקי מלכא	9:14
	אגג מעיק כל יהודאין חשיב	על יהודאין להובדותהון צבע	9:24
	ויצלבון יתיה וית בנוי	על קיסא	9:25
	כן קרו ליומיא האיליין פורייא	על שום פייסא בגין כן נטרין	9:26
	מלכתא והי כמא דקיימו יהודאין	על נפשיהון ועל בניהון	9:31
	ושוי מלכא אחשורוש כרגא	על ארעא והפרכי ימא	10:1
	דרבייה מלכא הלא אינון כתיבין	על ספר פתגמי יומיא למלכי	10:2
	אלקפטא למלכא אחשורוש ורבן	על כל יהודאין ומתרעי לסגי	10:3
	למבני ית בית מוקדשא איתגזר	עלה לאיתקטלא ערטיליתא ואוף	1:1
	ית מימר מלכא אחשורוש דגזר	עלה ביד רבניא	1:15
	לאו הכי אילהין דין קטול גזרת	עלה בעיטת שבע רבניא מן יד	2:1
	וכן אמרין הלא את הוא דחייבת	עלה דין קטול על מא דעבדת אמר	2:1
	למכבש יתה ושדר יתהון בבהילו	עלה ומני עליהון ית מרדכי על	3:2
	גחין על דרגשיעא דאסתר יתבא	עלה ותוה מלכא ואמר הא ברם	7:8
	ביומא דשבתא ובגין כן איתגזר	עלהא למיתי ערטולאתא ברם	1:11
	בית ולדותהא ארום מרדכי פקד	עלהא דלא תחוי	2:10
	ילדותה וית עמה כמא דפקד	עלהא מרדכי וית מימר מרדכי	2:20
	רשיעא על עמא דיהודאי ולפקדא	עלהא למיעל לות מלכא לפייסא	4:8
	ולבשת אסתר לבושי מלכותא ושרת	עלהא רוח קודשא וקמת וצליאת	5:1
	כן מלך אחשורוש ובעא למיתב	עלוי ולא הוה יכיל ושדר	1:2
	אע מביתה דהמן וזקיף יתמחי	עלוי וקבילית אנא המן בר	3:2
	וסגדין להמן ארום כדין פקיד	עלוי מלכא ומרדכי לא חמיט	3:2
	בעו ניירא למכתב שטר זבינתא	עלוי ולא אשתכחו אזל מרדכי	3:2
	תרתין למלכות אחשורוש מרדת	עלוי קרתא דשמה הינדקי וכנש	3:2
	יהודאי די משתכחן בשושן וצומו	עלוי לא תיכלון ולא תשתון	4:16
	על קיטמא ועבד ככל די פקידית	עלוי אסתר	4:17
	ביומא דעל למלכותא וסוסא דרכב	עלוי מלכא ביומא דעל למלכותא	6:8
	מלכתא ארום חמא ארום איסתקפת	עלוי בישתא מלוות מלכא	7:7
	ואמר מלכא איזילו צלובו יתיה	עלוי	7:9
	יתנסח אע מן ביתיה וזקיף יתמחי	עלוי רומיה חמשין אמין ואמר	7:9
	בבעו מינך קטול יתי ולא תגזור	עלי כפתגמא הדין אמר ליה מלכא	6:10
	ושדר יתהון בבהילו עלה ומני	עליהון ית מרדכי על פלגותהון	3:2
	לפרנסא ית אוכלוסין דאנא מתמני	עליהון לרישא נפקו ואזלו מן	3:2
	יתה בבהילו ומינך איסתקף	עליי הדא להיתנסבא ליה וכען	5:1
		על = 200	
עלל	נצום הי כדין ובתר כן	איעול לות מלכא דלא כדינא והי	4:16
	וסוסא דרכב עלוי מלכא ביומא	דעל למלכותא די איתיהיב בלילא	6:8

עלל

דלבישו ביה ית מלכא ביומא	דעל למלכותא וסוסא דרכב עלוי	6:8
אנא לא גזרית למקטלה אלהין	דתיעול קומיי ולא עלת ופקדית	2:1
ואמר המן ברם לא	הנעלת אסתר מלכתא למשתייא	5:12
ליד הגי ואידברת אסתר באונסא	ואיתעלת לבית מלכא לידא דהגי	2:8
אסתר לות מלכא אחשורוש לאיתא	ואעיל יתה לות אידרון בית	2:16
ית המן בר המדתא דמזרעית אגג	ואעיל יתיה ושוי ית כורסייה	3:2
	ועל התך וחוי לאסתר ית פתגמי	4:9
המן למעבד ית פתגם גזירת אסתר	ועל מלכא והמן למשתייא דעבדת	5:5
ואיזדרז המן	ועל לביתיה ושדר וקרא לרחמוי	5:10
	ועל המן ואמר ליה מלכא מאן	6:6
	ועל מלכא והמן למשתי חמרא עם	7:1
כנישתא דישראל דהוו תמן בבבל	ועלו עם כרש מלכא למידר בשושן	2:6
	ועלן עולמתן דאסתר ורבנהא	4:4
ידעין די כל גבר ואינתתא די	יעול לות מלכא לדרתא גואה די	4:11
מינך אילהין אין על מלכא ישפר	יעול מלכא והמן יומא דין	5:4
ית שאילתי ולמעבד ית בעותי	יעול מלכא והמן למשתייא דאעבד	5:8
הא המן קאים בדרתא ואמר מלכא	יעול	6:5
יהי מתיהיב על ידא דעבדי מטבעא	לאעלא לבית גנזי מלכא עני מרי	3:9
ורברבני מלכא מטו ואוחיאו	להנעלא ית המן למשתיא דעבדת	6:14
רשיעא גזר על מימר אחשורוש דלא	למיעול לות מלכא לדרתא גואה	4:11
וסריבת מלכתא ושתי	למיעל בגזירת מלכא דאיתפקדת	1:12
מטא סידור עולימתא ועולימתא	למיעל קדם מלכא אחשורוש מסוף	2:12
די צביא למימר מן יד יתיהב לה	למיעל עמה מן בית נשיא עד בית	2:13
אחבוי דמרדכי דנסבה ליה לברת	למיעל לות מלכא לא תבעת צרוך	2:15
דמלכא ארום לית רשו לגבר	למיעל לתרע פלטירין דמלכא כד	4:2
על עמא דיהודאי ולפקדא עלהא	למיעל לות מלכא לפייסא ליה	4:8
דדהבא וייחי ואנא לא אתקריתי	למיעל לות מלכא דין זמן תלתין	4:11
המן רשיעא ית התך דשמיה דניאל	עאל ונפיק לות אסתר ותקף	4:12
מאן גברא דקאים בדרתא והמן	עאל לדרתא דבבית מלכא בריתא	6:4
קיסא ואישתיזיב ומן בתר כן	עול עם מלכא לבית משתייא	5:14
תרי עשר ירחי שתא עולימתא	עיילא לוות מלכא ית כל רב	2:13
בעידן רמשא הות	עיילא לשמושי ית מלכא ובעידן	2:14
יומא ליומא שרי מן חד בשבא ולא	על מן בגלל דביה איתבריו שמיא	3:7
יומא רבא בשיתא בשבא ולא	על מן בגלל דביה איתברי אדם	3:7
גנתא דעדן בארבע בשבא ולא	על מן בגלל דביה איתבריו	3:7
איתבני רקיעא בתלת בשבא ולא	על מן בגלל דביה איתברי גנתא	3:7
ותריסר מזליא בחמשא בשבא ולא	על מן בגלל דביה איתברי לויתן	3:7
שמיא וארעא בתרין בשבא ולא	על מן בגלל דביה איתבני רקיעא	3:7
דביה איתברי אדם קמאה בשבא ולא	על מן בגלל דאיהוא קיים בין	3:7
ביתיה וית כל תוסברוי ומרדכי	על קדם מלכא ארום חויאת ליה	8:1
וביומא שביעאה דהוא יומא דשבתא	עלת קבילתיה וקבילת סנהדרין	1:10
ית ושתי מלכתא קומוי ולא	עלת	1:17
למקטלה אלהין דתיעול קומיי ולא	עלת ופקדית למעדי מינה מלכותא	2:1
בתר פתגמיא האיליין	עלת מדת דינא קדם רבון כל	3:1
וכד	עלת אסתר קדם מלכא אמר לה	9:25
ולא יתבטל הדא גזירתא דלא	תיעול ושתי קדם מלכא ומן בתר	1:19
ועולימתא דתישפר קדם מלכא	תיעול למחסן מלכותא חולף ושתי	2:4
נטיר מטרוניתא ומכאן ואילך לא	תיעל תוב לות מלכא ארום	2:14

עלל = 50

עלם

מן עלמא דעד כדו לא אישתמודע	בעלמא פסוקו מיני עד די	3:1
צלו קדם יי וכן אמרו ריבונוי	דעלמא ערבל ית משתיהון והוי	1:14
ביתא ענת אסתר וכן אמרת רבוני	דעלמא לא תימסרינני ביד	5:1
דילמא אתא זימנא למיהוי	עלם חרוב הא בכין איתכנשו	6:1
אחרביה בגתא ואבגתא עתיד מרי	עלמא לעסאה יתהון כגבר דעצר	1:10
וזימניא בספר אוריתא וחושבן	עלמא ארום הי כדין יאה למהוי	1:13
לא ניחא קומיי לשיצאותיה מן	עלמא דעד כדו לא אישתמודע	3:1

	3:7	עלמא ומלילת עם משה באלול לא	מדברא וביה חדרת שכינת מרי
	3:9	עלמא וכן אמר הא כבר יהבו	לאעלא לבית גנזי מלכא ענִי מרי
	4:1	עלמא והי כמא די איתכתיב	עמא בית ישראל לאשתצאה מגו
	4:1	עלמא עילוי ארעא הי כדין	איתכתיב ואיתחתם להובדותהון מן
	4:1	עלמא על עמיה וכד ידע מרדכי	למרדכי די יקום ויצלי קדם מרי
	4:1	עלמא ית אליהו כהנא רבא לחואה	הוה חתים מן טינא ושדר מרי
	4:14	עלמא וישיזיב יתהון מרי עלמא	מן אתר אוחרן בגין זכות אבהת
	4:14	עלמא מן יד בעלי דבביהון ואנת	אבהת עלמא וישיזיב יתהון מרי
	4:16	עלמא בליליא ובימַמא ואוף אנא	תשתון תלתא יומין וצלו קדם מרי
	4:16	עלמא הדין בגין פורקן עמא בית	מינך באונסא כדין אובד מן חיי
	6:1	עלמא ענה רבון עלמא ואמר להון	הא בכין איתכנשו ואתו קדם מרי
	6:1	עלמא ואיתגוללו פצימיא	למקרי והות רעוא מן קדם מרי
	6:1	עלמא ואמר להון מא דין קל	ואתו קדם מרי עלמא ענה רבון
	6:1	עלמא רחמין וטיבו על עמיה	המן רשיעא מן יד איתמלי מרי
	6:1	עלמא הי כקל גדיין דעיזין עד	ישראל לרקיעא ואישתמעת קדם מרי
	3:1	עלמיא וכן אמרת הלא המן רשיעא	עלת מדת דינא קדם רבון כל
	3:1	עלמיא וכן אמר לא ניחא קומיי	כל רברבניא דעימיה עני מרי

עלם = 24

עם	3:1	דעימיה עני מרי עלמיא וכן אמר	ית כורסיה מעילווי כל רברבניא
	2:20	עימיה	כמא דהות נטרא כד הות מתרביא
	6:3	עימיה שום מידעם	מלכא משמשנוי לא איתעביד
	6:14	עימיה ורברבני מלכא מטו	עוד כען אינון ממללן
	1:5	עם ערלאין דיירי ארעא למן רבא	בשושן בירנותא דאיתמניאו
	1:17	עם חברתה ברם בקושטא מלכא	מריהון קומיהון במללותהון חדא
	2:6	עם יכניה מלכא דיהודה די אגלי	מן ירושלם עם גלותא דאגליאת
	2:6	עם כרש מלכא למידר בשושן	דישראל דהוו תמן בבבל ועלו
	2:6	עם גלותא דאגליאת עם יכניה	די אזל בגלותא מן ירושלם
	2:6	עם דניאל וכל כנישתא דישראל	ודריוש ית בבל נפק מרדכי מבבל
	3:7	עם משה באלול לא על מן בגלל	חדרת שכינת מרי עלמא ומלילת
	4:10	עם המן מצותא ארום בבו די	ליה על עיסק מרדכי דלא יגרי
	5:11	עם דוכוסי מלכא והיך רהיטין	המן ית עותריה והיך איתמני
	5:12	עם מלכא	מחר אנא מזומן לוותה למסעוד
	5:13	עם עולמיא בתרע פלטירין דמלכא	ית מרדכי יהודאה יתיב בסנהדרין
	5:14	עם מלכא לבית משתייא בחדוה	קיסא ואישתיזיב ומן בתר כן עול
	7:1	עם אסתר מלכתא	ועל מלכא והמן למשתי חמרא
	7:8	עם מלכתא כד אנא שרי בביתא	לא אתא המן אילהין למשכוב
	9:14	עם המן אבוהון על קיסא דזמין	ודין סידור צליבתהון דאיצטליבו
	9:14	עם שובעין בנין דאישתארו להמן	דלא יכול מיניה עופא וזרש ערקת
	9:14	עם חמש מאה גוברין דאיתקטילו	בסייפא ומאה ותמניא מיתו
	2:13	עמה מן בית נשיא עד בית מלכא	למימר מן יד יתיהב לה למיעל
	3:7	עמיה בכסלו לא על מן בגלל	ואישתיזיב נח ובנוי וכל דהוו
	3:15	דעמא בית ישראל	בחדות עמיא נוכראין ובקל בכותא
	2:20	דעמין נוכראין לא הות טעמא	הות מיזדהרא תבשילין וחמרא
	1:22	ועמא כממלל לישניה קרי וכן	ופלך כמכתב רושמיה ולות עמא
	3:11	ועמא יהון מסירין בידך למעבד	מלכא להמן כספא יהי מתיהב לך
	3:12	ועמא ועמא כממלל לישניה בשום	ועמא פילכא ופילכא כרושם כתבהא
	3:12	ועמא פילכא ופילכא כרושם	פילכא ופילכא ולות רברבני עמא
	3:12	ועמא כממלל לישניה בשום מלכא	פילכא ופילכא כרושם כתבהא ועמא
	8:9	ועמא ועמא כממלל לישניה ולות	פילכא ופילכא כרושם כתבהא
	8:9	ועמא כממלל לישניה ולות	פילכא ופילכא כרושם כתבהא ועמא
	7:4	ועמי בית ישראל לאישתיצאה	ארום ניזדבננא מגן אנא
	4:11	ועמין דדיירין בפילכי מלכא	בלא רשו וכען כל עבדי מלכא
	3:1	לעמא בית ישראל	כל עיקתין די עבד איהו ואבהתוי
	1:11	לעמיא ורברבניא ית שופרה ארי	אתיא בכלילא דמלכותא לאחזאה
	3:2	לעמיה מא דעבד יעקב אבוהון	גרמי משיעבודיה דמרדכי ופרע

Context	Keyword	Ref.	Root
אחוי דמן שבטא דבנימן תבע טבתא	לעמיה בית ישראל וממליל שלמא	10:3	עם
משתיא ויומא טבא וסגיעין	מעמי ארעא מתגיירין ארום נפל	8:17	
משתיא האיליין עבד מלכא לכל	עמא בית ישראל דאישתכחו	1:5	
פלך ופלך כמכתב רושמיה ולות	עמא ועמא כממלל לישניה קרי	1:22	
וית ברכתא ויהודאי אינון	עמא דמרדכי ובעא המן לשיצאה	3:6	
קיים בין מימרא דיי ובין	עמא בית ישראל פסק מן יומיא	3:7	
אחשורוש צבע פייסא לשיצאה	עמא קדישא נפלת ברת קלא מן	3:7	
וגזירת אוריתהון שניין מכל	עמא לחמנא ותבשילנא ליתיהון	3:8	
ואמר המן למלכא אחשורוש איתיי	עמא חדא מיבדר ומיתפרש ביני	3:8	
כל פילכא ופילכא ולות רברבני	עמא ועמא פילכא ופילכא כרושם	3:12	
בשמי מרומא ומא דאיתחייבו	עמא בית ישראל לאשתצאה מגו	4:1	
לה מא דחשיב המן רשיעא על	עמא דיהודאי ולפקדא עלהא	4:8	
מן חיי עלמא הדין בגין פורקן	עמא בית ישראל	4:16	
ולקטלא ולהובדא ית כל חילוות	עמא ופילכא דמעיקין יתהון	8:11	
מגילאתא הדא לאישתמעא לכל	עמא בית ישראל למהויהון ידעין	9:26	
הות אסתר מחוייא ילדותה וית	עמה כמא דפקד עלהא מרדכי וית	2:20	
לפייסא ליה ולמבעי רחמין על	עמה	4:8	
לא חויאת אסתר ית	עמהא וית בית ולדותהא ארום	2:10	
מן ידוי דסנאה בשאלתי ופורקן	עמי מן ידוי דבעיל דבבא	7:3	
ולמיחמי בבישתא דתינדן ית	עמי והי כדין איכול למתעתדא	8:6	
מלכותיה דמן קדמת דנא הוון כל	עמיא אומיא ולישניא ואפרכיא	1:1	
ארום עילוי רברבניא ועילוי כל	עמיא דבכל פלכיא דשליט בהון	1:16	
כממלל לישניה קרי וכן אמר אתון	עמיא אומיא ולישניא די דיירין	1:22	
עד די יתרברב וישתמודע לכל	עמיא ומן בתר כן איתפרע מיניה	3:1	
עמא חדא מיבדר ומיתפרש ביני	עמיא אומיא ולישניא ומקצת	3:8	
בכל פילכא ופילכא מפרסם לכל	עמיא למהויהון זמינין ליומא	3:14	
וקרתא דשושן הות מתערבלא בחדות	עמיא נוכראין ובקל בכותא דעמא	3:15	
מלכתא כד אנא שרי בביתא כען כל	עמיא אומיא ולישניא דאינון מא	7:8	
בכל פילכא ופילכא בריר לכל	עמיא דיהון יהודאין איטימוסין	8:13	
ארום נפל פחדהון על כל	עמיא	9:2	
ממללא בלישן גברא וכממלל	עמיה	1:22	
ומודה ומצלי קדם אלהיה על	עמיה דהוה בשושן בירנותא	2:5	
וימסור בידי ית מרדכי וית כל	עמיה ואנא צליב ית מרדכי על	3:2	
צליב ית מרדכי על צליבא וית	עמיה אנא קטיל בסייפא	3:2	
יהודאי די בכל מלכות אחשורוש	עמיה דמרדכי	3:6	
די יקום ויצלי קדם מרי עלמא על	עמיה וכד ידע מרדכי בזע ית	4:1	
מרי עלמא רחמין וטיבו על	עמיה ואמר לבזעא סיטומתא	6:1	
ואוף אנת ברחמך סגיעין חוס על	עמך ולא תמסור בנוי דיעקב	5:1	
ויעקב אחי הוו ורחמנא אמר לבר	עממין תיזיף ברביתא ולאחוך לא	3:2	
	עם = 76		
סגלגלין די כסף כפיסן עילוי	עמודי מרמרין סמקין ירקין	1:6	עמד
	עמד = 1		
המן ביש הדין בעא למצלביה והמן	אישתעמם מן קדם מלכא ומלכתא	7:6	עמם
	עמם = 1		
דישראל ערטולאן ומנפסן לה	עמר וכיתן ביומא דשבתא ובגין	1:11	עמר
	עמר = 1		
עלמא לעסאה יתהון כגבר דעצר	עינבוי במעצרתא תרין זימנין	1:10	ענב
	ענב = 1		
איתכנשו ואתו קדם מרי עלמא	ענה רבון עלמא ואמר להון מא	6:1	עני
מעילווי כל רברבניא דעימיה	עני מרי עלמיא וכן אמר לא	3:1	
מטבעא לאעלא לבית גנזי מלכא	עני מרי עלמא וכן אמר הא כבר	3:9	
מלכותא ומסתכל כל קבל תרע ביתא	ענת אסתר וכן אמרת רבוני	5:1	

עני			ערק

Root	Ref	(left context)	(right context)
עני	6:1	ענת מדת דינא רחמין וכן אמרת	להוון מא דין קל גדיין דאנא שמע
		עני = 5	
עסי	1:10	לעסאה יתהון כגבר דעצר עינבוי	בגתא ואבגתא עתיד מרי עלמא
		עסי = 1	
עסס	1:7	עסיס דיאה למשתי למלכא דסגי	מוקדשא אישתניו והוו שתן חמר
		עסס = 1	
עסק	1:2	ואיתעסקו ביה תרין שנין ובשתא	יכילו ועבדו אוחרן ארע מיניה
	8:16	למעסק באוריתא ולמיטר שביא	ליהודאין הות רשותא
	1:11	עיסק דהוה מפלחא ית בנאתא	ית ושתי מלכתא ערטולתא על
	3:2	עיסק בכירותא יתנסח אן מביתה	ליה הי כמא דנטר עשו ליעקב על
	3:2	עיסק זבינותא דאיזדבנין ליה	דילמא אין אנא נטיר ליה בבו על
	4:1	עיסק די איהניון מן סעודתיה	איתכתיב ואיתחחם בשמי מרומא על
	4:7	עיסק דלא סגד להמן ולא גחן	ליה מרדכי ית כל דערעיה על
	4:10	עיסק מרדכי דלא יגרי עם המן	ולמללא למרדכי ופקידת ליה על
	5:9	עסיקן בפתגמי אוריתא בסנהדרין	חמא המן ית מרדכי וית טפליא
		עסק = 9	
עצב	4:1		רבתא ובכא במרירות נפשא בקל
		עצב = 1	
עצר	1:10	במעצרתא תרין זימנין ועתיד	לעסאה יתהון כגבר דעצר עינבוי
	1:10	דעצר עינבוי במעצרתא תרין	מרי עלמא לעסאה יתהון כגבר
		עצר = 2	
ערב	3:2	ממערבא אזל המן והנפק כל	ממדינחא והמן וחילוותיה
	1:1	מערבא דכוש מאה ועשרין ושבע	ארכא ומלך מן הינדיא רבא ועד
		ערב = 2	
ערבל	1:10	לערבלא משתיהון בכן אמר	גרי ביה יי מלאכא דשגושתא
	3:15	מתערבלא בחדות עמיא נוכראין	למישתי חמרא וקרתא דשושן הות
	1:14	ערבל ית משתיהון והוי דכיר ית	קדם יי וכן אמרו ריבונוי דעלמא
		ערבל = 3	
ערטל	1:11	ערטולאן ומנפסן לה עמר וכיתן	דהוה מפלחא ית בנאתא דישראל
	1:11	ערטולאתא ברם כליל דמלכותא	ובגין כן איתגזר עלהא למחתי
	8:10	ערטוליייני רמכין דאיתנטילו	רבניא לאיתאה ית ושתי מלכתא
	1:11	ערטוליתא על עיסק דהוה מפלחא	מוקדשא איתגזר עלה לאיתקטלא
	1:1	ערטוליתא ואוף איהוא על דציית	
		ערטל = 5	
ערל	5:1	עוורלאה הדין ולא תעביד רעות	רבוני דעלמא לא תימסרינני ביד
	8:16	עוורלת בניהון ולאחחא חפלין על	ולמיטר שביא ומועדיא למגזר
	1:5	ערלאין דיירי ארעא למן רבא	בשושן בירנותא דאיתמניאו עם
		ערל = 3	
ערס	1:6	ערסן דמלתין די מחתן על	וחיורין אותיב יתהון עילוי
		ערס = 1	
ערע	4:7	דערעיה על עיסק דלא סגד להמן	וחוי ליה מרדכי ית כל
	6:13	דערעיה ואמרו ליה חכימוי וזרש	לזרש אינתתיה ולכל רחמוי ית כל
		ערע = 2	
ערק	9:14	ערקת עם שובעין בנין דאישתארו	בגין דלא יכול מיניה עופא וזרש
		ערק = 1	

עשר פור

עשר	8:9	בעשרין ותלתא יומין ביה	ליבלרין דמלכא בירחא תליתאי
	1:1	ועשרין ושבע שנין איתיהיבת	דהיא מן בנת שרה דחיית מאה
	1:1	ועשרין ושבע פלכין	הינדיא רבא ועד מערבא דכוש מאה
	8:9	ועשרין ושבע פילכיא פילכא	דמן הינדיא רבא ועד כוש למאה
	9:30	ועשרין ושבע פילכין מלכות	פיטקין לות כל יהודאין למאה
	7:7	לעשרתי בנוי דהמן קטעין ית	וחזא והא עשרתי מלאכי דמיין
	2:16	עשיראה הוא ירחא דטבת בשתא	לות אידרון בית מלכותיה בירחא
	2:12	עשר ירחי שתא ארום כדין שלמין	נשיא דמתינן בתפנוקיהון תרי
	2:13	עשר ירחי שתא עולימתא עיילא	ובהדין זמן בתר די שלמין תרי
	4:7	עשר אלפין ככרין דאמר המן	לאנדרטיה וית דררא דממון כסף
	9:27	עשר ותריסר ותלתסר וארביסר	רושם עיבראי בבית כנישתהון בחד
	3:2	עשרא אלפין ככרין דכסף שדר	ליה המן שחרר יתי ואנא אתן לך
	3:2	עשרא אמר לית אנא מוזיף לך	אוזיף לי ואנא פרע לך על חד
	3:2	עשרא אלפין ככרין דכסף למלכא	דהמן ואמר בליביה אנא יהיב
	3:9	עשרת אלפין ככרין דכסף לחוד	שית מאה אלפי זוזין הוויין
	5:11	עשרתי אוחרנין פולמורכין על	דסכומהון מאתן ותמניא בר מן
	7:7	עשרתי מלאכי דמיין לעשרתי	ומלכא זקף ית עינוי וחזא והא
	9:10	עשרתי בנוי דהמן בר המדתא	
	9:12	עשרתי בנוי דהמן ובמשאר פילכי	רופילין דמזרעית עמלק וית
	9:13	עשרתי בנוי דהמן יזדקפון על	כד חזי למעבד על יום ניסא וית
	9:14	עשרתי בנוי דהמן צליבו ודין	גזירת דינא בשושן וית
		עשר = 21	
עתד	3:7	דאיתעתדו לכנישתא דישראל	דביה איתברי לויתן ותרנגול ברא
	1:1	דעתידה ושתי לאיתקטלא ועתיד	הכי ובתר כדו איתגלי קדם יי
	1:1	ועתיד הוא למיסב ית אסתר דהיא	קדם יי דעתידה ושתי לאיתקטלא
	1:10	ועתיד לצדאותהון ולשפאותהון	עינבוי במעצרתא תרין זימנין
	8:6	למתעתדא ולמחמי בעידן דיובדון	דתינדן ית עמי והי כדין איכול
	1:10	עתיד מרי עלמא לעסאה יתהון	חרבונא אחרביה בגתא ואבגתא
		עתד = 6	
עתר	1:4	עותרא תקף יקריה וסגא תקוף	ובורלין וסנדלכין ובההוא
	1:4	עותרא בצדאותיה ית בבל חפר	כרש מדאה ואוף כרש אשכח ההוא
	1:4	עותריה די אישתאר בידיה מן	ושתו ואיתפנקו אחוי להון ית
	5:11	עותריה והיך איתמני עם דוכוסי	ואישתעי להון המן ית
		עתר = 4	
פגן	8:3	ופגנת ופייסת ליה לבטלא ית	מלכא ונפלת קדם ריגלוי ובכיאת
		פגן = 1	
פגע	4:14	תפגיע על יהודאי רווחא	משתק שתוקי בעידנא ההיא ולא
		פגע = 1	
פוג	2:1	פג ואישתדך מרווית חמריה וכד	בתר פתגמיא האיליין כד
		פוג = 1	
פום	4:11	בפום התך ואמרת ליה כדנא תימר	ושויאת אסתר מלין
	5:1	ופמה הוה סרי לחדא ואפיקו יתה	מיקלקלא בריעא ובמוי דריגלאין
	9:27	כפום זימניהון	ולחייתא ופילכיא וקירויא
	7:8	מפמא דמלכא ואפוי דהמן	מא לאיתעובדא בה פתגמא נפקת
	4:5	פומיה מתחתכן פתגמי מלכותא	לדניאל דמתקרי התך דעל מימר
	2:20	פם מרדכי הי כמא דהות נטרא כד	נשיא דבית ישראל הות נטרא על
	4:11	פמיה דהמן חדא היא גזירת	לדרתא גואה די לא מתקרי על
		פום = 7	
פור	9:29	דפורייא הדא תנייתא	תוקפא דניסא לקיימא ית איגרתא
	9:26	פוריא האיליין בגין כן	ידעין מא חזו למקבע יומי

Root	Ref		
	9:28	פוריא האיליין לא יעברון מגו	ודדיירין בכל קרתא וקרתא ויומי
	9:26	פורייא על שום פייסא בגין כן	בגין כן קרו ליומיא האיליין
	9:31	פורייא האיליין באדר בתרא	לקיימא ית יומי
	9:32	פורייא האילין ועל ידוי	ועל מימר אסתר איתקיימו פתגמי
		פור = 6	
פחד	8:17	פחדא דיהודאין עילוויהון	מעמי ארעא מתגיירין ארום נפל
	9:3	פחדא דמרדכי עילויהון	ית יהודאין לארכונין ארום נפל
	9:2	פחדהון על כל עמיא	וגבר לא קם באנפיהון ארום נפל
		פחד = 3	
פחת	5:10	פחת עבר נהרא	ולזרש רשיעתא אינתתיה ברת תתני
		פחת = 1	
פיס	8:3	ופייסת ליה לבטלא ית בישת המן	ונפלת קדם ריגלוי ובכיאת ופגנת
	4:8	לפייסא ליה ולמבעי רחמין על	ולפקדא עלהא למיעל לות מלכא
	3:7	פייסא דעדבין קדם המן מן יומא	בכן שרי שמשי צפרא לצבעא
	3:7	פייסא לשיצאה עמא קדישא נפלת	בשנת תריסר למלכות אחשורוש צבע
	9:24	פייסא איהו הוא עדווא	על יהודאין להובדותהון צבע
	9:26	פייסא בגין כן נטרין ליה זמן	ליומיא האיליין פורייא על שום
		פיס = 6	
פיר	1:5	פירין ובושמנין כבישין עד	דלמלכא דהות נציבא אילני עבדין
		פיר = 1	
פלג	3:2	בפלגות יהב לן מלכא כל מא די	בכפנא אמר ליה מרדכי הלא בשוה
	1:1	ואתפליג מלכותיה דמן קדמת דנא	על דציית לעיטתה איתקצרו יומוי
	9:14	ופלגא הוה רחיק פרשנדתא מן	הוה נעיץ בארעא וארבע אמין
	7:2	פלגו מלכותא איתניניה לך לחוד	ויתיהב לך ומא בעותיך אפילו עד
	3:2	פלגות אוכלוסיא כהילכת נפקי	הוה מצמצם ממוניה ומפרנס
	3:2	פלגות אוכלוסיא בשתא חדא	זוודין דיהב ליה מלכא לפרנסא
	3:2	פלגות אוכלוסיא חבול לי השתא	זוודין דיהב ליה מלכא לפרנסא
	5:3	פלגות מלכותי לא אתן ליך	בית מוקדשא דאיהו קאים בתחום
	5:3	פלגות מלכותי איתנני ליה ליך	ומא בעותיך אפילו אין אנת בעיא
	5:6	פלגות מלכותי לא אתין ליך	בית מוקדשא דאיהוא קאים בתחום
	5:6	פלגות מלכותי ותיתעביד בעותיך	בעותיך אפילו אין אנת בעיא עד
	5:7	פלגות מלכותא בשאילתי ולא	אסתר ואמרת לית אנא בעיא
	7:2	פלגות מלכותי לא אתן ליך	בית מוקדשא דהוא קאים בתחום
	9:14	פלגות אמתא אדליא הוה צליב	בתלת אמין והוה רחיק מן אדליא
	9:14	פלגות אמתא המן הוה צליב בתלת	בתלת אמין והוה רחיק מן המן
	9:14	פלגות אמתא פורתא הוה צליב	בתלת אמין והוה רחיק מן פורתא
	9:14	פלגות אמתא אספתא הוה צליב	בתלת אמין והוה רחיק מן אספתא
	9:14	פלגות אמתא ארידתא הוה צליב	בתלת אמין והוה רחיק מן ארידתא
	9:14	פלגות אמתא פרמשתא הוה צליב	בתלת אמין והוה רחיק מן פרמשתא
	9:14	פלגות אמתא ויזתא הוה צליב	בתלת אמין והוה רחיק מן ויזתא
	9:14	פלגות אמתא ארידי הוה צליב	בתלת אמין והוה רחיק מן ארידי
	9:14	פלגות אמתא אריסי הוה צליב	בתלת אמין והוה רחיק מן אריסי
	9:14	פלגות אמתא דלפון הוה צליב	בתלת אמין והוה רחיק מן דלפון
	1:5	פלגותהון דהב טב ושלימין	פירין ובושמנין כבישין עד
	3:2	פלגותהון ויהב להון זוודין	מרדכי על פלגותהון וית המן על
	3:2	פלגותהון וית המן על פלגותהון	עלה ומני עליהון ית מרדכי על
		פלג = 26	
פלח	3:2	ולמיפלח לפולחנא נוכראה ולא	מטול דיהודאי איתסר לון למיחמט
	3:2	למפלח ליה יומא חד בשבעתא כל	עבדיה או דילמא אין מסרב אנא
	3:2	לפולחנא נוכראה ולא הוה סגיד	איתסר לון למיחמט ולמיפלח
	3:2	מלמיפלח ית מרדכי שדר ליה	ועבדוי דמלכא ומן יד אשתמיט

פסא פלח

מלכתא ערטולתא על עיסק דהוה	מפלחא ית בנאתא דישראל	1:11	
סגיד להמן על די הוה ליה עבד	פלח מטול דאיזדבן ליה בטולמא	3:2	
ברם המן בר המדתא איתעבד עבוד	פלח למרדכי יהודאה יומא חד	3:2	
המדתא דמזרעית אגג למהוי עבד	פלח למרדכי יהודאה ככל מא	3:2	
גחין על דהוא יהודי ויהודאי לא	פלחן ולא גחנן לה	3:4	
שדר ליה מרדכי להמן אמאי לא	תפלח יתי יומא בשבעתא כמא	3:2	
	פלח = 10		
כל עבדי מלכא ועמין דדיירין	בפילכי מלכא ידעין די כל גבר	4:11	פלך
ושאר יהודאין	דבפילכי מלכא איתכנשו וקיימו	9:16	
דמתמנן ארכונין על כל פילכא	ופילכא ולות רברבני עמא ועמא	3:12	
ולות רברבני עמא ועמא פילכא	ופילכא כרושם כתבהא ועמא ועמא	3:12	
מתיהבא גזירתא בכל פילכא	ופילכא מפרסם לכל עמיא	3:14	
ובכל פילכא	ופילכא אתר דפתגם גזירת מלכא	4:3	
למאה ועשרין ושבע פילכיא פילכא	ופילכא כרושם כתבהא ועמא ועמא	8:9	
ולהובדא ית כל חילוות עמא	ופילכא דמעיקין יתהון טפלין	8:11	
לאיתיהבא גזירת דינא בכל פילכא	ופילכא בריר לכל עמיא דיהון	8:13	
דבית ישראל דשריא בכל פילכא	ופילכא ודדיירין בכל קרתא	9:28	
וחמיסר בני פיצחיא ולחיותא	ופילכיא וקירויא כפום	9:27	
בעיזקתיה לכל פלכי מלכא פלך	ופלך כמכתב רושמיה ולות עמא	1:22	
משתיא דאסתר והניית שיבוק כרגא	לפלכיא עבד ויהב לה מתנן	2:18	
היפרכין דמתמנן ארכונין על כל	פילכא ופילכא ולות רברבני עמא	3:12	
ופילכא ולות רברבני עמא ועמא	פילכא ופילכא כרושם כתבהא	3:12	
למיהוי מתיהבא גזירתא בכל	פילכא ופילכא מפרסם לכל עמיא	3:14	
ובכל	פילכא ופילכא אתר דפתגם גזירת	4:3	
כוש למאה ועשרין ושבע פילכיא	פילכא ופילכא כרושם כתבהא	8:9	
לאיתיהבא גזירת דינא בכל	פילכא ופילכא בריר לכל עמיא	8:13	
וייחוסא דבית ישראל דשריא בכל	פילכא ופילכא ודדיירין בכל	9:28	
וימני מלכא אפיטרופין בכל	פילכי מלכותיה ויכנשון ית כל	2:3	
ומקצת מנהון דיירין בכל	פילכי מלכותך וגזירת אוריתהון	3:8	
פיטקין בידא דריהטונין לכל	פילכי מלכא לשיצאה לקטלא	3:13	
להובדא ית כל יהודאין דבכל	פילכי מלכא	8:5	
ביומא חד בכל	פילכי מלכא אחשורוש בתלתסר	8:12	
איתכנשו יהודאין בקירויהון בכל	פילכי מלכא אחשורוש לאושטא	9:2	
וית עשרתי בנוי דהמן ובמשאר	פילכי מלכא מא עבדו מא	9:12	
פיטקין לות כל יהודאין דבכל	פילכי מלכא אחשורוש דקריבין	9:20	
איסטרטיגין ורבנין דממנן על	פילכיא עטיפן באיצטלוון דמילת	1:3	
מן עשרתי אוחרנין פולמורכין על	פילכיא ובר מן שמשי דהוא	5:11	
רבא ועד כוש למאה ועשרין ושבע	פילכיא פילכא ופילכא כרושם	8:9	
ורברבנין דמתמנן ארכונין על	פילכיא דמן הינדיא רבא ועד	8:9	
וכל רברבני	פילכיא איסטרטילוטין והיפרכין	9:3	
בבית מלכא ומטבעיה נפק בכל	פילכיא ארום גברא מרדכי רב	9:4	
כל יהודאין למאה ועשרין ושבע	פילכין מלכות אחשורוש פתגמי	9:30	
וחתימן בעיזקתיה לכל פלכי מלכא	פלך ופלך כמכתב רושמיה ולות	1:22	
כתיבן וחתימן בעיזקתיה לכל	פלכי מלכא פלך ופלך כמכתב	1:22	
רברבניא ועילוי כל עמיא דבכל	פלכיא דשליט בהון מלכא	1:16	
מערבא דכוש מאה ועשרין ושבע	פלכין	1:1	
	פלך = 39		
די הוי לה כהילכת נשיא דמתינן	בתפנוקיהון תרי עשר ירחי שתא	2:12	פנק
ובתר די אכלו ושתו	ואיתפנקו אחוי להון ית עותריה	1:4	
יתה וית עולימתהא לאוטבא להון	ולפנקותהון בבית נשיא	2:9	
בסטכת ואנפקיין דמנתר ית שערא	ומפנק ית בישרא ושיתא ירחין	2:12	
	פנק = 4		
דאיתנטילו טחוליהון ואיקדדו	פיסת כף ריגליהון	8:10	פסא
	פסא = 1		

פסח					פרס

פסח	3:7	דפיסחא באיר ולא על מן בגלל		בניסן ולא על מן בגלל זכותא
	5:1	דפיסחא ולבשת אסתר לבושי		והוה ביומא תליתאה
	4:17	דפסחא צומא גזר ויתיב על		וגנסא מרדכי ועבר על חדוות חגא
		3 = פסח		

פסק	3:1	פסוקו מיני עד די יתרברב		דעד כדו לא אישתמודע בעלמא
	2:5	פסק שמעי מלמילד פקיד דוד		ואסתר פריקיא למיפק מיניה וכדו
	3:7	פסק מן יומיא ושרי בירחיא		מימרא דיי ובין עמא בית ישראל
	3:7	פסקן מיתי מדברא וביה חדרת		זימנין באב על לא על מן בגלל דביה
		4 = פסק		

פצח	9:27	פיצחיא ולחייתא ופילכיא		ותלתסר ואַרביסר וחמיסר בני
	9:19	פצחאי דיתבין בקירוי פצחיא		בגין כן יהודאין
	9:19	פצחיא עבדין ית יום ארבסר		יהודאין פצחאי דיתבין בקירוי
		3 = פצח		

פצם	6:1	פצימי ספרא ולא צבי למקרי		על בגתן ותרש הוה מאפיך ית
	6:1	פצימיא קדם מלכא		והוו מתקריין מילייא מגו
	6:1	פצימיא ומיליהון והוו מתקריין		מן קדם מרי עלמא ואיתגוללו
		3 = פצם		

פקד	3:7	איתפקד שור ירושלם ולא חזי		בתמוז לא על מן בגלל דביה
	1:12	דאיתפקדת ביד רבניא ורגז מלכא		מלכתא ושתי למיעל בגזירת מלכא
	2:20	דפקד עלהא מרדכי וית מימר		מחוייא ילדותה וית עמה כמא
	3:12	דפקיד המן לות איסטרטיליטי		בתליסר יומין ביה ואיתכתיב בכל
	8:9	דפקיד מרדכי לות יהודאין ולות		ותלתא יומין ביה ואיתכתיב בכל
	4:8	ולפקדא עלהא למיעל לות מלכא		המן רשיעא על עמא דיהודאי
	2:1	ופקדית למעדי מינה מלכוותא		אלהין דתיעול קומי ולא עלת
	1:7	ופקיד לאשקאה יתהון במאני		
	2:9	ופקיד לאיתבהלא ית סמתר		בעינוי ואיטענת חיסדא קומי
	5:1	ופקיד למיקטלה בגין דהוה צבי		מן ושתי דשם טעם על מלכא
	6:1	ופקיד למלאכא די ממנא מא		דאיתחתמא לביש על בית ישראל
	4:5	ופקידת ליה על מרדכי למידע מא		פומיה מתחמכן פתגמי מלכותא
	4:10	ופקידת ליה על עיסק מרדכי דלא		אסתר להתר למיזל ולמללא למרדכי
	8:5	יפקד מלכא וישים טעם למיכתוב		קדם מלכא וטבחא אני בעינוי
	3:2	פוקדנא דמלכא אמר לון לית מן		ליה חכימיא מא דין אנת עבר על
	2:20	פיקודיא דאיתחייב בהון נשיא		דעמין נוכראין לא הות טעמא וכל
	2:10	פקיד עלהא דלא תחוי		וית בית ולדותהא ארום מרדכי
	2:5	פקיד דוד לשלמה בריה למקטול		מיניה וכדו פסק שמעי מלמילד
	3:2	פקיד עלוי מלכא ומרדכי לא		בחדייה וסגדין להמן ארום כדין
	4:17	פקידית עלוי אסתר		ויתיב על קיטמא ועבד כל כל די
	3:3	תפקידתא דמלכא		למרדכי מא דין אנת עבר ית
		21 = פקד		

פקע	3:2	מפקע גרמי משיעבודיה דמרדכי		עמיה אנא קטיל בסייפא והשתכחית
		1 = פקע		

פרנס	3:2	ומפרנס פלגות אוכלוסיא כהילכת		חדא ומרדכי הוה מצמצם ממוניה
	9:14	ומתפרנסין שמשי ספרא איתקטיל		להמן דהוו הדרין על תרעיא
	3:2	לפרנסא פלגות אוכלוסיא בשתא		וכל זוודין דיהב ליה מלכא
	3:2	לפרנסא פלגות אוכלוסיא חבול		ומן זוודין דיהב ליה מלכא
	3:2	לפרנסא ית אונלוסין דאנא		הא כולהון זוודין דיהב לי מלכא
	3:2	לפרנסא אוכלוסי דמלכא אזלית		מתחות ידיי ולא הוה ידי ממא
	3:2	לפרנסותהון וכן עבד למרדכי בר		אוכלסין ויהב לי מלכא זוודין
	3:2	מפרנס אוכלוסיי ואוכלוסך אמר		בעית למזבון גרמך לי לעבדא אנא
		8 = פרנס		

פרס	1:6	פריסן יריען דבוץ גוון חיוור		ומן אילנא לאילנא הוו

		פרס = 1	
פרסם	9:26	דיפרסמון יומי ניסא ופתגמי	ליה זמן שתא בשתא בגין כן
	3:14	מפרסם לכל עמיא למהויהון	גזירתא בכל פילכא ופילכא
		פרסם = 2	
פרע	3:1	איתפרע מיניה על כל עיקתין די	וישתמודע לכל עמיא ומן בתר כן
	3:2	ופרע לעמיה מא דעבד יעקב	מפקע גרמי משיעבודיה דמרדכי
	8:13	לאיתפרעא מבעלי דבביהון	עמיא דיהון יהודאין איטימוסין
	3:2	פרע לך על חד עשרא אמר לית	מרדכי אמר ליה אוזיף לי ואנא
	3:2	פרע לך על חד תרין אמר ליה	אי ניחא קומך אוזיף לי ואנא
		פרע = 5	
פרק	7:3	ופורקן עמי מן ידוי דבעיל	נפשי מן ידוי דסנאה בשאלתי
	4:16	פורקן עמא בית ישראל	אובד מן חיי עלמא הדין בגין
	9:26	פורקנא דמטת להון	בהון ניסא למרדכי וידעון
	2:5	פריקיא למיפק מיניה וכדו פסק	וחמא דאיטימוסין מרדכי ואסתר
		פרק = 4	
פרש	3:8	ומיתפרש ביני עמיא אומיא	אחשורוש איתיי עמא חדא מיבדר
	3:2	ומפרש שטר מכירת המן אנא המן	על ארכובתא והכין כתיב
	3:12	ומפרש ומתחתם בקושפנקא דמלכא	לישניה בשום מלכא אחשורוש כתיב
	10:2	ופירוש רבות מרדכי דרבייה	וכל עובדי תוקפיה וגבורתיה
	2:14	מפרש וכתיב	דאיתרעי בה מלכא וקרי לה בשמא
		פרש = 5	
פשט	3:2	פשט מרדכי ריגליה ימינא ואחזי	מן יד כד נפק המן מן קדם מלכא
	5:9	פשט ית ריגליה ימינא ואחוי	אנדרטיה ולא רתת מיניה אילהין
		פשט = 2	
פתגם	2:21	בפתגם מלכא בעייא לסלקא יתן	ואמרו דין לדין הלא מלכתא
	5:9	בפתגמי אוריתא בסנהדרין דעבדת	המן ית מרדכי וית טפליא עסיקן
	4:3	דפתגם גזירת מלכא וגזירת	ובכל פילכא ופילכא אתר
	8:17	דפתגם מלכא וגזירת דיניה מטי	ובכל קירווא וקירווא אתר
	9:26	ופתגמי מגילאתא הדא לאישתמעא	בגין כן דיפרסמון יומי ניסא
	5:8	כפתגם גזירת מלכא	להון ברמשא ולמחר אנא עבדא
	3:15	כפתגמא דמלכא וגזירתא	ריהטונין נפקו זריזין
	6:10	כפתגמא הדין אמר ליה מלכא	מינך קטול יתי ולא תגזור עלי
	8:14	כפתגמא דמלכא וגזירת דינא	על ריכשא נפקי זריזין וסחיפין
	1:21	כפתגמי ממוכן	קדם מלכא ורברבניא ועבד מלכא
	2:23	פיתגמא ואישתכח קשוט	ואיתבע
	1:13	פתגם מלכא קדם כל דחכים וידעי	ארום הי כדין יאה למהוי מתמלל
	1:17	פתגם גזירת מלכתא על כל נשיא	ארום יפוק גזירת
	1:18	פתגם די עבדת ושתי מלכתא	לגובריהון הי כמא דקבילו ית
	1:19	פתגם גזירת מלכותא מן קומוי	אין קדם מלכא ישפר יפוק
	1:20	פתגם גזירת מלכא די עבד בכל	וישתמע
	2:8	פתגם כרוז מלכא וגזירתיה	והוה כד אישתמע
	5:5	פתגם גזירת אסתר ועל מלכא	מלכא אוחיו ית המן למעבד ית
	9:1	פתגם מלכא וגזירת דיניה	ירח אדר בתלתסר יומין ביה דמטא
	1:21	פתגמא קדם מלכא ורברבניא ועבד	ושפר
	2:4	פתגמא קדם מלכא ועבד הכי	למחסן מלכותא חולף ושתי ושפר
	2:22	פתגמא למרדכי על דהוה חכים	ואשתמודע
	5:14	פתגמא קדם המן ועבד קיסא	מלכא לבית משתייא בחדוה ושפר
	7:8	פתגמא נפקת מפמא דמלכא ואפוי	ולישניא דאינון מא לאיתעובדא בה
	8:5	פתגמא קדם מלכא וטבתא אני	ואין אשכחית רחמין קומוי ותקין
	3:4	פתגמי מרדכי כלקבל פתגמי המן	וחויאו להמן למחמי היתקיימון
	3:4	פתגמי המן ארום חוי להון די	היתקיימון פתגמי מרדכי כלקבל
	4:5	פתגמי מלכותא ופקידת ליה על	התך דעל מימר פומיה מתחתכן

	4:9	פתגמי מרדכי	ועל התך וחוי לאסתר ית
	4:12	פתגמי אסתר	מלאכיא וחויאו למרדכי ית
	9:30	פתגמי שלמא והימנותא	ושבע פילכין מלכות אחשורוש
	9:31	פתגמי צומיא וצלותהון	ועל בניהון למהויהון דכירין
	9:32	פתגמי פורייא האילין ועל ידוי	ועל מימר אסתר איתקיימו
	10:2	פתגמי יומיא למלכי מדאי	מלכא הלא אינון כתיבין על ספר
	2:1	פתגמיא האיליין כד פג ואישתדך	בתר
	3:1	פתגמיא האיליין עלת מדת דינא	בתר
	9:20	פתגמיא האיליין ושדר פיטקין	וכתב מרדכי ית
		פתגם = 37	
פתי	6:9	בפתאה דקרתא ויקלסון קומוי	ביקריה וירכבנוהי עילוי סוסא
	6:11	בפתאה דקרתא וקלס קומוי כדין	ואלביש ית מרדכי וארכביניה
	4:6	לפתאה דקרתא דלקדם תרע	ונפק התך למללא לות מרדכי
		פתי = 3	
צבי	3:2	וכצביון נפשי לקצת ירחין תלתא	מא דכתיב באיגרתא הדא כרעותי
	6:6	יצבי מלכא למעבד יקרא יתיר	וחשיב המן בליבביה ואמר למאן
	5:1	צבו מן שמיא דכל יומא הות	דהגי הות תמן ברתיה דהמן והוה
	5:1	צבותי ובעותי דאנא בעיא מיניה	בעינוי די לא יקטלינני ויעבד
	5:1	צבי למיסביה ית ברתיה וכד	מלכא ופקיד למיקטלה בגין דהוה
	6:1	צבי למקרי והות רעוא מן קדם	הוה מאפיך ית פצימי ספרא ולא
	6:6	צבי ביקריה וחשיב המן בליבביה	מאן חזי לאיתעובדא לגבר דמלכא
	6:7	צבי ביקריה	ואמר המן לות מלכא גבר דמלכא
	6:9	צבי ביקריה וירכבנוהי עילוי	תורביני מלכא ית גברא דמלכא
	6:9	צבי ביקריה	קומוי כדין יתעביד לגברא דמלכא
	6:11	צבי ביקריה וכד הוו אזלין קבל	קומוי כדין יתעבד לגברא דמלכא
	2:13	צביא למימר מן יד יתיהב לה	לוות מלכא ית כל רב וסרכן די
		צבי = 12	
צבע	3:7	לצבעא פייסא דעדבין קדם המן	עדב חילופך בכן שרי שמשי צפרא
	3:7	צבע פייסא לשיצאה עמא קדישא	בשנת תריסר למלכות אחשורוש
	9:24	צבע פייסא איהו הוא עדווא	חשיב על יהודאין להובדותהון
	1:6	צביען בארגוונא דליין עילוי	ותכלא אחידן באשלי מטכסין
		צבע = 4	
צדי	1:4	בצדאותיה ית בבל חפר בספר פרת	מדאה ואוף כרש אשכח ההוא עותרא
	1:10	לצדאותהון ולשפאותהון להני	במעצרתא תרין זימנין ועתיד
	1:2	צדא כרש מדאה ית בבל אחתיה	ידוי דנבוכדנצר ונחת לבבל וכדו
	2:6	צדא כרש ודריוש ית בבל נפק	אגלי נבוכדנצר מלכא דבבל וכד
		צדי = 4	
צדק	6:13	דצדיקיא מרדכי דשרית למינפל	חכימוי וזרש אינתתיה אין מזרעא
	9:22	דצדקתא מתנן לחשוכי	דורון אינש לחבריה ומעאן
	2:7	וצדיקיא אימתילו לאסא אסתר	קרו לה הדסה על די הות צדיקתא
	1:5	צדיקא וסיעתיה לא הוו תמן	ומטללין עילויהון ברם מרדכי
	1:10	צדיקא צלי קדם יי מן יומא	ומרדכי
	7:6	צדיקא אחוי דאבא בר חפר בר	ואיתעבדת ההיא יקרא למרדכי
	1:14	צדיקיא דקריבו קומך בבית	ערבל ית משתיהון והוי דכיר ית
	4:3	צדיקיא סגיעין	דשק וקיטמא הוה מיתשם עילוי
	2:7	צדיקתא וצדיקיא אימתילו לאסא	הוו קרו לה הדסה על די הות
	2:9	צדקתן וחוזיין למיתן לה מיכלא	רגועיתא ביומא דשבתא כולהין
		צדק = 10	
צום	4:3	וצומא ובכותא ומספדא לבוש דשק	דיניה מטי אבלא רבא ליהודאי
	4:16	וצומו עלוי לא תיכלון ולא	ית יהודאי די משתכחן בשושן

ובימּמא ואוף אנא ועולומתיי	נצום הי כדין ובתר כֿן איעול	4:16	
מרדכי ועבר על חדוות חגא דפסחא	צומא גזר ויתיב על קיטמא ועבד	4:17	
בניהון למהויהון דכירין פתגמי	צומיא וצלותהון	9:31	
	צום = 5		
ודורא דבכרכי ימא רבא ואיטונין	מציירין מקפן להון חזור חזור	1:6	ציר
	ציר = 1		
ערטיליתא ואוף איהוא על	דציית לעיטתה איתקצרו יומוי	1:1	צית
	צית = 1		
עילווי דעד כדון לא איתנסי חד	בצליבת קיסא ואישתיזיב ומן	5:14	צלב
צליבו ודין סידור צליבתהון	דאיצטליבו עם המן אבוהון על	9:14	
ואיתבע פיתגמא ואישתכח קשוט	ואיצטליבו תריהון על קיסא	2:23	
חמשין אמין ובצפרא אמר למלכא	ויצלבון ית מרדכי עילווי דעד	5:14	
דחשיב למעבד למרדכי וליהודאי	ויצלבון יתיה וית בנוי על	9:25	
	וצליבו ית המן על קיסא דזמין	7:10	
קדם מלכא הא קיסא דזמין המן	למצלב מרדכי דמליל טבא בגין	7:9	
ובעיל דבבא המן ביש הדין בעא	למצלביה והמן אישתעמם מן קדם	7:6	
דבבית מלכא בריתא למימר למלכא	למצלוב ית מרדכי על קיסא	6:4	
חמשין אמין ואמר מלכא איזילו	צלובו יתיה עלוי	7:9	
ית מרדכי וית כל עמיה ואנא	צליב ית מרדכי על צליבא וית	3:2	
ארידתא פלגות אמתא ארידתא הוה	צליב בתלת אמין והוה רחיק מן	9:14	
מן המן פלגות אמתא המן הוה	צליב בתלת אמין והוה על רישיה	9:14	
פרמשתא פלגות אמתא פרמשתא הוה	צליב בתלת אמין והוה רחיק מן	9:14	
מן דלפון פלגות אמתא דלפון הוה	צליב בתלת אמין והוה רחיק מן	9:14	
פרשנדתא מן ארעא ופרשנדתא הוה	צליב בתלת אמין והוה רחיק מן	9:14	
מן ארידי פלגות אמתא ארידי הוה	צליב בתלת אמין והוה רחיק מן	9:14	
מן ויזתא פלגות אמתא ויזתא הוה	צליב בתלת אמין והוה רחיק מן	9:14	
מן אריסי פלגות אמתא אריסי הוה	צליב בתלת אמין והוה רחיק מן	9:14	
מן אדליא פלגות אמתא אדליא הוה	צליב בתלת אמין והוה רחיק מן	9:14	
מן אספתא פלגות אמתא אספתא הוה	צליב בתלת אמין והוה רחיק מן	9:14	
מן פורתא פלגות אמתא פורתא הוה	צליב בתלת אמין והוה רחיק מן	9:14	
וגזר למהוי צליבן שבע רבניא על	צליבא	2:1	
כל עמיה ואנא צליב ית מרדכי על	צליבא וית עמיה אנא קטיל	3:2	
הא בית המן יהבית לאסתר ויתיה	צליבו על קיסא בגין די אושיט	8:7	
בשושן וית עשרתי בנוי דהמן	צליבו ודין סידור צליבתהון	9:14	
יד תקף רוגזא דמלכא וגזר למהוי	צליבן שבע רבניא על צליבא	2:1	
בנוי דהמן צליבו ודין סידור	צליבתהון דאיצטליבו עם המן	9:14	
	צלב = 28		
כהנא רבא לחואה למרדכי די יקום	ויצלי קדם מרי עלמא על עמיה	4:1	צלי
גבר חסידא ומודה	ומצלי קדם אלהיה על עמיה דהוה	2:5	
יומא ויומא מרדכי הוא אזיל	ומצלי קדם דרתא די בבית נשיא	2:11	
סקא ויתיב על קיטמא והוה מודה	ומצלי עד עידן רמשא והמן	6:12	
תיכלון ולא תשתון תלתא יומין	וצלו קדם מרי עלמא בליליא	4:16	
למהויהון דכירין פתגמי צומיא	וצלותהון	9:31	
ושרת עלהא רוח קודשא וקמת	וצליאת בדרתא דבבית מלכא גואה	5:1	
בתולתן זימנא תיניינא ומרדכי	מצלי ואזל ויתיב בתרע מלכא	2:19	
דיששכר למידן ית דינא ההוא ברם	צלו קדם יי וכן אמרו ריבונוי	1:14	
ומרדכי צדיקא	צלי קדם יי מן יומא קדמאה	1:10	
	צלי = 10		
אוכלוסיא בשתא חדא ומרדכי הוה	מצמצם ממוניה ומפרנס פלגות	3:2	צמם
	צמם = 1		
אסתר הוו קרו לה על די הות	צניעא בביתא דמרדכי שובעין	2:7	צנע
	צנע = 1		

צפר קדם

צפר	6:1	בצפרא נסיס אפין ואמר לשמשי	ונדת שינתיה דמלכא ואקדים
	5:14	ובצפרא אמר למלכא ויצלבון ית	ברם יעבדו אע זקוף חמשין אמין
	2:14	צפרא הות תייבא לבית נשיא	עיילא לשמושי ית מלכא ובעידן
		צפר = 3	
צרך	2:2	לצרוך מלכא עולימן בתולתן	עולימי מלכא משמשנוי יבעון
	2:15	צרוך כל מידעם ארום אילהין ית	לברת למיעל לות מלכא לא תבעת
	5:3	צרוך אית ליך אסתר מלכתא ומא	ואמר לה מלכא מא
		צרך = 3	
קבל	1:18	דקבילו ית פתגם די עבדת ושתי	ומדאי למעבד לגובריהון הי כמא
	9:23	וקבילו עילוויהון כולהון	
	9:27	וקבילו יהודאין עילויהון	קיימו
	3:2	וקבילית אנא המן בר המדתא	מביתה דהמן וזקיף יתמחי עלוי
	3:4	קביל מנהון וחויאו להמן למחמי	לוותיה יומא דין ויומא חדא ולא
	4:4	קביל	ולמעדי ית שקיה מעילויה ולא
	4:5	קביל לבושי מלכותא דשדרת ליה	בכותא דהוא בכי ועל מא דין לא
	1:10	וקבילת סנהדרין קדם יי וכד	דהוא יומא דשבתא עלת קבילתיה
	4:1	וקבל קבילתא רבתא ובכא	על בישריה ושוי קיטמא על רישיה
	6:1	קבילת ריביא דבית ישראל	בליליא ההוא סליקת
	4:1	קבילתא רבתא ובכא במרירות	ושוי קיטמא על רישיה וקבל
	1:10	קבילתיה וקבילת סנהדרין קדם	שביעאה דהוא יומא דשבתא עלת
	3:4	כלקבל פתגמי המן ארום חוי	למחמי היתקיימון פתגמי מרדכי
	5:1	קבל תרע ביתא ענת אסתר וכן	מלכותיה בבית מלכותא ומסתכל כל
	5:1	קבל בית מלכא דבירושלם ומלכא	דבבית מלכא גואה דמתבני כל
	5:9	קבל ארכובתיה מן יד תקף	דלחים דמכתבא בטרקליליה כל
	6:11	קבל ביתא דהמן רשיעא איסתכלת	צבי ביקריה וכד הוו אזלין
		קבל = 17	
קבע	9:26	למקבע יומי פוריא האיליין	ישראל למהויהון ידעין מא חזו
		קבע = 1	
קדד	8:10	ואיקדדו פיסת כף ריגליהון	רמכין דאיתנטילו טחוליהון
		קדד = 1	
קדם	4:6	דלקדם תרע פלטירין דמלכא	למללא לות מרדכי לפתאה דקרתא
	6:1	ואקדים בצפרא נסיס אפין ואמר	ית אחשורוש ונדת שינתיה דמלכא
	1:1	קדם יי דעתידה ושתי לאיתקטלא	מן בגלל הכי ובתר כדו איתגלי
	1:7	קדם מאני בית מוקדשא אישתניו	מחלפן דמותיהון הי כאבר ומן
	1:10	קדם יי וכד שפר ליביה דמלכא	עלת קבילתיה וקבילת סנהדרין
	1:10	קדם אפי מלכא אחשורוש	דמשמשין באילין שבעא יומין
	1:10	קדם יי מן יומא קדמאה דמשתייא	ומרדכי צדיקא צלי
	1:13	קדם כל דחכים וידעי אוריתא	יאה למהוי מתמלל פתגם מלכא
	1:14	קדם יי וכן אמרו ריבונוי	למידן ית דינא ההוא ברם צלו
	1:16	קדם מלכא ורברבניא לא עילוי	הוא המן בר בריה דאגג רשיעא
	1:19	קדם מלכא יגזור מלכא ויעדי ית	ושתי קדם מלכא ומן בתר דתיתי
	1:19	קדם מלכא ישפר יפוק פתגם	אין
	1:19	קדם מלכא ומן בתר דתיתי קדם	הדא גזירתא דלא תיעול ושתי
	1:21	קדם מלכא ורברבניא ועבד מלכא	ושפר פתגמא
	2:4	קדם מלכא תיעול למחסן מלכותא	ועולימתא דתישפר
	2:4	קדם מלכא ועבד הכי	מלכותא חולף ושתי ושפר פתגמא
	2:5	קדם אלהיה על עמיה דהוה בשושן	גבר חסידא ומודה ומצלי
	2:11	קדם דרתא די בבית נשייא למידע	ויומא מרדכי הוא אזיל ומצלי
	2:12	קדם מלכא אחשורוש מסוף די הוי	סידור עולימתא ועולימתא למיעל
	2:23	קדם מלכא	בספר דוכרניא דמתקרי תדירא

קדם קדש

	3:1	קדם רבון כל עלמיא וכן אמרת	פתגמיא האיליין עלת מדת דינא
	3:2	קדם מלכא פשט מרדכי ריגליה	לעשו אבא מן יד כד נפק המן מן
	3:7	קדם המן מן יומא ליומא שרי מן	שמשי צפרא לצבעא פייסא דעדבין
	3:9	קדם מלכא שפיר יתכתיב	אין
	4:1	קדם מרי עלמא על עמיה וכד ידע	לחואה למרדכי די יקום ויצלי
	4:2	קדם תרע פלטירא דמלכא ארום	ואתא עד
	4:16	קדם מרי עלמא בליליא וביממא	ולא תשתון תלתא יומין וצלו
	5:9	קדם אנדרטיה ולא רתת מיניה	בתרע מלכא ומרדכי לא קם מן
	5:14	קדם המן ועבד קיסא	לבית משתייא בחדוה ושפר פתגמא
	6:1	קדם מרי עלמא ענה רבון עלמא	עלם חרוב הא בכין איתכנשו ואתו
	6:1	קדם מרי עלמא ואיתגוללו	ולא צבי למקרי והות רעוא מן
	6:1	קדם מרי עלמא הי כקל גדיין	דבית ישראל לרקיעא ואישתמעת
	6:1	קדם מלכא	מתקריין מילייא מגו פצימיא
	6:13	קדם אברהם במישר חקליא אבימלך	קומוי הי כמא דנפלו מלכיא
	6:13	קדם יצחק יעקב נצח מלאכא ועל	קדם אברהם במישר חקליא אבימלך
	7:3	קדם מלכא דארעא שפיר תתיהב לי	רחמין קומך מלכא רמא ואין
	7:6	קדם מלכא ומלכתא	בעא למצלביה והמן אישתעמם מן
	7:9	קדם מלכא הא קיסא דזמין המן	ואמר חרבונא חד מן רבניא
	8:1	קדם מלכא ארום חויאת ליה אסתר	וית כל תוסברוי ומרדכי על
	8:3	קדם מלכא ונפלת קדם ריגלוי	ואוסיפת אסתר ומלילת
	8:3	קדם ריגלוי ובכיאת ופגנת	אסתר ומלילת קדם מלכא ונפלת
	8:4	קדם מלכא	דדהבא ואיזדקפת אסתר וקמת
	8:5	קדם מלכא וטבתא אני בעינוי	רחמין קומוי ותקין פתגמא
	8:15	קדם מלכא בלבוש מלכותא תכלא	ומרדכי נפק מן
	9:11	קדם מלכא	על מניין קטילין בשושן בירנותא
	9:25	קדם מלכא אמר לה מלכא יתוב	וכד עלת אסתר
	1:10	קדמאה דמשתייא עד יומא שביעאה	צדיקא צלי קדם יי מן יומא
	3:7	קדמאה הוא ירחא דניסן בשנת	בירחא
	3:12	קדמאה בתליסר יומין ביה	ואיתקריו לובלרין דמלכא בירחא
	1:1	קדמת דנא הוון כל עמיא אומיא	יומוי ואתפליג מלכותיה דמן
	1:3	קומוי	ארגוונין אכלין ושתין וחדיין
	1:17	קומוי ולא עלת	אמר לאיתאה ית ושתי מלכתא
	1:19	קומוי ויתכתיב בגזירת פרסאי	יפוק פתגם גזירת מלכותא מן
	2:9	קומוי ופקיד לאיתבהלא ית	עולימתא בעינוי ואיטענת חיסדא
	2:17	קומוי מן כל בתולתן ושוי	מתנסבן ואיטענת רחמין וטיבו
	3:6	קומוי לאושטא ידא למקטול ית	והוה חוך
	5:11	קומוי סגיעות בנוי דסכומהון	עם דוכוסי מלכא והיך רהיטין
	6:9	קומוי כדין יתעביד לגברא	סוסא בפתאה דקרתא ויקלסון
	6:11	קומוי כדין יתעבד לגברא דמלכא	וארכביניה בפתאה דקרתא וקלס
	6:13	קומוי	לאבאשא ליה ארום מינפל תפול
	6:13	קומוי הי כמא דנפלו מלכיא קדם	דצדיקיא מרדכי דשרית למינפל
	8:5	קומוי ותקין פתגמא קדם מלכא	מלכא שפור ואין אשכחית רחמין
	1:17	קומיהון במללותהון חדא עם	על כל נשיא לאיתגלגלא מריהון
	2:1	קומיי ולא עלת ופקדית למעדי	לא גזרית למקטלה אלהין דתיעול
	3:1	קומיי לשיצאותיה מן עלמא דעד	עני מרי עלמיא וכן אמר לא ניחא
	1:14	קומך בבית מוקדשא אימרין בני	והוי דכיר ית צדיקיא דקריבו
	1:14	קומך סידור לחם אפייא בכן	הוו מרסן ובחשן ית דמא ומסדרן
	3:2	קומך אוזיף לי ואנא פרע לך על	חולקך אמר ליה המן אי ניחא
	3:11	קומך	מסירין בידך למעבד כמא דיוטב
	7:3	קומך מלכא רמא ואין קדם מלכא	שמיא ואמרת אין אשכחית רחמין
	2:9	קומתא בחד בשבתא רוקעתא בתרין	יומי שבתא יחולתא הות משמשא
	1:14	קמאה דבכורסי מלכותא	חזן ית אפי מלכא דיתבין בדרגא
	3:7	קמאה בשבא ולא על מן בגלל	על מן בגלל דביה איתברי אדם
		קדם = 73	
קדש	1:1	מוקדשא איתגזר עלה לאיתקטלא	ועל דלא שבקת למבני ית בית
	1:7	מוקדשא אישתניו והוו שתן חמר	הי כאבר ומן קדם מאני בית

	1:7	מוקדשא דאיתי נבוכדנצר רשיעא	לאשקאה יתהון במאני דהבא דבית
	1:14	מוקדשא אימרין בני שנא ותרין	ית צדיקיא דקריבו קומך בבית
	3:7	מוקדשא בטבת לא על מן בגלל	לא על מן בגלל דביה איתיסר בית
	5:3	מוקדשא דאיהו קאים בתחום	איתנני ליה ליך לחוד למבני בית
	5:6	מוקדשא דאיהוא קאים בתחום	בעותיך לחוד למיבני בית
	5:7	מוקדשא בבעותי	מלכותא בשאילתי ולא בנין בית
	7:2	מוקדשא דהוא קאים בתחום פלגות	איתניניה לך לחוד למבני בית
	3:1	מוקדשך והא כען רבי מלכא	שושן לירושלם לבטלא בינין בית
	3:7	קדישא נפלת ברת קלא מן שמיא	אחשורוש צבע פייסא לשיצאה עמא
	5:1	קודשא וקמת וצליאת בדרתא	לבושי מלכותא ושרת עלהא רוח
		קדש = 12	
קום	9:32	איתקיימו פתגמי פורייא האילין	ועל מימר אסתר
	6:4	דקאים בדרתא והמן עאל לדרתא	ואמר מלכא מאן גברא
	9:31	דקיים עילויהון מרדכי יהודאי	בתרא בזמן עיבוריהון הי כמא
	9:31	דקיימו יהודאין על נפשיהון	יהודאי ואסתר מלכתא והי כמא
	3:4	היתקיימון פתגמי מרדכי כלקבל	קביל מנהון וחויאו להמן למחמי
	3:2	הקים המן בחדייה וסגדין להמן	דמלכא חמטין וגחנין לאנדרטא די
	3:4	הקים בחדייה לא הוה גחין על	ליה בטולמת לחם ולאנדרטא די
	2:17	ואקים תמן ית איקונין דאסתר	בית דמכיה ית איקונין דושתי
	2:21	ולאוקומא ית מרדכי ולית רבות	בפתגם מלכא בעייא לסלקא יתן
	2:21	ולאוקמא חד בכין איתיעטו	רבות לסלקא תרין קלוסנטרין
	8:11	ולקיימא ית נפשיהון לשיצאה	דבכל קירווא וקירווא לאיתכנשא
	9:16	וקיימו ית נפשיהון ואשכחו	יהודאין דבפילכי מלכא איתכנשו
	6:1	וקמו מתבהלין אמרין איליין	עד דאיתנדדו כל אינגלי מרומא
	5:1	וקמת וצליאת בדרתא דבבית מלכא	מלכותא ושרת עלהא רוח קודשא
	8:4	וקמת קדם מלכא	ית תיגדא דדהבא ואיזדקפת אסתר
	4:1	יקום ויצלי קדם מרי עלמא על	כהנא רבא לחואה למרדכי די
	4:14	יקום ליהודאי מן אתר אוחרן	על יהודאי רווחא ושיזבותא
	3:7	למיקם עקתא תרין זימנין באב	איתפקד שור ירושלם ולא חזי
	9:21	לקיימא גזירת דינא עילויהון	
	9:29	לקיימא ית איגרתא דפורייא הדא	ית כל מגילאתא הדא תוקפא דניסא
	9:31	לקיימא ית יומי פורייא	
	3:8	מקיימין וית גזירת דיני מלכא	ליתיהון נטרין ונימוסנא לא
	5:3	קאים בתחום פלגות מלכותי לא	לחוד למבני בית מוקדשא דאיהו
	5:6	קאים בתחום פלגות מלכותי לא	לחוד למיבני בית מוקדשא דאיהוא
	6:5	קאים בדרתא ואמר מלכא יעול	עולימי מלכא לוותיה הא המן
	7:2	קאים בתחום פלגות מלכותי לא	לך לחוד למבני בית מוקדשא דהוא
	7:9	קאים בביתא דהמן כען אין על	דמליל טבא בגין מלכא והא קיסא
	3:7	קיים בין מימרא דיי ובין עמא	בשבא ולא על מן בגלל דאיהוא
	5:2	קיימא כד נסיסא בדרתא ותרתין	והוה כד חמא מלכא ית אסתר
	9:27	קיימא די יהון עבדין ית תרין	דמיתוספין עילויהון ולא יעבר
	9:27	קיימו וקבילו יהודאין	
	5:6	קיימית בשבועה לגשם ערבאה	מלכותי לא אתין ליך דהכדין
	7:2	קיימית בשבועה לגשם ולטוביה	מלכותי לא אתן ליך דהכדין
	5:3	קיימת בשבועה לגשם ערבאה	מלכותי לא אתן ליך דהכדין
	3:2	קם ולא זע מיניה מן יד איתמלי	ואחזי להמן שטר שיעבודא ולא
	5:9	קם מן קדם אנדרטיה ולא רתת	להון אסתר בתרע מלכא ומרדכי לא
	7:7	קם בריתחיה ממשתייא דחמרא	ית אילנא דבגינתא גוואה בכן
	7:7	קם למתבע חייסא על נפשיה	גוואה למחמי מאן הוא דין והמן
	9:2	קם באנפיהון ארום נפל פחדהון	ית כל דתבעין בישתהון וגבר לא
		קום = 39	
קטל	9:14	איתקטיל בסיפא ומאה ותמניא	על תרעיא ומתפרנסין שמשי ספרא
	9:14	דאיתקטילו בשושן דהוו מתמנן	ותמניא מיתו עם חמש מאה גוברין
	2:21	דיקטול לאסתר מלכתא ולאושטא	פלטיריא ואמרו לאשקאה סמא
	7:4	ולאיתקטלא ולהובדא ואילולי	אנא ועמי בית ישראל לאישתיצאה

קטל	8:11	ולקטלא ולהובדא ית כל חילוות	ולקיימא ית נפשיהון לשיצאה
	3:2	וקטילו כל גיברהא וכולהון	קרתא תחות ידיהון ובזו ית קרתא
	9:5	וקטילת גולפין והובד נפשאתא	בעלי דבביהון מחת קטילת סייפא
	9:15	וקטלו בשושן תלת מאה גוברין	אוף ביום ארבסר לירחא דאדר
	9:16	וקטלו בשנאיהון שובעין וחמשא	ואשכחו נייחא מבעלי דבביהון
	4:12	וקטליה ואיזדמנו תמן מיכאל	לות אסתר ותקף רוגזיה ביה
	5:1	יקטלינני ויעבד צבותי ובעותי	שוי יתי לרחמין בעינוי די לא
	1:1	לאיתקטלא ועתיד הוא למיסב ית	כדו איתגלי קדם יי דעתידה ושתי
	1:1	לאיתקטלא ערטיליתא ואוף איהוא	ית בית מוקדשא איתגזר עלה
	5:1	למיקטלה בגין דהוה צבי	מן ושתי דשם טעם על מלכא ופקיד
	3:2	למיקטליה הדר גבי מרדכי אמר	ולא הוה ליה מא למיתן ובעו
	2:5	למקטול יתיה	מלמילד פקיד דוד לשלמה בריה
	3:6	למקטול ית מרדכי בלחודוי ארום	והוה חוך קומוי לאושטא ידא
	2:1	למקטלה אלהין דתיעול קומיי	אמר לון מלכא אנא לא גזרית
	2:5	למקטליה ולא שבקיה על דאיסתכל	הוא שמעי דאקיל לדוד ובעא יואב
	2:21	למקטליה בסייפיה בבית דמכיה	ולאושטא ידא במלכא אחשורוש
	5:14	למקטליה די אישתיזב מינה יצחק	אברהם אבוי בסייפא לא תיכול
	7:6	למקטלך ברמשא בבית דמכך ויומא	גברא מעיקא ובעיל דבבא דבעא
	3:13	לקטלא ולהובדא ית כל יהודאי	לכל פילכי מלכא לשיצאה
	6:2	לקטלא ית מלכא אחשורוש בבית	פלטירין די בעו לאושטא ידא
	9:2	לקטלא ית כל דתבעין בישתהון	בכל פילכי מלכא אחשורוש לאושטא
	2:1	קטול גזרת עלה בעיטת שבע	אמרו ליה לאו הכי אילהין דין
	2:1	קטול על מא דעבדת אמר לון	הלא את הוא דחייבת עלה דין
	6:10	קטול יתי ולא תגזור עלי	דמלכא אמר ליה המן בבעו מינך
	9:17	קטול בזרעית עמלק ונחו בארבסר	ביום תלתסרי לירח אדר הוה
	3:2	קטיל בסייפא והשתכחית מפקע	מרדכי על צליבא וית עמיה אנא
	6:1	קטילין על גזירת המן רשיעא מן	דבית ישראל די איזדמנו למהוי
	9:11	קטילין בשושן בירנותא קדם	ביומא ההוא על מניין
	9:5	קטילת סייפא וקטילת גולפין	יהודאין בכל בעלי דבביהון מחת
	9:6	קטלו יהודאין והובדו חמש מאה	ובשושן בירנותא
	9:10	קטלו ובעדאה לא אושיטו ית	דהמן בר המדתא מעיקא דיהודאין
	9:12	קטלו יהודאין חמש מאה גובריא	לאסתר מלכתא בשושן בירנותא
		קטל = 36	
קטם	4:3	וקיטמא הוה מיתשם עילוי	וצומא ובכותא ומספדא לבוש דשק
	4:1	קיטמא על רישיה וקבל קבילתא	לבושא דשק על בישריה ושוי
	4:17	קיטמא ועבד ככל די פקידית	חגא דפסחא צומא גזר ויתיב על
	6:12	קיטמא והוה מודה ומצלי עד	מעלוי ולבש ית סקא ויתיב על
		קטם = 4	
קטע	7:7	קטעין ית אילנא דבגינתא גוואה	מלאכי דמיין לעשרתי בנוי דהמן
		קטע = 1	
קיס	2:23	קיסא ואיתכתיב בספר דוכרניא	קשוט ואיצטליבו תריהון על
	5:14	קיסא	בחדוה ושפר פתגמא קדם המן ועבד
	5:14	קיסא ואישתיזיב ומן בתר כן	דעד כדון לא איתנסי חד בצליבת
	6:4	קיסא דזמין ליה	למלכא למצלוב ית מרדכי על
	7:9	קיסא קאים בביתא דהמן כען אין	מרדכי דמליל טבא בגין מלכא והא
	7:9	קיסא דזמין המן למצלב מרדכי	חד מן רבניא קדם מלכא הא
	7:10	קיסא דזמין למרדכי וריתחא	וצליבו ית המן על
	8:7	קיסא בגין די אושיט ידיה	יהבית לאסתר ויתיה צליבו על
	9:13	קיסא	עשרתי בנוי דהמן יזדקפון על
	9:14	קיסא דזמין למרדכי דרומיה	דאיצטליבו עם המן אבוהון על
	9:25	קיסא	ויצלבון יתיה וית בנוי על
		קיס = 11	
קל	4:1	בקל עציב	קבילתא רבתא ובכא במרירות נפשא

	3:15	ובקל בכותא דעמא בית ישראל	מתערבלא בחדות עמיא נוכראין
	6:1	כקל גדיין דעיזין עד דאיתנדדו	ואישתמעת קדם מרי עלמא הי
	4:5	קל בכותא דהוא בכי ועל מא דין	ליה על מרדכי למידע מא דין
	6:1	קל ריבייא דבית ישראל די	לא קל גדיין אנת שמע אילהין
	6:1	קל גדיין אנת שמע אילהין קל	מדת דינא רחמין וכן אמרת לא
	6:1	קל גדיין דאנא שמע ענת מדת	רבון עלמא ואמר להון מא דין
	3:7	קלא מן שמיא וכן אמרת לא	לשיצאה עמא קדישא נפלת ברת
		קל = 8	
קלט	1:6	תקליטיהון דדהב טב וכרעיהון	ערסן דמלתין די מחתן על דרגשין
		קלט = 1	
קלל	2:5	דאקיל לדוד ובעא יואב למקטליה	גברא דמישבטא דבנימן הוא שמעי
	5:1	מיקלקלא בריעא ובמוי דריגלאין	והוה צבו מן שמיא דכל יומא הות
		קלל = 2	
קלס	6:9	ויקלסון קומוי כדין יתעביד	עילוי סוסא בפתאה דקרתא
	6:11	וקלס קומוי כדין יתעבד לגברא	מרדכי וארכביניה בפתאה דקרתא
		קלס = 2	
קצף	2:21	וקצפו ואמרו דין לדין הלא	וכד חמון תרין רברבניא בנסו
		קצף = 1	
קצץ	3:8	ומקצת מנהון דיירין בכל פילכי	ביני עמיא אומיא ולישניא
	3:2	לקצת ירחין תלתא איתכבישת	הדא כרעותי וכצביון נפשי
		קצץ = 2	
קצר	1:1	איתקצרו יומוי ואתפליג	ואוף איהוא על דציית לעיטתה
		קצר = 1	
קרב	1:14	דקריבו קומך בבית מוקדשא	משתיהון והוי דכיר ית צדיקיא
	1:14	דקריבין לותיה ואיליין	מלכא ושאל עיטתא לרברבנוי
	9:20	דקריבין ודרחיקין	דבכל פילכי מלכא אחשורוש
	5:2	וקריבת אסתר ומטת לידא ואחדת	תיגדא דדהבא דהוה נקיט בידיה
	3:7	מתקרבין ביכוריא כד מטא לסוף	דהוא ריש שתא לאילני דמינהון
	3:2	בקרבא לא יהי לן מא למיכול	חבול לי השתא אנא מתעכבין
	3:2	בקרבא על קרתא דהינדקי ומני	אגג שדר יתי מלכא אחשורוש
	3:2	קרבא דמאחרין במשריתא כיון	פלגות אוכלוסיא כהילכת נפקי
		קרב = 8	
קרי	4:11	אתקריתי למיעל לות מלכא דין	ית תגדא דדהבא וייחי ואנא לא
	2:23	דמתקרי תדירא קדם מלכא	על קיסא ואיתכתיב בספר דוכרניא
	4:5	דמתקרי התך דעל מימר פומיה	וקרת אסתר לדניאל
	8:9	ואיתקרו ליבלרין דמלכא בירחא	
	3:12	ואיתקריו לובלרין דמלכא בירחא	
	5:10	וקרא לרחמוי ולזרש רשיעתא	ואיזדרז המן ועל לביתיה ושדר
	2:14	וקרי לה בשמא מפרש וכתיב	אילהין ההיא דאיתרעי בה מלכא
	4:5	וקרת אסתר לדניאל דמתקרי התך	
	6:1	למקרי והות רעוא מן קדם מרי	מאפיך ית פצימי ספרא ולא צבי
	9:27	למקרי ית מגילתא כמכתב רושם	עבדין ית תרין יומיא האיליין
	2:5	מתקרי מרדכי על דהוה מתיל	עמיה דהוה בשושן בירנותא ושמיה
	4:11	מתקרי על פמיה דהמן חדא היא	לות מלכא לדרתא גואה די לא
	6:1	מתקריין מילייא מגו פצימיא	פצימיא ומיליהון והוו
	2:7	קרו לה הדסה על די הות צדיקתא	היא אסתר בת אחבוי ואמאי הוו
	2:7	קרו לה על די הות צניעא בביתא	וצדיקיא אימתילו לאסא אסתר הוו

רבא לכל רברבנוי ועבדוי והוו	קרו לה משתיא דאסתר והניית	2:18	
בגין כן	קרו ליומיא האיליין פורייא על	9:26	
ולות עמא ועמא כממלל לישניה	קרי וכן אמר אתון עמיא אומיא	1:22	
ונסבה מרדכי ליה בביתיה והוה	קרי לה ברתי	2:7	
	קרי = 19		
בגין כן יהודאין פצחאי דיתבין	בקירוי פצחיא עבדין ית יום	9:19	קרייא
איתכנשו יהודאין	בקירויהון בכל פילכי מלכא	9:2	
התך למללא לות מרדכי לפתאה	דקרתא דלקדם תרע פלטירין	4:6	
וירכבנוהי עילוי סוסא בפתאה	דקרתא ויקלסון קומוי כדין	6:9	
ית מרדכי וארכביניה בפתאה	דקרתא וקלס קומוי כדין יתעבד	6:11	
לסייעא ליהודאין דבכל קירווא	וקירווא לאיתכנשא ולקיימא ית	8:11	
ובכל קירווא	וקירווא אתר דפתגם מלכא	8:17	
בני פיצחיא ולחייתא ופילכיא	וקירויא כפום זימניהון	9:27	
והמן הוו יתבין למישתי חמרא	וקרתא דשושן הות מתערבלא	3:15	
רבתא וגלימא דבוץ וארגוון טב	וקרתא דשושן בדחא וחדייא	8:15	
ופילכא ודדיירין בכל קרתא	וקרתא ויומי פוריא האיליין לא	9:28	
יהב מלכא לסייעא ליהודאין דבכל	קירווא וקירווא לאיתכנשא	8:11	
ובכל	קירווא וקירווא אתר דפתגם	8:17	
ירחין תלתא איתכבישת הינדקי	קרתא תחות ידיהון ובזו ית	3:2	
לות מלכא אחשורוש ואישתיירת	קרתא ההיא תחות ידוי דמלכא	3:2	
למלכות אחשורוש מרדת עלוי	קרתא דשמה הינדקי וכנש מלכא	3:2	
תלת שנין אזלון אעיקין על	קרתא דהינדקי מרדכי וחילוותיה	3:2	
שדר יתי מלכא אחשורוש בקרבא על	קרתא דהינדקי ומני יתי על שית	3:2	
קרתא תחות ידיהון ובזו ית	קרתא וקטילו כל גיברהא	3:2	
בכל פילכא ופילכא ודדיירין בכל	קרתא וקרתא ויומי פוריא	9:28	
	קרייא = 20		
במללותהון חדא עם חברתה ברם	בקושטא מלכא אחשורוש אמר	1:17	קשט
עלה ותוה מלכא ואמר הא ברם	בקושטא לא אתא המן אילהין	7:8	
ואיתבע פיתגמא ואישתכח	קשוט ואיצטליבו תריהון על	2:23	
	קשט = 3		
ברביתא ואמר דאסור למיזפי	ברביתא מטול דעשו ויעקב אחי	3:2	רבי
תיזיף ברביתא ולאחוך לא תיזיף	ברביתא ולא הו אלא לאישתמוטי	3:2	
דמלכא אזלית למיזף מן מרדכי	ברביתא ואמר דאסור למיזפי	3:2	
יתזון ותוב דלית אנא מוזיף לך	ברביתא דאנא מן יעקב ואנת מן	3:2	
ורחמנא אמר לבר עממין תיזיף	ברביתא ולאחוך לא תיזיף	3:2	
עשרא אמר לית אנא מוזיף לך כלל	ברביתא אלא אין בעית למזבון	3:2	
שמשי דהוא ספרנא דמלכא וית מא	דירבי יתיה מלכא עילוי כל	5:11	
וגבורתיה ופירוש רבות מרדכי	דרבייה מלכא הלא אינון כתיבין	10:2	
מרדכי רב בית אבא למלכא ואזיל	ומתרברב	9:4	
ארום אפיטרופוס	ורב סרכן מרדכי בבית מלכא	9:4	
ואמר מלכא מא איתעביד יקרא	ורבותא למרדכי על דין ואמרו	6:3	
יהודאה אלקפטא למלכא אחשורוש	ורבן על כל יהודאין ומתרעי	10:3	
ועלן עולמתן דאסתר	ורבנהא וחויאו לה ואיזדעזעת	4:4	
אוכלוסי פרסא ומדי איסטרטיגין	ורבנין דממנן על פילכיא עטיפן	1:3	
עוד כען אינון ממללן עימיה	ורברבני מלכא מטו ואוחיאו	6:14	
בכלילא דמלכותא לאחזאה לעמיא	ורברבניא ית שופרה ארי שפירת	1:11	
בר בריה דאגג רשיעא קדם מלכא	ורברבניא לא עילוי מלכא	1:16	
ושפר פתגמא קדם מלכא	ורברבניא ועבד מלכא כפתגמי	1:21	
ולות איסטרטילוסין ואיפרכין	ורברבנין דמתמנן ארכונין על	8:9	
דהוה לביש חושנא דביה כרום ימא	ורובי כהניא הוו מרסן ובחשן	1:14	
ולסנבלט ברם אוריכי עד די	ירבי כרש דריוש בריך ויחסן	7:2	
בעלמא פסוקו מיני עד די	יתרברב וישתמודע לכל עמיא ומן	3:1	
נשיא יתנון רבו ויקר למריהון	למרבא ועד זעירא	1:20	
בכן איסתתר מלכא ושאל עיטתא	לרברבנוי דקריבין לותיה	1:14	

אילהין אפי מרדכי דאיתעביד לה	לתורביינא ארום לית לה אבא	2:7
והוה	מרבי ית הדסה היא אסתר בת	2:7
וסוסא על ידא דגברא רבא	מרברבני מלכא איסטרטיגין	6:9
מרדכי הי כמא דהות נטרא כד הות	מתרביא עימיה	2:20
ובנאוון דתמן מתמני הגי	רב מלכא נטיר נשיא ויתגזר	2:3
עולימתא עיילא לוות מלכא ית כל	רב וסרכן די צביא למימר מן יד	2:13
אגג בר עמלק רשיעא ומנייה	רב על כולא ותקין ית כורסייה	3:1
למרדכי ושויאת אסתר ית מרדכי	רב וסרכן על בית גניסיה דהמן	8:2
בכל פילכיא ארום גברא מרדכי	רב בית אבא למלכא ואזיל	9:4
ליה ארכא ומלך מן הינדיא	רבא ועד מערבא דכוש מאה	1:1
דביומוי בטילת עיבידת בית אלהא	רבא והות בטילא עד שנת תרתין	1:1
תליתאה למלכותיה עבד משתיא	רבא לכל רברבנוי ועבדוי	1:3
עם ערלאין דיירי ארעא למן	רבא ועד זעירא משתיא שבעא	1:5
ומרמרין ודורא דבכרכי ימא	רבא ואיטונין מציירין מקפן	1:6
על מדבח אדמתא על ידא דכהנא	רבא דהוה לביש חושנא דביה	1:14
מלכא די עבד בכל ארום גזירתא	רבא היא ומן בתר כן כל נשיא	1:20
לבית נשיא תיניין לידא דשעגז	רבא דמלכא נטיר מטרוניתא	2:14
אילהין ית מאן די יימר הגי	רבא דמלכא נטיר נשיא והות	2:15
ועבד מלכא משתייא	רבא לכל רברבנוי ועבדוי והוו	2:18
לכנישתא דישראל לסעודת יומא	רבא בשיתא בשבא ולא על מן	3:7
ושדר מרי עלמא ית אליהו כהנא	רבא לחואה למרדכי די יקום	4:1
ומרדכי ידע על ידא דאליהו כהנא	רבא ית כל מא דאיתעבד בשמי	4:1
מלכא וגזירת דיניה מטי אבלא	רבא ליהודאי וצומא ובכותא	4:3
דארגוונא וסוסא על ידא דגברא	רבא מרברבני מלכא איסטרטיגין	6:9
ארכונין על פילכיא דמן הינדיא	רבא ועד כוש למאה ועשרין ושבע	8:9
היא ומן בתר כן כל נשיא יתנון	רבו ויקר למריהון למרבא ועד	1:20
קרתא דהינדקי ומני יתי על שית	רבובן אוכלסין ויהב לי מלכא	3:2
האיליין עלת מדת דינא קדם	רבון כל עלמיא וכן אמרת הלא	3:1
איתכנשו ואתו קדם מרי עלמא ענה	רבון עלמא ואמר להון מא דין	6:1
תרע ביתא ענת אסתר וכן אמרת	רבוני דעלמא לא תימסרינני ביד	5:1
יתן ולאוקומא ית מרדכי ולית	רבות לסלקא תרין קלוסנטרין	2:21
עובדי תוקפיה וגבורתיה ופירוש	רבות מרדכי דרבייה מלכא הלא	10:2
קומוי ופקיד לאיתבהלא ית סמתר	רבותהא וית מתנתהא המניכין	2:9
בניין בית מוקדשך והא כען	רבי מלכא אחשורוש ית המן בר	3:1
יומא חד בשבעתא עד זמן די	רבי מלכא ית המן בר המדתא	3:2
בגתן ותרש טורסאי תרין	רבני מלכא מנטורי פלטיריא	2:21
חוי מרדכי על בגתן ותרש תרין	רבני מלכא מנטורי פלטירין די	6:2
וגזר מלכא על איליין שבעא	רבניא לאיתאה ית ושתי מלכתא	1:11
בגזירת מלכא דאיתפקדת ביד	רבניא ורגז מלכא לחדא וחמתיה	1:12
מלכא אחשורוש דגזר עלה ביד	רבניא	1:15
דין קטול גזרת עלה בעיטת שבע	רבניא מן יד תקף רוגזא דמלכא	2:1
דמלכא וגזר למהוי צליבן שבע	רבניא על צליבא	2:1
ואמר חרבונא חד מן	רבניא קדם מלכא הא קיסא דזמין	7:9
ולשפאותהון להני שבעא	רבנייא דמשמשין באילין שבעא	1:10
ויומא הדין תהויין אמרין	רבנתא דפרסאי ומדאי למעבד	1:18
למלכותיה עבד משתיא רבא לכל	רברבנוי ועבדוי אוכלוסי פרסא	1:3
שרי למדכר ית ושתי מתיבין ליה	רברבנוי וכן אמרין הלא את הוא	2:1
ועבד מלכא משתייא רבא לכל	רברבנוי ועבדוי והוו קרו לה	2:18
תרשיש מרס מרסנא ממוכן שבעה	רברבני פרסאי ומדאי חזן ית	1:14
מלכתא ומיתמלכן למעבד כדין לכל	רברבני מלכא ומאן יכיל לסוברא	1:18
על כל פילכא ופילכא ולוות	רברבני עמא ועמא פילכא ופילכא	3:12
וכל	רברבני פילכיא איסטרטילוטין	9:3
סרחת מלכתא ושתי ארום עילוי	רברבניא ועילוי כל עמיא דבכל	1:16
אסתר בתרע מלכא וכד חמון תרין	רברבניא בנסו וקצפו ואמרו דין	2:21
ותקין ית כורסייה מעילווי כל	רברבניא דעימיה עני מרי עלמיא	3:1
ושוי ית כורסייה עיל מן כולהון	רברבניא ועבדוי דמלכא ומן יד	3:2
מא דירבי יתיה מלכא עילוי כל	רברבניא ועבדי מלכא	5:11

	4:1	רבתא ובכא במרירות נפשא בקל	קיטמא על רישיה וקבל קבילתא
	8:15	רבתא וגלימא דבוץ וארגוון טב	תכלא וחרי והמניכא דדהבא
	1:14	ריבונוי דעלמא ערבל ית	ההוא ברם צלו קדם יי וכן אמרו
	6:1	ריביא דבית ישראל לרקיעא	בליליא ההוא סליקת קבילת
	6:1	ריבייא דבית ישראל די איזדמנו	לא קל גדיין אנת שמע אילהין קל
	6:9	תורביינ מלכא ית גברא דמלכא	מלכא איסטרטיגין וילבשון
		רבי = 87	
רגז	1:12	ורגז מלכא לחדא וחמתיה רתחת	מלכא דאיתפקדת ביד רבניא
	1:18	ורגיז	יכיל לסוברא כמיסת חוך דין
	2:1	רוגזא דמלכא וגזר למהוי צליבן	עלה בעיטת שבע רבניא מן יד תקף
	2:1	רוגזיה דמלכא אחשורוש שרי	מרווית חמריה וכד נח תקוף
	3:2	רוגזיה דהמן ואמר בליביה אנא	למאן כרסוי למאן מן יד תקיף
	4:12	רוגזיה ביה וקטליה ואיזדמנו	דניאל עאל ונפיק לות אסתר ותקף
	5:9	רוגזיה ואיתמלי המן עילוי	כל קבל ארכובתיה מן יד תקף
		רגז = 7	
רגל	5:1	דריגלאין ופמה הוה סרי לחדא	יומא הות מיקלקלא בריעא ובמוי
	8:3	ריגלוי ובביאת ופגנת ופייסת	ומלילת קדם מלכא ונפלת קדם
	3:2	ריגליה ימינא ואחזי להמן שטר	נפק המן מן קדם מלכא פשט מרדכי
	5:9	ריגליה ימינא ואחוי ליה שטר	ולא רתת מיניה אילהין פשט ית
	8:10	ריגליהון	טחוליהון ואיקדדו פיסת כף
		רגל = 5	
רהט	8:10	דרהטונין רהטי סוסוון ורכבי	דמלכא ושלח פיטקין בידא
	3:13	דריהטונין לכל פילכי מלכא	ולשדרא פיטקין בידא
	8:10	רהטי סוסוון ורכבי רכשא	ושלח פיטקין בידא דרהטונין
	5:11	רהיטין קומוי סגיעות בנוי	איתמני עם דוכוסי מלכא והיך
	3:15	ריהטונין נפקו זריזין כפתגמא	
	8:14	ריהטונין דרכבין על ריכשא	
		רהט = 6	
רוח	7:4	ורווחא באוזינקא דמלכא	שתקית ארום לית למעיקא טימין
	4:14	רווחא ושיזבותא יקום ליהודאי	ההיא ולא תפגיע על יהודאי
	2:5	ברוח נבואה וחמא דאיטימוסין	למקטליה ולא שבקיה על דאיסתכל
	5:1	רוח קודשא וקמת וצליאת בדרתא	אסתר לבושי מלכותא ושרת עלהא
		רוח = 4	
רוי	2:1	מרווית חמריה וכד נח תקוף	פתגמיא האיליין כד פג ואישתדך
	2:7	ריוו ושפירת חיזו ובעידן דמית	לה אבא ואימא ועולימתא שפירת
		רוי = 2	
רום	9:14	דרומיה חמשין אמין תלת אמין	אבוהון על קיסא דזמין למרדכי
	4:1	מרומא על עיסק די איתהניו מן	הי כדין איתכתיב ואיתחתם בשמי
	4:1	מרומא ומא דאיתחייבו עמא בית	רבא ית כל מא דאיתעבד בשמי
	6:1	מרומא וקמו מתבהלין אמרין	דעיזין עד דאיתנדדו כל אינגלי
	7:9	רומיה חמשין אמין ואמר מלכא	אע מן ביתיה וזקיף יתמחי עלוי
		רום = 5	
רחם	5:1	ברחמך סגיען חוס על עמך ולא	דאנא בעיא מיניה ואוף אנת
	2:17	ורחים מלכא ית אסתר מכל נשיא	
	3:2	ורחמנא אמר לבר עממין תיזיף	מן עשו ועשו ויעקב אחי הוו
	5:10	לרחמוי ולזרש רשיעתא אינתתיה	המן ועל לביתיה ושדר וקרא
	5:1	לרחמין בעינוי די לא יקטלינני	הדא להיתנסבא ליה וכען שוי יתי
	5:14	רחמוי בנורא לא תיכול למירמיה	ואמרת ליה זרש אינתתיה וכל
	6:13	רחמוי ית כל דערעיה ואמרו ליה	ואישתעי המן לזרש אינתתיה ולכל

	2:15	רחמין בעיני כל חמהא	והות אסתר טעינת טיבו ומשכחא
	2:17	רחמין וטיבו קומוי מן כל	מכל נשיא דהוו מתנסבן ואיטענת
	4:8	רחמין על עמה	לות מלכא לפייסא ליה ולמבעי
	5:2	רחמין ואושיט מלכא לאסתר ית	כלפי שמיא מן יד איטענת
	5:8	רחמין בעיני מלכא ואין על	אין אשכחית
	6:1	רחמין וכן אמרת לא קל גדיין	גדיין דאנא שמע ענת מדת דינא
	6:1	רחמין וטיבו על עמיה ואמר	רשיעא מן יד איתמלי מרי עלמא
	7:3	רחמין קומך מלכא רמא ואין קדם	כלפי שמיא ואמרת אין אשכחית
	8:5	רחמין קומוי ותקין פתגמא קדם	אין על מלכא שפור ואין אשכחית

רחם = 16

רחק	9:20	ודרחיקין	פילכי מלכא אחשורוש דקריבין
	9:14	רחיק מן אריסי פלגות אמתא	הוה צליב בתלת אמין והוה
	9:14	רחיק מן ויזתא פלגות אמתא	ארידי הוה צליב בתלת אמין והוה
	9:14	רחיק מן המן פלגות אמתא המן	ויזתא הוה צליב בתלת אמין והוה
	9:14	רחיק מן דלפון פלגות אמתא	הוה צליב בתלת אמין והוה
	9:14	רחיק מן אדליא פלגות אמתא	פורתא הוה צליב בתלת אמין והוה
	9:14	רחיק מן אספתא פלגות אמתא	דלפון הוה צליב בתלת אמין והוה
	9:14	רחיק מן פורתא פלגות אמתא	אספתא הוה צליב בתלת אמין והוה
	9:14	רחיק פרשנדתא מן ארעא	בארעא וארבע אמין ופלגא הוה
	9:14	רחיק מן פרמשתא פלגות אמתא	הוה צליב בתלת אמין והוה
	9:14	רחיק מן ארידי פלגות אמתא	אריסי הוה צליב בתלת אמין והוה
	9:14	רחיק מן ארידתא פלגות אמתא	אדליא הוה צליב בתלת אמין והוה
	2:20	ריחוקהא הות מיזדהרא תבשילין	שביא ומועדיא הות נטרא ביומי

רחק = 13

רטט	5:4	איתרטטא ואמרת אסתר לית אנא	וכד שמעת אסתר מיליא האיליין

רטט = 1

ריח	1:7	ריחיה ובסיס טעמיה ולא	עסיס דיאה למשתי למלכא דסגי

ריח = 1

ריע	5:1	בריעא ובמוי דריגלאין ופמה	מן שמיא דכל יומא הות מיקלקלא

ריע = 1

ריק	8:8	ריקנו	בעיזקת סיטומתא דמלכא לא יתיב

ריק = 1

ריש	5:2	ברישא דתיגדא	וקריבת אסתר ומטת לידא ואחדת
	6:8	ברישיה	די איתיהיב כלילא דמלכותא
	3:2	לרישא נפקו ואזלו מן השתא לית	ית אוכלוסין דאנא מתמני עליהון
	3:7	ריש שתא לאילני דמינהון	ההיא בשבט לא על מן בגלל דהוא
	1:19	רישה ומלכותה יתן מלכא לחברתה	קדם מלכא יגזור מלכא ויעדי ית
	2:17	רישה וטרד מן קיטון בית דמכיה	כל בתולתן ושוי מניכא דדהבא על
	1:11	רישהא בגין זכותא דאלביש	ערטולאתא ברם כלילא דמלכותא על
	4:1	רישיה וקבל קבילתא רבתא ובכא	דשק על בישריה ושוי קיטמא על
	6:11	רישיה זקף רישיה ואמר לה ואוף	נסיבת אציצא טניפא וטלקת על
	6:11	רישיה ואמר לה ואוף אנת ברתי	טניפא וטלקת על רישיה זקף
	6:12	רישיה כאבילא על בהתיה	אביל על ברתיה ומתעטף על
	7:6	רישיה ולמרדא בך ולמיסב מינך	דילך ולאחתא מניכא דדהבא על
	9:14	רישיה תלת אמין בגין דלא יכול	הוה צליב בתלת אמין והוה על
	8:16	רישיהון	ולאחתא תפלין על ידיהון ועל

ריש = 14

רכב	6:8	דרכב עלוי מלכא ביומא דעל	מלכא ביומא דעל למלכותא וסוסא
	8:14	דרכבין על ריכשא נפקי זריזין	ריהטונין
	6:11	דרכיב על סוסא הוא אבוהא	דמהלך באורחא הוא מרדכי וגברא

ויתסוסא ואלביש ית מרדכי	וארכביניה בפתאה דקרתא וקלס	6:11	
מלכא ית גברא דמלכא צבי ביקריה	וירכבנוהי עילוי סוסא בפתאה	6:9	
בעא למילבש איצטילא דמלכותא	ולמרכב על סוסא דילך ולאחתא	7:6	
בידא דרהטונין רהטי סוסוון	ורכבי רכשא ערטולייני רמכין	8:10	
	רכב = 7		
ריהטונין דרכבין על	ריכשא נפקי זריזין וסחיפין	8:14	רכש
דרהטונין רהטי סוסוון ורכבי	רכשא ערטולייני רמכין	8:10	
	רכש = 2		
וכל רחמוי בנורא לא תיכול	למירמיה די אישתיזב אברהם	5:14	רמי
ישראל בגוב אריוותא לא תיכול	למרמא יתיה די אישתיזיבו	5:14	
אין אשכחית רחמין קומך מלכא	רמא ואין קדם מלכא דארעא שפיר	7:3	
	רמי = 3		
סוסוון ורכבי רכשא ערטולייני	רמכין דאיתנטילו טחוליהון	8:10	רמך
	רמך = 1		
מלכא והמן למשתייא דאעבד להון	ברמשא ולמחר אנא עבדא כפתגם	5:8	רמש
מעיקא ובעיל דבבא דבעא למקטלך	ברמשא בבית דמכך ויומא דין	7:6	
בעידן	רמשא הות עיילא לשמושי ית	2:14	
קיטמא והוה מודה ומצלי עד עידן	רמשא והמן איתבהל ואזל לביתיה	6:12	
	רמש = 4		
תוב לות מלכא ארום אילהין ההיא	דאיתרעי בה מלכא וקרי לה בשמא	2:14	רעי
למעבד כרעות גברא בר ישראל	וכרעות גבר מן כל אומא ולישן	1:8	
אחשורוש ורבן על כל יהודאין	ומתרעי לסגי אחוי דמן שבטא	10:3	
בעיא מיני אגזור ותתעבד בבהילו	ורעותיך איתיהיב ליך	5:3	
אפיטרופוס על ביתיה למעבד	כרעות גברא בר ישראל וכרעות	1:8	
והובד נפשאתא ועבדו בשנאיהון	כרעותהון	9:5	
ככל מא דכתיב באיגרתא הדא	כרעותי וכצביון נפשי לקצת	3:2	
פצימי ספרא ולא צבי למקרי והות	רעוא מן קדם מרי עלמא	6:1	
ביד עורלאה הדין ולא תעביד	רעות המן רשיעא מיני הי כמא	5:1	
	רעי = 9		
והובדו חמש מאה גוברין כולהון	רופילין מן בית עמלק	9:6	רפל
קטלו יהודאין חמש מאה גובריא	רופילין דמזרעית עמלק וית	9:12	
	רפל = 2		
סליקת קבילת ריביא דבית ישראל	לרקיעא ואישתמעת קדם מרי עלמא	6:1	רקע
ולא על מן בגלל דביה איתבני	רקיעא בתלת בשבא ולא על מן	3:7	
	רקע = 2		
ולית לך רשו למזבוניהון ולית	רשו לאחשורוש לזבוניהון	3:9	רשי
ושובעין ושבעא סלעין ולית לך	רשו למזבוניהון ולית רשו	3:9	
קדם תרע פלטירא דמלכא ארום לית	רשו לגבר למיעל לתרע פלטירין	4:2	
לות מלכא לדרתא גואה בלא	רשו וכען כל עבדי מלכא ועמין	4:11	
אסתר אין על מלכא שפר איתיהב	רשו אוף מחר ליהודאין די	9:13	
ליהודאין הות	רשותא למעסק באוריתא ולמיטר	8:16	
	רשי = 6		
רברבני עמא ועמא פילכא ופילכא	כרושם כתבהא ועמא ועמא כממלל	3:12	רשם
כממלל לישניה ולות יהודאין	כרושם כתבהון וכממלל לישנהון	8:9	
ושבע פילכיא פילכא ופילכא	כרושם כתבהא ועמא ועמא כממלל	8:9	
האיליין למקרי ית מגילתא כמכתב	רושם עיבראי בבית כנישתהון	9:27	
לכל פלכי מלכא פלך ופלך כמכתב	רושמיה ולות עמא ועמא כממלל	1:22	
	רשם = 5		

רשע	3:2	לרשיעא מטול הכן מרדכי לא	בנבואת ישעיה לית שלם אמר אלהי
	1:1	רשיעא הוא אחשורוש דביומוי	והוה ביומוי דאחשורוש
	1:7	רשיעא מן ירושלם ומאניא	דבית מוקדשא דאייתי נבוכדנצר
	1:16	רשיעא קדם מלכא ורברבניא לא	ממוכן הוא המן בר בריה דאגג
	3:1	רשיעא ומנייה רב על כולא	בר המדתא דמזרעית אגג בר עמלק
	3:1	רשיעא סליק מן שושן לירושלם	כל עלמיא וכן אמרת הלא המן
	3:7	רשיעא על ירושלם ומיסת הוי	על מן בגלל דביה סליק נבוכדנצר
	4:1	רשיעא ברם חותמא הוה חתים מן	איתהניו מן סעודתיה דאחשורוש
	4:8	רשיעא על עמא דיהודאי ולפקדא	אסתר ולחואה לה מא דחשיב המן
	4:11	רשיעא גזר על מימר אחשורוש	ליה כדנא תימר למרדכי הלא המן
	4:12	רשיעא ית התך דשמיה דניאל עאל	וכד חמא המן
	5:1	רשיעא	סומקר בר עמלק בר אליפז בר עשו
	5:1	רשיעא מיני הי כמא דאיתעבד מן	הדין ולא תעביד רעות המן
	6:1	רשיעא מן יד איתמלי מרי עלמא	למהוי קטילין על גזירת המן
	6:11	רשיעא איסתכלת שכחטנת ברתיה	וכד הוו אזלין קבל ביתא דהמן
	7:8	רשיעא וחמא מלכא והא המן גחין	והא גבריאל מלאכא דחף להמן
	1:9	רשיעתא עבדת משתה נשיא בבית	אוף ושתי מלכתא
	5:10	רשיעתא אינתתיה ברת תתני פחת	לביתיה ושדר וקרא לרחמוי ולזרש
		רשע = 18	
רתח	7:7	בריתחיה ממשתייא דחמרא ואזל	ית אילנא דבגינתא גוואה בכן קם
	7:8	בריתחיה מגינתא גוואה לבית	ומלכא תב
	7:10	וריתחא דמלכא אישתדכת	ית המן על קיסא דזמין למרדכי
	3:5	ריתחא	ליה ואיתמלי המן עילוי מרדכי
	5:9	ריתחא	ואיתמלי המן עילוי מרדכי
	1:12	רתחת ביה	רבניא ורגז מלכא לחדא וחמתיה
		רתח = 6	
רתת	5:9	רתת מיניה אילהין פשט ית	לא קם מן קדם אנדרטיה ולא
		רתת = 1	
שאל	5:7	בשאילתי ולא בנין בית מוקדשא	לית אנא בעיא פלגות מלכותא
	7:3	בשאלתי ופורקן עמי מן ידוי	לי שיזוב נפשי מן ידוי דסנאה
	1:14	ושאל עיטתא לרברבנוי דקריבין	לחם אפייא בכן איסתתר מלכא
	2:20	שאיל לה מאידין אומה אנת ולא	וכמיסת יום ויום חדא הוה
	5:8	שאילתי ולמעבד ית בעותי יעול	ואין על מלכא ישפר למיתן ית
	7:2	שאילתיך אסתר מלכתא ויתיהב לך	ביומא תניינא במשתייא דחמרא מא
	9:12	שאילתיך אסתר מלכתא ומא	ובמשאר פילכי מלכא מא עבדו מא
	5:6	שאלתיך אסתר מלכתא ומא בעותיך	מלכא לאסתר במשתייא דחמרא מא
		שאל = 8	
שאר	1:4	אישתאר בידיה מן כרש מדאה	אחוי להון ית עותריה די
	3:2	אישתייר בידיה מדעם מן ממונא	במשריתא כיון דחמא הינון דלא
	2:7	אשתארת במיעין דאימה וכד	ושפירת חיזו ובעידן דמית אבוהא
	9:14	דאישתארו להמן דהוו הדרין על	עופא וזרש ערקת עם שובעין בנין
	3:2	ואישתיירת קרתא ההיא תחות	ואיתי אונון לות מלכא אחשורוש
	9:12	ובמשאר פילכי מלכא מא עבדו מא	עמלק וית עשרתי בנוי דהמן
	9:16	ושאר יהודאין דבפילכי מלכא	
		שאר = 7	
שבט	2:5	דמישבטא דבנימן הוא שמעי	בר שמעי בר גרא בר קיש גברא
	10:3	שבטא דבנימן תבע טבתא לעמיה	יהודאין ומתרעי לסגי אחוי דמן
	3:2	שיבט בנימין ואנא בזבוזית	עבד למרדכי בר שמעי בר קיש מן
		שבט = 3	
שבי	1:2	אישתבא על ידוי דנבוכדנצר	ותב לירושלם ותו מן ירושלם
	1:2	אישתבא על ידוי דחזקיה ותב	ידוי דסנחריב ומן ידוי דסנחריב

דשישק מלכא דמצרים וממצרים	אישתבא על ידוי דסנחריב ומן	1:2	
אחשורוש למיתב על כורסיה דשלמה	דאישתבא מן ירושלם על ידוי	1:2	
	שבי = 4		
לא אתן ליך דהכדין קיימת	בשבועה לגשם ערבאה וסנבלט	5:3	שבע
לא אתין ליך דהכדין קיימית	בשבועה לגשם ערבאה וסנבלט	5:6	
לא אתן ליך דהכדין קיימית	בשבועה לגשם ולטוביה ולסנבלט	7:2	
להמן אמאי לא תפלח יתי יומא	בשבעתא כמא דכתיב בשטר זבינתא	3:2	
מסרב אנא למפלח ליה יומא חד	בשבעתא כל יומי חיי ובניי	3:2	
פלח למרדכי יהודאה יומא חד	בשבעתא עד זמן די רבי מלכא ית	3:2	
למרדכי על דהוה חכים למללא	בשובעין לישנין וחוי לאסתר	2:22	
מן בנת שרה דחיית מאה ועשרין	ושבע שנין איתיהיבת ליה ארכא	1:1	
רבא ועד מערבא דכוש מאה ועשרין	ושבע פלכין	1:1	
סילעיא הוו מאה ככרין ואלפא	ושבע מאה ושובעין ושבעא סלעין	3:9	
רבא ועד כוש למאה ועשרין	ושבע פילכיא פילכא ופילכא	8:9	
לות כל יהודאין למאה ועשרין	ושבע פילכין מלכות אחשורוש	9:30	
ככרין ואלפא ושבע מאה ושובעין	ושבעא סלעין ולית לך רשו	3:9	
הוו מאה ככרין ואלפא ושבע מאה	ושובעין ושבעא סלעין ולית לך	3:9	
מן יומא קדמאה דמשתייא עד יומא	שביעאה דהוא שבתא לחמא לא סעד	1:10	
לא סעד ומוי לא שתא וביומא	שביעאה דהוא יומא דשבתא עלת	1:10	
עשיראה הוא ירחא דטבת בשתא	שביעיתא למלכותיה	2:16	
דין קטול גזרת עלה בעיטת	שבע רבניא מן יד תקף רוגזא	2:1	
רוגזא דמלכא וגזר למהוי צליבן	שבע רבניא על צליבא	2:1	
לה וית שבע עולימתן לשמשותה	שבע יומי שבתא יחולתא הות	2:9	
מלכותא למהוי יהיבין לה וית	שבע עולימתן לשמשותה שבע יומי	2:9	
ארעא למן רבא ועד זעירא משתיא	שבעא יומין בדרת גינתא גואה	1:5	
לצדאותהון ולשפאותהון להני	שבעא רבנייא דמשמשין באילין	1:10	
שבעא רבנייא דמשמשין באילין	שבעא יומין קדם אפי מלכא	1:10	
וגזר מלכא על איליין	שבעא רבניא לאיתאה ית ושתי	1:11	
דביה איתבריו שימשא וסיהרא	שבעא כוכביא ותריסר מזליא	3:7	
אדמתא תרשיש מרס מרסנא ממוכן	שבעה רברבני פרסאי ומדאי חזן	1:14	
על די הות צניעא בביתא דמרדכי	שובעין וחמש שנין ולא חמת אפי	2:7	
יכול מיניה עופא וזרש ערקת עם	שובעין בנין דאישתארו להמן	9:14	
מבעלי דבביהון וקטלו בשנאיהון	שובעין וחמשא אלפין מזרעית	9:16	
	שבע = 30		
ומא הנאה אית ליה בהון אין	ישבוקינון על אפי ארעא	3:8	שבק
וטוביה עבדא עמונאה דלא	למשבק למבני יתיה דדחיל אנא	5:3	
וטוביה עבדא עמונאה דלא	למשבק למבני יתיה דילמא	5:6	
בתשרי לא על מן בגלל דביה	משתבקין חוביהון דישראל	3:7	
לדוד ובעא יואב למקטליה ולא	שבקיה על דאיסתכל ברוח נבואה	2:5	
מרודך בר נבוכדנצר ועל דלא	שבקת למבני ית בית מוקדשא	1:1	
קרו לה משתיא דאסתר והניית	שיבוק כרגא לפלכיא עבד ויהב	2:18	
	שבק = 7		
מן בגלל דביה איתברי אדם קמאה	בשבא ולא על מן בגלל דאיהוא	3:7	שבת
המן מן יומא ליומא שרי מן חד	בשבא ולא על מן בגלל דביה	3:7	
דביה איתבריו שמיא וארעא בתרין	בשבא ולא על מן בגלל דביה	3:7	
דישראל לסעודת יומא רבא בשיתא	בשבא ולא על מן בגלל דביה	3:7	
כוכביא ותריסר מזליא בחמשא	בשבא ולא על מן בגלל דביה	3:7	
בגלל דביה איתבני רקיעא בתלת	בשבא ולא על מן בגלל דביה	3:7	
דביה איתברי גנתא דעדן בארבע	בשבא ולא על מן בגלל דביה	3:7	
בתרין בשבתא גינונייתא בתלת	בשבתא נהוריתא בארבע בשבתא	2:9	
בארבע בשבתא רוחשיתא בחמשא	בשבתא חורפיתא בשתא בשבתא	2:9	
בתלת בשבתא נהוריתא בארבע	בשבתא רוחשיתא בחמשא בשבתא	2:9	
בחמשא בשבתא חורפיתא בשתא	בשבתא רגועיתא ביומא דשבתא	2:9	

	2:9	בשבתא רוקעתא בתרין בשבתא	יחולתא הות משמשא קומתא בחד
	2:9	בשבתא גינונייתא בתלת בשבתא	קומתא בחד בשבתא רוקעתא בתרין
	1:10	דשבתא עלת קבילתיה וקבילת	שתא וביומא שביעאה דהוא יומא
	1:11	דשבתא ובגין כן איתגזר עלהא	ומנפסן לה עמר וכיתן ביומא
	2:9	דשבתא כולהין צדקתן וחוזיין	בשתא בשבתא רגועיתא ביומא
	2:20	שביא ומועדיא הות נטרא ביומי	וית מימר מרדכי הות אסתר עבדת
	8:16	שביא ומועדיא למגזר עורלת	רשותא למעסק באוריתא ולמיטר
	1:10	שבתא לחמא לא סעד ומוי לא שתא	דמשתייא עד יומא שביעאה דהוא
	2:9	שבתא יחולתא הות משמשא קומתא	שבע עולימתן לשמשותה שבע יומי
		שבת = 20	
שגש	1:10	דשגושתא לערבלא משתיהון בכן	דמלכא בחמרא גרי ביה יי מלאכא
	6:1	ושגיש ית אחשורוש ונדת שינתיה	די ממנא על שיגושתא ונחת
	9:24	לשגושיהון ולהובדיהון	צבע פייסא איהו הוא עדווא
	6:1	שיגושתא ונחת ושגיש ית	ישראל ופקיד למלאכא די ממנא על
		שגש = 4	
שדר	4:5	דשדרת ליה	מא דין לא קביל לבושי מלכותא
	3:13	ולשדרא פיטקין בידא דריהטונין	
	9:22	ולשדרא דורון אינש לחבריה	למעבד בהון יומי משתייא וחדווא
	9:19	ומשדרין דורון גבר לחבריה	אדר חדוא ומשתיא ויומא טבא
	1:2	ושדר ואיתי ארדיכלין מן	ובעא למיתב עלוי ולא הוה יכיל
	3:2	ושדר יתהון בבהילו עלה ומני	אוכלוסין סגיעין למכבש יתה
	4:1	ושדר מרי עלמא ית אליהו כהנא	ברם חותמא הוה חתים מן טינא
	5:10	ושדר וקרא לרחמוי ולזרש	ואיזדרז המן ועל לביתיה
	9:20	ושדר פיטקין לות כל יהודאין	וכתב מרדכי ית פתגמיא האיליין
	9:30	ושדר פיטקין לות כל יהודאין	
	4:4	ושדרת לבושי מלכותא למלבש ית	לה ואיזדעזעת מלכתא לחדא
	3:2	שדר ליה מרדכי אין יהבת לי	אתן לך עשרא אלפין ככרין דכסף
	3:2	שדר ליה המן שחרר יתי ואנא	בשבעתא כמא דכתיב בשטר זבינתא
	3:2	שדר יתי מלכא אחשורוש בקרבא	המן בר המדתא דמן זרעית אגג
	3:2	שדר ליה מרדכי להמן אמאי לא	יד אשתמיט מלמיפלח ית מרדכי
		שדר = 15	
שוט	3:2	שט בעינוי למושטא ידא במרדכי	המן עילווי מרדכי חומתא והוה
		שוט = 1	
שוי	3:2	בשוה בפלגות יהב לן מלכא כל	ונמות בכפנא אמר ליה מרדכי הלא
	3:2	בשוה כמיסת תלת שנין אזלון	להון זוודין וכל נבוז בייתהון
	2:17	ושוי מניכא דדהבא על רישה	וטיבו קומוי מן כל בתולתן
	3:2	ושוי ית כורסייה עיל מן	המדתא דמזרעית אגג ואעיל יתיה
	4:1	ושוי קיטמא על רישיה וקבל	ואלבש לבושא דשק על בישריה
	10:1	ושוי מלכא אחשורוש כרגא על	
	4:11	ושויאת אסתר מלין בפום התך	
	8:2	ושויאת אסתר ית מרדכי רב	דאעבר מן המן ויהבה למרדכי
	5:1	שוי יתי לרחמין בעינוי די לא	עליי הדא להיתנסבא ליה וכען
		שוי = 9	
שום	3:12	בשום מלכא אחשורוש כתיב ומפרש	כתבהא ועמא ועמא כממלל לישניה
	8:8	בשום מימרא דמלכא ומיסתתם	דמלכא ארום פיטקא דאיתכתיב
	8:8	בשום מימרא דמלכא וסתומו	בגין יהודאין כד שפיר בעיניכון
	8:10	בשום מימרא דמלכא אחשורוש	וכתב
	2:14	בשמא מפרש וכתיב	ההיא דאיתרעי בה מלכא וקרי לה
	3:2	דשמה הינדקי וכנש מלכא	למלכות אחשורוש מרדת עלוי קרתא
	4:12	דשמיה דניאל עאל ונפיק לות	וכד חמא המן רשיעא ית התך
	2:5	ושמיה מתקרי מרדכי על דהוה	על עמיה דהוה בשושן בירנותא
	3:2	משום תרין לא אוזיף לך חד אין	לך על חד תרין אמר ליה מרדכי

שום			שכח

שום

	2:22	שום מרדכי	ואמרת אסתר למלכא ואיתכתיב על
	3:8	שום טימי מנהון ומא הנאה אית	ליתיהון עבדין ולמלכא לית ליה
	6:3	שום מידעם	מלכא משמשני לא איתעביד עימיה
	9:26	שום פייסא בגין כן נטרין ליה	קרו ליומיא האליין פורייא על
	1:14	שמאתהון כרשנא שתר אדמתא	דקריבין לותיה ואליין
		שום = 14	

שור

| | 3:7 | שור ירושלם ולא חזי למיקם | לא על מן בגלל דביה איתפקד |
| | | שור = 1 | |

שטר

	3:2	בשטר זבינתא שדר ליה המן שחרר	יתי יומא בשבעתא כמא דכתיב
	3:2	שטר זבינתא בטרקליליה על	ולא אשתכחו אזל מרדכי וכתב
	3:2	שטר זבינתא עלוי ולא אשתכחו	ליה המן לחיי בעו ניירא למכתב
	3:2	שטר שיעבודא ולא קם ולא זע	מרדכי ריגליה ימינא ואחזי להמן
	5:9	שטר זבינתא דאיזדבן ליה	פשט ית ריגליה ימינא ואחוי ליה
		שטר = 5	

שיזב

	5:14	אישתיזב מינה יצחק מינה יצחק	בסייפא לא תיכול למקטליה די
	5:14	אישתיזב אברהם אבוי בסייפא לא	בנורא לא תיכול למירמיה די
	5:14	אישתיזיבו מינה דניאל נביא	לא תיכול למרדמא יתיה די
	5:14	דאישתתיזיבו מנהון משה ואהרן	אבוי במיא לא תיכול לשנוקיה
	3:7	ואישתיזיב נח ובניו וכל דהוו	לא על מן בגלל דביה נחת מבולא
	5:14	ואישתיזיב ומן בתר כן עול עם	כדון לא איתנסי חד בצליבת קיסא
	4:14	וישיזיב יתהון מרי עלמא מן יד	אתר אוחרן בגין זכות אבהת עלמא
	4:14	ושיזבותא יקום ליהודאי מן אתר	ולא תפגיע על יהודאי רווחא
	4:13	לאישתיזבא בבית מלכא יתיר מן	לה לא תחשבין בנפשיכי למהך
	7:3	שיזוב נפשי מן ידוי דסנאה	קדם מלכא דארעא שפיר תתיהב לי
		שיזב = 10	

שים

	5:1	דשם טעם על מלכא ופקיד	מיני הי כמא דאיתעבד מן ושתי
	8:5	וישים טעם למיכתוב למיהוי	וטבתא אני בעינוי יפקד מלכא
	6:8	ישים מלכא טעם ויתון לבוש	ומספדא לבוש דשק וקיטמא הוה
	4:3	מיתשם עילוי צדיקיא סגיעין	
	1:8	שם טעם מלכא על כל דאיתמנא	מנהג גופא ולית דאניס ארום כן
		שים = 5	

שיצי

	9:28	ישתיצי מבניהון	מגו יהודאי ודוכרנהון לא
	7:4	לאישתיצאה ולאיתקטלא ולהובדא	מגן אנא ועמי בית ישראל
	4:1	לאשתצאה מגו עלמא והי כמא די	ומא דאיתחייבו עמא בית ישראל
	3:2	למשיציא ית כולהון יהודאי	ידא במרדכי לבלחודוי ובעא המן
	3:6	לשיצאה ית כל יהודאי די בכל	אינון עמא דמרדכי ובעא המן
	3:7	לשיצאה שמא קדישא נפלת ברת	למלכות אחשורוש צבע פייסא
	3:13	לשיצאה לקטלא ולהובדא ית כל	בידא דריהטונין לכל פילכי מלכא
	8:11	לשיצאה ולקטלא ולהובדא ית כל	לאיתכנשא ולקיימא ית נפשיהון
	9:18	לשיצאה ית בנוי דעמלק בתלתסר	ויהודאין דבשושן איתכנשו
	3:1	לשיצאותיה מן עלמא דעד כדו לא	עלמיא וכן אמר לא ניחא קומיי
	4:8	לשיציותהון יהב ליה לאחזאה ית	דכתב גזירתא דאיתיהיב בשושן
		שיצי = 11	

שכב

| | 7:8 | למשכוב עם מלכתא כד אנא שרי | ברם בקושטא לא אתא המן אילהין |
| | | שכב = 1 | |

שכח

	1:4	אשכח ההוא עותרא בצדאותיה ית	בידיה מן כרש מדאה ואוף כרש
	5:8	אשכחית רחמין בעיני מלכא ואין	אין
	7:3	אשכחית רחמין קומי מלכא רמא	ית עינהא כלפי שמיא ואמרת אין
	8:5	אשכחית רחמין קומי ואין	ואמרת אין על מלכא שפור ואין
	3:2	אשתכחו אזל מרדכי וכתב שטר	למכתב שטר זבינתא עלוי ולא

	1:5	דאישתכחו חייביא בשושן	עבד מלכא לכל עמא בית ישראל
	2:23	ואישתכח קשוט ואיצטליבו	ואיתבע פיתגמא
	6:2	ואישתכח כתיב בספרא די חוי	
	1:4	ואשכח תמן שית מאה ותמנין	בצדאותיה ית בבל חפר בספר פרת
	9:16	ואשכחו נייחא מבעלי דבביהון	איתכנשו וקיימו ית נפשיהון
	3:2	והשתכחית מפקע גרמי משיעבודיה	וית עמיה אנא קטיל בסייפא
	2:15	ומשכחא רחמין בעיני כל חמהא	נשיא והות אסתר טעינת טיבו
	4:16	משתכחן בשושן וצומו עלוי לא	איזיל כנוש ית יהודאי די
		שכח = 13	
שכן	3:7	שכינת מרי עלמא ומלילת עם משה	פסקן מיתי מדברא וביה חדרת
		שכן = 1	
שלח	6:12	ואשלח ית לבוש ארגוונא מעלוי	לסנהדרין דבתרע פלטירין דמלכא
	1:22	ושלח פיטקין כתיבן וחתימן	
	8:10	ושלח פיטקין בידא דרהטונין	ואיסתתם בעזקת סיטומתא דמלכא
		שלח = 3	
שלט	1:16	דשליט בהון מלכא אחשורוש	ועילוי כל עמיא דבכל פלכיא
	6:13	ושילטוניא דאבאישו להון מסר	משיריתיה בימא דסוף וכל מלכיא
	9:1	ישלטון יהודאין אינון	מן שמיא בגין זכותא דאבהתא די
	9:1	למשלוט בהון ואיתהפכת מן שמיא	דחשיבו בעלי דבבין דיהודאי
		שלט = 4	
שלל	3:13	ושללהון לעדאה	לירח תריסר הוא ירחא דאדר
	8:11	ושללהון לעדאה	דמעיקין יתהון טפלין ונשין
		שלל = 2	
שלם	1:5	באשלמות אבן טבא ומטללין	עד פלגותהון דהב טב ושלימין
	1:5	ובאשלמות יומי משתיא האיליין	
	1:5	ושלימין באשלמות אבן טבא	כבישין עד פלגותהון דהב טב
	2:12	שלמין יומי סמתוריהון שיתא	תרי עשר ירחי שתא ארום כדין
	2:13	שלמין תרי עשר ירחי שתא	ובהדין זמן בתר די
	2:11	שלם אסתר ומא איתעביד בה	דרתא די בבית נשייא למידע ית
	3:2	שלם אמר אלהי לרשיעא מטול הכן	לון והכתיק בנבואת ישעיה לית
	9:30	שלמא והימנותא	פילכין מלכות אחשורוש פתגמי
	10:3	שלמא לכל זרעיה דבית יעקב	טבתא לעמיה בית ישראל וממליל
		שלם = 9	
שמט	3:2	אשתמיט מלמיפלח ית מרדכי שדר	רברבניא ועבדוי דמלכא ומן יד
	3:2	לאישתמוטי מידוי דהמן כיון	לא תיזיף ברביתא ולא הו אלא
		שמט = 2	
שמי	4:1	בשמי מרומא ומא דאיתחייבו עמא	כהנא רבא ית כל מא דאיתעבד
	4:1	בשמי מרומא על עיסק די	ארעא הי כדין איתכתיב ואיתחתם
	3:7	שמיא וכן אמרת לא תדחלין	עמא קדישא נפלת ברת קלא מן
	3:7	שמיא וארעא בתרין בשבא ולא על	ולא על מן בגלל דביה איתבריו
	5:1	שמיא דכל יומא הות מיקלקלא	תמן ברתיה דהמן והוה צבו מן
	5:2	שמיא מן יד איטענת רחמין	עינהא זלגן דמען ומסתכלא כלפי
	7:3	שמיא ואמרת אין אשכחית רחמין	וזקפת אסתר ית עינהא כלפי
	7:6	שמיא ואיתעבדת ההיא יקרא	מינך מלכותא ואיסתקפת מילתא מן
	9:1	שמיא בגין זכותא דאבהתא די	למשלוט בהון ואיתהפכת מן
		שמי = 9	
שמע	2:8	אישתמע פתגם כרוז מלכא	והוה כד
	6:1	ואישתמעת קדם מרי עלמא הי כקל	קבילת ריביא דבית ישראל לרקיעא

	2:22	ואשתמודע פתגמא למרדכי על	
	1:20	וישתמע פתגם גזירת מלכא די	
	9:26	לאישתמעא לכל עמא בית ישראל	יומי ניסא ופתגמי מגילאתא הדא
	6:1	שמע ענת מדת דינא רחמין וכן	להון מא דין קל גדיין דאנא
	6:1	שמע אילהין קל ריבייא דבית	וכן אמרת לא קל גדיין אנת
	5:4	שמעת אסתר מילייא האיליין	וכד
		שמע = 8	
שמש	1:10	דמשמשין באילין שבעא יומין	ולשפאותהון להני שבעא רבנייא
	2:14	לשמושי ית מלכא ובעידן צפרא	בעידן רמשא הות עיילא
	2:9	לשמשותה שבע יומי שבתא יחולתא	יהיבין לה וית שבע עולימתן
	2:9	משמשא קומתא בחד בשבתא רוקעתא	שבע יומי שבתא יחולתא הות
	2:2	משמשנוי יבעון לצרוך מלכא	ואמרו עולימי מלכא
	6:3	משמשנוי לא איתעביד עימיה שום	על דין ואמרו עולימי מלכא
	3:7	שימשא וסיהרא שבעא כוכביא	ולא על מן בגלל דביה איתבריו
		שמש = 7	
שנה	3:2	בשנת תרתין למלכות אחשורוש	מטול דאיזדבן ליה בטולמא דלחים
	3:7	בשנת תריסר למלכות אחשורוש	בירחא קדמאה הוא ירחא דניסן
	1:3	בשתא תליתאה למלכותיה עבד	
	2:16	בשתא שביעיתא למלכותיה	בירחא עשיראה הוא ירחא דטבת
	3:2	בשתא חדא ומרדכי הוה מצמצם	מלכא לפרנסא פלגות אוכלוסיא
	9:26	בשתא בגין כן דיפרסמון יומי	בגין כן נטרין ליה זמן שתא
	1:2	ובשתא תליתאה למלכותיה יתיב	מיניה ואיתעסקו ביה תרין שנין
	9:21	ושתא	וית יום חמיסר ביה בכל שתא
	4:14	לשתא דאתיא בעידנא הדא את	ומאן הוא חכימא די ינדע אין
	1:14	שנא ותרין שפנינין על מדבח	קומך בבית מוקדשא אימרין בני
	1:1	שנין איתיהיבת ליה ארכא ומלך	בנת שרה דחיית מאה ועשרין ושבע
	1:2	שנין ובשתא תליתאה למלכותיה	ארע מיניה ואיתעסקו ביה תרין
	2:7	שנין ולא חמת אפי גבר אילהין	בביתא דמרדכי שובעין וחמש
	3:2	שנין אזלון אעיקין על קרתא	נבוז בייתהון בשוה כמיסת תלת
	1:1	שנת תרתין לדריוש בגין עיטתא	בית אלהא רבא והות בטילא עד
	2:12	שתא ארום כדין שלמין יומי	בתפנוקיהון תרי עשר ירחי
	2:13	שתא עולימתא עיילא לוות מלכא	זמן בתר די שלמין תרי עשר ירחי
	3:7	שתא דאיהוא ירחא דאדר ואמר	כד מטא לסוף תריסר ירחי
	3:7	שתא לאילני דמינהון מתקרבין	בשבט לא על מן בגלל דהוא ריש
	9:21	שתא ושתא	ארבסר וית יום חמיסר ביה בכל
	9:26	שתא בשתא בגין כן דיפרסמון	פייסא בגין כן נטרין ליה זמן
		שנה = 21	
שני	9:1	בשנאיהון	די ישלטון יהודאין אינון
	9:5	בשנאיהון כרעותהון	גולפין והובד נפשאתא ועבדו
	9:16	בשנאיהון שובעין וחמשא אלפין	נייחא מבעלי דבביהון וקטלו
	1:7	אישתניו והוו שתן חמר עסיס	כאבר ומן קדם מאני בית מוקדשא
	2:9	ושני יתה וית עולימתהא לאוטבא	ומישתיא על ידיהון מן בית מלכא
	3:8	שניין מכל עמא לחמנא ותבשילנא	פילכי מלכותך וגזירת אוריתהון
		שני = 6	
שנק	5:14	לשנוקיה דאישתיזיבו מנהון משה	מינה יצחק אבוי במיא לא תיכול
		שנק = 1	
שעי	5:11	ואישתעי להון המן ית עותריה	
	6:13	ואישתעי המן לזרש אינתתיה	
		שעי = 2	
שער	2:12	שערא ומפנק ית בישרא ושיתא	ירחין בסטכת ואנפקיין דמנתר ית
		שער = 1	

שפי	1:10	ולשפאותהון להני שבעא רבנייא	תרין זימנין ועתיד לצדאותהון
		שפי = 1	
שפנינא	1:14	שפנינין על מדבח אדמתא על ידא	מוקדשא אימרין בני שנא ותרין
		שפנינא = 1	
שפר	1:19	דשפירא מינה	רישה ומלכותה יתן מלכא לחברתה
	2:4	דתישפר קדם מלכא תיעול למחסן	ועולימתא
	2:7	ושפירת חיזו ובעידן דמית	אבא ואימא ועולימתא שפירת ריוו
	1:21	ושפר פתגמא קדם מלכא ורברבניא	
	2:4	ושפר פתגמא קדם מלכא ועבד הכי	תיעול למחסן מלכותא חולף ושתי
	5:14	ושפר פתגמא קדם המן ועבד קיסא	עול עם מלכא לבית משתייא בחדוה
	2:9	ושפרת עולימתא בעינוי ואיטענת	
	1:19	ישפר יפוק פתגם גזירת מלכותא	אין קדם מלכא
	5:4	ישפר יעול מלכא והמן יומא דין	בעיא מינך אילהין אין על מלכא
	5:8	ישפר למיתן ית שאילתי ולמעבד	רחמין בעיני מלכא ואין על מלכא
	1:11	שופרה ארי שפירת חיזו היא	לאחזאה לעמיא ורברבניא ית
	8:5	שפור ואין אשכחית רחמין קומוי	ואמרת אין על מלכא
	3:9	שפיר יתכתיב להובדיהון ועל כל	אין קדם מלכא
	7:3	שפיר תתיהב לי שיזוב נפשי מן	מלכא רמא ואין קדם מלכא דארעא
	8:8	שפיר בעיניכון בשום מימרא	סרהיבו כתובו בגין יהודאין כד
	2:2	שפירן חיזו	לצרוך מלכא עולימן בתולתן
	1:11	שפירת חיזו היא	לעמיא ורברבניא ית שופרה ארי
	2:3	שפירת חיזו לשושן בירנותא	ויכנשון ית כל עולימתא בתולתא
	2:7	שפירת ריוו ושפירת חיזו	לית לה אבא ואימא ועולימתא
	1:10	שפר ליביה דמלכא בחמרא גרי	וקבילת סנהדרין קדם יי וכד
	7:9	שפר יתנסח אע מן ביתיה וזקיף	בביתא דהמן כען אין על מלכא
	9:13	שפר איתיהב רשו אוף מחר	ואמרת אסתר אין על מלכא
		שפר = 22	
שק	4:1	דשק על בישריה ושוי קיטמא על	בזע ית לבושוי ואלבש לבושא
	4:2	דשק	פלטירין דמלכא כד לביש לבושא
	4:3	דשק וקיטמא הוה מיתשם עילוי	וצומא ובכותא ומספדא לבוש
	6:12	סקא ויתיב על קיטמא והוה מודה	ית לבוש ארגוונא מעלוי ולבש ית
	4:4	שקיה מעילויה ולא קביל	למלבש ית מרדכי ולמעדי ית
		שק = 5	
שקי	9:14	אישקיי מלכא	דאיתקטילו בשושן דהוו מתמנן על
	1:8	ושקותא כהלכת מנהג גופא ולית	
	1:7	לאשקאה יתהון במאני דהבא דבית	ופקיד
	2:21	לאשקאה סמא דיקטול לאסתר	מלכא מנטורי פלטיריא ואמרו
		שקי = 4	
שקל	3:6	דשקל מן עשו אבא דאבוי דהמן	חויאו ליה דמרדכי אתי מן יעקב
		שקל = 1	
שרי	3:2	במשריתא כיון דחמא הינון דלא	כהילכת נפקי קרבא דמאחרין
	9:28	דשריא בכל פילכא ופילכא	ולוואי וייחוסא דבית ישראל
	5:1	ושרת עלהא רוח קודשא וקמת	ולבשת אסתר לבושי מלכותא
	6:13	משיריתיה בימא דסוף וכל מלכיא	ידוי דמשה ואהרן טמעו פרעה וכל
	7:8	שרי בביתא כען כל עמיא אומיא	אילהין למשכוב עם מלכתא כד אנא
	1:6	שריין על סטיו כביש	דדהב טב וכרעיהון דכסף
	9:23	דשריאו למעבד וית דכתב מרדכי	כולהון יהודאין כחדא ית
	6:13	דשרית למינפל קומוי הי כמא	אין מזרעא דצדיקיא מרדכי
	3:7	ושרי בירחיא בניסן ולא על מן	עמא בית ישראל פסק מן יומיא
	2:1	שרי למדכר ית ושתי מתיבין ליה	נח תקוף רוגזיה דמלכא אחשורוש

	3:7	שרי שמשי צפרא לצבעא פיּיסא	איהוא יהא עדב חילופך בכן
	3:7	שרי מן חד בשבא ולא על מן	דעדבין קדם המן מן יומא ליומא
		שרי = 12	
ששל	3:2	בשושלוון ואיתי אונון לות	כל גיברהא וכולהון יקירהא אסרו
		ששל = 1	
שת	3:7	בשיתא בשבא ולא על מן בגלל	דישראל לסעודת יומא רבא
	2:9	בשתא בשבתא רגועיתא ביומא	רוחשיתא בחמשא בשבתא חורפיתא
	2:12	ושיתא ירחין בבוסמיא ובסמתורי	דמנתר ית שערא ומפנק ית בישרא
	1:4	שית מאה ותמנין אחמתין דנחשא	ית בבל חפר בספר פרת ואשכח תמן
	3:2	שית רבובן אוכלסין ויהב לי	על קרתא דהינדקי ומני יתי על
	3:9	שית מאה אלפי זוזין הוויין	הות שית מאה אלפי גברי וסכום
	3:9	שית מאה אלפי גברי וסכום שית	אבהתהון כד נפקו ממצרים הות
	2:12	שיתא ירחין בסטכת ואנפקיין	כדין שלמין יומי סמתוריהון
		שת = 8	
שתי	5:6	במשתייא דחמרא מא שאלתיך אסתר	ואמר מלכא לאסתר
	7:2	במשתייא דחמרא מא שאילתיך	מלכא לאסתר אוף ביומא תניינא
	1:10	דמשתייא עד יומא שביעאה דהוא	צלי קדם יי מן יומא קדמאה
	2:9	ומישתיא על ידיהון מן בית	צדקתן וחוזיין למיתן לה מיכלא
	1:4	ומשתיא לכל עבדוי מאה ותמנין	סעודתא לעבדוי יומין סגיעין
	9:19	ומשתיא ויומא טבא ומשדרין	ית יום ארבסר לירח אדר חדוא
	1:4	ושתו ואיתפנקו אחוי להון ית	ובתר די אכלו
	1:3	ושתין וחדיין קומוי	דמילת לבישין ארגוונין אכלין
	3:15	למישתי חמרא וקרתא דשושן הות	בירנותא ומלכא והמן הוו יתבין
	1:7	למשתי למלכא דסגי ריחיה ובסים	והוו שתן חמר עסיס דיאה
	7:1	למשתי חמרא עם אסתר מלכתא	ועל מלכא והמן
	6:14	למשתיא דעבדת אסתר	מטו ואוחיאו להנעלא ית המן
	5:4	למשתייא דעבדית ליה	ישפר יעול מלכא והמן יומא דין
	5:5	למשתייא דעבדת אסתר	פתגם גזירת אסתר ועל מלכא והמן
	5:8	למשתייא דאעבד להון ברמשא	ית בעותי יעול מלכא והמן
	5:12	למשתייא דעבדת אילהין יתי	המן ברם לא הנעלת אסתר מלכתא
	9:18	מישתייא וחדווא	ונחו בחמיסר ביה ומעבד ביה יום
	7:7	ממשתייא דחמרא ואזל לגינתא	דבגינתא גוואה בכן קם בריתחיה
	1:9	משתה נשיא בבית מלכותא אתר	אוף ושתי מלכתא רשיעתא עבדת
	1:3	משתיא רבא לכל רברבנוי ועבדוי	בשתא תליתאה למלכותיה עבד
	1:5	משתיא שבעא יומין בדרת גינתא	דיירי ארעא למן רבא ועד זעירא
	1:5	משתיא האיליין עבד מלכא לכל	ובאשלמות יומי
	2:18	משתיא דאסתר והניית שיבוק	רברבנוי ועבדוי והוו קרו לה
	7:8	משתיא דחמרא והא גבריאל מלאכא	תב בריתחיה מגינתא גוואה לבית
	8:17	משתיא ויומא טבא וסגיעין מעמי	חדווא ובדיחות ליבא ליהודאין
	9:17	משתיא וחדווא	ונחו בארבסר ביה ומעבד ביה יום
	9:28	משתיא בכל דרא ודרא ייחוסי	להון דוכרנא ולאיתעובדא בהון
	1:10	משתיהון בכן אמר למהומן ביזתא	ביה יי מלאכא דשגושתא לערבלא
	1:14	משתיהון והוי דכיר ית צדיקיא	אמרו ריבונוי דעלמא ערבל ית
	2:18	משתיא רבא לכל רברבנוי	ועבד מלכא
	5:14	משתיא בחדוה ושפר פתגמא קדם	ומן בתר כן עול עם מלכא לבית
	9:22	משתיא וחדווא ולשדרא דורון	ליומא טבא למעבד בהון יומי
	1:10	שתא וביומא שביעאה דהוא יומא	דהוא שבתא לחמא לא סעד ומוי לא
	1:7	שתן חמר עסיס דיאה למשתי	מאני בית מוקדשא אישתניו והוו
	3:8	שתן יומי גינוסיא דילנא	ליתיהון טעמין חמרנא ליתיהון
	4:16	תשתון תלתא יומין וצלו קדם	וצומו עלוי לא תיכלון ולא
		שתי = 36	
שתק	4:14	משתק שתוקי בעידנא ההיא ולא	ארום
	4:14	שתוקי בעידנא ההיא ולא תפגיע	ארום משתק

	7:4	שתקית ארום לית למעיקא טימין	לעבדין ולאמהן איזדבננא
		שתק = 3	
תבע	9:2	דתבעין בישתהון וגבר לא קם	אחשורוש לאושטא לקטלא ית כל
	2:23	ואיתבע פיתגמא ואישתכח קשוט	
	7:7	למתבע חייסא על נפשיה מאסתר	למחמי מאן הוא דין והמן קם
	10:3	תבע טבתא לעמיה בית ישראל	לסגי אחוי דמן שבטא דבנימן
	2:15	תבעת צרוך כל מידעם ארום	ליה לברת למיעל לות מלכא לא
		תבע = 5	
תגד	5:2	דתיגדא	אסתר ומטת לידא ואחדת ברישא
	4:11	תגדא דדהבא וייחי ואנא לא	לבר ממאן די יושיט ליה מלכא ית
	5:2	תיגדא דדהבא דהוה נקיט בידיה	רחמין ואושיט מלכא לאסתר ית
	8:4	תיגדא דדהבא ואיזדקפת אסתר	מלכא לאסתר ית
		תגד = 4	
תדר	2:23	תדירא קדם מלכא	ואיתכתיב בספר דוכרניא דמתקרי
		תדר = 1	
תוב	6:10	אתיב ליה מלכא לההוא דסדרת	סגיעין מרדכי יהודאי אית בשושן
	6:10	אתיב ליה מלכא למרדכי יהודאה	אמר ליה המן לאידין מרדכי
	3:7	בתתובתא איהוא יהא עדב חילופך	כנישתא דישראל דאין תהדרין
	5:7	ואתיבת אסתר ואמרת לית אנא	
	1:2	ותב לירושלם ותו מן ירושלם	דסנחריב אישתבא על ידוי דחזקיה
	6:12	ותב מרדכי לסנהדרין דבתרע	
	1:2	ותו מן ירושלם אישתבא על ידוי	על ידוי דחזקיה ותב לירושלם
	3:2	ותוב דלית אנא מוזיף לך	מזוני דאוכלוסאי מן מא יתזון
	9:25	יתוב זימיוניה בישא דחשיב	עלת אסתר קדם מלכא אמר לה מלכא
	8:8	יתיב ריקנו	בעיזקת סיטומתא דמלכא לא
	4:13	לאתבא לות אסתר כדנא תימרון	ואמר מרדכי למיכאל וגבריאל
	4:15	לאתבא לות מרדכי	ואמרת אסתר למיכאל גבריאל
	2:1	מתיבין ליה רברבנוי וכן אמרין	אחשורוש שרי למדכר ית ושתי
	7:8	תב בריתחיה מגינתא גוואה לבית	ומלכא
	2:14	תוב לות מלכא ארום אילהין	מטרוניתא ומכאן ואילך לא תיעל
	2:14	תייבא לבית נשיא תיניין לידא	ית מלכא ובעידן צפרא הות
	8:5	תייבין פיטקיא זימיוניה דהמן	מלכא וישים טעם למיכתוב למיהוי
		תוב = 17	
תוי	7:8	ותוה מלכא ואמר הא ברם בקושטא	על דרגשיעא דאסתר יתבא עלה
		תוי = 1	
תחם	5:3	בתחום פלגות מלכותי לא אתן	למבני בית מוקדשא דאיהו קאים
	5:6	בתחום פלגות מלכותי לא אתין	למיבני בית מוקדשא דאיהוא קאים
	7:2	בתחום פלגות מלכותי לא אתן	למבני בית מוקדשא דהוא קאים
		תחם = 3	
תחת	3:2	מתחות ידוי ולא הוה בידי ממא	בזבוזית נכסוי דמלכא ונפקו
	3:2	מתחות ידוי עד זמן דאיזדבנית	אחי הוו ולא יכילית למיפק
	1:1	תחות ידוי וכען לא אישתעבדו	אומיא ולישניא ואפרכיא כבישן
	3:2	תחות ידוי דמלכא אחשורוש כל	אחשורוש ואישתיירת קרתא ההיא
	3:2	תחות ידיהון ובזו ית קרתא	תלתא איתכבישת הינדקי קרתא
		תחת = 5	
תכל	1:6	ותכלא אחידן באשלי מטכסין	גוון חיוור כספירין וכרתנין
	8:15	תכלא וחרי והמניכא דדהבא רבתא	נפק מן קדם מלכא בלבוש מלכותא
		תכל = 2	
תלת	3:12	בתליסר יומין ביה ואיתכתיב	לובלרין דמלכא בירחא קדמאה

	2:9	בתלת בשבתא נהוריתא בארבע	רוקעתא בתרין בשבתא גינונייתא
	3:7	בתלת בשבא ולא על מן בגלל	על מן בגלל דביה איתבני רקיעא
	9:14	בתלת אמין והוה רחיק מן המן	פלגות אמתא ויזתא הוה צליב
	9:14	בתלת אמין והוה רחיק מן אריסי	פלגות אמתא פרמשתא הוה צליב
	9:14	בתלת אמין והוה רחיק מן	פלגות אמתא אדליא הוה צליב
	9:14	בתלת אמין והוה רחיק מן דלפון	מן ארעא ופרשנדתא הוה צליב
	9:14	בתלת אמין והוה רחיק מן	פלגות אמתא ארידתא הוה צליב
	9:14	בתלת אמין והוה רחיק מן אספתא	פלגות אמתא דלפון הוה צליב
	9:14	בתלת אמין והוה רחיק מן אדליא	פלגות אמתא פורתא הוה צליב
	9:14	בתלת אמין והוה רחיק מן ארידי	פלגות אמתא אריסי הוה צליב
	9:14	בתלת אמין והוה רחיק מן ויזתא	פלגות אמתא ארידי הוה צליב
	9:14	בתלת אמין והוה רחיק מן פורתא	פלגות אמתא אספתא הוה צליב
	9:14	בתלת אמין והוה על רישיה תלת	המן פלגות אמתא המן הוה צליב
	3:13	בתלתסר יומין לירח תריסר הוא	ועד סבא טפליא ונשיא ביומא חדא
	8:12	בתלתסר יומין לירח תריסר הוא	חד בכל פילכי מלכא אחשורוש
	9:1	בתלתסר יומין ביה דמטא פתגם	ובתריסר ירחין הוא ירח אדר
	9:18	בתלתסר ביה ובארבסר ביה ונחו	איתכנשו לשיצאה ית בנוי דעמלק
	8:9	ותלתא יומין ביה ואיתכתיב ככל	דמלכא בירחא תליתאי בעשרין
	9:27	ותלתסר וארביסר וחמיסר בני	בבית כנישתהון בחד עשר ותריסר
	1:2	תליתאה למלכותיה יתיב עילוי	ואיתעסקו ביה תרין שנין ובשתא
	1:3	תליתאה למלכותיה עבד משתיא	בשתא
	5:1	תליתאה דפיסחא ולבשת אסתר	והוה ביומא
	8:9	תליתאי בעשרין ותלתא יומין	ואיתקרו ליבלרין דמלכא בירחא
	3:2	תלת שנין אזלון אעיקין על	וכל נבוז בייתהון בשוה כמיסת
	9:14	תלת אמין בגין דלא יכול מיניה	צליב בתלת אמין והוה על רישיה
	9:14	תלת אמין הוה נעיץ בארעא	למרדכי דרומיה חמשין אמין
	9:15	תלת מאה גוברין ובעדאה לא	ארבסר לירחא דאדר וקטלו בשושן
	3:2	תלתא איתכבישת הינדקי קרתא	וכצביון נפשי לקצת ירחין
	4:16	תלתא יומין וצלו קדם מרי עלמא	עלוי לא תיכלון ולא תשתון
	4:11	תלתין יומין	למיעל לות מלכא דין זמן
	9:17	תלתסרי לירח אדר הוה קטול	ביום
		תלת = 32	
תמן	2:3	דתמן דימוסן ובנאוון ובנאוון	חיזו לשושן בירנותא לבית נשיא
	2:3	דתמן מתמני הגי רב מלכא נטיר	דתמן דימוסן ובנאוון ובנאוון
	1:4	תמן שית מאה ותמנין אחמתין	ית בבל חפר בספר פרת ואשכח
	1:5	תמן	מרדכי צדיקא וסיעתיה לא הוו
	1:7	תמן הוו מחלפן דמותיהון הי	דהוו ליה למלכא אחשורוש
	2:6	תמן בבבל ועלו עם כרש מלכא	דניאל וכל כנישתא דישראל דהוו
	2:17	תמן ית איקונין דאסתר ואותיב	דמכיה ית איקונין דושתי ואקים
	4:12	תמן מיכאל וגבריאל מלאכיא	רוגזיה ביה וקטליה ואיזדמנו
	5:1	תמן ברתיה דהמן והוה צבו מן	איתכנשו עולמתן לידוי דהגי הות
	5:11	ותמניא בר מן עשרתי אוחרנין	סגיעות בנוי דסכומהון מאתן
	9:14	ותמניא מיתו עם חמש מאה	שמשי ספרא איתקטיל בסייפא ומאה
	1:4	ותמנין אחמתין דנחשא מליין	בספר פרת ואשכח תמן שית מאה
	1:4	ותמנין יומין	סגיעין ומשתיא לכל עבדוי מאה
		תמן = 13	
תני	2:14	תיניין לידא דשעגז רבא דמלכא	צפרא הות תייבא לבית נשיא
	2:17	תיניין ואמליך יתה חולף ושתי	דאסתר ואותיב יתה על כורסי
	2:19	תיניינא ומרדכי מצלי ואזל	ובאיתכנשות בתולתן זימנא
	7:2	תניינא במשתייא דחמרא מא	ואמר מלכא לאסתר אוף ביומא
	9:29	תניתא	לקיימא ית איגרתא דפורייא הדא
		תני = 5	
תפל	8:16	תפלין על ידיהון ועל רישיהון	למגזר עורלת בניהון ולאחתא
		תפל = 1	

תקל			תרע

| תקל | 4:7 | למתקל על ידיהון דגזברין | כסף עשר אלפין ככרין דאמר המן |
| | | תקל = 1 | |

תקן	2:21	דתקינת ליה אסתר בתרע מלכא	האינון ומרדכי יתיב בסנהדרין
	3:1	ותקין ית כורסייה מעילווי כל	עמלק רשיעא ומנייה רב על כולא
	8:5	ותקין פתגמא קדם מלכא וטבתא	שפור ואין אשכחית רחמין קומי
		תקן = 3	

תקף	4:12	ותקף רוגזיה ביה וקטליה	דניאל עאל ונפיק לות אסתר
	9:29	תוקפא דניסא לקיימא ית איגרתא	יהודאי ית כל מגילאתא הדא
	10:2	תוקפיה וגבורתיה ופירוש רבות	וכל עובדי
	1:4	תקוף מלכותיה ועבד סעודתא	ובההוא עותרא תקף יקרה וסגא
	2:1	תקוף רוגזיה דמלכא אחשורוש	ואישתדך מרווית חמריה וכד נח
	3:2	תקיף רוגזיה דהמן ואמר בליביה	עבדא למאן כרסוי למאן מן יד
	1:4	תקף יקריה וסגא תקוף מלכותיה	ובורלין וסנדלכין ובההוא עותרא
	2:1	תקף רוגזא דמלכא וגד למהוי	עלה בעיטת שבע רבניא מן יד
	5:9	תקף רוגזיה ואיתמלי המן עילוי	כל קבל ארכובתיה מן יד
		תקף = 9	

תרי	2:9	בתרין בשבתא גינונייתא בתלת	משמשא קומתא בחד בשבתא רוקעתא
	3:7	בתרין בשבא ולא על מן בגלל	בגלל דביה איתבריו שמיא וארעא
	9:1	ובתריסר ירחין הוא ירח אדר	
	1:14	ותרין שפנינין על מדבח אדמתא	בבית מוקדשא אימרין בני שנא
	3:7	ותריסר מזליא בחמשא בשבא ולא	שימשא וסיהרא שבעא כוכביא
	9:27	ותריסר ותלתסר וארביסר וחמיסר	עיבראי בבית כנישתהון בחד עשר
	5:2	ותרתין עינוא אכד נגיסא בדרתא	ית אסתר קיימא כד נסיסא בדרתא
	2:12	תרי עשר ירחי שתא ארום כדין	כהילכת נשיא דמתינן בתפנוקיהון
	2:13	תרי עשר ירחי שתא עולימתא	ובהדין זמן בתר די שלמין
	2:23	תריהון על קיסא ואיתכתיב בספר	פיתגמא ואישתכח קשוט ואיצטליבו
	1:2	תרין שנין ובשתא תליתאה	אוחרן ארע מינה ואיתעסקו ביה
	1:10	תרין זימנין ועתיד לצדאותהון	כגבר דעצר עינבוי במעצרתא
	2:21	תרין קלוסנטרין ולאוקמא חד	ית מרדכי ולית רבות לסלקא
	2:21	תרין רברבניא בנסו וקצפו	ליה אסתר בתרע מלכא וכד חמון
	2:21	תרין רבני מלכא מנטורי	בלישנהון בגתן ותרש טורסאי
	3:2	תרין לא אוזיף לך חד אין אנא	על חד תרין אמר ליה מרדכי משום
	3:2	תרין אמר ליה מרדכי משום תרין	אוזיף לי ואנא פרע לך על חד
	3:2	תרין חולקין מכל מא דיהב לי	די יהב לן ועד השתא אית בידי
	3:7	תרין זימנין באב לא על מן	שור ירושלם ולא חזי למיקם עקתא
	6:2	תרין רבני מלכא מנטורי	די חוי מרדכי על בגתן ותרש
	9:27	תרין יומיא האיליין למקרי ית	יעבר קיימא די יהון עבדין ית
	3:7	תריסר למלכות אחשורוש צבע	קדמאה הוא ירחא דניסן בשנת
	3:7	תריסר ירחי שתא דאיהוא ירחא	מתקרבין ביכוריא כד מטא לסוף
	3:13	תריסר הוא ירחא דאדר ושללהון	ביומא חדא בתלתסר יומין לירח
	8:12	תריסר הוא ירחא דאדר	אחשורוש בתלתסר יומין לירח
	1:1	תרתין לדריוש בגין עיתא	אלהא רבא והות בטילא עד שנת
	3:2	תרתין למלכות אחשורוש מרדת	דאיזדבן ליה בטולמא דלחים בשנת
		תרי = 27	

| תרנגול | 3:7 | ותרנגול ברא דאיתעתדו לכנישתא | על מן בגלל דביה איתברי לויתן |
| | | תרנגול = 1 | |

תרע	2:19	בתרע מלכא	ומרדכי מצלי ואזל ויתיב
	2:21	בתרע מלכא וכד חמון תרין	יתיב בסנהדרין דתקינת ליה אסתר
	3:3	בתרע פלטירין דמלכא למרדכי מא	ואמרו עבדי מלכא די
	5:9	בתרע מלכא ומרדכי לא קם מן	בסנהדרין דעבדת להון אסתר
	5:13	בתרע פלטירין דמלכא	יתיב בסנהדרין עם עולימיא
	6:10	בתרע פלטירין דמלכא אמר ליה	לההוא דסדרת ליה אסתר סנהדרין

תרע   תרע

3:2	דבתרע פלטירין דמלכא חמטין	כל עבדוי דמלכא
6:12	דבתרע פלטירין דמלכא ואשלח ית	ותב מרדכי לסנהדרין
4:2	לתרע פלטירין דמלכא כד לביש	דמלכא ארום לית רשו לגבר למיעל
4:2	תרע פלטירא דמלכא ארום לית	ואתא עד קדם
4:6	תרע פלטירין דמלכא	לות מרדכי לפתאה דקרתא דלקדם
5:1	תרע ביתא ענת אסתר וכן אמרת	בבית מלכותא ומסתכל כל קבל
9:14	תרעיא ומתפרנסין שמשי ספרא	דאישתארו להמן דהוו הדרין על
	תרע = 13	

אב אהרן

אב	3:7	באב לא על מן בגלל דביה פסקן	חזי למיקם עקתא תרין זימנין
		אב = 1	
אבגתא	1:10	ואבגתא עתיד מרי עלמא לעסאה	בוז ביתא חרבונא אחרביה בגתא
	1:10	ואבגתא זתר וכרכס מהומן די	אמר למהומן ביזתא חרבונא בגתא
		אבגתא = 2	
אביאל	7:6	אביאל בר צרור בר בכורת בר	יהונתן בר שאול מלכא בר קיש בר
		אביאל = 1	
אביחיל	2:15	אביחיל אחבוי דמרדכי דנסבה	וכד מטא סידור אסתר בת
	9:29	אביחיל ומרדכי יהודאי ית כל	וכתבת אסתר מלכתא ברת
		אביחיל = 2	
אבימלך	6:13	אבימלך קדם יצחק יעקב נצח	מלכיא קדם אברהם במישר חקליא
		אבימלך = 1	
אברהם	5:14	אברהם אבוי בסיפא לא תיכול	לא תיכול למירמיה די אישתיזב
	6:13	אברהם במישר חקליא אבימלך קדם	קומוי הי כמא דנפלו מלכיא קדם
	7:6	אברהם וגברא מעיקא ובעיל דבבא	בר בנימין בר יעקב בר יצחק בר
		אברהם = 3	
אגג	1:16	דאגג רשיעא קדם מלכא ורברבניא	ואמר ממוכן הוא המן בר בריה
	3:1	אגג בר עמלק רשיעא ומנייה רב	ית המן בר המדתא דמזרעית
	3:2	אגג למהוי עבד פלח למרדכי	אנא המן בר המדתא דמזרעית
	3:2	אגג ואעיל יתיה ושוי ית	מלכא ית המן בר המדתא דמזרעית
	3:2	אגג שדר יתי מלכא אחשורוש	אנא המן בר המדתא דמן זרעית
	3:10	אגג מעיקא דיהודאי	ויהבה להמן בר המדתא מזרעית
	5:1	אגג בר סומקר בר עמלק בר	בר נגר בר פרמשתא בר ויזתא בר
	8:3	אגג וית זימיוניה דחשיב על	לבטלא ית בישת המן דמן ייחוס
	8:5	אגג דכתב להובדא ית כל	דהמן בר המדתא דמן ייחוס
	9:24	אגג מעיק כל יהודאין חשיב על	ארום המן בר המדתא דמן ייחוס
		אגג = 10	
אדליא	9:8	אדליא וית ארידתא	וית פורתא וית
	9:14	אדליא הוה צליב בתלת אמין	והוה רחיק מן אדליא פלגות אמתא
	9:14	אדליא פלגות אמתא אדליא הוה	צליב בתלת אמין והוה רחיק מן
		אדליא = 3	
אדם	3:7	אדם קמאה בשבא ולא על מן בגלל	ולא על מן בגלל דביה איתברי
		אדם = 1	
אדמתא	1:14	אדמתא תרשיש מרס מרסנא ממוכן	ואיליין שמאתהון כרשנא שתר
		אדמתא = 1	
אדר	3:7	דאדר ואמר בליען אינון בידי	תריסר ירחי שתא דאיהוא ירחא
	3:13	דאדר ושללהון לעדאה	יומין לירח תריסר הוא ירחא
	8:12	דאדר	יומין לירח תריסר הוא ירחא
	9:1	אדר בתלתסר יומין ביה דמטא	ובתריסר ירחין הוא ירח
	9:15	דאדר וקטלו בשושן תלת מאה	דבשושן אוף ביום ארבסר לירחא
	9:17	אדר הוה קטול בזרעית עמלק	ביום תלתסרי לירח
	9:19	אדר חדוא ומשתיא ויומא טבא	פצחיא עבדין ית יום ארבסר לירח
	9:31	באדר בתרא בזמן עיבוריהון הי	לקיימא ית יומי פורייא האיליין
		אדר = 8	
אהרן	5:14	ואהרן ובני ישראל בגוב	לשנוקיה דאישתיזיבו מנהון משה
	6:13	ואהרן טמעו פרעה וכל משיריתיה	יעקב נצח מלאכא ועל ידוי דמשה
		אהרן = 2	

אויל	1:1	דאויל מרודך בר נבוכדנצר ועל	בגין עיטתא דושתי חיבבתא ברתיה
		אויל = 1	
אחשורוש	1:1	דאחשורוש רשיעא הוא אחשורוש	והוה ביומוי
	1:1	אחשורוש דביומוי בטילת עיבידת	ביומוי דאחשורוש רשיעא הוא
	1:2	אחשורוש למיתב על כורסיה	ביומיא האינון כד בעא מלכא
	1:2	אחשורוש ובעא למיתב עלוי ולא	בבל אחתיה לעילם ובתר כן מלך
	1:7	אחשורוש תמן הוו מחלפן	אחרניתא דהוו ליה למלכא
	1:9	אחשורוש	אתר קיטון בית דמוך דלמלכא
	1:10	אחשורוש	שבעא יומין קדם אפי מלכא
	1:15	אחשורוש דגזר עלה ביד רבניא	בגין דלא עבדת ית מימר מלכא
	1:16	אחשורוש	דבכל פלכיא דשליט בהון מלכא
	1:17	אחשורוש אמר לאיתאה ית ושתי	חדא עם חברתה ברם בקושטא מלכא
	2:1	אחשורוש שרי למדכר ית ושתי	וכד נח תקוף רוגזיה דמלכא
	2:12	אחשורוש מסוף די הוי לה	ועולימתא למיעל קדם מלכא
	2:16	אחשורוש לאיתא ואעיל יתה לות	ואידברת אסתר לות מלכא
	2:21	אחשורוש למקטליה בסייפיה בבית	לאסתר מלכתא ולאושטא ידא במלכא
	3:1	אחשורוש ית המן בר המדתא	בית מוקדשך והא כען רבי מלכא
	3:2	אחשורוש בקרבא על קרתא	דמן זרעית אגג שדר יתי מלכא
	3:2	אחשורוש ואישתירת קרתא ההיא	בשושלוון ואיתי אונון לות מלכא
	3:2	אחשורוש כל יומי חיוי וכל	קרתא ההיא תחות ידוי דמלכא
	3:2	אחשורוש מרדת עלוי קרתא דשמה	דלחים בשנת תרתין למלכות
	3:6	אחשורוש עמיה דמרדכי	ית כל יהודאי די בכל מלכות
	3:7	אחשורוש צבע פייסא לשיצאה עמא	ירחא דניסן בשנת תריסר למלכות
	3:8	אחשורוש איתיי עמא חדא מיבדר	ואמר המן למלכא
	3:9	לאחשורוש לזבוניהון	לך רשו למזבוניהון ולית רשו
	3:12	אחשורוש כתיב ומפרש ומתחתם	ועמא כממלל לישניה בשום מלכא
	4:1	דאחשורוש רשיעא ברם חותמא הוה	על עיסק די איתהניו מן סעודתיה
	4:11	אחשורוש דלא למיעול לות מלכא	הלא המן רשיעא גזר על מימר
	6:1	אחשורוש ונדת שינתיה דמלכא	ממנא על שיגושתא ונחת ושגיש ית
	6:2	אחשורוש בבית דמכיה	בעו לאושטא ידא לקטלא ית מלכא
	7:5	אחשורוש ואמר לאסתר מלכתא מאן	ואמר מלכא
	8:1	אחשורוש לאסתר מלכתא ית ביתא	ביומא ההוא מסר מלכא
	8:7	אחשורוש לאסתר מלכתא ולמרדכי	ואמר מלכא
	8:10	אחשורוש ואיסתתם בעזקת	וכתב בשום מימרא דמלכא
	8:12	אחשורוש בתלתסר יומין לירח	ביומא חד בכל פילכי מלכא
	9:2	אחשורוש לאושטא לקטלא ית כל	בקירויהון בכל פילכי מלכא
	9:20	אחשורוש דקריבין ודרחיקין	כל יהודאין דבכל פילכי מלכא
	9:30	אחשורוש פתגמי שלמא והימנותא	למאה ועשרין ושבע פילכין מלכות
	10:1	אחשורוש כרגא על ארעא והפרכי	ושוי מלכא
	10:3	אחשורוש ורבן על כל יהודאין	מרדכי יהודאה אלקפטא למלכא
		אחשורוש = 38	
איר	3:7	באיר ולא על מן בגלל דביה נחת	ולא על מן בגלל זכותא דפיסחא
		איר = 1	
אלה	7:6	אלה בר מיכה בר מפיבשת בר	בר שמעי בר שמידע בר בענה בר
		אלה = 1	
אלול	3:7	באלול לא על מן בגלל דביה	שכינת מרי עלמא ומלילת עם משה
		אלול = 1	
אליאב	7:6	אליאב בר עמיקור בר שפטיה בר	בר עוזיה בר ששון בר מיכאל בר
		אליאב = 1	
אליהו	4:1	דאליהו כהנא רבא ית כל מא	ומרדכי ידע על ידא
	4:1	אליהו כהנא רבא לחואה למרדכי	חתים מן טינא ושדר מרי עלמא ית
		אליהו = 2	

אליפז	5:1	בר אגג בר סומקר בר עמלק בר	אליפז בר עשו רשיעא
			אליפז = 1
אלכסנדריאה	1:2	יכיל ושדר ואייתי ארדיכלין מן	אלכסנדריאה למעבד כוותיה ולא
			אלכסנדריאה = 1
אלפעל	7:6	בר ירוחם בר חנניה בר זבדי בר	אלפעל בר שמרי בר זבדיה בר
			אלפעל = 1
אספתא	9:7	וית פרשנדתא וית דלפון וית	אספתא
	9:14	צליב בתלת אמין והוה רחיק מן	אספתא פלגות אמתא אספתא הוה
	9:14	והוה רחיק מן אספתא פלגות אמתא	אספתא הוה צליב בתלת אמין
			אספתא = 3
אסתר	1:1	לאיתקטלא ועתיד הוא למיסב ית	אסתר דהיא מן בנת שרה דחיית
	2:5	נבואה וחמא דאיטימוסין מרדכי	ואסתר פריקיא למיפק מיניה
	2:7	והוה מרבי ית הדסה היא	אסתר בת אחבוי ואמאי הוו קרו
	2:7	צדיקתא וצדיקיא אימתילו לאסא	אסתר הוו קרו לה על די הות
	2:8	לשושן בירנותא ליד הגי ואידברת	אסתר באונסא ואיתעלת לבית
	2:10	לא חויאת	אסתר ית עמהא וית בית ולדותהא
	2:11	די בבית נשייא למידע ית שלם	אסתר ומא איתעביד בה
	2:15	וכד מטא סידור	אסתר בת אביחיל אחבוי דמרדכי
	2:15	הגי רבא דמלכא נטיר נשיא והות	אסתר טעינת טיבו ומשכחא רחמין
	2:16	ואידברת	אסתר לות מלכא אחשורוש לאיתא
	2:17	דושתי ואקים תמן ית איקונין	דאסתר ואותיב יתה על כורסי
	2:17	ורחים מלכא ית	אסתר מכל נשיא דהוו מתנסבן
	2:18	ועבדוי והוו קרו לה משתיא	דאסתר והניית שיבוק כרגא
	2:20	עלהא מרדכי וית מימר מרדכי הות	אסתר עבדת שביא ומועדיא הות
	2:20	לה מאידין אומה אנת ולא הות	אסתר מחוייא ילדותה וית עמה
	2:21	ואמרו לאשקאה סמא דיקטול	לאסתר מלכתא ולאושטא ידא
	2:21	יתיב בסנהדרין דתקינת ליה	אסתר בתרע מלכא וכד חמון תרין
	2:22	לישנין וחוי לאסתר מלכתא ואמרת	אסתר למלכא ואיתכתיב על שום
	2:22	למללא בשובעין לישנין וחוי	לאסתר מלכתא ואמרת אסתר למלכא
	3:2	יומי חיוי וכל יומי דרווש בר	אסתר מלכתא בזכותא דמרדכי ברם
	4:4	ועלן עולמתן	דאסתר ורבנהא וחויאו לה
	4:5	וקרת	אסתר לדניאל דמתקרי התך דעל
	4:8	לשיציותהון יהב ליה לאחזאה ית	אסתר ולחואה לה מא דחשיב המן
	4:9	ועל התך וחוי	לאסתר ית פתגמי מרדכי
	4:10	ואמרת	אסתר להתך למיזל ולמללא
	4:11	ושויאת	אסתר מלין בפום התך ואמרת ליה
	4:12	התך דשמיה דניאל עאל ונפיק לות	אסתר ותקף רוגזיה ביה וקטליה
	4:12	מלאכיא וחויאו למרדכי ית פתגמי	אסתר
	4:13	למיכאל וגבריאל לאתבא לות	אסתר כדנא תימרון לה לא
	4:15	ואמרת	אסתר למיכאל גבריאל לאתבא לות
	4:17	קיטמא ועבד ככל די פקידית עלוי	אסתר
	5:1	ביומא תליתאה דפיסחא ולבשת	אסתר לבושי מלכותא ושרת עלהא
	5:1	ומסתכל כל קבל תרע ביתא ענת	אסתר וכן אמרת רבוני דעלמא לא
	5:2	דדהבא דהוה נקיט בידיה וקריבת	אסתר ומטת לידא ואחדת ברישא
	5:2	והוה כד חמא מלכא ית	אסתר קיימא כד נסיסא בדרתא
	5:2	יד איטענת רחמין ואושיט מלכא	לאסתר ית תיגדא דדהבא דהוה
	5:3	ואמר לה מלכא מא צרוך אית ליך	אסתר מלכתא ומא בעותיך אפילו
	5:4	מילייא האיליין איתרטטא ואמרת	אסתר לית אנא בעיא מינך
	5:4	וכד שמעת	אסתר מילייא האיליין איתרטטא
	5:5	ית המן למעבד ית פתגם גזירת	אסתר ועל מלכא והמן למשתייא
	5:5	ועל מלכא והמן למשתייא דעבדת	אסתר
	5:6	לאסתר במשתייא דחמרא מא שאלתיך	אסתר מלכתא ומא בעותיך אפילו
	5:6	ואמר מלכא	לאסתר במשתייא דחמרא מא

	5:7	אסתר ואמרת לית אנא בעיא	ואתיבת
	5:9	אסתר בתרע מלכא ומרדכי לא קם	אוריתא בסנהדרין דעבדת להון
	5:12	אסתר מלכתא למשתייא דעבדת	ואמר המן ברם לא הנעלת
	6:10	אסתר סנהדרין בתרע פלטירין	אתיב ליה מלכא לההוא דסדרת ליה
	6:14	אסתר	להנעלא ית המן למשתיא דעבדת
	7:1	אסתר מלכתא	ועל מלכא והמן למשתי חמרא עם
	7:2	אסתר מלכתא ויתיהב לך ומא	במשתייא דחמרא מא שאילתיך
	7:2	לאסתר אוף ביומא תניינא	ואמר מלכא
	7:3	אסתר ית עינהא כלפי שמיא	וזקפת
	7:5	לאסתר מלכתא מאן הוא דין	ואמר מלכא אחשורוש ואמר
	7:6	אסתר גברא מעיקא ובעיל דבבא	ואמרת
	7:7	מאסתר מלכתא ארום חמא ארום	והמן קם למתבע חייסא על נפשיה
	7:8	דאסתר יתבא עלה ותוה מלכא	מלכא והא המן גחין על דרגשיעא
	8:1	אסתר מאן הוא לה	על קדם מלכא ארום חויאת ליה
	8:1	לאסתר מלכתא ית ביתא דהמן	ביומא ההוא מסר מלכא אחשורוש
	8:2	אסתר ית מרדכי רב וסרכן על	מן המן ויהבה למרדכי ושויאת
	8:3	אסתר ומלילת קדם מלכא ונפלת	ואוסיפת
	8:4	לאסתר ית תיגדא דדהבא	מלכא
	8:4	אסתר וקמת קדם מלכא	לאסתר ית תיגדא דדהבא ואיזדקפת
	8:7	לאסתר מלכתא ולמרדכי יהודאה	ואמר מלכא אחשורוש
	8:7	לאסתר ויתיה צליבו על קיסא	יהודאה הא בית המן יהבית
	9:12	לאסתר מלכתא בשושן בירנותא	ואמר מלכא
	9:12	אסתר מלכתא ומא בעותיך עוד	פילכי מלכא מא עבדו מא שאילתיך
	9:13	אסתר אין על מלכא שפר איתיהב	ואמרת
	9:25	אסתר קדם מלכא אמר לה מלכא	וכד עלת
	9:29	אסתר מלכתא ברת אביחיל ומרדכי	וכתבת
	9:31	ואסתר מלכתא והי כמא דקיימו	דקיים עילויהון מרדכי יהודאי
	9:32	אסתר איתקיימו פתגמי פורייא	ועל מימר
		אסתר = 71	
אפיח	7:6	אפיח בר שחרים בר עוזיה בר	בר אביאל בר צרור בר בכורת בר
		אפיח = 1	
אפליטוס	5:1	אפליטוס בר דיוס בר דיוסוס בר	בר המדתא בר עדא בר ביזנאי בר
		אפליטוס = 1	
ארידי	9:9	ארידי וית ויזתא	וית פרמשתא וית אריסי וית
	9:14	ארידי הוה צליב בתלת אמין	והוה רחיק מן ארידי פלגות אמתא
	9:14	ארידי פלגות אמתא ארידי הוה	צליב בתלת אמין והוה רחיק מן
		ארידי = 3	
ארידתא	9:8	ארידתא	וית פורתא וית אדליא וית
	9:14	ארידתא הוה צליב בתלת אמין	רחיק מן ארידתא פלגות אמתא
	9:14	ארידתא פלגות אמתא ארידתא הוה	צליב בתלת אמין והוה רחיק מן
		ארידתא = 3	
אריסי	9:9	אריסי וית ארידי וית ויזתא	וית פרמשתא וית
	9:14	אריסי הוה צליב בתלת אמין	והוה רחיק מן אריסי פלגות אמתא
	9:14	אריסי פלגות אמתא אריסי הוה	צליב בתלת אמין והוה רחיק מן
		אריסי = 3	
אתנימוס	5:1	אתנימוס בר חרום בר חדוסוס בר	בר פירוס בר חמדן בר תליון בר
		אתנימוס = 1	
בבל	1:2	בבל אחתיה לעילם ובתר כן מלך	לבבל וכדו צדא כרש מדאה ית
	1:2	לבבל וכדו צדא כרש מדאה ית	אישתבא על ידוי דנבוכדנצר ונחת
	1:4	בבל חפר בספר פרת ואשכח תמן	אשכח ההוא עותרא בצדאותיה ית

בבל	2:6	מבבל עם דניאל וכל כנישתא	כרש ודריוש ית בבל נפק מרדכי
	2:6	בבבל ועלו עם כרש מלכא למידר	וכל כנישתא דישראל דהוו תמן
	2:6	דבבל וכד צדא כרש ודריוש ית	דיהודה די אגלי נבוכדנצר מלכא
	2:6	בבל נפק מרדכי מבבל עם דניאל	דבבל וכד צדא כרש ודריוש ית
		בבל = 7	
בגתא	1:10	בגתא ואבגתא זתר וכרכס מהומן	בכן אמר למהומן ביזתא חרבונא
	1:10	בגתא ואבגתא עתיד מרי עלמא	ביזתא בוז ביתא חרבונא אחרביה
		בגתא = 2	
בגתן	2:21	בגתן ותרש טורסאי תרין רבני	חד בכין איתיעטו בלישנהון
	6:1	בגתן ותרש הוה מאפיך ית פצימי	ספרא ית מאן דחוי מרדכי על
	6:2	בגתן ותרש תרין רבני מלכא	כתיב בספרא די חוי מרדכי על
		בגתן = 3	
ביזנאי	5:1	ביזנאי בר אפליטוס בר דיוס בר	בידוי דהמן בר המדתא בר עדא בר
		ביזנאי = 1	
ביזתא	1:10	ביזתא בוז ביתא חרבונא אחרביה	מהומן די מתמני על מהומתא
	1:10	ביזתא חרבונא בגתא ואבגתא זתר	לערבלא משתיהון בכן אמר למהומן
		ביזתא = 2	
בכורת	7:6	בכורת בר אפיח בר שחרים בר	בר קיש בר אביאל בר צרור בר
		בכורת = 1	
בנימין	3:2	בנימין ואנא בזבוזית נכסוי	למרדכי בר שמעי בר קיש מן שיבט
	7:6	בנימין בר יעקב בר יצחק בר	בר עוזא בר גוזא בר גרא בר
		בנימין = 2	
בנימן	2:5	דבנימן הוא שמעי דאקיל לדוד	בר גרא בר קיש גברא דמישבטא
	10:3	דבנימן תבע טבתא לעמיה בית	ומתרעי לסגי אחוי דמן שבטא
		בנימן = 2	
בענה	7:6	בענה בר אלה בר מיכה בר	בר חפר בר שמעי בר שמידע בר
		בענה = 1	
גבריאל	4:12	וגבריאל מלאכיא וחויאו למרדכי	ביה וקטליה ואיזדמנו תמן מיכאל
	4:13	וגבריאל לאתבא לות אסתר כדנא	ואמר מרדכי למיכאל
	4:15	גבריאל לאתבא לות מרדכי	ואמרת אסתר למיכאל
	7:8	גבריאל מלאכא דחף להמן רשיעא	גוואה לבית משתיא דחמרא והא
		גבריאל = 4	
גוזא	7:6	גוזא בר גרא בר בנימין בר	בר חשום בר שחורה בר עוזא בר
		גוזא = 1	
גינונייתא	2:9	גינונייתא בתלת בשבתא נהוריתא	בחד בשבתא רוקעתא בתרין בשבתא
		גינונייתא = 1	
גרא	2:5	גרא בר קיש גברא דמישבטא	למירא דכיא בר יאיר בר שמעי בר
	7:6	גרא בר בנימין בר יעקב בר	בר שחורה בר עוזא בר גוזא בר
		גרא = 2	
גשם	5:3	לגשם ערבאה וסנבלט חורונאה	אתן ליך דהכדין קיימת בשבועה
	5:6	לגשם ערבאה וסנבלט חורונאה	אתין ליך דהכדין קיימית בשבועה
	7:2	לגשם ולטוביה ולסנבלט ברם	אתן ליך דהכדין קיימית בשבועה
		גשם = 3	
דוד	2:5	לדוד ובעא יואב למקטליה ולא	דמישבטא דבנימן הוא שמעי דאקיל

	2:5	דוד לשלמה בריה למקטול יתיה	וכדו פסק שמעי מלמילד פקיד
		דוד = 2	
דורא	1:6	ודורא דבכרכי ימא רבא	סטיו כביש קרוסטלינין ומרמרין
		דורא = 1	
דיוס	5:1	דיוס בר דיוסוס בר פירוס בר	עדא בר ביזנאי בר אפליטוס בר
		דיוס = 1	
דיוסוס	5:1	דיוסוס בר פירוס בר חמדן בר	ביזנאי בר אפליטוס בר דיוס בר
		דיוסוס = 1	
דלפון	9:7	דלפון וית אספתא	וית פרשנדתא וית
	9:14	דלפון הוה צליב בתלת אמין	והוה רחיק מן דלפון פלגות אמתא
	9:14	דלפון פלגות אמתא דלפון הוה	צליב בתלת אמין והוה רחיק מן
		דלפון = 3	
דניאל	1:11	לדניאל ארגוונא ובגין כן גזר	דאלביש נבוכדנצר אבוי דאבוהא
	2:6	דניאל וכל כנישתא דישראל דהוו	ית בבל נפק מרדכי מבבל עם
	4:5	לדניאל דמתקרי התך דעל מימר	וקרת אסתר
	4:12	דניאל עאל ונפיק לות אסתר	חמא המן רשיעא ית התך דשמיה
	5:14	דניאל נביא ברם יעבדו אע זקוף	למרמא יתיה די אישתיזיבו מיניה
		דניאל = 5	
דרווש	3:2	דרווש בר אסתר מלכתא בזכותא	אחשורוש כל יומי חיוי וכל יומי
		דרווש = 1	
דריוש	1:1	לדריוש בגין עיטתא דושתי	רבא והות בטילא עד שנת תרתין
	2:6	ודריוש ית בבל נפק מרדכי מבבל	מלכא דבבל וכד צדא כרש
	7:2	דריוש בריך ויחסן מלכותא	ברם אוריכי עד די ירבי כרש
		דריוש = 3	
הגי	2:3	הגי רב מלכא נטיר נשיא ויתגזר	ובנאוון ובנאוון דתמן מתמני
	2:8	דהגי נטיר נשיא	באונסא ואיתעלת לבית מלכא לידא
	2:8	הגי ואידברת אסתר באונסא	סגיען לשושן בירנותא ליד
	2:15	הגי רבא דמלכא נטיר נשיא והות	ארום אילהין ית מאן די יימר
	5:1	דהגי הות תמן ברתיה דהמן והוה	וכד איתכנשו עולמתן לידוי
		הגי = 5	
הדסה	2:7	הדסה היא אסתר בת אחבוי ואמאי	והוה מרבי ית
	2:7	הדסה על די הות צדיקתא	בת אחבוי ואמאי הוו קרו לה
		הדסה = 2	
הינדיא	1:1	הינדיא רבא ועד מערבא דכוש	איתיהיבת ליה ארכא ומלך מן
	8:9	הינדיא רבא ועד כוש למאה	דמתמנן ארכונין על פילכיא דמן
		הינדיא = 2	
הינדקי	3:2	הינדקי קרתא תחות ידיהון ובזו	נפשי לקצת ירחין תלתא איתכבישת
	3:2	הינדקי וכנש מלכא אוכלוסין	אחשורוש מרדת עלוי קרתא דשמה
	3:2	דהינדקי ומני יתי על שית	מלכא אחשורוש בקרבא על קרתא
	3:2	דהינדקי מרדכי וחילוותיה	תלת שנין אזלון אעיקין על קרתא
		הינדקי = 4	
המדתא	3:1	המדתא דמזרעית אגג בר עמלק	רבי מלכא אחשורוש ית המן בר
	3:2	המדתא דמזרעית אגג למהוי עבד	יתמחי עלוי וקבילית אנא המן בר
	3:2	המדתא דמן זרעית אגג שדר יתי	והכין כתיב ומפרש אנא המן בר
	3:2	המדתא איתעבד עבוד פלח למרדכי	בזכותא דמרדכי ברם המן בר

עד זמן די רבי מלכא ית המן בר	המדתא דמזרעית אגג ואעיל יתיה	3:2
מעילוי ידיה ויהבה להמן בר	המדתא מזרעית אגג מעיקא	3:10
בנוי דיעקב בידוי דהמן בר	המדתא בר עדא בר ביזנאי בר	5:1
פיטקיא זימיוניה דהמן בר	המדתא דמן ייחוס אגג דכתב	8:5
עשרתי בנוי דהמן בר	המדתא מעיקא דיהודאין קטלו	9:10
ארום המן בר	המדתא דמן ייחוס אגג מעיק כל	9:24

המדתא = 10

המן

ואמר ממוכן הוא	המן בר בריה דאגג רשיעא קדם	1:16
והא כען רבי מלכא אחשורוש ית	המן בר המדתא דמזרעית אגג בר	3:1
רבון כל עלמיא וכן אמרת הלא	המן רשיעא סליק מן שושן	3:1
בשבעתא עד זמן די רבי מלכא ית	המן בר המדתא דמזרעית אגג	3:2
אסתר מלכתא בזכותא דמרדכי ברם	המן בר המדתא איתעבד עבוד פלח	3:2
פשט מרדכי ריגליה ימינא ואחזי	להמן שטר שיעבודא ולא קם ולא	3:2
קם ולא זע מיניה מן יד איתמלי	המן עילווי מרדכי חומתא והוה	3:2
ידא במרדכי לבלחודוי ובעא	המן למשיציא ית כולהון יהודאי	3:2
והמן וחילוותיה ממערבא אזל	המן והנפק כל ממונא וכל	3:2
אמאי בזביזתא חולקך אמר ליה	המן אי ניחא קומך אוזיף לי	3:2
ולא הו אלא לאישתמוטי מידוי	דהמן כיון דמטא זמן סעודתא	3:2
דמטא זמן סעודתא אתו אוכלוסוי	דהמן אמרו ליה הב לן ניכול	3:2
אוכלוסיי ואוכלוסך אמר ליה	המן לחיי בעו ניירא למכתב שטר	3:2
ארכובתא והכין כתיב ומפרש אנא	המן בר המדתא דמן זרעית אגג	3:2
לפולחנא נוכראה ולא הוה סגיד	להמן על די הוה ליה עבד פלח	3:2
מרדכי וחילוותיה ממדינחא	והמן וחילוותיה ממערבא אזל	3:2
ית מרדכי על פלגותהון וית	המן על פלגותהון ויהב להון	3:2
חמטין וגחנין לאנדרטא די הקים	המן בחדייה וסגדין להמן ארום	3:2
די הקים המן בחדייה וסגדין	להמן ארום כדין פקיד עלוי	3:2
עיסק בכירותא יתנסח אע מביתה	דהמן וזקיף יתמחי עלוי	3:2
וזקיף יתמחי עלוי' וקבילית אנא	המן בר המדתא דמזרעית אגג	3:2
ית מרדכי שדר ליה מרדכי	להמן אמאי לא תפלח יתי יומא	3:2
כמא דכתיב בשטר זבינתא שדר ליה	המן שחרר יתי ואנא אתן לך	3:2
כרסוי למאן מן יד תקיף רוגזיה	דהמן ואמר בליביה אנא יהיב	3:2
אבוהון לעשו אבא מן יד כד נפק	המן מן קדם מלכא פשט מרדכי	3:2
פתגמי מרדכי כלקבל פתגמי	המן ארום חוי להון די להמן לא	3:4
פתגמי המן ארום חוי להון די	להמן לא סגיד על דהוא עבדיה	3:4
חדא ולא קביל מנהון וחויאו	להמן למחמי היתקיימון פתגמי	3:4
ולא הוה סגיד ליה ואיתמלי	המן עילוי מרדכי ריתחא	3:5
וחמא	המן ארום לית מרדכי גחין	3:5
ויהודאי אינון עמא דמרדכי ובעא	המן לשיצאה ית כל יהודאי די	3:6
מן יעקב דשקל מן עשו אבא דאבוי	דהמן ית בכורתא וית ברכתא	3:6
צפרא לצבעא פייסא דעדבין קדם	המן מן יומא ליומא שרי מן חד	3:7
ואמר	המן למלכא אחשורוש איתיי עמא	3:8
ית גושפנקיה מעילוי ידיה ויהבה	להמן בר המדתא מזרעית אגג	3:10
ואמר מלכא	להמן כספא יהי מתיהב לך ועמא	3:11
יומין ביה ואיתכתיב ככל דפקיד	המן לות איסטרטיליטי מלכא	3:12
איתיהיבת בשושן בירנותא ומלכא	והמן הוו יתבין למישתי חמרא	3:15
ית כל דערעיה על עיסק דלא סגד	להמן ולא גחן לאנדרטיה וית	4:7
כסף עשר אלפין ככרין דאמר	המן למתקל על ידיהון דגזברין	4:7
ית אסתר ולחואה לה מא דחשיב	המן רשיעא על עמא דיהודאי	4:8
ליה על עיסק מרדכי דלא יגרי עם	המן מצותא ארום בבו די ביני	4:10
גואה די לא מתקרי על פמיה	דהמן חדא היא גזירת דיניה	4:11
ליה כדנא תימר למרדכי הלא	המן רשיעא גזר על מימר	4:11
וכד חמא	המן רשיעא ית התך דשמיה דניאל	4:12
עורלאה הדין ולא תעביד רעות	המן רשיעא מיני הי כמא	5:1
לידוי דהגי הות תמן ברתיה	דהמן והוה צבו מן שמיא דכל	5:1
ולא תמסור בנוי דיעקב בידוי	דהמן בר המדתא בר עדא בר	5:1
אין על מלכא ישפר יעול מלכא	והמן יומא דין למשתייא דעבדית	5:4

המן התך

	5:5	והמן למשתיא דעבדת אסתר	ית פתגם גזירת אסתר ועל מלכא
	5:5	המן למעבד ית פתגם גזירת אסתר	ואמר מלכא אוחיו ית
	5:8	והמן למשתיא דאעבד להון	ולמעבד ית בעותי יעול מלכא
	5:9	המן מלוות מלכא ביומא ההוא	ונפק
	5:9	המן עילוי מרדכי ריתחא	מן יד תקף רוגזיה ואיתמלי
	5:9	המן ית מרדכי וית טפליא עסיקן	ההוא חדי ובדח ליבא וכד חמא
	5:10	המן ועל לביתיה ושדר וקרא	ואיזדרז
	5:11	המן ית עותריה והיך איתמני עם	ואישתעי להון
	5:12	המן ברם לא הנעלת אסתר מלכתא	ואמר
	5:14	המן ועבד קיסא	משתיא בחדוה ושפר פתגמא קדם
	6:1	המן רשיעא מן יד איתמלי מרי	איזדמנו למהוי קטילין על גזירת
	6:4	והמן עאל לדרתא דבבית מלכא	מלכא מאן גברא דקאים בדרתא
	6:5	המן קאים בדרתא ואמר מלכא	ואמרו עולימי מלכא לוותיה הא
	6:6	המן ואמר ליה מלכא מאן חזי	ועל
	6:6	המן בליבביה ואמר למאן יצבי	לגבר דמלכא צבי ביקריה וחשיב
	6:7	המן לות מלכא גבר דמלכא צבי	ואמר
	6:10	המן בבעו מינך קטול יתי ולא	בתרע פלטירין דמלכא אמר ליה
	6:10	להמן אוחי סב ית לבוש ארגוונא	ואמר מלכא
	6:10	המן לאידין מרדכי אתיב ליה	סוסא ועיבד כן למרדכי אמר ליה
	6:11	דהמן רשיעא איסתכלת שכחטנת	ביקריה וכד הוו אזלין קבל ביתא
	6:11	המן ית לבוש ארגוונא וית סוסא	ודבר
	6:12	והמן איתבהל ואזל לביתיה אביל	והוה מודה ומצלי עד עידן רמשא
	6:13	המן לזרש אינתתיה ולכל רחמוי	ואישתעי
	6:14	המן למשתיא דעבדת אסתר	מלכא מטו ואוחיאו להנעלא ית
	7:1	והמן למשתי חמרא עם אסתר	ועל מלכא
	7:6	והמן אישתעמם מן קדם מלכא	דבבא המן ביש הדין בעא למצלביה
	7:6	המן ביש הדין בעא למצלביה	אברהם וגברא מעיקא ובעיל דבבא
	7:7	דהמן קטעין ית אילנא דבגינתא	עשרתי מלאכי דמיין לעשרתי בנוי
	7:7	והמן קם למתבע חייסא על נפשיה	גוואה למחמי מאן הוא דין
	7:8	המן אילהין למשכוב עם מלכתא	ואמר הא ברם בקושטא לא אתא
	7:8	דהמן איתחפיו בהתא	פתגמא נפקת מפמא דמלכא ואפוי
	7:8	המן גחין על דרגשיעא דאסתר	דחף להמן רשיעא וחמא מלכא והא
	7:8	להמן רשיעא וחמא מלכא והא המן	דחמרא והא גבריאל מלאכא דחף
	7:9	המן למצלב מרדכי דמליל טבא	רבניא קדם מלכא הא קיסא דזמין
	7:9	דהמן כען אין על מלכא שפר	בגין מלכא והא קיסא קאים בביתא
	7:10	המן על קיסא דזמין למרדכי	וצליבו ית
	8:1	דהמן מעיק דיהודאי וית אינשי	אחשורוש לאסתר מלכתא ית ביתא
	8:2	המן ויהבה למרדכי ושויאת אסתר	ית עיזקת סיטומתא דאעבר מן
	8:2	דהמן	מרדכי רב וסרכן על בית גניסיה
	8:3	המן דמן ייחוס אגג וית	ופייסת ליה לבטלא ית בישת
	8:5	דהמן בר המדתא דמן ייחוס אגג	למיהוי תייבין פיטקיא זימיוניה
	8:7	המן יהבית לאסתר ויתיה צליבו	מלכתא ולמרדכי יהודאה הא בית
	9:10	דהמן בר המדתא מעיקא דיהודאין	עשרתי בנוי
	9:12	דהמן ובמשאר פילכי מלכא מא	דמזרעית עמלק וית עשרתי בנוי
	9:13	דהמן יזדקפון על קיסא	על יום ניסא וית עשרתי בנוי
	9:14	דהמן צליבו ודין סידור	דינא בשושן וית עשרתי בנוי
	9:14	המן אבוהון על קיסא דזמין	סידור צליבתהון דאיצטליבו עם
	9:14	להמן דהוו הדרין על תרעיא	ערקת עם שובעין בנין דאישתארו
	9:14	המן פלגות אמתא המן הוה צליב	צליב בתלת אמין והוה רחיק מן
	9:14	המן הוה צליב בתלת אמין והוה	והוה רחיק מן המן פלגות אמתא
	9:24	המן בר המדתא דמן ייחוס אגג	ארום
		המן = 100	
התך	4:5	התך דעל מימר פומיה מתחתכן	וקרת אסתר לדניאל דמתקרי
	4:6	התך למללא לות מרדכי לפתאה	ונפק
	4:9	התך וחוי לאסתר ית פתגמי	ועל
	4:10	להתך למיזל ולמללא למרדכי	ואמרת אסתר

	4:11	התך ואמרת ליה כדנא תימר	ושויאת אסתר מלין בפום
	4:12	התך דשמיה דניאל עאל ונפיק	וכד חמא המן רשיעא ית
		התך = 6	
ויזתא	5:1	ויזתא בר אגג בר סומקר בר	בר שגר בר נגר בר פרמשתא בר
	9:9	ויזתא	וית אריסי וית ארידי וית
	9:14	ויזתא פלגות אמתא ויזתא הוה	צליב בתלת אמין והוה רחיק מן
	9:14	ויזתא הוה צליב בתלת אמין	והוה רחיק מן ויזתא פלגות אמתא
		ויזתא = 4	
ושתי	1:1	דושתי חייבתא ברתיה דאויל	שנת תרתין לדריוש בגין עיטתא
	1:1	ושתי לאיתקטלא ועתיד הוא	ובתר כדו איתגלי קדם יי דעתידה
	1:9	ושתי מלכתא רשיעתא עבדת משתה	אוף
	1:11	ושתי מלכתא ערטולתא על עיסק	איליין שבעא רבניא לאיתאה ית
	1:12	ושתי למיעל בגזירת מלכא	וסריבת מלכתא
	1:15	ושתי בגין דלא עבדת ית מימר	כאוריתא מא לאיתעיבדא במלכתא
	1:16	ושתי ארום עילוי רברבניא	עילוי מלכא בלחודוי סרחת מלכתא
	1:17	ושתי מלכתא קומוי ולא עלת	מלכא אחשורוש אמר לאיתאה ית
	1:18	ושתי מלכתא ומיתמלכן למעבד	הי כמא דקבילו ית פתגם די עבדת
	1:19	ושתי קדם מלכא ומן בתר דתיתי	יתבטל הדא גזירתא דלא תיעול
	2:1	ושתי מתיבין ליה רברבנוי וכן	דמלכא אחשורוש שרי למדכר ית
	2:4	ושתי ושפר פתגמא קדם מלכא	מלכא תיעול למחסן מלכותא חולף
	2:17	דושתי ואקים תמן ית איקונין	מן קיטון בית דמכיה ית איקונין
	2:17	ושתי	כורסי תיניין·ואמליך יתה חולף
	5:1	ושתי דשם טעם על מלכא ופקיד	רשיעא מיני הי כמא דאיתעבד מן
		ושתי = 15	
זבדי	7:6	זבדי בר אלפעל בר שמרי בר	בר ירבעל בר ירוחם בר חנניה בר
		זבדי = 1	
זבדיה	7:6	זבדיה בר רמות בר חשום בר	בר זבדי בר אלפעל בר שמרי בר
		זבדיה = 1	
זרש	5:10	ולזרש רשיעתא אינתתיה ברת	ועל לביתיה ושדר וקרא לרחמוי
	5:14	זרש אינתתיה וכל רחמוי בנורא	ואמרת ליה
	6:13	וזרש אינתתיה אין מזרעא	ית כל דערעיה ואמרו ליה חכימוי
	6:13	לזרש אינתתיה ולכל רחמוי ית	ואישתעי המן
	9:14	וזרש ערקת עם שובעין בנין	אמין בגין דלא יכול מיניה עופא
		זרש = 5	
זתר	1:10	זתר וכרכס מהומן די מתמני על	ביזתא חרבונא בגתא ואבגתא
		זתר = 1	
חדוסוס	5:1	חדוסוס בר שגר בר נגר בר	תליון בר אתנימוס בר חרום בר
		חדוסוס = 1	
חורונאה	5:3	חורונאה וטוביה עבדא עמונאה	בשבועה לגשם ערבאה וסנבלט
	5:6	חורונאה וטוביה עבדא עמונאה	בשבועה לגשם ערבאה וסנבלט
		חורונאה = 2	
חורפיתא	2:9	חורפיתא בשתא בשבתא רגועיתא	בשבתא רוחשיתא בחמשא בשבתא
		חורפיתא = 1	
חזקיה	1:2	דחזקיה ותב לירושלם ותו מן	ידוי דסנחריב אישתבא על ידוי
		חזקיה = 1	
חמדן	5:1	חמדן בר תליון בר אתנימוס בר	בר דיוס בר דיוסוס בר פירוס בר
		חמדן = 1	

חנניה	7:6	חנניה בר זבדי בר אלפעל בר	בר מלוך בר ירבעל בר ירוחם בר
		חנניה = 1	
חפר	7:6	חפר בר שמעי בר שמידע בר בענה	למרדכי צדיקא אחוי דאבא בר
		חפר = 1	
חרבונא	1:10	חרבונא אחרביה בגתא ואבגתא	על מהומתא ביזתא בוז ביתא
	1:10	חרבונא בגתא ואבגתא זתר וכרכס	משתיהון בכן אמר למהומן ביזתא
	7:9	חרבונא חד מן רבניא קדם מלכא	ואמר
		חרבונא = 3	
חרום	5:1	חרום בר חדוסוס בר שגר בר נגר	חמדן בר תליון בר אתנימוס בר
		חרום = 1	
חשום	7:6	חשום בר שחורה בר עוזא בר	בר שמרי בר זבדיה בר רמות בר
		חשום = 1	
טבת	2:16	דטבת בשתא שביעיתא למלכותיה	מלכותיה בירחא עשיראה הוא ירחא
	3:7	בטבת לא על מן בגלל דביה סליק	בגלל דביה איתיסר בית מוקדשא
		טבת = 2	
טוביה	5:3	וטוביה עבדא עמונאה דלא למשבק	לגשם ערבאה וסנבלט חורונאה
	5:6	וטוביה עבדא עמונאה דלא למשבק	לגשם ערבאה וסנבלט חורונאה
	7:2	ולטוביה ולסנבלט ברם אוריכי	ליך דהכדין קיימית בשבועה לגשם
		טוביה = 3	
טורסאי	2:21	טורסאי תרין רבני מלכא מנטורי	איתיעטו בלישנהון בגתן ותרש
		טורסאי = 1	
יאיר	2:5	יאיר בר שמעי בר גרא בר קיש	על דהוה מתיל למירא דכיא בר
		יאיר = 1	
יהוד	3:2	יהודאה ככל מא דכתיב באיגרתא	אגג למהוי עבד פלח למרדכי
	3:2	יהודאה יומא חד בשבעתא עד זמן	המדתא איתעבד עבוד פלח למרדכי
	5:13	יהודאה יתיב בסנהדרין עם	בכל עידן דאנא חמי ית מרדכי
	6:10	יהודאה אמר ליה סגיעין מרדכי	מרדכי אתיב ליה מלכא למרדכי
	8:7	יהודאה הא בית המן יהבית	אחשורוש לאסתר מלכתא ולמרדכי
	10:3	יהודאה אלקפטא למלכא אחשורוש	ארום מרדכי
	3:2	יהודאי אמרין ליה חכימיא מא	ובעא המן למשיציא ית כולהון
	3:2	דיהודאי איתסר לון למיחמט	לא חמיט לאנדרטא דיליה מטול
	3:4	ויהודאי לא פלחן ולא גחנן לה	לא הוה גחין על דהוא יהודי
	3:6	יהודאי די בכל מלכות אחשורוש	דמרדכי ובעא המן לשיצאה ית כל
	3:6	ויהודאי אינון עמא דמרדכי	דהמן ית בכורתא וית ברכתא
	3:10	דיהודאי	בר המדתא מזרעית אגג מעיקא
	3:13	יהודאי מן עולימא ועד סבא	לשיצאה לקטלא ולהובדא ית כל
	4:3	ליהודאי וצומא ובכותא ומספדא	וגזירת דיניה מטי אבלא רבא
	4:7	יהודאי להובדותהון	דממנן על בית גנזי מלכא בגין
	4:8	דיהודאי ולפקדא עלהא למיעל	לה מא דחשיב המן רשיעא על עמא
	4:13	יהודאי	בבית מלכא יתיר מן כל
	4:14	יהודאי רווחא ושיזבותא יקום	בעידנא ההיא ולא תפגיע על
	4:14	ליהודאי מן אתר אוחרן בגין	על יהודאי רווחא ושיזבותא יקום
	4:16	יהודאי די משתכחן בשושן וצומו	איזיל כנוש ית
	5:3	יהודאי דילמא ימרדון בי הדא	למשבק למבני יתיה דדחיל אנא מן
	5:6	יהודאי	למבני יתיה דילמא ימרדון בי
	6:10	יהודאי אית בשושן אתיב ליה	יהודאה אמר ליה סגיעין מרדכי
	8:1	דיהודאי וית אינשי ביתיה וית	לאסתר מלכתא ית ביתא דהמן מעיק
	9:1	דיהודאי למשלוט בהון ואיתהפכת	ביומא דחשיבו בעלי דבבין

יהוד   יי

Lemma	Ref		
	9:25	וליהודאי ויצלבון יתיה וית	בישא דחשיב למעבד למרדכי
	9:28	יהודאי ודוכרנהון לא ישתיצי	פוריא האליין לא יעברון מגו
	9:29	יהודאי ית כל מגילאתא הדא	אסתר מלכתא ברת אביחיל ומרדכי
	9:31	יהודאי ואסתר מלכתא והי כמא	הי כמא דקיים עילויהון מרדכי
	8:3	יהודאין	אגג וית זימיוניה דחשיב על
	8:5	יהודאין דכתב להובדא ית כל	ייחוס אגג דכתב פילכי מלכא
	8:7	ביהודאין	על קיסא בגין די אושיט ידיה
	8:8	יהודאין כד שפיר בעיניכון	ואתון סרהיבו כתובו בגין
	8:9	יהודאין ולות איסטרטילוסין	ואיתכתיב בכל דפקיד מרדכי לות
	8:9	יהודאין כרושם כתבהון וכממלל	ועמא ועמא בממלל לישניה ולות
	8:11	ליהודאין דבכל קירווא וקירווא	די יהב מלכא לסייעא
	8:13	יהודאין איטימוסין לאיתפרעא	ופילכא בריר לכל עמיא דיהון
	8:16	ליהודאין הות רשותא למעסק	דינייא מטי חדווא ובדיחות ליבא
	8:17	ליהודאין משתיא ויומא טבא	ארעא מתגיירין ארום נפל פחדא
	8:17	דיהודאין עילויהון	בגין זכותא דאבהתא די ישלטון
	9:1	יהודאין אינון בשנאיהון	איתכנשו
	9:2	יהודאין בקירויהון בכל פילכי	די למלכא ממנן עילויהון ית
	9:3	יהודאין לארכונין ארום נפל	ומחו
	9:5	יהודאין בכל בעלי דבביהון מחת	ובשושן בירנותא קטלו
	9:6	יהודאין והובדו חמש מאה	בנוי דהמן בר המדתא מעיקא
	9:10	דיהודאין קטלו ובעדאה לא	מלכתא בשושן בירנותא קטלו
	9:12	יהודאין חמש מאה גובריא	מלכא שפר איתיהב רשו אוף מחר
	9:13	ליהודאין די בשושן למעבד יומא	ואיתכנשו
	9:15	יהודאין דבשושן אוף ביום	ושאר
	9:16	יהודאין דבפילכי מלכא איתכנשו	בגין כן
	9:18	ויהודאין דבשושן איתכנשו	
	9:19	יהודאי פצחאי דיתבין בקירוי	האיליין ושדר פיטקין לות כל
	9:20	יהודאין דבכל פילכי מלכא	כזמן יומין דנחו בהון
	9:22	יהודאין מן בעלי דבביהון	וקבילו עילויהון כולהון
	9:23	יהודאין כחדא ית דשריאו למעבד	אגג מעיק כל יהודאין חשיב על
	9:24	יהודאין להובדותהון צבע פייסא	המדתא דמן ייחוס אגג מעיק כל
	9:24	יהודאין חשיב על יהודאי	קיימו וקבילו
	9:27	יהודאין עילויהון ועילוי	ושדר פיטקין לות כל
	9:30	יהודאין למאה ועשרין ושבע	ואסתר מלכתא והי כמא דקיימו
	9:31	יהודאין על נפשיהון ועל	למלכא אחשורוש ורבן על כל
	10:3	יהודאין ומחרעי לסגי אחוי דמן	גלותא דאגליאת עם יכניה מלכא
	2:6	דיהודה די אגלי נבוכדנצר מלכא	בחדייה לא הוה גחין על דהוא
	3:4	יהודי ויהודאי לא פלחן ולא	

יהוד = 63

יהונתן	7:6	יהונתן בר שאול מלכא בר קיש	בר אלה בר מיכה בר מפיבשת בר

יהונתן = 1

יואב	2:5	יואב למקטליה ולא שבקיה על	הוא שמעי דאקיל לדוד ובעא

יואב = 1

יוסף	3:7	דיוסף מתילין לנוני ימא דהכין	כנוני ימא ולא הוה ידע דבנוי

יוסף = 1

יחולתא	2:9	יחולתא הות משמשא קומתא בחד	עולימתן לשמשותה שבע יומי שבתא

יחולתא = 1

יי	1:1	יי דעתידה ושתי לאיתקטלא	בגלל הכי ובתר כדו איתגלי קדם
	1:10	יי מן יומא קדמאה דמשתיא עד	ומרדכי צדיקא צלי קדם
	1:10	יי וכד שפר לוביה דמלכא בחמרא	קבילתיה וקבילת סנהדרין קדם
	1:10	יי מלאכא דשגושתא לערבלא	שפר לוביה דמלכא בחמרא גרי ביה
	1:14	יי וכן אמרו ריבונוי דעלמא	ית דינא ההוא ברם צלו קדם

יי ישראל

מן בגלל דאיהוא קיים בין מימרא	דיי ובין עמא בית ישראל פסק	3:7	
	יי = 6		
מן ירושלם עם גלותא דאגליאת עם	יכניה מלכא דיהודה די אגלי	2:6	יכניה
	יכניה = 1		
דאנא מן יעקב ואנת מן עשו ועשו	ויעקב אחי הוו ורחמנא אמר לבר	3:2	יעקב
דמרדכי ופרע לעמיה מא דעבד	יעקב אבוהון לעשו אבא מן יד	3:2	
דאסור למיזפי ברביתא מטול דעשו	ויעקב אחי הוו ולא יכילית	3:2	
דאיזדבנית ליה הי כמא דנטר עשו	ליעקב על עיסק בכירותא יתנסח	3:2	
אנא מוזיף לך ברביתא דאנא מן	יעקב ואנת מן עשו ועשו ויעקב	3:2	
ארום חויאו ליה דמרדכי אתי מן	יעקב דשקל מן עשו אבא דאבוי	3:6	
מצותא ארום בבו די ביני עשו	ויעקב הוה נטיר ליה	4:10	
חוס על עמך ולא תמסור בנוי	דיעקב בידוי דהמן בר המדתא בר	5:1	
במישר חקליא אבימלך קדם יצחק	יעקב נצח מלאכא ועל ידוי דמשה	6:13	
בר גוזא בר גרא בר בנימין בר	יעקב בר יצחק בר אברהם וגברא	7:6	
וממליל שלמא לכל זרעיה דבית	יעקב	10:3	
	יעקב = 11		
די אישתיזב מינה יצחק מינה	יצחק אבוי במיא לא תיכול	5:14	יצחק
תיכול למקטליה די אישתיזב מינה	יצחק מינה יצחק אבוי במיא לא	5:14	
אברהם במישר חקליא אבימלך קדם	יצחק יעקב נצח מלאכא ועל ידוי	6:13	
בר גרא בר בנימין בר יעקב בר	יצחק בר אברהם וגברא מעיקא	7:6	
	יצחק = 4		
בר פתועל בר פותח בר מלוך בר	ירבעל בר ירוחם בר חנניה בר	7:6	ירבעל
	ירבעל = 1		
בר פותח בר מלוך בר ירבעל בר	ירוחם בר חנניה בר זבדי בר	7:6	ירוחם
	ירוחם = 1		
על כורסיה דשלמה דאישתבא מן	ירושלם על ידוי דשישק מלכא	1:2	ירושלם
אישתבא על ידוי דחזקיה ותב	לירושלם ותו מן ירושלם אישתבא	1:2	
דחזקיה ותב לירושלם ותו מן	ירושלם אישתבא על ידוי	1:2	
דאיתי נבוכדנצר רשיעא מן	ירושלם ומאניא אחרנייתא דהוו	1:7	
די אזל בגלותא מן	ירושלם עם גלותא דאגליאת עם	2:6	
הלא המן רשיעא סליק מן שושן	לירושלם לבטלא בינייו בית	3:1	
דביה סליק נבוכדנצר רשיעא על	ירושלם ומיסת הוי לעוקתא ההיא	3:7	
לא על מן בגלל דביה איתפקד שור	ירושלם ולא חזי למיקם עקתא	3:7	
גואה דמתבני כל קבל בית מלכא	דבירושלם ומלכא הוה יתיב על	5:1	
	ירושלם = 9		
לחייביא אמר לון והכתיק בנבואת	ישעיה לית שלם אמר אלהי	3:2	ישעיה
	ישעיה = 1		
האיליין עבד מלכא לכל עמא בית	ישראל דאישתכחו חייביא בשושן	1:5	ישראל
על ביתיה למעבד כרעות גברא בר	ישראל וכרעות גבר מן כל אומא	1:8	
על עיסק דהוה מפלחא ית בנאתא	דישראל ערטולאן ומנפסן לה עמר	1:11	
מבבל עם דניאל וכל כנישתא	דישראל דהוו תמן בבבל ועלו עם	2:6	
דאיתחייב בהון נשיא דבית	ישראל הות נטרא על פם מרדכי	2:20	
די עבד איהו ואבהתוי לעמא בית	ישראל	3:1	
בין מימרא דיי ובין עמא בית	ישראל פסק מן יומיא ושרי	3:7	
מן בגלל דביה משתבקין חוביהון	דישראל במרחשון לא על מן בגלל	3:7	
וכן אמרת לא תדחלין כנישתא	דישראל דאין תהדרין בתתובתא	3:7	
ותרנגול ברא דאיתעתדו לכנישתא	דישראל לסעודת יומא רבא בשיתא	3:7	
נוכראין ובקל בכותא דעמא בית	ישראל	3:15	
מרומא ומא דאיתחייבו עמא בית	ישראל לאשתצאה מגו עלמא והי	4:1	

	4:16	עלמא הדין בגין פורקן עמא בית ישראל
	5:14	מנהון משה ואהרן ובני ישראל בגוב אריוותא לא תיכול
	6:1	ההוא סליקת קבילת ריביא דבית ישראל לרקיעא ואישתמעת קדם
	6:1	אנת שמע אילהין קל ריבייא דבית ישראל די איזדמנו למהוי
	6:1	סיטומתא דאיתחתמא לביש על בית ישראל ופקיד למלאכא די ממנא
	7:4	ניזדבננא מגן אנא ועמי בית ישראל לאישתיצאה ולאיתקטלא
	9:26	הדא לאישתמעא לכל עמא בית ישראל למהויהון ידעין מא חזו
	9:28	דכהני ולוואי וייחוסא דבית ישראל דשריא בכל פילכא ופילכא
	10:3	דבנימן תבע טבתא לעמיה בית ישראל וממליל שלמא לכל זרעיה
		ישראל = 21
יששכר	1:13	ואמר מלכא לחכימיא בנוי דיששכר דחכימין במנדעא
	1:14	וסריבו בנוי דיששכר למידן ית דינא ההוא
		יששכר = 2
כוש	1:1	ומלך מן הינדיא רבא ועד מערבא דכוש מאה ועשרין ושבע פלכין
	8:9	על פילכיא דמן הינדיא רבא ועד כוש למאה ועשרין ושבע פילכיא
		כוש = 2
כסלו	3:7	נח ובנוי וכל דהוו עמיה בכסלו לא על מן בגלל דביה
		כסלו = 1
כרכס	1:10	ביזתא חרבונא בגתא ואבגתא זתר וכרכס מהומן די מתמני על
		כרכס = 1
כרש	1:2	דנבוכדנצר ונחת לבבל וכדו צדא כרש מדאה ית בבל אחתיה לעילם
	1:4	אישתאר בידיה מן כרש מדאה ואוף כרש אשכח ההוא עותרא בצדאותיה
	1:4	ית עותריה די אישתאר בידיה מן כרש מדאה ואוף כרש אשכח ההוא
	2:6	נבוכדנצר מלכא דבבל וכד צדא כרש ודריוש ית בבל נפק מרדכי
	2:6	דישראל דהוו תמן בבבל ועלו עם כרש מלכא למידר בשושן בירנותא
	7:2	ולסנבלט ברם אוריכי עד די ירבי כרש דריוש בריך ויחסן מלכותא
		כרש = 6
כרשנא	1:14	דקריבין לותיה ואיליין שמאתהון כרשנא שתר אדמתא תרשיש מרס
		כרשנא = 1
לויתן	3:7	ולא על מן בגלל דביה איתברי לויתן ותרנגול ברא דאיתעתדו
		לויתן = 1
מדי	1:2	ונחת לבבל וכדו צדא כרש מדאה ית בבל אחתיה לעילם ובתר
	1:4	עותריה די אישתאר בידיה מן כרש מדאה ואוף כרש אשכח ההוא
	1:14	מרסנא ממוכן שבעה רברבני פרסאי ומדאי חזן ית אפי מלכא דיתבין
	1:18	תהויין אמרין רבנתא דפרסאי ומדאי למעבד לגובריהון הי כמא
	1:19	מן קומוי ויתכתיב בגזירת פרסאי ומדאי ולא יתבטל הדא גזירתא
	10:2	על ספר פתגמי יומיא למלכי מדאי ופרסאי
	1:3	רברבנוי ועבדוי אוכלוסי פרסא ומדי איסטרטיגין ורבנין דממנן
		מדי = 7
מהומן	1:10	חרבונא בגתא ואבגתא זתר וכרכס מהומן די מתמני על מהומתא
	1:10	לערבלא משתיהון בכן אמר למהומן ביזתא חרבונא בגתא
		מהומן = 2
מיכאל	4:12	ביה וקטליה ואיזדמנו תמן מיכאל וגבריאל מלאכיא וחויאו
	4:13	ואמר מרדכי למיכאל וגבריאל לאתבא לות
	4:15	ואמרת אסתר למיכאל גבריאל לאתבא לות
	7:6	בר שחרים בר עוזיה בר ששון בר מיכאל בר אליאב בר עמיקור בר
		מיכאל = 4

בר שמידע בר בענה בר אלה בר	מיכה בר מפיבשת בר יהונתן בר	7:6	מיכה
	מיכה = 1		
בר שפטיה בר פתועל בר פותח בר	מלוך בר ירבעל בר ירוחם בר	7:6	מלוך
	מלוך = 1		
שתר אדמתא תרשיש מרס מרסנא	ממוכן שבעה רברבני פרסאי	1:14	ממוכן
ואמר	ממוכן הוא המן בר בריה דאגג	1:16	
ורברבניא ועבד מלכא כפתגמי	ממוכן	1:21	
	ממוכן = 3		
בר בענה בר אלה בר מיכה בר	מפיבשת בר יהונתן בר שאול	7:6	מפיבשת
	מפיבשת = 1		
מן ירושלם על ידוי דשישק מלכא	דמצרים וממצרים אישתבא על	1:2	מצרים
על ידוי דשישק מלכא דמצרים	וממצרים אישתבא על ידוי	1:2	
יהבו סילעא לגולגלתא כד נפקו	ממצרים דסכום סילעיא הוו מאה	3:9	
זוזי דסכום אבהתהון כד נפקו	ממצרים הות שית מאה אלפי גברי	3:9	
	מצרים = 4		
אבן טבא ומטללין עילויהון ברם	מרדכי צדיקא וסיעתיה לא הוו	1:5	מרדכי
	ומרדכי צדיקא צלי קדם יי מן	1:10	
ברוח נבואה וחמא דאיטימוסין	מרדכי ואסתר פריקיא למיפק	2:5	
בשושן בירנותא ושמיה מתקרי	מרדכי על דהוה מתיל למירא	2:5	
וכד צדא כרש ודריוש ית בבל נפק	מרדכי מבבל עם דניאל וכל	2:6	
יתה אימה מיתת אימה ונסבה	מרדכי ליה בביתיה והוה קרי לה	2:7	
קרו לה על די הות צניעא בביתא	דמרדכי שובעין וחמש שנין ולא	2:7	
ולא חמת אפי גבר אילהין אפי	מרדכי דאיתעביד לה לתורביינא	2:7	
ית עמהא וית בית ולדותהא ארום	מרדכי פקד עלהא דלא תחוי	2:10	
ובכל יומא ויומא	מרדכי הוא אזיל ומצלי קדם	2:11	
סידור אסתר בת אביחיל אחבוי	דמרדכי דנסבה ליה לברת למיעל	2:15	
בתולתן זימנא תיניינא	ומרדכי מצלי ואזל ויתיב בתרע	2:19	
דבית ישראל הות נטרא על פם	מרדכי הי כמא דהות נטרא כד	2:20	
כמא דפקד עלהא מרדכי וית מימר	מרדכי הות אסתר עבדת שביא	2:20	
ילדותה וית עמה כמא דפקד עלהא	מרדכי וית מימר מרדכי הות	2:20	
בעייא לסלקא יתן ולאוקומא ית	מרדכי ולית רבות לסלקא תרין	2:21	
ביומיא האינון	ומרדכי יתיב בסנהדרין דתקינת	2:21	
אסתר למלכא ואיתכתיב על שום	מרדכי	2:22	
ואשתמודע פתגמא	למרדכי על דהוה חכים למללא	2:22	
מיניה מן יד איתמלי המן עילווי	מרדכי חומתא והוה שט בעינוי	3:2	
והשתכחית מפקע גרמי משיעבודיה	דמרדכי ופרע לעמיה מא דעבד	3:2	
שלם אמר אלהי לרשיעא מטול הכן	מרדכי לא חמיט ולא סגיד	3:2	
והוה שט בעינוי למושטא ידא	במרדכי לבלחודוי ובעא המן	3:2	
דמזרעית אגג למהוי עבד פלח	למרדכי יהודאה ככל מא דכתיב	3:2	
המן בר המדתא איתעבד עבוד פלח	למרדכי יהודאה יומא חד בשבעתא	3:2	
דרווש בר אסתר מלכתא בזכותא	דמרדכי ברם המן בר המדתא	3:2	
זוודין לפרנסותהון וכן עבד	למרדכי בר שמעי בר קיש מן	3:2	
אוכלוסיי דמלכא אזלית למיזף מן	מרדכי בביתא ואמר דאסור	3:2	
להמן ארום כדין פקיד עלוי מלכא	ומרדכי לא חמיט לאנדרטא דיליה	3:2	
בבהילו עלה ומני עליהון ית	מרדכי על פלגותהון וית המן על	3:2	
אזלון אעיקין על קרתא דהינדקי	מרדכי וחילוותיה ממדינתא והמן	3:2	
לא יהי לן מא למיכול אזל גבי	מרדכי אמר ליה הא כולהון	3:2	
לן למיכול ונמות בכפנא אמר ליה	מרדכי הלא בשוה בפלגות יהב לן	3:2	
פלגות אוכלוסיא בשתא חדא	ומרדכי הוה מצמצם ממוניה	3:2	
פרע לך על חד תרין אמר ליה	מרדכי משום תרין לא אוזיף לך	3:2	
זבינתא עלוי ולא אשתכחו אזל	מרדכי וכתב שטר זבינתא	3:2	
למיתן ובעו למיקטליה הדר גבי	מרדכי אמר ליה אוזיף לי ואנא	3:2	

מרדכי	מרדכי	
דכסף למלכא וימסור בידי ית	מרדכי וית כל עמיה ואנא צליב	3:2
וית כל עמיה ואנא צליב ית	מרדכי על צליבא וית עמיה אנא	3:2
עשרא אלפין ככרין דכסף שדר ליה	מרדכי אין יהבת לי כולי ממונך	3:2
ומן יד אשתמיט מלמיפלח ית	מרדכי שדר ליה מרדכי להמן	3:2
מלמיפלח ית מרדכי שדר ליה	מרדכי להמן אמאי לא תפלח יתי	3:2
יד כד נפק המן מן קדם מלכא פשט	מרדכי ריגליה ימינא ואחזי	3:2
מלכא די בתרע פלטירין דמלכא	למרדכי מא דין אנת עבר ית	3:3
להמן למחמי היתקיימון פתגמי	מרדכי כלקבל פתגמי המן ארום	3:4
סגיד ליה ואיתמלי המן עילוי	מרדכי ריתחא	3:5
וחמא המן ארום לית	מרדכי גחין לאנדרטיה ולא הוה	3:5
די בכל מלכות אחשורוש עמיה	דמרדכי	3:6
קומוי לאושטא ידא למקטול ית	מרדכי בלחודוי ארום חויאו ליה	3:6
מרדכי בלחודוי ארום חויאו ליה	דמרדכי אתי מן יעקב דשקל מן	3:6
וית ברכתא ויהודאי אינון עמא	דמרדכי ובעא המן לשיצאה ית כל	3:6
קדם מרי עלמא על עמיה וכד ידע	מרדכי בזע ית לבושוי ואלבש	4:1
עלמא ית אליהו כהנא רבא לחואה	למרדכי די יקום ויצלי קדם מרי	4:1
	ומרדכי ידע על ידא דאליהו	4:1
ושדרת לבושי מלכותא למלבש ית	מרדכי ולמעדי ית שקיה מעילויה	4:4
פתגמי מלכותא ופקידת ליה על	מרדכי למידע מא דין קל בכותא	4:5
ונפק התך למללא לות	מרדכי לפתאה דקרתא דלקדם תרע	4:6
וחוי ליה	מרדכי ית כל דערעיה על עיסק	4:7
ועל התך וחוי לאסתר ית פתגמי	מרדכי	4:9
למרדכי ופקידת ליה על עיסק	מרדכי דלא יגרי עם המן מצותא	4:10
ואמרת אסתר להתך למיזל ולמללא	למרדכי ופקידת ליה על עיסק	4:10
בפום התך ואמרת ליה כדנא תימר	למרדכי הלא המן רשיעא גזר על	4:11
מיכאל וגבריאל מלאכיא וחויאו	למרדכי ית פתגמי אסתר	4:12
ואמר	מרדכי למיכאל וגבריאל לאתבא	4:13
אסתר למיכאל גבריאל לאתבא לות	מרדכי	4:15
ונסס	מרדכי ועבר על חדוות חגא	4:17
דעבדת להון אסתר בתרע מלכא	ומרדכי לא קם מן קדם אנדרטיה	5:9
תקף רוגזיה ואיתמלי המן עילוי	מרדכי ריתחא	5:9
חדי ובדח ליבא וכד חמא המן ית	מרדכי וית טפליא עסיקן בפתגמי	5:9
לוותי בכל עידן דאנא חמי ית	מרדכי יהודאה יתיב בסנהדרין	5:13
ובצפרא אמר למלכא ויצלבון ית	מרדכי עילווי דעד כדון לא	5:14
וכד חמא שמשי ספרא ית מאן דחוי	מרדכי על בגתן ותרש הוה מאפיך	6:1
ואישתכח כתיב בספרא די חוי	מרדכי על בגתן ותרש תרין רבני	6:2
מלכא מא איתעביד יקרא ורבותא	למרדכי על דין ואמרו עולימי	6:3
בריתא למימר למלכא למצלוב ית	מרדכי על קיסא דזמין ליה	6:4
לאידין מרדכי אתיב ליה מלכא	למרדכי יהודאה אמר ליה סגיעין	6:10
למרדכי יהודאה אמר ליה סגיעין	מרדכי יהודאי אית בשושן אתיב	6:10
כן למרדכי אמר ליה המן לאידין	מרדכי אתיב ליה מלכא למרדכי	6:10
ארגוונא וית סוסא ועיבד כן	למרדכי אמר ליה המן לאידין	6:10
ארגוונא וית סוסא ואלביש ית	מרדכי וארכביניה בפתאה דקרתא	6:11
דמיא דגברא דמהלך באורחא הוא	מרדכי וגברא דרכיב על סוסא	6:11
ותב	מרדכי לסנהדרין דבתרע פלטירין	6:12
אינתתיה אין מזרעא דצדיקיא	מרדכי דשרית למינפל קומוי הי	6:13
מן שמיא ואיתעבדת ההיא יקרא	למרדכי צדיקא אחוי דאבא בר	7:6
מלכא הא קיסא דזמין המן למצלב	מרדכי דמליל טבא בגין מלכא	7:9
וצליבו ית המן על קיסא דזמין	למרדכי וריתחא דמלכא אישתדכת	7:10
אינשי ביתיה וית כל תוסברוי	ומרדכי על קדם מלכא ארום	8:1
סיטומתא דאעבר מן המן ויהבה	למרדכי ושויאת אסתר ית מרדכי	8:2
ויהבה למרדכי ושויאת אסתר ית	מרדכי רב וסרכן על בית גניסיה	8:2
ואמר מלכא אחשורוש לאסתר מלכתא	ולמרדכי יהודאה הא בית המן	8:7
יומין ביה ואיתכתיב ככל דפקיד	מרדכי לות יהודאין ולות	8:9
	ומרדכי נפק מן קדם מלכא בלבוש	8:15
לארכונין ארום נפל פחדא	דמרדכי עילויהון	9:3
נפק בכל פילכיא ארום גברא	מרדכי רב בית אבא למלכא ואזיל	9:4

ארום אפיטרופוס ורב סרכן	מרדכי בבית מלכא ומטבעיה נפק	9:4	
עם המן אבוהון על קיסא דזמין	למרדכי דרומיה חמשין אמין תלת	9:14	
וכתב	מרדכי ית פתגמיא האיליין ושדר	9:20	
כחדא ית דשריאו למעבד וית דכתב	מרדכי בגינהון	9:23	
זימיוניה בישא דחשיב למעבד	למרדכי וליהודאי ויצלבון יתיה	9:25	
בגין כן דאיתעביד בהון ניסא	למרדכי וידעון פורקנא דמטת	9:26	
וכתבת אסתר מלכתא ברת אביחיל	ומרדכי יהודאי ית כל מגילאתא	9:29	
הי כמא דקיים עילויהון	מרדכי יהודאי ואסתר מלכתא והי	9:31	
פתגמי פורייא האילין ועל ידוי	דמרדכי איתכתיבת מגילתא	9:32	
תוקפיה וגבורתיה ופירוש רבות	מרדכי דרבייה מלכא הלא אינון	10:2	
ארום	מרדכי יהודאה אלקפטא למלכא	10:3	
	מרדכי = 105		
דושתי חייבתא ברתיה דאויל	מרודך בר נבוכדנצר ועל דלא	1:1	מרודך
	מרודך = 1		
דביה משתבקין חוביהון דישראל	במרחשון לא על מן בגלל דביה	3:7	מרחשון
	מרחשון = 1		
שמאתהון כרשנא שתר אדמתא תרשיש	מרס מרסנא ממוכן שבעה רברבני	1:14	מרס
	מרס = 1		
כרשנא שתר אדמתא תרשיש מרס	מרסנא ממוכן שבעה רברבני	1:14	מרסנא
	מרסנא = 1		
חדרת שכינת מרי עלמא ומלילת עם	משה באלול לא על מן בגלל דביה	3:7	משה
באלול לא על מן בגלל דביה סליק	משה בטורא דסיני למיסב לוחין	3:7	
לשנוקיה דאישתיזיבו מנהון	משה ואהרן ובני ישראל בגוב	5:14	
יצחק יעקב נצח מלאכא ועל ידוי	דמשה ואהרן טמעו פרעה וכל	6:13	
	משה = 4		
חייבתא ברתיה דאויל מרודך בר	נבוכדנצר ועל דלא שבקת למבני	1:1	נבוכדנצר
ותו מן ירושלם אישתבא על ידוי	דנבוכדנצר ונחת לבבל וכדו צדא	1:2	
במאני דהבא דבית מוקדשא דאייתי	נבוכדנצר רשיעא מן ירושלם	1:7	
על רישהא בגין זכותא דאלביש	נבוכדנצר אבוי דאבוהא לדניאל	1:11	
עם יכניה מלכא דיהודה די אגלי	נבוכדנצר מלכא דבבל וכד צדא	2:6	
בטבת לא על מן בגלל דביה סליק	נבוכדנצר רשיעא על ירושלם	3:7	
	נבוכדנצר = 6		
בר חרום בר חדוסוס בר שגר בר	נגר בר פרמשתא בר ויזתא בר	5:1	נגר
	נגר = 1		
בשבתא גינונייתא בתלת בשבתא	נהוריתא בארבע בשבתא רוחשיתא	2:9	נהוריתא
	נהוריתא = 1		
אינתתיה ברת תתני פחת עבר	נהרא	5:10	נהרא
	נהרא = 1		
בגלל דביה נחת מבולא ואישתיזיב	נח ובנוי וכל דהוו עמיה בכסלו	3:7	נח
	נח = 1		
בירחא קדמאה הוא ירחא	דניסן בשנת תריסר למלכות	3:7	ניסן
פסק מן יומיא ושרי בירחיא	בניסן ולא על מן בגלל זכותא	3:7	
	ניסן = 2		
בר פרמשתא בר ויזתא בר אגג בר	סומקר בר עמלק בר אליפז בר	5:1	סומקר
	סומקר = 1		

סוף עמלק

סוף	6:13	דסוף וכל מלכיא ושילטוניא	טמעו פרעה וכל משיריתיה בימא
		סוף = 1	
סיון	3:7	בסיון לא על בגלל דביה	ולא על מן בגלל דביה נחת מונא
		סיון = 1	
סיני	3:7	בסיני בתמוז לא על מן בגלל	על בגלל דביה איתיהיבת אוריתא
	3:7	דסיני למיסב לוחין אוחרניתא	מן בגלל דביה סליק משה בטורא
		סיני = 2	
סנבלט	5:3	וסנבלט חורונאה וטוביה עבדא	קיימת בשבועה לגשם ערבאה
	5:6	וסנבלט חורונאה וטוביה עבדא	קיימית בשבועה לגשם ערבאה
	7:2	ולסנבלט ברם אוריכי עד די	קיימית בשבועה לגשם ולטוביה
		סנבלט = 3	
סנהדרין	1:10	סנהדרין קדם יי וכד שפר ליביה	יומא דשבתא עלת קבילתיה וקבילת
	2:21	בסנהדרין דתקינת ליה אסתר	ביומיא האינון ומרדכי יתיב
	5:9	בסנהדרין דעבדת להון אסתר	וית טפליא עסיקן בפתגמי אוריתא
	5:13	בסנהדרין עם עולמיא בתרע	דאנא חמי ית מרדכי יהודאה יתיב
	6:10	סנהדרין בתרע פלטירין דמלכא	ליה מלכא לההוא דסדרת ליה אסתר
	6:12	לסנהדרין דבתרע פלטירין דמלכא	ותב מרדכי
		סנהדרין = 6	
סנחריב	1:2	דסנחריב אישתבא על ידוי	על ידוי דסנחריב ומן ידוי
	1:2	דסנחריב ומן ידוי דסנחריב	דמצרים וממצרים אישתבא על ידוי
		סנחריב = 2	
עבר	5:10	עבר נהרא	רשיעתא אינתתיה ברת תתני פחת
		עבר = 1	
עדא	5:1	עדא בר ביזנאי בר אפליטוס בר	דיעקב בידוי דהמן בר המדתא בר
		עדא = 1	
עדן	3:7	דעדן בארבע בשבא ולא על מן	על מן בגלל דביה איתברי גנתא
		עדן = 1	
עוזא	7:6	עוזא בר גוזא בר גרא בר	בר רמות בר חשום בר שחורה בר
		עוזא = 1	
עוזיה	7:6	עוזיה בר ששון בר מיכאל בר	בר בכורת בר אפיח בר שחרים בר
		עוזיה = 1	
עילם	1:2	לעילם ובתר כן מלך אחשורוש	צדא כרש מדאה ית בבל אחתיה
		עילם = 1	
עמונאה	5:3	עמונאה דלא למשבק למבני יתיה	וסנבלט חורונאה וטוביה עבדא
	5:6	עמונאה דלא למשבק למבני יתיה	וסנבלט חורונאה וטוביה עבדא
		עמונאה = 2	
עמיקור	7:6	עמיקור בר שפטיה בר פתועל בר	בר ששון בר מיכאל בר אליאב בר
		עמיקור = 1	
עמלק	3:1	עמלק רשיעא ומנייה רב על כולא	המן בר המדתא דמזרעית אגג בר
	5:1	עמלק בר אליפז בר עשו רשיעא	בר ויזתא בר אגג בר סומקר בר
	9:6	עמלק	גוברין כולהון רופילין מן בית
	9:12	עמלק וית עשרתי בנוי דהמן	מאה גובריא רופילין דמזרעית
	9:16	עמלק ובעדאה לא אושיטו ית	שובעין וחמשא אלפין מזרעית

לירח אדר הוה קטול בזרעית	עמלק ונחו בארבסר ביה ומעבד	9:17	
דבשושן איתכנשו לשיצאה ית בנוי	דעמלק בתלתסר ביה ובארבסר ביה	9:18	
	עמלק = 7		
ליך דהכדין קיימת בשבועה לגשם	ערבאה וסנבלט חורונאה וטוביה	5:3	ערבאה
ליך דהכדין קיימית בשבועה לגשם	ערבאה וסנבלט חורונאה וטוביה	5:6	
	ערבאה = 2		
לעמיה מא דעבד יעקב אבוהון	לעשו אבא מן יד כד נפק המן מן	3:2	עשו
דאנא מן יעקב ואנת מן עשו	ועשו ויעקב אחי הוו ורחמנא	3:2	
ברביתא דאנא מן יעקב ואנת מן	עשו ועשו ויעקב אחי הוו	3:2	
דאיזדבנית ליה הי כמא דנטר	עשו ליעקב על עיסק בכירותא	3:2	
ואמר דאסור למיזפי ברביתא מטול	דעשו ויעקב אחי הוו ולא	3:2	
דמרדכי אתי מן יעקב דשקל מן	עשו אבא דאבוי דהמן ית בכורתא	3:6	
עם המן מצותא ארום בבו די ביני	עשו ויעקב הוה נטיר ליה	4:10	
בר סומקר בר עמלק בר אליפז בר	עשו רשיעא	5:1	
	עשו = 8		
וית	פורתא וית אדליא וית ארידתא	9:8	פורתא
צליב בתלת אמין והוה רחיק מן	פורתא פלגות אמתא פורתא הוה	9:14	
והוה רחיק מן פורתא פלגות אמתא	פורתא הוה צליב בתלת אמין	9:14	
	פורתא = 3		
עמיקור בר שפטיה בר פתועל בר	פותח בר מלוך בר ירבעל בר	7:6	פותח
	פותח = 1		
אפליטוס בר דיוס בר דיוסוס בר	פירוס בר חמדן בר תליון בר	5:1	פירוס
	פירוס = 1		
בר חדוסוס בר שגר בר נגר בר	פרמשתא בר ויזתא בר אגג בר	5:1	פרמשתא
וית	פרמשתא וית אריסי וית ארידי	9:9	
רחיק מן פרמשתא פלגות אמתא	פרמשתא הוה צליב בתלת אמין	9:14	
צליב בתלת אמין והוה רחיק מן	פרמשתא פלגות אמתא פרמשתא הוה	9:14	
	פרמשתא = 4		
לכל רברבנוי ועבדוי אוכלוסי	פרסא ומדי איסטרטיגין ורבנין	1:3	פרס
מרס מרסנא ממוכן שבעה רברבני	פרסאי ומדאי חזן ית אפי מלכא	1:14	
ויומא הדין תהויין אמרין רבנתא	דפרסאי ומדאי למעבד לגובריהון	1:18	
מן קומוי ויתכתיב בגזירת	פרסאי ומדאי ולא יתבטל הדא	1:19	
על ספר פתגמי יומיא למלכי מדאי	ופרסאי	10:2	
	פרס = 5		
ועל ידוי דמשה ואהרן טמעו	פרעה וכל משיריתיה בימא דסוף	6:13	פרעה
	פרעה = 1		
וית	פרשנדתא וית דלפון וית אספתא	9:7	פרשנדתא
הוה רחיק פרשנדתא מן ארעא	ופרשנדתא הוה צליב בתלת אמין	9:14	
וארבע אמין ופלגא הוה רחיק	פרשנדתא מן ארעא ופרשנדתא הוה	9:14	
	פרשנדתא = 3		
בצדאותיה ית בבל חפר בספר	פרת ואשכח תמן שית מאה ותמנין	1:4	פרת
	פרת = 1		
אליאב בר עמיקור בר שפטיה בר	פתועל בר פותח בר מלוך בר	7:6	פתועל
	פתועל = 1		
שאול מלכא בר קיש בר אביאל בר	צרור בר בכורת בר אפיח בר	7:6	צרור
	צרור = 1		

קיש	2:5	בר יאיר בר שמעי בר גרא בר קיש גברא דמישבטא דבנימין הוא
	3:2	וכן עבד למרדכי בר שמעי בר קיש מן שיבט בנימין ואנא
	7:6	בר יהונתן בר שאול מלכא בר קיש בר אביאל בר צרור בר
		קיש = 3
רגועיתא	2:9	בשבתא חורפיתא בשתא בשבתא רגועיתא ביומא דשבתא כולהין
		רגועיתא = 1
רוחשיתא	2:9	בשבתא נהוריתא בארבע בשבתא רוחשיתא בחמשא בשבתא חורפיתא
		רוחשיתא = 1
רוקעתא	2:9	הות משמשא קומתא בחד בשבתא רוקעתא בתרין בשבתא גינונייתא
		רוקעתא = 1
רמות	7:6	בר אלפעל בר שמרי בר זבדיה בר רמות בר חשום בר שחורה בר
		רמות = 1
שאול	7:6	מיכה בר מפיבשת בר יהונתן בר שאול מלכא בר קיש בר אביאל בר
		שאול = 1
שבט	3:7	ירושלם ומיסת הוי לעוקתא ההיא בשבט לא על מן בגלל דהוא ריש
		שבט = 1
שגר	5:1	אתנימוס בר חרום בר חדוסוס בר שגר בר נגר בר פרמשתא בר
		שגר = 1
שושן	1:2	כורסי מלכותיה ארדיכליא דעבדו בשושן בירנתא
	1:5	עמא בית ישראל דאישתכחו חייביא בשושן בירנותא דאיתמניאו עם
	2:3	כל עולימתא בתולתא שפירת חיזו לשושן בירנותא לבית נשיא דתמן
	2:5	ומצלי קדם אלהיה על עמיה דהוה בשושן בירנותא ושמיה מתקרי
	2:6	בבבל ועלו עם כרש מלכא למידר בשושן בירנותא
	2:8	ובאיתכנשות עולימתן סגיען לשושן בירנותא ליד הגי
	3:1	אמרת הלא המן רשיעא סליק מן שושן לירושלם לבטלא ביניין
	3:15	הוו יתבין למישתי חמרא וקרתא דשושן הות מתערבלא בחדות עמיא
	3:15	כפתגמא דמלכא וגזירתא איתיהיבת בשושן בירנותא ומלכא והמן הוו
	4:8	דיטגמאה דכתב גזירתא דאיתיהיב בשושן לשיציותהון יהב ליה
	4:16	כנוש ית יהודאי די משתכחן בשושן וצומו עלוי לא תיכלון
	6:10	ליה סגיעין מרדכי יהודאי אית בשושן אתיב ליה מלכא לההוא
	8:14	דמלכא וגזירת דינא איתיהיבת בשושן בירנותא
	8:15	וגלימא דבוץ וארגוון טב וקרתא דשושן בדחא וחדייא
	9:6	ובשושן בירנותא קטלו יהודאין
	9:11	ביומא ההוא על מניין קטילין בשושן בירנותא קדם מלכא
	9:12	ואמר מלכא לאסתר מלכתא בשושן בירנותא קטלו יהודאין
	9:13	רשו אוף מחר ליהודאין די בשושן למעבד יומא טבא וחדוא
	9:14	עם חמש מאה גוברין דאיתקטילו בשושן דהוו מתמנן על אישקקי
	9:14	כדין ואיתיהיבת גזירת דינא בשושן וית עשרתי בנוי דהמן
	9:15	ביום ארבסר לירחא דאדר וקטלו בשושן תלת מאה גוברין ובעדאה
	9:15	ואיתכנשו יהודאין דבשושן אוף ביום ארבסר לירחא
	9:18	ויהודאין דבשושן איתכנשו לשיצאה ית
		שושן = 23
שחורה	7:6	בר זבדיה בר רמות בר חשום בר שחורה בר עוזא בר גוזא בר גרא
		שחורה = 1
שחרים	7:6	בר צרור בר בכורת בר אפיח בר שחרים בר עוזיה בר ששון בר
		שחרים = 1
שישק	1:2	דאישתבא מן ירושלם על ידוי דשישק מלכא דמצרים וממצרים

שכחטנת תשרי

		שישק = 1	
שכחטנת	6:11	שכחטנת ברתיה מן איגרא והות	קבל ביתא דהמן רשיעא איסתכלת
		שכחטנת = 1	
שלמה	1:2	דשלמה דאישתבא מן ירושלם על	מלכא אחשורוש למיתב על כורסיה
	2:5	לשלמה בריה למקטול יתיה	וכדו פסק שמעי מלמילד פקיד דוד
		שלמה = 2	
שמידע	7:6	שמידע בר בענה בר אלה בר מיכה	אחוי דאבא בר חפר בר שמעי בר
		שמידע = 1	
שמעי	2:5	שמעי מלמילד פקיד דוד לשלמה	פריקיא למיפק מיניה וכדו פסק
	2:5	שמעי דאקיל לדוד ובעא יואב	קיש גברא דמישבטא דבנימן הוא
	2:5	שמעי בר גרא בר קיש גברא	מתיל למירא דכיא בר יאיר בר
	3:2	שמעי בר קיש מן שיבט בנימין	לפרנסותהון וכן עבד למרדכי בר
	7:6	שמעי בר שמידע בר בענה בר אלה	צדיקא אחוי דאבא בר חפר בר
		שמעי = 5	
שמרי	7:6	שמרי בר זבדיה בר רמות בר	בר חנניה בר זבדי בר אלפעל בר
		שמרי = 1	
שמשי	3:7	שמשי צפרא לצבעא פייסא דעדבין	איהוא יהא עדב חילופך בכן שרי
	5:11	שמשי דהוא ספרנא דמלכא וית מא	פולמורכין על פילכיא ובר מן
	6:1	שמשי ספרא ית מאן דחוי מרדכי	אפין ואמר לשמשי ספרא וכד חמא
	6:1	לשמשי ספרא וכד חמא שמשי ספרא	ואקדים בצפרא נסיס אפין ואמר
	9:14	שמשי ספרא איתקטיל בסיפא	דהוו הדרין על תרעיא ומתפרנסין
		שמשי = 5	
שעגז	2:14	דשעגז רבא דמלכא נטיר	תייבא לבית נשיא תיניין לידא
		שעגז = 1	
שפטיה	7:6	שפטיה בר פתועל בר עותח בר	מיכאל בר אליאב בר עמיקור בר
		שפטיה = 1	
שרה	1:1	שרה דחיית מאה ועשרין ושבע	הוא למיסב ית אסתר דהיא מן בנת
		שרה = 1	
ששון	7:6	ששון בר מיכאל בר אליאב בר	בר אפיח בר שחרים בר עוזיה בר
		ששון = 1	
שתר	1:14	שתר אדמתא תרשיש מרס מרסנא	לותיה ואיליין שמאתהון כרשנא
		שתר = 1	
תליון	5:1	תליון בר אתנימוס בר חרום בר	בר דיוסוס בר פירוס בר חמדן בר
		תליון = 1	
תמוז	3:7	בתמוז לא על מן בגלל דביה	דביה איתיהיבת אוריתא בסיני
		תמוז = 1	
תרש	2:21	ותרש טורסאי תרין רבני מלכא	חד בכין איתיעטו בלישנהון בגתן
	6:1	ותרש הוה מאפיך ית פצימי ספרא	ית מאן דחוי מרדכי על בגתן
	6:2	ותרש תרין רבני מלכא מנטורי	בספרא די חוי מרדכי על בגתן
		תרש = 3	
תרשיש	1:14	תרשיש מרס מרסנא ממוכן שבעה	שמאתהון כרשנא שתר אדמתא
		תרשיש = 1	
תשרי	3:7	בתשרי לא על מן בגלל דביה	דסיני למיסב לוחין אוחרניתא

תשרי = 1

תתני 5:10 ולזרש רשיעתא אינתתיה ברת תתני פחת עבר נהרא

תתני = 1

למידע ית שלם אסתר ומא איתעביד	בה	2:11	ב
מלכא ארום אילהין ההיא דאיתרעי	בה מלכא וקרי לה בשמא מפרש	2:14	
ולישניא דאינו מא לאיתעובדא	בה פתגמא נפקת מפמא דמלכא	7:8	
כל עמיא דבכל פלכיא דשליט	בהון מלכא אחשורוש	1:16	
הות טעמא וכל פיקודיא דאיתחייב	בהון נשיא דבית ישראל הות	2:20	
טימי מנהון ומא הנאה אית ליה	בהון אין ישבוקינון על אפי	3:8	
בעלי דבבין דיהודאי למשלוט	בהון ואיתהפכת מן שמיא בגין	9:1	
כזמן יומין דנחו	בהון יהודאין מן בעלי דבביהון	9:22	
לחדוה ומאבלו ליומא טבא למעבד	בהון יומי משתיא וחדווא	9:22	
האיליין בגין כן דאיתעביד	בהון ניסא למרדכי וידעון	9:26	
למיהוי להון דוכרנא ולאיתעובדא	בהון משתיא בכל דרא ודרא	9:28	
אנא מן יהודאי דילמא ימרדון	בי הדא בעותא לא אעבד לך	5:3	
למשבק למבני יתיה דילמא ימרדון	בי יהודאי	5:6	
אוחרן ארע מיניה ואיתעסקו	ביה תרין שנין ובשתא תליתאה	1:2	
וכד שפר ליביה דמלכא בחמרא גרי	ביה יי מלאכא דשגושתא לערבלא	1:10	
ורגז מלכא לחדא וחמתיה רתחת	ביה	1:12	
בירחא קדמאה בתליסר יומין	ביה ואיתכתיב ככל דפקיד המן	3:12	
ונפיק לות אסתר ותקף רוגזיה	ביה וקטליה ואיזדמנו תמן	4:12	
וייתון לבוש ארגוונא דלבישו	ביה ית מלכא ביומא דעל	6:8	
תליתאי בעשרין ותלתא יומין	ביה ואיתכתיב ככל דפקיד מרדכי	8:9	
הוא ירח אדר בתלתסר יומין	ביה דמטא פתגם מלכא וגזירת	9:1	
קטול בזרעית עמלק ונחו בארבסר	ביה ומעבד ביה יום משתיא	9:17	
עמלק ונחו בארבסר ביה ומעבד	ביה יום משתיא וחדוא	9:17	
לשיצאה ית בנוי דעמלק בתלתסר	ביה ובארבסר ביה ונחו בחמיסר	9:18	
בנוי דעמלק בתלתסר ביה ובארבסר	ביה ונחו בחמיסר ביה ומעבד	9:18	
ביה ונחו בחמיסר ביה ומעבד	ביה יום מישתיא וחדווא	9:18	
ביה ובארבסר ביה ונחו בחמיסר	ביה ומעבד ביה יום מישתיא	9:18	
ית יום ארבסר וית יום חמיסר	ביה בכל שתא ושתא	9:21	
מניכא דדהבא על רישיה ולמרדא	בך ולמיסב מינך מלכותא	7:6	
ידא דכהנא רבא דהוה לביש חושנא	דביה כרום ימא ורובי כהניא	1:14	
עם משה באלול לא על מן בגלל	דביה סליק משה בטורא דסיני	3:7	
בית מוקדשא בטבת לא על מן בגלל	דביה סליק נבוכדנצר רשיעא על	3:7	
שרי מן חד בשבא ולא על מן בגלל	דביה איתבריו שמיא וארעא	3:7	
אוחרניתא בתשרי לא על מן בגלל	דביה משתבקין חוביהון דישראל	3:7	
בתרין בשבא ולא על מן בגלל	דביה איתבני רקיעא בתלת בשבא	3:7	
תרין זימנין באב לא על מן בגלל	דביה פסקן מיתי מדברא וביה	3:7	
דהוו עמיה בכסלו לא על מן בגלל	דביה איתיסר בית מוקדשא בטבת	3:7	
בחמשא בשבא ולא על מן בגלל	דביה איתברי לויתן ותרנגול	3:7	
נחת מונא בסיון לא על בגלל	דביה איתיהיבת אוריתא בסיני	3:7	
בתלת בשבא ולא על מן בגלל	דביה איתברי גנתא דעדן בארבע	3:7	
רבא בשיתא בשבא ולא על מן בגלל	דביה איתברי אדם קמאה בשבא	3:7	
בארבע בשבא ולא על מן בגלל	דביה איתבריו שימשא וסיהרא	3:7	
בסיני בתמוז לא על מן בגלל	דביה איתפקד שור ירושלם ולא	3:7	
דפיסחא באיר ולא על מן בגלל	דביה נחת מונא בסיון לא על	3:7	
חזי למיקם עקתא תרין זימנין	באב לא על מן בגלל דביה פסקן	3:7	
לקיימא ית יומי פורייא האיליין	באדר בתרא בזמן עיבוריהון הי	9:31	
ארום לית למעיקא טימין ורווחא	באוזינקא דמלכא	7:4	
למרדכי יהודאה ככל מא דכתיב	באיגרתא הדא כרעותי וכצביון	3:2	
להני שבעא רבנייא דמשמשין	באילין שבעא יומין קדם אפי	1:10	
ולא על מן בגלל זכותא דפיסחא	באיר ולא על מן בגלל דביה נחת	3:7	
שכינת מרי עלמא ומלילת עם משה	באלול לא על מן בגלל דביה	3:7	
בירנותא ליד הגי ואידברת אסתר	באונסא ואיתעלת לבית מלכא	2:8	
מן בית נשאי ואידברית מינך	באונסא כדין אובד מן חיי עלמא	4:16	
כל דתבעין בישתהון וגבר לא קם	באנפיהון ארום נפל פחדהון על	9:2	
ורבנין דממנן על פילכיא עטיפן	באיצטלוון דמילת לבישין	1:3	
אדר הוה קטול בזרעית עמלק ונחו	בארבסר ביה ומעבד ביה יום	9:17	
גינונייתא בתלת בשבתא נהוריתא	בארבע בשבתא רוחשיתא בחמשא	2:9	

מן בגלל דביה איתברי גנתא דעדן	בארבע בשבא ולא על מן בגלל	3:7
ית בנוי דעמלק בתלתסר ביה	ובארבסר ביה ונחו בחמיסר ביה	9:18
אחידן באשלי מטכסין צביען	בארגוונא דליין עילוי	1:6
איגרא והות דמיא דגברא דמהלך	באורחא הוא מרדכי וגברא דרכיב	6:11
חמשין אמין תלת אמין הוה נעיץ	בארעא וארבע אמין ופלגא הוה	9:14
כספירין וכרתנין ותכלא אחידן	באשלי מטכסין צביען בארגוונא	1:6
וכל כנישתא דישראל דהוו תמן	בבבל ועלו עם כרש מלכא למידר	2:6
סגיעין למכבש יתה ושדר יתהון	בבהילו עלה ומני עליהון ית	3:2
ופמה הוה סרי לחדא ואפיקו יתה	בבהילו ומינך איסתקף עליי הדא	5:1
אי כדין איכול לסוברא ולמיחמי	בבישתא דתינדן ית עמי והי	8:6
מלכתא רשיעתא עבדת משתה נשיא	בבית מלכותא אתר קיטון בית	1:9
דכיר ית צדיקיא דקריבו קומך	בבית מוקדשא אימרין בני שנא	1:14
לאוטבא להון ולפנקותהון	בבית נשייא	2:9
הוא אזיל ומצלי קדם דרתא די	בבית נשייא למידע ית שלם אסתר	2:11
במלכא אחשורוש למקטליה בסייפיה	בבית דמכיה	2:21
תחשבין בנפשיכי למהך לאישתיזבא	בבית מלכא יתיר מן כל יהודאי	4:13
הוה יתיב על כורסי מלכותיה	בבית מלכותא ומסתכל כל קבל	5:1
ידא לקטלא ית מלכא אחשורוש	בבית דמכיה	6:2
ובעיל דבבא דבעא למקטלך ברמשא	בבית דמכך ויומא דין בעא	7:6
ארום אפיטרופוס ורב סרכן מרדכי	בבית מלכא ומטבעיה נפק בכל	9:4
ית מגילתא כמכתב רושם עיבראי	בבית כנישתהון בחד עשר ותריסר	9:27
הוו קרו לה על די הות צניעא	בביתא דמרדכי שובעין וחמש	2:7
למשכוב עם מלכתא כד אנא שרי	בביתא כען כל עמיא אומיא	7:8
טבא בגין מלכא והא קיסא קאים	בביתא דהמן כען אין על מלכא	7:9
מיתת אימה ונסבה מרדכי ליה	בביתיה והוה קרי לה ברתי	2:7
דקאים בדרתא והמן עאל לדרתא	דבבית מלכא בריתא למימר למלכא	6:4
ומפנק ית בישרא ושיתא ירחין	בבוסמיא ובסמתורי נשיא	2:12
פלטירין דמלכא אמר ליה המן	בבעו מינך קטול יתי ולא תגזור	6:10
בשאילתי ולא בנין בית מוקדשא	בבעותי	5:7
ופורקן עמי מן ידוי דבעיל דבבא	בבעותי	7:3
דהכין כתיב וכנוני ימא יסגון	בגו בני אינשא על ארעא	3:7
מנהון משה ואהרן ובני ישראל	בגוב אריוותא לא תיכול למרמא	5:14
אחשורוש כתיב ומפרש ומתחתם	בקושפנקא דמלכא	3:12
וסריבת מלכתא ושתי למיעל	בגזירת מלכא דאיתפקדת ביד	1:12
גזירת מלכותא מן קומוי ויתכתיב	בגזירת פרסאי ומדאי ולא יתבטל	1:19
די אזל	בגלותא מן ירושלם עם גלותא	2:6
בנוי דהמן קטעין ית אילנא	דבגינתא גוואה בכן קם בריתחיה	7:7
ואמר לאסתר מלכתא מאן הוא דין	ובאידין אתר הוא גברא חציפא	7:5
	ובהדין זמן בתר די שלמין תרי	2:13
ומדאי חזן ית אפי מלכא דיתבין	בדרגא קמאה דבכורסי מלכותא	1:14
ועד זעירא משתיא שבעא יומין	בדרת גינתא גואה דלמלכא דהות	1:5
עלהא רוח קודשא וקמת וצליאת	בדרתא דבבית מלכא גואה דמתבני	5:1
מלכא ית אסתר קיימא כד נסיסא	בדרתא ותרתין עינהא זלגן דמען	5:2
ואמר מלכא מאן גברא דקאים	בדרתא והמן עאל לדרתא דבבית	6:4
מלכא לוותיה הא המן קאים	בדרתא ואמר מלכא יעול	6:5
וכל יומי דרווש בר אסתר מלכתא	בזכותא דמרדכי ברם המן בר	3:2
יומי פורייא האיליין באדר בתרא	בזמן עיבוריהון הי כמא דקיים	9:31
ביום תלתסרי לירח אדר הוה קטול	בזרעית עמלק ונחו בארבסר ביה	9:17
שבתא יחולתא הות משמשא קומתא	בחד בשבתא רוקעתא בתרין בשבתא	2:9
רושם עיבראי בבית כנישתהון	בחד עשר ותריסר ותלתסר	9:27
כן עול עם מלכא לבית משתייא	בחדוה ושפר פתגמא קדם המן	5:14
חמרא וקרתא דשושן הות מתערבלא	בחדות עמיא נוכראין ובקל	3:15
וגחנין לאנדרטא די הקים המן	בחדייה וסגדין להמן ארום כדין	3:2
בטולמת לחם ולאנדרטא די הקים	בחדייה לא הוה גחין על דהוא	3:4
קדם יי וכד שפר ליביה דמלכא	בחמרא גרי ביה יי מלאכא	1:10
בתלתסר ביה ובארבסר ביה ונחו	בחמיסר ביה ומעבד ביה יום	9:18
נהוריתא בארבע בשבתא רוחשיתא	בחמשא בשבתא חורפיתא בשתא	2:9

בחמש	ב	בירח
3:7	בחמשא בשבא ולא על מן בגלל	שבעא כוכביא ותריסר מזליא
1:7	בחוסרנא אלהין כמיסת ידא	דסגי ריחיה ובסיס טעמיה ולא
3:7	בטבת לא על מן בגלל דביה סליק	בגלל דביה איתיסר בית מוקדשא
3:7	בטורא דסיני למיסב לוחין	לא על מן בגלל דביה סליק משה
3:2	בטולמא דלחים תרגום ירושלמי	ליה עבד פלח מטול דאיזדבן ליה
5:9	בטולמא דלחים דמכתבא	ליה שטר זבינתא דאיזדבן ליה
3:4	בטולמת לחם ולאנדרטא די הקים	סגיד על דהוא עבדיה דאזדבן ליה
3:2	בטרקליליה על ארכובתא והכין	אזל מרדכי וכתב שטר זבינתא
5:9	בטרקליליה כל קבל ארכובתיה מן	ליה בטולמא דלחים דמכתבא
1:12	ביד רבניא ורגז מלכא לחדא	למיעל בגזירת מלכא דאיתפקדת
1:15	ביד רבניא	ית מימר מלכא אחשורוש דגזר עלה
5:1	ביד עורלאה הדין ולא תעביד	אמרת רבוני דעלמא לא תימסרינני
3:13	בידא דריהטונין לכל פילכי	ולשדרא פיטקין
8:10	בידא דרהטונין רהטי סוסוון	סיטומתא דמלכא ושלח פיטקין
5:1	בידוי דהמן בר המדתא בר עדא	על עמך ולא תמסור בנוי דיעקב
3:2	בידי ממא לפרנסא אוכלוסיי	ונפקו מתחות ידיי ולא הוה
3:2	בידי ית מרדכי וית כל עמיה	אלפין ככרין דכסף למלכא וימסור
3:2	בידי תרין חולקין מכל מא דיהב	כל מא די יהב לן ועד השתא אית
3:7	בידי הי כנוני ימא ולא הוה	ירחא דאדר ואמר בליען אינון
1:4	בידיה מן כרש מדאה ואוף כרש	אחוי להון ית עותריה די אישתאר
3:2	בידיה מדעם מן ממונא ומן	כיון דחמא הינון דלא אישתייר
5:2	בידיה וקריבת אסתר ומטת לידא	ית תיגדא דדהבא דהוה נקיט
6:13	בידיהון ואוף אנת לא תיכול	דאבאישו להון מסר יתהון אלההון
3:11	בידך למעבד כמא דיוטב קומך	יהי מתיהב לך ועמא יהון מסירין
1:13	במנדעא דעידנייא וזימניא בספר	לחכימיא בנוי דיששכר דחכימין
8:7	ביהודאין	על קיסא בגין די אושיט ידיה
9:15	ביום ארבסר לירחא דאדר וקטלו	ואיתכנשו יהודאין דבשושן אוף
9:17	ביום תלתסרי לירח אדר הוה	
1:11	ביומא דשבתא ובגין כן איתגזר	ערטולאן ומנפסן לה עמר וכיתן
2:9	ביומא דשבתא כולהין צדקתן	חורפיתא בשתא בשבתא רגועיתא
3:13	ביומא חדא בתלתסר יומין לירח	מן עולימא ועד סבא טפליא ונשיא
5:1	ביומא תליתאה דפיסחא ולבשת	והוה
5:9	ביומא ההוא חדי ובדח ליבא וכד	ונפק המן מלוות מלכא
6:8	ביומא דעל למלכותא וסוסא דרכב	ארגוונא דלבישו ביה ית מלכא
6:8	ביומא דעל למלכותא די איתיהיב	למלכותא וסוסא דרכב עלוי מלכא
7:2	ביומא תניינא במשתייא דחמרא	ואמר מלכא לאסתר אוף
8:1	ביומא ההוא מסר מלכא אחשורוש	
8:12	ביומא חד בכל פילכי מלכא	
9:1	ביומא דחשיבו בעלי דבבין	מלכא וגזירת דיניה לאיתעובדא
9:11	ביומא ההוא על מניין קטילין	
1:1	ביומוי דאחשורוש רשיעא הוא	והוה
2:20	ביומי ריחוקהא הות מיזדהרא	עבדת שביא ומועדיא הות נטרא
1:2	ביומיא האינון כד בעא מלכא	
2:21	ביומיא האינון ומרדכי יתיב	
1:1	דביומוי בטילת עיבידת בית	דאחשורוש רשיעא הוא אחשורוש
6:13	בימא דסוף וכל מלכיא	ואהרן טמעו פרעה וכל משיריתיה
2:1	בעיטת שבע רבניא מן יד תקף	הכי אילהין דין קטול גזרת עלה
6:6	ביקריה וחשיב המן בליבביה	חזי לאיתעובדא לגבר דמלכא צבי
6:7	ביקריה	המן לות מלכא גבר דמלכא צבי
6:9	ביקריה וירכבנוהי עילוי סוסא	מלכא ית גברא דמלכא צבי
6:9	ביקריה	כדין יתעביד לגברא דמלכא צבי
6:11	ביקריה וכד הוו אזלין קבל	כדין יתעבד לגברא דמלכא צבי
5:1	דבירושלם ומלכא הוה יתיב על	גואה דמתבני כל קבל בית מלכא
2:16	בירחא עשיראה הוא ירחא דטבת	יתה לות אידרון בית מלכותיה
3:7	בירחא קדמאה הוא ירחא דניסן	
3:12	בירחא קדמאה בתליסר יומין ביה	ואיתקריו לובלרין דמלכא
8:9	בירחא תליתאי בעשרין ותלתא	ואיתקרו ליבלרין דמלכא

בית ישראל פסק מן יומיא ושרי	בירחיא בניסן ולא על מן בגלל	3:7
בהון יהודאין מן בעלי דבביהון	ובירחא דאיתהפיך להון מדבונא	9:22
ליהודאין הות רשותא למעסק	באוריתא ולמיטר שביא ומועדיא	8:16
הי כמא דנפלו מלכיא קדם אברהם	במישר חקליא אבימלך קדם יצחק	6:13
ובגין כן גזר למהוי אתיא	בכלילא דמלכותא לאחזאה לעמיא	1:11
וישתמע פתגם גזירת מלכא די עבד	בכל ארום גזירתא רבא היא ומן	1:20
עמיא אומיא ולישניא די דיירין	בכל ממשלתי איזדהרו למיהוי כל	1:22
וימני מלכא אפיטרופין	בכל פילכי מלכותיה ויכנשון ית	2:3
המן לשיצאה ית כל יהודאי די	בכל מלכות אחשורוש עמיה	3:6
ולישניא ומקצת מנהון דיירין	בכל פילכי מלכותך וגזירת	3:8
דכתבא למיהוי מתיהבא גזירתא	בכל פילכא ופילכא מפרסם לכל	3:14
וכל דא ליתיה טימי לוותי	בכל עידן דאנא חמי ית מרדכי	5:13
ביומא חד	בכל פילכי מלכא אחשורוש	8:12
דכתיבא לאיתיהבא גזירת דינא	בכל פילכא ופילכא בריר לכל	8:13
איתכנשו יהודאין בקירויהון	בכל פילכי מלכא אחשורוש	9:2
מרדכי בבית מלכא ומטבעיה נפק	בכל פילכיא ארום גברא מרדכי	9:4
ומחו יהודאין	בכל בעלי דבביהון מחת קטילת	9:5
יום ארבסר וית יום חמיסר ביה	בכל שתא ושתא	9:21
דוכרנא ולאיתעובדא בהון משתיא	בכל דרא ודרא ייחוסי דכהני	9:28
בכל פילכא ופילכא ודדיירין	בכל קרתא וקרתא ויומי פוריא	9:28
וייחוסא דבית ישראל דשריא	בכל פילכא ופילכא ודדיירין	9:28
עילוי רברבניא ועילוי כל עמיא	דבכל פלכיא דשליט בהון מלכא	1:16
אגג דכתב להובדא ית כל יהודאין	דבכל פילכי מלכא	8:5
די יהב מלכא לסייעא ליהודאין	דבכל קירווא וקירווא לאיתכנשא	8:11
ושדר פיטקין לות כל יהודאין	דבכל פילכי מלכא אחשורוש	9:20
	ובכל פילכא ופילכא אתר דפתגם	4:3
	ובכל קירווא וקירווא אתר	8:17
תרין קלוסנטרין ולאוקמא חד	בכין איתיעטו בלישנהון בגתן	2:21
אתא זימנא למיהוי עלם חרוב הא	בכין איתכנשו ואתו קדם מרי	6:1
מלאכא דשגושתא לעֹרבלא משתיהון	בכן אמר למהומן ביזתא חרבונא	1:10
ומסדרן קומך סידור לחם אפייא	בכן איסתתר מלכא ושאל עיטתא	1:14
בתתובתא איהוא יהא עדב חילופך	בכן שרי שמשי צפרא לצבעא	3:7
קטעין ית אילנא דבגינתא גוואה	בכן קם בריתחיה ממשתייא דחמרא	7:7
	ובאיתכנשות בתולתן זימנא	2:19
נח ובנוי וכל דהוו עמיה	בכסלו לא על מן בגלל דביה	3:7
מן השתא לית לן למיכול ונמות	בכפנא אמר ליה מרדכי הלא בשוה	3:2
למיעול לות מלכא לדרתא גואה	בלא רשו וכען כל עבדי מלכא	4:11
מן יד תקיף רוגזיה דהמן ואמר	בליביה אנא יהיב עשרא אלפין	3:2
דמלכא צבי ביקריה וחשיב המן	בליבביה ואמר למאן יצבי מלכא	6:6
ומרדכי נפק מן קדם מלכא	בלבוש מלכותא תכלא וחרי	8:15
מלכא ורברבניא לא עילוי מלכא	בלחודוי סרחת מלכתא ושתי ארום	1:16
לאושטא ידא למקטול ית מרדכי	בלחודוי ארום חויאו ליה	3:6
שט בעינוי למושטא ידא במרדכי	לבלחודוי ובעא המן למשיציא ית	3:2
תלתא יומין וצלו קדם מרי עלמא	בליליא ובימָמא ואוף אנא	4:16
	בליליא ההוא סליקת קבילת	6:1
אינתתיה וכפי לה למיהוי ממללא	בלישן גברא וכממלל עמיה	1:22
ולאוקמא חד בכין איתיעטו	בלישנהון בגתן ותרש טורסאי	2:21
ופקיד לאשקאה יתהון	במאני דהבא דבית מוקדשא	1:7
מינה יצחק מינה יצחק אבוי	במיא לא תיכול לשנוקיה	5:14
דכל יומא הות מיקלקלא בריעא	ובמוי דריגלאין ופמה הוה סרי	5:1
לאסתר מלכתא ולאושטא ידא	במלכא אחשורוש למקטליה	2:21
כאוריתא מא לאיתעיבדא	במלכתא ושתי בגין דלא עבדת ית	1:15
נשיא לאיתגלגלא מריהון קומיהון	במללותהון חדא עם חברתה ברם	1:17
חיזו ובעידן דמית אבוהא אשתארת	במיעין דאימה וכד ילידת יתה	2:7
והוה שט בעינוי למושטא ידא	במרדכי לבלחודוי ובעא המן	3:2
דביה משתבקין חוביהון דישראל	במרחשון לא על מן בגלל דביה	3:7
רישיה וקבל קבילתא רבתא ובכא	במרירות נפשא בקל עציב	4:1

מחנפין לחיביא אמר לון והכתיק	בנבואת ישעיה לית שלם אמר	3:2
ליה זרש אינתתיה וכל רחמוי	בנורא לא תיכול למירמיה די	5:14
פסק מן יומיא ושרי בירחיא	בניסן ולא על מן בגלל זכותא	3:7
אסתר כדנא תימרון לה לא תחשבין	בנפשיכי למהך לאישתיזבא בבית	4:13
יומי סמתוריהון שיתא ירחין	בסטכת ואנפקיין דמנתר ית שערא	2:12
ולא על מן בגלל דביה נחת מונא	בסיון לא על בגלל דביה	3:7
על בגלל דביה איתיהיבת אוריתא	בסיני בתמוז לא על מן בגלל	3:7
על צליבא וית עמיה אנא קטיל	בסייפא והשתכחית מפקע גרמי	3:2
למירמיה די אישתיזב אברהם אבוי	בסייפא לא תיכול למקטליה די	5:14
ומתפרנסין שמשי ספרא איתקטיל	בסייפא ומאה ותמניא מיתו עם	9:14
ידא במלכא אחשורוש למקטליה	בסייפיה בבית דמכיה	2:21
ביומיא האינון ומרדכי יתיב	בסנהדרין דתקינת ליה אסתר	2:21
וית טפליא עסיקן בפתגמי אוריתא	בסנהדרין דעבדת להון אסתר	5:9
דאנא חמי ית מרדכי יהודאה יתיב	בסנהדרין עם עולמיא בתרע	5:13
במנדעא דעידנייא וזימניא	בספר אוריתא וחושבן עלמא ארום	1:13
תריהון על קיסא ואיתכתיב	בספר דוכרניא דמתקרי תדירא	2:23
ואישתכח כתיב	בספרא די חוי מרדכי על בגתן	6:2
עותרא בצדאותיה ית בבל חפר	בספר פרת ואשכח תמן שית מאה	1:4
בר המדתא מעיקא דיהודאין קטלו	ובעדאה לא אושיטו ית ידיהון	9:10
וקטלו בשושן תלת מאה גוברין	ובעדאה לא אושיטו ית ידיהון	9:15
וחמשא אלפין מזרעית עמלק	ובעדאה לא אושיטו ית ידיהון	9:16
מימרא דמלכא אחשורוש ואיסתתם	בעזקת סיטומתא דמלכא ושלח	8:10
בשום מימרא דמלכא ומיסתתם	בעיזקת סיטומתא דמלכא לא יתיב	8:8
בשום מימרא דמלכא וסתומו	בעיזקת סיטומתא דמלכא ארום	8:8
ושלח פיטקין כתיבן וחתימן	בעיזקתיה לכל פלכי מלכא פלך	1:22
	בעידן רמשא הות עיילא לשמושי	2:14
והי כדין איכול למתעתדא ולמחמי	בעידן דיובדון גניסת ילדותי	8:6
ארום משתק שתוקי	בעידנא ההיא ולא תפגיע על	4:14
חכימא די ינדע אין לשתא דאתיא	בעידנא הדא את מטיא למיחסן	4:14
שפירת ריוו ושפירת חיזו	ובעידן דמית אבוהא אשתארת	2:7
רמשא הות עיילא לשמושי ית מלכא	ובעידן צפרא הות תייבא לבית	2:14
ושפרת עולימתא	בעינוי ואיטענת חיסדא קומוי	2:9
עילווי מרדכי חומתא והוה שט	בעינוי למושטא ידא במרדכי	3:2
ליה וכען שוי יתי לרחמין	בעינוי די לא יקטלינני ויעבד	5:1
פתגמא קדם מלכא וטבתא אני	בעינוי יפקד מלכא וישים טעם	8:5
אסתר טעינת טיבו ומשכחא רחמין	בעיני כל חמהא	2:15
אין אשכחית רחמין	בעיני מלכא ואין על מלכא ישפר	5:8
כתובו בגין יהודאין כד שפיר	בעיניכון בשום מימרא דמלכא	8:8
מן עלמא דעד כדו לא אישתמודע	בעלמא פסוקו מיני עד די	3:1
לעסאה יתהון כגבר דעצר עינבוי	במעצרתא תרין זימנין ועתיד	1:10
ליבלרין דמלכא בירחא תליתאי	בעשרין ותלתא יומין ביה	8:9
ושויאת אסתר מלין	בפום התך ואמרת ליה כדנא תימר	4:11
ידוי דמרדכי איתכתיבת מגילתא	בפיטקא	9:32
כל עבדי מלכא ועמין דדיירין	בפילכי מלכא ידעין די כל גבר	4:11
ושאר יהודאין	דבפילכי מלכא איתכנשו וקיימו	9:16
די הוי לה כהילכת נשיא דמתינן	בתפנוקיהון תרי עשר ירחי שתא	2:12
ואמרו דין לדין הלא מלכתא	בפתגם מלכא בעיא לסלקא יתן	2:21
המן ית מרדכי וית טפליא עסיקן	בפתגמי אוריתא בסנהדרין דעבדת	5:9
ביקריה וירכבנוהי עילוי סוסא	בפתאה דקרתא ויקלסון קומוי	6:9
ואלביש ית מרדכי וארכבינה	בפתאה דקרתא וקלס קומוי כדין	6:11
מדאה ואוף כרש אשכח ההוא עותרא	בצדאותיה ית בבל חפר בספר פרת	1:4
עילווי דעד כדון לא איתנסי חד	בצליבת קיסא ואישתיזיב ומן	5:14
ונדת שינתיה דמלכא ואקדים	בצפרא נסיס אפין ואמר לשמשי	6:1
קבילתא רבתא ובכא במרירות נפשא	בקל עציב	4:1
מתערבלא בחדות עמיא נוכראין	ובקל בכותא דעמא בית ישראל	3:15
אגג שדר יתי מלכא אחשורוש	בקרבא על קרתא דהינדקי ומני	3:2
חבול לי השתא אנא מתעכבין	בקרבא לא יהי לן מא למיכול	3:2

בגין כן יהודאין פצחאי דיתבין	בקירוי פצחיא עבדין ית יום	9:19
איתכנשו יהודאין	בקירויהון בכל פילכי מלכא	9:2
במללותהון חדא עם חברתה ברם	בקושטא מלכא אחשורוש אמר	1:17
עלה ותוה מלכא ואמר הא ברם	בקושטא לא אתא המן אילהין	7:8
דמלכא אזלית למיזף מן מרדכי	ברביתא ואמר דאסור למיזפי	3:2
יתזון ותוב דלית אנא מוזיף לך	ברביתא דאנא מן יעקב ואנת מן	3:2
ברביתא ואמר דאסור למיזפי	ברביתא מטול דעשו ויעקב אחי	3:2
עשרא אמר לית אנא מוזיף לך כלל	ברביתא אלא אין בעית למזבון	3:2
ורחמנא אמר לבר עממין תיזיף	ברביתא ולאחוך לא תיזיף	3:2
תיזיף ברביתא ולאחוך לא תיזיף	ברביתא ולא הו אלא לאישתמוטי	3:2
למקטליה ולא שבקיה על דאיסתכל	ברוח נבואה וחמא דאיטימוסין	2:5
דאנא בעיא מיניה ואוף אנת	ברחמך סגיען חוס על עמך ולא	5:1
וקריבת אסתר ומטת לידא ואחדת	ברישא דתיגדא	5:2
די איתיהיב כלילא דמלכותא	ברישיה	6:8
מלכא והמן למשתייא דאעבד להון	ברמשא ולמחר אנא עבדא כפתגם	5:8
מעיקא ובעיל דבבא דבעא למקטלך	ברמשא בבית דמכך ויומא דין	7:6
ית אילנא דבגינתא גוואה בכן קם	בריתחיה ממשתייא דחמרא ואזל	7:7
ומלכא תב	בריתחיה מגינתא גוואה לבית	7:8
לית אנא בעיא פלגות מלכותא	בשאילתי ולא בנין בית מוקדשא	5:7
לי שיזוב נפשי מן ידוי דסנאה	בשאלתי ופורקן עמי מן ידוי	7:3
עמלק וית עשרתי בנוי דהמן	ובמשאר פילכי מלכא מא עבדו מא	9:12
ירושלם ומיסת הוי לעוקתא ההיא	בשבט לא על מן בגלל דהוא ריש	3:7
לא אתן ליך דהכדין קיימת	בשבועה לגשם ערבאה וסנבלט	5:3
לא אתין ליך דהכדין קיימית	בשבועה לגשם ערבאה וסנבלט	5:6
לא אתן ליך דהכדין קיימית	בשבועה לגשם ולטוביה ולסנבלט	7:2
פלח למרדכי יהודאה יומא חד	בשבעתא עד זמן די רבי מלכא ית	3:2
מסרב אנא למפלח ליה יומא חד	בשבעתא כל יומי חיי ובניי	3:2
להמן אמאי לא תפלח יתי יומא	בשבעתא כמא דכתיב בשטר זבינתא	3:2
למרדכי על דהוה חכים למללא	בשובעין לישנין וחוי לאסתר	2:22
כוכביא ותריסר מזליא בחמשא	בשבא ולא על מן בגלל דביה	3:7
בגלל דביה איתבני רקיעא בתלת	בשבא ולא על מן בגלל דביה	3:7
מן בגלל דביה איתברי אדם קמאה	בשבא ולא על מן בגלל דאיהוא	3:7
המן מן יומא ליומא שרי מן חד	בשבא ולא על מן בגלל דביה	3:7
דישראל לסעודת יומא רבא בשיתא	בשבא ולא על מן בגלל דביה	3:7
דביה איתברי גנתא דעדן בארבע	בשבא ולא על מן בגלל דביה	3:7
דביה איתבריו שמיא וארעא בתרין	בשבא ולא על מן בגלל דביה	3:7
בחמשא בשבתא חורפיתא בשתא	בשבתא רגועיתא ביומא דשבתא	2:9
קומתא בחד בשבתא רוקעתא בתרין	בשבתא גינונייתא בתלת בשבתא	2:9
בתרין בשבתא גינונייתא בתלת	בשבתא נהוריתא בארבע בשבתא	2:9
בתלת בשבתא נהוריתא בארבע	בשבתא רוחשיתא בחמשא בשבתא	2:9
בארבע בשבתא רוחשיתא בחמשא	בשבתא חורפיתא בשתא בשבתא	2:9
יחולתא הות משמשא קומתא בחד	בשבתא רוקעתא בתרין בשבתא	2:9
להון זוודין וכל נבוז בייתהון	בשוה כמיסת תלת שנין אזלון	3:2
ונמות בכפנא אמר ליה מרדכי הלא	בשוה בפלגות יהב לן מלכא כל	3:2
כתבהא ועמא ועמא כממלל לישניה	בשום מלכא אחשורוש כתיב ומפרש	3:12
דמלכא ארום פיטקא דאיתכתיב	בשום מימרא דמלכא ומיסתתם	8:8
בגין יהודאין כד שפיר בעיניכון	בשום מימרא דמלכא וסתומו	8:8
וכתב	בשום מימרא דמלכא אחשורוש	8:10
כורסי מלכותיה ארדיכליא דעבדו	בשושן בירנתא	1:2
עמא בית ישראל דאישתכחו חייביא	בשושן בירנותא דאיתמניאו עם	1:5
ומצלי קדם אלהיה על עמיה דהוה	בשושן בירנותא ושמיה מתקרי	2:5
בבבל ועלו עם כרש מלכא למידר	בשושן בירנותא	2:6
כפתגמא דמלכא וגזירתא איתיהיבת	בשושן בירנותא ומלכא והמן הוו	3:15
דיטגמאה דכתב גזירתא דאיתיהיב	בשושן לשיציותהון יהב ליה	4:8
כנוש ית יהודאי די משתכחן	בשושן וצומו עלוי לא תיכלון	4:16
ליה סגיעין מרדכי יהודאי אית	בשושן אתיב ליה מלכא לההוא	6:10
דמלכא וגזירת דינא איתיהיבת	בשושן בירנותא	8:14

	ובשושן בירנותא קטלו יהודאין	9:6
ביומא ההוא על מניין קטילין	בשושן בירנותא קדם מלכא	9:11
ואמר מלכא לאסתר מלכתא	בשושן בירנותא קטלו יהודאין	9:12
רשו אוף מחר ליהודאין די	בשושן למעבד יומא טבא וחדוא	9:13
כדין ואיתיהיבת גזירת דינא	בשושן וית עשרתי בנוי דהמן	9:14
עם חמש מאה גוברין דאיתקטילו	בשושן דהוו מתמנן על אישקקי	9:14
ביום ארבסר לירחא דאדר וקטלו	בשושן תלת מאה גוברין ובעדאה	9:15
ואיתכנשו יהודאין	דבשושן אוף ביום ארבסר לירחא	9:15
ויהודאין	דבשושן איתכנשו לשיצאה ית	9:18
יתי יומא בשבעתא כמא דכתיב	בשטר זבינתא שדר ליה המן שחרר	3:2
עד פלגותהון דהב טב ושלימין	באשלמות אבן טבא ומטללין	1:5
	ובאשלמות יומי משתיא האיליין	1:5
כהנא רבא ית כל מא דאיתעבד	בשמי מרומא ומא דאיתחייבו עמא	4:1
ארעא הי כדין איתכתיב ואיתחתם	בשמי מרומא על עיסק די	4:1
מטול דאיזדבן ליה בטולמא דלחים	בשנת תרתין למלכות אחשורוש	3:2
בירחא קדמאה הוא ירחא דניסן	בשנת תריסר למלכות אחשורוש	3:7
	בשתא תליתאה למלכותיה עבד	1:3
בירחא עשיראה הוא ירחא דטבת	בשתא שביעיתא למלכותיה	2:16
מלכא לפרנסא פלגות אוכלוסיא	בשתא חדא ומרדכי הוה מצמצם	3:2
בגין כן נטרין ליה זמן שתא	בשתא בגין כן דיפרסמון יומי	9:26
מיניה ואיתעסקו ביה תרין שנין	ובשתא תליתאה למלכותיה יתיב	1:2
די ישלטון יהודאין אינון	בשנאיהון	9:1
גולפין והובד נפשאתא ועבדו	בשנאיהון כרעותהון	9:5
נייחא מבעלי דבביהון וקטלו	בשנאיהון שובעין וחמשא אלפין	9:16
כהילכת נפקי קרבא דמאחרין	במשריתא כיון דחמא הינון דלא	3:2
כל גיברהא וכולהון יקירהא אסרו	בשושלוון ואיתי אונון לות	3:2
דישראל לסעודת יומא רבא	בשיתא בשבא ולא על מן בגלל	3:7
רוחשיתא בחמשא בשבתא חורפיתא	בשתא בשבתא רגועיתא ביומא	2:9
ואמר מלכא לאסתר	במשתייא דחמרא מא שאלתיך אסתר	5:6
מלכא לאסתר אוף ביומא תניינא	במשתייא דחמרא מא שאילתיך	7:2
כנישתא דישראל דאין תהדרין	בתתובתא איהוא יהא עדב חילופך	3:7
למבני בית מוקדשא דאיהו קאים	בתחום פלגות מלכותי לא אתן	5:3
למיבני בית מוקדשא דאיהוא קאים	בתחום פלגות מלכותי לא איתן	5:6
למבני בית מוקדשא דהוא קאים	בתחום פלגות מלכותי לא אתן	7:2
לובלרין דמלכא בירחא קדמאה	בתליסר יומין ביה ואיתכתיב	3:12
רוקעתא בתרין בשבתא גינונייתא	בתלת בשבתא נהוריתא בארבע	2:9
על מן בגלל דביה איתבני רקיעא	בתלת בשבא ולא על מן בגלל	3:7
פלגות אמתא פרמשתא הוה צליב	בתלת אמין והוה רחיק מן אריסי	9:14
פלגות אמתא ארידי הוה צליב	בתלת אמין והוה רחיק מן ויזתא	9:14
פלגות אמתא דלפון הוה צליב	בתלת אמין והוה רחיק מן אספתא	9:14
פלגות אמתא אדליא הוה צליב	בתלת אמין והוה רחיק מן	9:14
פלגות אמתא ויזתא הוה צליב	בתלת אמין והוה רחיק מן המן	9:14
המן פלגות אמתא המן הוה צליב	בתלת אמין והוה על רישיה תלת	9:14
מן ארעא ופרשנדתא הוה צליב	בתלת אמין והוה רחיק מן דלפון	9:14
פלגות אמתא אספתא הוה צליב	בתלת אמין והוה רחיק מן פורתא	9:14
פלגות אמתא פורתא הוה צליב	בתלת אמין והוה רחיק מן אדליא	9:14
פלגות אמתא ארידתא הוה צליב	בתלת אמין והוה רחיק מן	9:14
פלגות אמתא אריסי הוה צליב	בתלת אמין והוה רחיק מן ארידי	9:14
ועד סבא טפליא ונשיא ביומא חדא	בתלתסר יומין לירח תריסר הוא	3:13
חד בכל פילכי מלכא אחשורוש	בתלתסר יומין לירח תריסר הוא	8:12
ובתריסר ירחין הוא ירח אדר	בתלתסר יומין ביה דמטא פתגם	9:1
איתכנשו לשיצאה ית בנוי דעמלק	בתלתסר ביה ובארבסר ביה ונחו	9:18
דביה איתיהיבת אוריתא בסיני	בתמוז לא על מן בגלל דביה	3:7
משמשא קומתא בחד בשבתא רוקעתא	בתרין בשבתא גינונייתא בתלת	2:9
בגלל דביה איתבריו שמיא וארעא	בתרין בשבא ולא על מן בגלל	3:7
	ובתריסר ירחין הוא ירח אדר	9:1
ומרדכי מצלי ואזל ויתיב	בתרע מלכא	2:19

יתיב בסנהדרין דתקינת ליה אסתר	בתרע מלכא וכד חמון תרין	2:21	
ואמרו עבדי מלכא די	בתרע פלטירין דמלכא למרדכי מא	3:3	
בסנהדרין דעבדת להון אסתר	בתרע מלכא ומרדכי לא קם מן	5:9	
יתיב בסנהדרין עם עולמיא	בתרע פלטירין דמלכא	5:13	
לההוא דסדרת ליה אסתר סנהדרין	בתרע פלטירין דמלכא אמר ליה	6:10	
כל עבדוי דמלכא	דבתרע פלטירין דמלכא חמטין	3:2	
ותב מרדכי לסנהדרין	דבתרע פלטירין דמלכא ואשלח ית	6:12	
דסיני למיסב לוחין אוחרניתא	בתשרי לא על מן בגלל דביה	3:7	

ב = 407

דישראל במרחשון לא על מן בגלל	דביה נחת מבולא ואישתיזיב נח	3:7	ד
מן בגלל דביה פסקן מיתי מדברא	וביה חדרת שכינת מרי עלמא	3:7	
ההיא יקרא למרדכי צדיקא אחוי	דאבא בר חפר בר שמעי בר שמידע	7:6	
ואיתהפכת מן שמיא בגין זכותא	דאבהתא די ישלטון יהודאין	9:1	
זכותא דאלביש נבוכדנצר אבוי	דאבוהא לדניאל ארגוונא ובגין	1:11	
אתי מן יעקב דשקל מן עשו אבא	דאבוי דהמן ית בכורתא וית	3:6	
לות מלכא דלא כדינא והי כמא	דהובדית מן בית נשאי ואידברית	4:16	
איכול למתעתדא ולמחמי בעידן	דיובדון גניסת ילדותי	8:6	
ואמר ממוכן הוא המן בר בריה	דאגג רשיעא קדם מלכא ורברבניא	1:16	
תריסר ירחי שתא דאיהוא ירחא	דאדר ואמר בליען אינון בידי	3:7	
יומין לירח תריסר הוא ירחא	דאדר ושללהון לעדאה	3:13	
יומין לירח תריסר הוא ירחא	דאדר	8:12	
דבשושן אוף ביום ארבסר לירחא	דאדר וקטלו בשושן תלת מאה	9:15	
בגין עיטתא דושתי חייבתא ברתיה	דאויל מרודך בר נבוכדנצר ועל	1:1	
לך חד אין אנא יהיב לך מזוני	דאוכלוסאי מן מא יתזון ותוב	3:2	
אוכלוסיא כהילכת נפקי קרבא	דמאחרין במשריתא כיון דחמא	3:2	
והוה ביומוי	דאחשורוש רשיעא הוא אחשורוש	1:1	
על עיסק די איתהניו מן סעודתיה	דאחשורוש רשיעא ברם חותמא הוה	4:1	
על דאיסתכל ברוח נבואה וחמא	דאיטימוסין מרדכי ואסתר	2:5	
ליה ליך לחוד למבני בית מוקדשא	דאיהו קאים בתחום פלגות	5:3	
אדם קמאה בשבא ולא על מן בגלל	דאיהוא קיים בין מימרא דיי	3:7	
כד מטא לסוף תריסר ירחי שתא	דאיהוא ירחא דאדר ואמר בליען	3:7	
בעותיך לחוד למיבני בית מוקדשא	דאיהוא קאים בתחום פלגות	5:6	
אמרת לא תדחלין כנישתא דישראל	דאין תהדרין בתתובתא איהוא	3:7	
ומרדכי ידע על ידא	דאליהו כהנא רבא ית כל מא	4:1	
דמית אבוהא אשתארת במיעין	דאימה וכד ילידת יתה אימה	2:7	
דממון כסף עשר אלפין ככרין	דאמר המן למתקל על ידיהון	4:7	
או דילמא אין לא מודי אנא	דאנא עבדיה או דילמא אין מסרב	3:2	
לי מלכא לפרנסא ית אוכלוסין	דאנא מתמני עליהון לרישא נפקו	3:2	
ותוב דלית אנא מוזיף לך ברביתא	דאנא מן יעקב ואנת מן עשו	3:2	
דא ליתיה טימי לוותי בכל עידן	דאנא חמי ית מרדכי יהודאה	5:13	
ואמר להון מא דין קל גדיין	דאנא שמע ענת מדת דינא רחמין	6:1	
ושקותא כהלכת מנהג גופא ולית	דאניס ארום כן שם טעם מלכא על	1:8	
בעותא לא אעבד לך מילתא אחריתי	דאנת בעיא מיני אגזור ותתעבד	5:3	
למיזף מן מרדכי ברביתא ואמר	דאסור למיזפי ברביתא מטול	3:2	
דושתי ואקים תמן ית איקונין	דאסתר ואותיב יתה על כורסי	2:17	
ועבדוי והוו קרו לה משתיא	דאסתר והניית שיבוק כרגא	2:18	
ועלן עולמתן	דאסתר ורבנהא וחויאו לה	4:4	
מלכא והא המן גחין על דרגשיעא	דאסתר יתבא עלה ותוה מלכא	7:8	
ויהי מתיהיב לבושא	דארגוונא וסוסא על ידא דגברא	6:9	
קומך מלכא רמא ואין קדם מלכא	דארעא שפיר תתיהב לי שיזוב	7:3	
יתהון במאני דהבא דבית מוקדשא	דאיתי נבוכדנצר רשיעא מן	1:7	
הוא חכימא די ינדע אין לשתא	דאתיא בעידנא הדא את מטיא	4:14	
תיעול ושתי קדם מלכא ומן בתר	דתיתי קדם מלכא יגזור מלכא	1:19	
ידא דכהנא רבא דהוה לביש חושנא	דביה כרום ימא ורובי כהניא	1:14	
עם משה באלול לא על מן בגלל	דביה סליק משה בטורא דסיני	3:7	
דהוו עמיה בכסלו לא על מן בגלל	דביה איתיסר בית מוקדשא בטבת	3:7	

דהוי	ד	דב
בתרין בשבא ולא על מן בגלל	דביה איתבני רקיעא בתלת בשבא	3:7
בתלת בשבא ולא על מן בגלל	דביה איתברי גנתא דעדן בארבע	3:7
בחמשא בשבא ולא על מן בגלל	דביה איתברי לויתן ותרנגול	3:7
רבא בשיתא בשבא ולא על מן בגלל	דביה איתברי אדם קמאה בשבא	3:7
נחת מונא בסיון לא על בגלל	דביה איתיהיבת אוריתא בסיני	3:7
דפיסחא באיר ולא על מן בגלל	דביה נחת מונא בסיון לא על	3:7
תרין זימנין באב לא על מן בגלל	דביה פסקן מיתי מדברא וביה	3:7
אוחרניתא בתשרי לא על מן בגלל	דביה משתבקין חוביהון דישראל	3:7
בארבע בשבא ולא על מן בגלל	דביה איתבריו שימשא וסיהרא	3:7
בית מוקדשא בטבת לא על מן בגלל	דביה סליק נבוכדנצר רשיעא על	3:7
בסיני בתמוז לא על מן בגלל	דביה איתפקד שור ירושלם ולא	3:7
שרי מן חד בשבא ולא על מן בגלל	דביה איתבריו שמיא וארעא	3:7
בימא דסוף וכל מלכיא ושילטוניא	דאבאישו להון מסר יתהון	6:13
דיהודה די אגלי נבוכדנצר מלכא	דבבל וכד צדא כרש ודריוש ית	2:6
אילנא לאילנא הוו פריסן יריען	דבוץ גוון חיוור כספירין	1:6
והמניכא דדהבא רבתא וגלימא	דבוץ וארגוון טב וקרתא דשושן	8:15
דקאים בדרתא והמן עאל לדרתא	דבבית מלכא בריתא למימר למלכא	6:4
ופקיד לאשקאה יתהון במאני דהבא	דבית מוקדשא דאיתי נבוכדנצר	1:7
פיקודיא דאיתחייב בהון נשיא	דבית ישראל הות נטרא על פם	2:20
בליליא ההוא סליקת קבילת ריביא	דבית ישראל לרקיעא ואישתמעת	6:1
אנת שמע אילהין קל ריבייא	דבית ישראל די איזדמנו למהוי	6:1
ייחוסי דכהני ולוואי וייחוסא	דבית ישראל דשריא בכל פילכא	9:28
ישראל וממליל שלמא לכל זרעיה	דבית יעקב	10:3
וצליאת בדרתא דבבית מלכא גואה	דמתבני כל קבל בית מלכא	5:1
בר גרא בר קיש גברא דמישבטא	דבנימן הוא שמעי דאקיל לדוד	2:5
ומתרעי לסגי אחוי דמן שבטא	דבנימן תבע טבתא לעמיה בית	10:3
אסתר גברא מעיקא ובעיל דבבא	דבעא למקטלך ברמשא בבית דמכך	7:6
בשאלתי ופורקן עמי מן ידוי	דבעיל דבבא בבעותי	7:3
בידי הי כנוני ימא ולא הוה ידע	דבנוי דיוסף מתילין לנוני ימא	3:7
לבושא דארגוונא וסוסא על ידא	דגברא רבא מרברבני מלכא	6:9
ברתיה מן איגרא והות דמיא	דגברא דמהלך באורחא הוא מרדכי	6:11
דאמר המן למתקל על ידיהון	דגזברין דממנן על בית גנזי	4:7
דלא עבדת ית מימר מלכא אחשורוש	דגזר עלה ביד רבניא	1:15
אזל בגלותא מן ירושלם עם גלותא	דאגליאת עם יכניה מלכא דיהודה	2:6
בנוי דהמן קטעין ית אילנא	דבגינתא גוואה בכן קם בריתחיה	7:7
די מחתן על דרגשין תקליטיהון	דדהב טב וכרעיהון דכסף שריין	1:6
קומוי מן כל בתולתן ושוי מניכא	דדהבא על רישה וטרד מן קיטון	2:17
די יושיט ליה מלכא ית תגדא	דדהבא וייחי ואנא לא אתקריתי	4:11
ואושיט מלכא לאסתר ית תיגדא	דדהבא דהוה נקיט בידיה וקריבת	5:2
על סוסא דילך ולאחתא מניכא	דדהבא על רישיה ולמרדא בך	7:6
מלכא לאסתר ית תיגדא	דדהבא ואיזדקפת אסתר וקמת קדם	8:4
מלכותא תכלא וחרי והמניכא	דדהבא רבתא וגלימא דבוץ	8:15
רשו וכען כל עבדי מלכא ועמין	דדיירין בפילכי מלכא ידעין די	4:11
ישראל דשריא בכל פילכא ופילכא	ודדיירין בכל קרתא וקרתא	9:28
עמונאה דלא למשבק למבני יתיה	דדחיל אנא מן יהודאי דילמא	5:3
איכול לסוברא ולמיחמי בבישתא	דתינדן ית עמי והי כדין איכול	8:6
באונסא ואיתעלת לבית מלכא לידא	דהגי נטיר נשיא	2:8
וכד איתכנשו עולמתן לידוי	דהגי הות תמן ברתיה דהמן והוה	5:1
קדמאה דמשתייא עד יומא שביעאה	דהוא שבתא לחמא לא סעד ומוי	1:10
סעד ומוי לא שתא וביומא שביעאה	דהוא יומא דשבתא עלת קבילתיה	1:10
די הקים בחדייה לא הוה גחין על	דהוא יהודי ויהודאי לא פלחן	3:4
חוי להון די להמן לא סגיד על	דהוא עבדיה דאזדבן ליה בטולמת	3:4
ההיא בשבט לא על מן בגלל	דהוא ריש שתא לאילני דמינהון	3:7
מרדכי למידע מא דין קל בכותא	דהוא בכי ועל מא דין לא קביל	4:5
על פילכיא ובר מן שמשי	דהוא ספרנא דמלכא וית מא	5:11
לך לחוד למבני בית מוקדשא	דהוא קאים בתחום פלגות מלכותי	7:2
ית ושתי מלכתא ערטולתא על עיסק	דהוה מפלחא ית בנאתא דישראל	1:11

מדבח אדמתא על ידא דכהנא רבא	דהוה לביש חושנא דביה כרום	1:14
ומודה ומצלי קדם אלהיה על עמיה	דהוה בשושן בירנותא ושמיה	2:5
בירנותא ושמיה מתקרי מרדכי על	דהוה מתיל למירא דכיא בר יאיר	2:5
ואשתמודע פתגמא למרדכי על	דהוה חכים למללא בשובעין	2:22
על מלכא ופקיד למיקטלה בגין	דהוה צבי למיסביה ית ברתיה	5:1
מלכא לאסתר ית תיגדא דדהבא	דהוה נקיט בידיה וקריבת אסתר	5:2
מן ירושלם ומאניא אחרנייתא	דהוו ליה למלכא אחשורוש תמן	1:7
עם דניאל וכל כנישתא דישראל	דהוו תמן בבבל ועלו עם כרש	2:6
ורחים מלכא ית אסתר מכל נשיא	דהוו מתנסבן ואיטענת רחמין	2:17
מבולא ואישתיזיב נח ובנוי וכל	דהוו עמיה בכסלו לא על מן	3:7
עם שובעין בנין דאישתארו להמן	דהוו הדרין על תרעיא	9:14
מאה גוברין דאיתקטילו בשושן	דהוו מתמנן על אישקקי מלכא	9:14
יומין בדרת גינתא גואה דלמלכא	דהות נציבא אילני עבדין פירין	1:5
הות נטרא על פם מרדכי הי כמא	דהות נטרא כד הות מתרביא	2:20
פילכא ופילכא בריר לכל עמיא	דיהון יהודאין איטימוסין	8:13
ועתיד הוא למיסב ית אסתר	דהיא מן בנת שרה דחיית מאה	1:1
תלת שנין אזלון אעיקין על קרתא	דהינדקי מרדכי וחילוותיה	3:2
מלכא אחשורוש בקרבא על קרתא	דהינדקי ומני יתי על שית	3:2
מן איגרא והות דמיא דגברא	דמהלך באורחא הוא מרדכי וגברא	6:11
ולא הו אלא לאישתמוטי מידוי	דהמן כיון דמטא זמן סעודתא	3:2
עיסק בכירותא יתנסח אע מביתה	דהמן וזקיף יתמחי עלוי	3:2
דמטא זמן סעודתא אתו אוכלוסוי	דהמן אמרו ליה הב לן ניכול	3:2
כרסוי למאן מן יד תקיף רוגזיה	דהמן ואמר בליביה אנא יהיב	3:2
מן יעקב דשקל מן עשו אבא דאבוי	דהמן ית בכורתא וית ברכתא	3:6
גואה די לא מתקרי על פמיה	דהמן חדא היא גזירת דיניה	4:11
לידוי דהגי הות תמן ברתיה	דהמן והוה צבו מן שמיא דכל	5:1
ולא תמסור בנוי דיעקב בידוי	דהמן בר המדתא בר עדא בר	5:1
ביקריה וכד הוו אזלין קבל ביתא	דהמן רשיעא איסתכלת שכחטנת	6:11
עשרתי מלאכי דמיין לעשרתי בנוי	דהמן קטעין ית אילנא דבגינתא	7:7
פתגמא נפקת מפמא דמלכא ואפוי	דהמן איתחפיו בהתא	7:8
בגין מלכא והא קיסא קאים בביתא	דהמן כען אין על מלכא שפר	7:9
אחשורוש לאסתר מלכתא ית ביתא	דהמן מעיק דיהודאי וית אינשי	8:1
מרדכי רב וסרכן על בית גניסיה	דהמן	8:2
למיהוי תייבין פיטקיא זימיוניה	דהמן בר המדתא דמן ייחוס אגג	8:5
עשרתי בנוי	דהמן בר המדתא מעיקא דיהודאין	9:10
דמזרעית עמלק וית עשרתי בנוי	דהמן ובמשאר פילכי מלכא מא	9:12
על יום ניסא וית עשרתי בנוי	דהמן יזדקפון על קיסא	9:13
דינא בשושן וית עשרתי בנוי	דהמן צליבו ודין סידור	9:14
מן בעלי דבביהון ובירחא	דאיתהפיך להון מדבונא לחדוה	9:22
שנת תרתין לדריוש בגין עיטתא	דושתי חייבתא ברתיה דאויל	1:1
מן קיטון בית דמכיה ית איקונין	דושתי ואקים תמן ית איקונין	2:17
די להמן לא סגיד על דהוא עבדיה	דאזדבן ליה בטולמת לחם	3:4
על די הוה ליה עבד פלח מטול	דאיזדבן ליה בטולמא דלחים	3:2
ימינא ואחוי ליה שטר זבינתא	דאיזדבן ליה בטולמא דלחים	5:9
למיפק מתחות ידוי עד זמן	דאיזדבנית ליה לעבדא ואין	3:2
נטיר ליה בבו על עיסק זבינותא	דאיזדבנית ליה הי כמא דנטר	3:2
חד מן רבניא קדם מלכא הא קיסא	דזמין המן למצלב מרדכי דמליל	7:9
וצליבו ית המן על קיסא	דזמין למרדכי וריתחא דמלכא	7:10
עם המן אבוהון על קיסא	דזמין למרדכי דרומיה חמשין	9:14
מלכא אחשורוש ית המן בר המדתא	דמזרעית אגג בר עמלק רשיעא	3:1
עלוי וקבילית אנא המן בר המדתא	דמזרעית אגג למהוי עבד פלח	3:2
די רבי מלכא ית המן בר המדתא	דמזרעית אגג ואעיל יתיה ושוי	3:2
חמש מאה גובריא רופילין	דמזרעית עמלק וית עשרתי בנוי	9:12
לא הות טעמא וכל פיקודיא	דאיתחייב בהון נשיא דבית	2:20
כל מא דאיתעבד בשמי מרומא ומא	דאיתחייבו עמא בית ישראל	4:1
רברבנוי וכן אמרין הלא את הוא	דחייבת עלה דין קטול על מא	2:1
ספרא וכד חמא שמשי ספרא ית מאן	דחוי מרדכי על בגתן ותרש הוה	6:1

ידוי דסנחריב אישתבא על ידוי	דחזקיה ותב לירושלם ותו מן	1:2
למיסב ית אסתר דהיא מן בנת שרה	דחיית מאה ועשרין ושבע שנין	1:1
למהוי מתמלל פתגם מלכא קדם כל	דחכים וידעי אוריתא ודינא	1:13
ואמר מלכא לחכימיא בנוי דיששכר	דחכימין במנדעא דעידנייא	1:13
קרבא דמאחרין במשריתא כיון	דחמא הינון דלא אישתייר בידיה	3:2
ואמר מלכא לאסתר במשתייא	דחמרא מא שאלתיך אסתר מלכתא	5:6
אוף ביומא תניינא במשתייא	דחמרא מא שאילתיך אסתר מלכתא	7:2
גוואה בכן קם בריתחיה ממשתייא	דחמרא ואזל לגינתא גוואה	7:7
מגינתא גוואה לבית משתיא	דחמרא והא גבריאל מלאכא דחף	7:8
דמן ייחוס אגג וית זימיוניה	דחשיב על יהודאין	8:3
לה מלכא יתוב זימיוניה בישא	דחשיב למעבד למרדכי וליהודאי	9:25
וגזירת דיניה לאיתעובדא ביומא	דחשיבו בעלי דבבין דיהודאי	9:1
על עמיה ואמר לבזעא סיטומתא	דאיתחתמא לביש על בית ישראל	6:1
מלכותיה בירחא עשיראה הוא ירחא	דטבת בשתא שביעיתא למלכותיה	2:16
יהון מסירין בידך למעבד כמא	דיוטב קומך	3:11
אישתניו והוו שתן חמר עסיס	דיאה למשתי למלכא דסגי ריחיה	1:7
וית דיטגמאה דכתב גזירתא	דאיתיהיב בשושן לשיציותהון	4:8
המן והנפק כל ממונא וכל זוודין	דיהב ליה מלכא לפרנסא פלגות	3:2
מדעם מן ממונא ומן זוודין	דיהב ליה מלכא לפרנסא פלגות	3:2
אמר ליה הא כולהון זוודין	דיהב לי מלכא לפרנסא ית	3:2
אית בידי תרין חולקין מכל מא	דיהב לי מלכא ואנת אמאי	3:2
לא חמיט לאנדרטא דיליה מטול	דיהודאי איתסר לון למיחמט	3:2
בר המדתא מזרעית אגג מעיקא	דיהודאי	3:10
לה מא דחשיב המן רשיעא על עמא	דיהודאי ולפקדא עלהא למיעל	4:8
לאסתר מלכתא ית ביתא דהמן מעיק	דיהודאי וית אינשי ביתיה וית	8:1
ביומא דחשיבו בעלי דבבין	דיהודאי למשלוט בהון ואיתהפכת	9:1
ארעא מתגיירין ארום נפל פחדא	דיהודאין עילוויהון	8:17
בנוי דהמן בר המדתא מעיקא	דיהודאין קטלו ובעדאה לא	9:10
גלותא דאגליאת עם יכניה מלכא	דיהודה די אגלי נבוכדנצר מלכא	2:6
דאחשורוש רשיעא הוא אחשורוש	דביומוי בטילת עיבידת בית	1:1
כנוני ימא ולא הוה ידע דבנוי	דיוסף מתילין לנוני ימא דהכין	3:7
מן בגלל דאיהוא קיים בין מימרא	דיי ובין עמא בית ישראל פסק	3:7
בניהון ועילוי כל דייראי	דמיתוספין עילויהון ולא יעבר	9:27
חוס על עמך ולא תמסור בנוי	דיעקב בידוי דהמן בר המדתא בר	5:1
גואה דמתבני כל קבל בית מלכא	דבירושלם ומלכא הוה יתיב על	5:1
על עיסק דהוה מפלחא ית בנאתא	דישראל ערטולאן ומנפסן לה עמר	1:11
מבבל עם דניאל וכל כנישתא	דישראל דהוו תמן בבבל ועלו עם	2:6
וכן אמרת לא תדחלין כנישתא	דישראל דאין תהדרין בתתובתא	3:7
מן בגלל דביה משתבקין חוביהון	דישראל במרחשון לא על מן בגלל	3:7
ותרנגול ברא דאיתעתדו לכנישתא	דישראל לסעודת יומא רבא בשיתא	3:7
ואמר מלכא לחכימיא בנוי	דיששכר דחכימין במנדעא	1:13
וסריבו בנוי	דיששכר למידן ית דינא ההוא	1:14
פרסאי ומדאי חזן ית אפי מלכא	דיתבין בדרגא קמאה דבכורסי	1:14
בגין כן יהודאין פצחאי	דיתבין בקירוי פצחיא עבדין ית	9:19
שפנינין על מדבח אדמתא על ידא	דכהנא רבא דהוה לביש חושנא	1:14
משתיא בכל דרא ודרא ייחוסי	דכהני ולוואי וייחוסא דבית	9:28
ומלך מן הינדיא רבא ועד מערבא	דכוש מאה ועשרין ושבע פלכין	1:1
עילוי רברבניא ועילוי כל עמיא	דבכל פלכיא דשליט בהון מלכא	1:16
אגג דכתב להובדא ית כל יהודאין	דבכל פילכי מלכא	8:5
די יהב מלכא לסייעא ליהודאין	דבכל קירווא וקירווא לאיתכנשא	8:11
ושדר פיטקין לות כל יהודאין	דבכל פילכי מלכא אחשורוש	9:20
ברתיה דהמן והוה צבו מן שמיא	דכל יומא הות מיקלקלא בריעא	5:1
דבנוי דיוסף מתילין לנוני ימא	דהכין כתיב וכנוני ימא יסגון	3:7
לי כולי ממונך לא משחררנא לך	דכן אמרין בני נשא עבדא למאן	3:2
תקליטיהון דדהב טב וכרעיהון	דכסף שריין על סטיו כביש	1:6
אנא יהיב עשרא אלפין ככרין	דכסף למלכא וימסור בידי ית	3:2
ואנא אתן לך עשרא אלפין ככרין	דכסף שדר ליה מרדכי אין יהבת	3:2

זוזין הוויין עשרת אלפין ככרין	דכסף לחוד קולמוסא אתיהיב לי	3:9
כביש קרוסטלינין ומרמרין ודורא	דבכרכי ימא רבא ואיטונין	1:6
ית אפי מלכא דיתבין בדרגא קמאה	דבכורסי מלכותא	1:14
סיטומתא דמלכא ארום פיטקא	דאיתכתיב בשום מימרא דמלכא	8:8
וית דיטגמאה	דכתב גזירתא דאיתיהיב בשושן	4:8
דהמן בר המדתא דמן ייחוס אגג	דכתב להובדא ית כל יהודאין	8:5
כחדא ית דשריאו למעבד וית	דכתב מרדכי בגינהון	9:23
דיטגמא	דכתבא למיהוי מתיהבא גזירתא	3:14
לא תפלח יתי יומא בשבעתא כמא	דכתיב בשטר זבינתא שדר ליה	3:2
עבד פלח למרדכי יהודאה ככל מא	דכתיב באיגרתא הדא כרעותי	3:2
דיטגמאה	דכתיבא לאיתיהבא גזירת דינא	8:13
דאיזדבן ליה בטולמא דלחים	דמכתבא בטרקליליה כל קבל	5:9
מלכא ומרדכי לא חמיט לאנדרטא	דיליה מטול דיהודאי איתסר לון	3:2
דמלכותא ולמרכב על סוסא	דילך ולאחתא מניכא דדהבא על	7:6
ליתיהון שתן יומי גינוסיא	דילנא ליתיהון נטרין ונימוסנא	3:8
דאויל מרודך בר נבוכדנצר ועל	דלא שבקת למבני ית בית מוקדשא	1:1
מא לאיתעיבדא במלכתא ושתי בגין	דלא עבדת ית מימר מלכא	1:15
ומדאי ולא יתבטל הדא גזירתא	דלא תיעול ושתי קדם מלכא ומן	1:19
ולדותהא ארום מרדכי פקד עלהא	דלא תחוי	2:10
במשריתא כיון דחמא הינון	דלא אישתייר בידיה מדעם מן	3:2
מרדכי ית כל דערעיה על עיסק	דלא סגד להמן ולא גחן	4:7
ופקידת ליה על עיסק מרדכי	דלא יגרי עם המן מצותא ארום	4:10
כדין ובתר כן איעול לות מלכא	דלא כדינא והי כמא דהובדית מן	4:16
חורונאה וטוביה עבדא עמונאה	דלא למשבק למבני יתיה דדחיל	5:3
חורונאה וטוביה עבדא עמונאה	דלא למשבק למבני יתיה דילמא	5:6
והוה על רישיה תלת אמין בגין	דלא יכול מיניה עופא וזרש	9:14
דמלכותא על רישהא בגין זכותא	דאלביש נבוכדנצר אבוי דאבוהא	1:11
מלכא טעם וייתון לבוש ארגוונא	דלבישו ביה ית מלכא ביומא דעל	6:8
פלח מטול דאיזדבן ליה בטולמא	דלחים תרגום ירושלמי בשנת	3:2
שטר זבינתא דאיזדבן ליה בטולמא	דלחים דמכתבא בטרקליליה כל	5:9
דאוכלוסאי מן מא יתזון ותוב	דלית אנא מוזיף לך ברביתא	3:2
מן בגלל דהוא ריש שתא לאילני	דמינהון מתקרבין ביכוריא כד	3:7
שפירת ריוו ושפירת חיזו ובעידן	דמית אבוהא אשתארת במיעין	2:7
אלא לאישתמוטי מידוי דהמן כיון	דמטא זמן סעודתא אתו אוכלוסוי	3:2
הוא ירח אדר בתלתסר יומין ביה	דמטא פתגם מלכא וגזירת דיניה	9:1
ניסא למרדכי וידעון פורקנא	דמטת להון	9:26
על פילכיא עטיפן באיצטלוון	דמילת לבישין ארגוונין אכלין	1:3
אותיב יתהון עילוי ערסן	דמלתין די מחתן על דרגשין	1:6
שבעא יומין בדרת גינתא גואה	דלמלכא דהות נציבא אילני	1:5
מלכותא אתר קיטון בית דמוך	דלמלכא אחשורוש	1:9
ולא בחוסרנא אלהין כמיסת ידא	דמלכא	1:7
סנהדרין קדם יי וכד שפר ליביה	דמלכא בחמרא גרי ביה יי מלאכא	1:10
חמריה וכד נח תקוף רוגזיה	דמלכא אחשורוש שרי למדכר ית	2:1
שבע רבניא מן יד תקף רוגזא	דמלכא וגזר למהוי צליבן שבע	2:1
נשיא תיניין לידא דשעגז רבא	דמלכא נטיר מטרוניתא ומכאן	2:14
אילהין ית מאן די יימר הגי רבא	דמלכא נטיר נשיא והות אסתר	2:15
ויהב לה מתנן וחולק כמיסת ידא	דמלכא	2:18
הוה בידי ממא לפרנסא אוכלוסיי	דמלכא אזלית למיזף מן מרדכי	3:2
בנימין ואנא בזבוזית נכסוי	דמלכא ונפקו מתחות ידיי ולא	3:2
מא דין אנת עבר על פוקדנא	דמלכא אמר לון לית מן דינא	3:2
ואישתיירת קרתא ההיא תחות ידוי	דמלכא אחשורוש כל יומי חיווי	3:2
עיל מן כולהון רברבניא ועבדוי	דמלכא ומן יד אשתמיט מלמיפלח	3:2
כל עבדוי דמלכא דבתרע פלטירין	דמלכא חמטין וגחנין לאנדרטא	3:2
כל עבדוי	דמלכא דבתרע פלטירין דמלכא	3:2
מא דין אנת עבר ית תפקידתא	דמלכא	3:3
עבדי מלכא די בתרע פלטירין	דמלכא למרדכי מא דין אנת עבר	3:3
ואיתקריו לובלרין	דמלכא בירחא קדמאה בתליסר	3:12

כתיב ומפרש ומתחתם בקושפנקא	דמלכא	3:12
ריהטונין נפקו זריזין כפתגמא	דמלכא וגזירתא איתיהיבת בשושן	3:15
ואתא עד קדם תרע פלטירא	דמלכא ארום לית רשו לגבר	4:2
רשו לגבר למיעל לתרע פלטירין	דמלכא כד לביש לבושא דשק	4:2
לפתאה דקרתא דלקדם תרע פלטירין	דמלכא	4:6
פילכיא ובר מן שמשי דהוא ספרנא	דמלכא וית מא דירבי יתיה מלכא	5:11
עם עולמיא בתרע פלטירין	דמלכא	5:13
ושגיש ית אחשורוש ונדת שינתיה	דמלכא ואקדים בצפרא נסיס אפין	6:1
מלכא מאן חזי לאיתעובדא לגבר	דמלכא צבי ביקריה וחשיב המן	6:6
ואמר המן לות מלכא גבר	דמלכא צבי ביקריה	6:7
קומוי כדין יתעביד לגברא	דמלכא צבי ביקריה	6:9
וילבשון תורביינ׳ מלכא ית גברא	דמלכא צבי ביקריה וירכבנוהי	6:9
ליה אסתר סנהדרין בתרע פלטירין	דמלכא אמר ליה המן בבעו מינך	6:10
וקלס קומוי כדין יתעבד לגברא	דמלכא צבי ביקריה וכד הוו	6:11
מרדכי לסנהדרין דבתרע פלטירין	דמלכא ואשלח ית לבוש ארגוונא	6:12
למעיקא טימין ורווחא באוזינקא	דמלכא	7:4
לאיתעובדא בה פתגמא נפקת מפמא	דמלכא ואפוי דהמן איתחפיו	7:8
על קיסא דזמין למרדכי וריתחא	דמלכא אישתדכת	7:10
דמלכא ומיסתתם בעיזקת סיטומתא	דמלכא לא יתיב ריקנו	8:8
פיטקא דאיתכתיב בשום מימרא	דמלכא ומיסתתם בעיזקת סיטומתא	8:8
כד שפיר בעיניכון בשום מימרא	דמלכא וסתומו בעיזקת סיטומתא	8:8
דמלכא וסתומו בעיזקת סיטומתא	דמלכא ארום פיטקא דאיתכתיב	8:8
ואיתקרו ליבלרין	דמלכא בירחא תליתאי בעשרין	8:9
וכתב בשום מימרא	דמלכא אחשורוש ואיסתתם בעזקת	8:10
אחשורוש ואיסתתם בעזקת סיטומתא	דמלכא ושלח פיטקין בידא	8:10
נפקי זריזין וסחיפין כפתגמא	דמלכא וגזירת דינא איתיהיבת	8:14
כן גזר למהוי אתיא בכלילא	דמלכותא לאחזאה לעמיא	1:11
עלהא למיתי ערטולאתא ברם כלילא	דמלכותא על רישהא בגין זכותא	1:11
דעל למלכותא די איתיהיב כלילא	דמלכותא ברישיה	6:8
ויומא דין בעא למילבש איצטילא	דמלכותא ולמרכב על סוסא דילך	7:6
הא קיסא דזמין המן למצלב מרדכי	דמליל טבא בגין מלכא והא קיסא	7:9
ולא תימנע מידעם מן כל מאן	דמלילתא	6:10
ולא גחן לאנדרטיה וית דררא	דממון כסף עשר אלפין ככרין	4:7
מן ירושלם על ידוי דשישק מלכא	דמצרים וממצרים אישתבא על	1:2
קרו לה על די הות צניעא בביתא	דמרדכי שובעין וחמש שנין ולא	2:7
סידור אסתר בת אביחיל אחבוי	דמרדכי דנסבה ליה לברת למיעל	2:15
דרווש בר אסתר מלכתא בזכותא	דמרדכי ברם המן בר המדתא	3:2
והשתכחית מפקע גרמי משיעבודיה	דמרדכי ופרע לעמיה מא דעבד	3:2
מרדכי בלחודוי ארום חויאו ליה	דמרדכי אתי מן יעקב דשקל מן	3:6
וית ברכתא ויהודאי אינון עמא	דמרדכי ובעא המן לשיצאה ית כל	3:6
די בכל מלכות אחשורוש עמיה	דמרדכי	3:6
לארכונין ארום נפל פחדא	דמרדכי עילויהון	9:3
פתגמי פורייא האילין ועל ידוי	דמרדכי איתכתיבת מגילתא	9:32
יצחק יעקב נצח מלאכא ועל ידוי	דמשה ואהרן טמעו פרעה וכל	6:13
מסוף די הוי לה כהילכת נשיא	דמתינן בתפנוקיהון תרי עשר	2:12
ותו מן ירושלם אישתבא על ידוי	דנבוכדנצר ונחת לבבל וכדו צדא	1:2
עלמא הי כקל גדיין דעיזין עד	דאיתנדדו כל אינגלי מרומא	6:1
כזמן יומין	דנחו בהון יהודאין מן בעלי	9:22
תמן שית מאה ותמנין אחמתין	דנחשא מליין דהב טב יוררין	1:4
ורכבי רכשא ערטוליינ׳ רמכין	דאיתנטילו טחוליהון ואיקדדו	8:10
זבינותא דאיזדבנית ליה הי כמא	דנטר עשו ליעקב על עיסק	3:2
ית כל מגילאתא הדא תוקפא	דניסא לקיימא ית איגרתא	9:29
בירחא קדמאה הוא ירחא	דניסן בשנת תריסר למלכות	3:7
אסתר בת אביחיל אחבוי דמרדכי	דנסבה ליה לברת למיעל לות	2:15
דשרית למינפל קומוי הי כמא	דנפלו מלכיא קדם אברהם במישר	6:13
שיתא ירחין בסטכת ואנפקיין	דמנתר ית שערא ומפנק ית בישרא	2:12
שתן חמר עסיס דיאה למשתי למלכא	דסגי ריחיה ובסים טעמיה ולא	1:7

אית בשושן אתיב ליה מלכא לההוא	דסדרת ליה אסתר סנהדרין בתרע	6:10
טמעו פרעה וכל משיריתיה בימא	דסוף וכל מלכיא ושילטוניא	6:13
מן בגלל דביה סליק משה בטורא	דסיני למיסב לוחין אוחרניתא	3:7
יואב למקטליה ולא שבקיה על	דאיסתכל ברוח נבואה וחמא	2:5
סילעא לגולגלתא כד נפקו ממצרים	דסכום סילעיא הוו מאה ככרין	3:9
מנהון אנא יהיב לך מאה זוזי	דסכום אבהתהון כד נפקו ממצרים	3:9
והיך רהיטין קומוי סגיעות בנוי	דסכומהון מאתן ותמניא בר מן	5:11
דמצרים וממצרים אישתבא על ידוי	דסנחריב ומן ידוי דסנחריב	1:2
על ידוי דסנחריב ומן ידוי	דסנחריב אישתבא על ידוי	1:2
תתיהב לי שיזוב נפשי מן ידוי	דסנאה בשאלתי ופורקן עמי מן	7:3
ידא דאליהו כהנא רבא ית כל מא	דאיתעבד בשמי מרומא ומא	4:1
רעות המן רשיעא מיני הי כמא	דאיתעבד מן ושתי דשם טעם על	5:1
חמת אפי גבר אילהין אפי מרדכי	דאיתעביד לה לתורביינא ארום	2:7
יומי פוריא האיליין בגין כן	דאיתעביד בהון ניסא למרדכי	9:26
בעותי יעול מלכא והמן למשתייא	דאעבד להון ברמשא ולמחר אנא	5:8
דמרדכי ופרע לעמיה מא	דעבד יעקב אבוהון לעשו אבא מן	3:2
ההוא כורסי מלכותיה ארדיכליא	דעבדו בשושן בירנתא	1:2
לי וכספא יהי מתיהיב על ידא	דעבדי מטבעא לאעלא לבית גנזי	3:9
מלכא והמן יומא דין למשתייא	דעבדית ליה	5:4
הוא דחייבת עלה דין קטול על מא	דעבדת אמר לון מלכא אנא לא	2:1
אסתר ועל מלכא והמן למשתייא	דעבדת אסתר	5:5
עסיקן בפתגמי אוריתא בסנהדרין	דעבדת להון אסתר בתרע מלכא	5:9
לא הנעלת אסתר מלכתא למשתייא	דעבדת אילהין יתי ואוף לעידן	5:12
ואוחיאו להנעלא ית המן למשתיא	דעבדת אסתר	6:14
ואעדי מלכא ית עיזקת סיטומתא	דאעבר מן המן ויהבה למרדכי	8:2
ניחא קומיי לשיצאותיה מן עלמא	דעד כדו לא אישתמודע בעלמא	3:1
למלכא ויצלבון ית מרדכי עילווי	דעד כדון לא איתנסי חד בצליבת	5:14
בכן שרי שמשי צפרא לצבעא פייסא	דעדבין קדם המן מן יומא ליומא	3:7
על מן בגלל דביה איתברי גנתא	דעדן בארבע בשבא ולא על מן	3:7
ית כל חילוות עמא ופילכא	דמעיקין יתהון טפלין ונשין	8:11
קדם מרי עלמא הי כקל גדיין	דעיזין עד דאיתנדדו כל אינגלי	6:1
בנוי דיששכר דחכימין במנדעא	דעידנייא וזימניא בספר אוריתא	1:13
וקרת אסתר לדניאל דמתקרי התך	דעל מימר פומיה מתחתכן פתגמי	4:5
וסוסא דרכב עלוי מלכא ביומא	דעל למלכותא די איתיהיב כלילא	6:8
דלבישו ביה ית מלכא ביומא	דעל למלכותא וסוסא דרכב עלוי	6:8
אנא לא גזרית למקטלה אלהין	דתיעול קומיי ולא עלת ופקדית	2:1
צלו קדם יי וכן אמרו ריבונוי	דעלמא ערבל ית משתיהון והוי	1:14
ביתא ענת אסתר וכן אמרת רבוני	דעלמא לא תימסרינני ביד	5:1
ית כורסייה מעילווי כל רברבניא	דעימיה עני מרי עלמיא וכן אמר	3:1
בחדות עמיא נוכראין ובקל בכותא	דעמא בית ישראל	3:15
הות מיזדהרא תבשילין וחמרא	דעמין נוכראין לא הות טעמא	2:20
דבשושן איתכנשו לשיצאה ית בנוי	דעמלק בתלתסר ביה ובארבסר ביה	9:18
מרי עלמא לעסאה יתהון כגבר	דעצר עינבוי במעצרתא תרין	1:10
וחוי ליה מרדכי ית כל	דערעיה על עיסק דלא סגד להמן	4:7
לזרש אינתתיה ולכל רחמוי ית כל	דערעיה ואמרו ליה חכימוי וזרש	6:13
ואמר דאסור למיזפי ברביתא מטול	דעשו ויעקב אחי הוו ולא	3:2
דביה איתברי לויתן ותרנגול ברא	דאיתעתדו לכנישתא דישראל	3:7
הכי ובתר כדו איתגלי קדם יי	דעתידה ושתי לאיתקטלא ועתיד	1:1
תוקפא דניסא לקיימא ית איגרתא	דפורייא הדא תנייתא	9:29
ושאר יהודאין	דבפילכי מלכא איתכנשו וקיימו	9:16
בניסן ולא על מן בגלל זכותא	דפיסחא באיר ולא על מן בגלל	3:7
והוה ביומא תליתאה	דפיסחא ולבשת אסתר לבושי	5:1
ונסס מרדכי ועבר על חדוות חגא	דפסחא צומא גזר ויתיב על	4:17
מלכתא ושתי למיעל בגזירת מלכא	דאיתפקדת ביד רבניא ורגז מלכא	1:12
מחוייא ילדותה וית עמה כמא	דפקד עלהא מרדכי וית מימר	2:20
בתליסר יומין ביה ואיתכתיב ככל	דפקיד המן לות איסטרטיליטי	3:12
ותלתא יומין ביה ואיתכתיב ככל	דפקיד מרדכי לות יהודאין ולות	8:9

ויומא הדין תהויין אמרין רבנתא	דפרסאי ומדאי למעבד לגובריהון	1:18
ליה זמן שתא בשתא בגין כן	דיפרסמון יומי ניסא ופתגמי	9:26
ובכל פילכא ופילכא אתר	דפתגם גזירת מלכא וגזירת	4:3
ובכל קירווא וקירווא אתר	דפתגם מלכא וגזירת דיניה מטי	8:17
חכימוי וזרש אינתתיה אין מזרעא	דצדיקיא מרדכי דשרית למינפל	6:13
דורון אינש לחבריה ומעאן	דצדקתא מתנן לחשוכי	9:22
ערטיליתא ואוף איהוא על	דציית לעיטתה איתקצרו יומוי	1:1
צליבו ודין סידור צליבתהון	דאיצטליבו עם המן אבוהון על	9:14
ומדאי למעבד לגובריהון הי כמא	דקבילו ית פתגם די עבדת ושתי	1:18
למללא לות מרדכי לפתאה דקרתא	דלקדם תרע פלטירין דמלכא	4:6
ואמר מלכא מאן גברא	דקאים בדרתא והמן עאל לדרתא	6:4
בתרא בזמן עיבוריהון הי כמא	דקיים עילויהון מרדכי יהודאי	9:31
יהודאי ואסתר מלכתא והי כמא	דקיימו יהודאין על נפשיהון	9:31
ותמניא מיתו עם חמש מאה גוברין	דאיתקטילו בשושן דהוו מתמנן	9:14
פלטיריא ואמרו לאשקאה סמא	דיקטול לאסתר מלכתא ולאושטא	2:21
גברא דמישבטא דבנימן הוא שמעי	דאקיל לדוד ובעא יואב למקטליה	2:5
משתיהון והוי דכיר ית צדיקיא	דקריבו קומך בבית מוקדשא	1:14
מלכא ושאל עיטתא לרברבנוי	דקריבין לותיה ואיליין	1:14
דבכל פילכי מלכא אחשורוש	דקריבין ודרחיקין	9:20
על קיסא ואיתכתיב בספר דוכרניא	דמתקרי תדירא קדם מלכא	2:23
וקרת אסתר לדניאל	דמתקרי התך דעל מימר פומיה	4:5
התך למללא לות מרדכי לפתאה	דקרתא דלקדם תרע פלטירין	4:6
וירכבנוהי עילוי סוסא בפתאה	דקרתא ויקלסון קומוי כדין	6:9
ית מרדכי וארכביניה בפתאה	דקרתא וקלס קומוי כדין יתעבד	6:11
שמשי דהוא ספרנא דמלכא וית מא	דירבי יתיה מלכא עילוי כל	5:11
וגבורתיה ופירוש רבות מרדכי	דרבייה מלכא הלא אינון כתיבין	10:2
יומא הות מיקלקלא בריעא ובמוי	דריגלאין ופמה הוה סרי לחדא	5:1
דמלכא ושלח פיטקין בידא	דרהטונין רהטי סוסוון ורכבי	8:10
ולשדרא פיטקין בידא	דריהטונין לכל פילכי מלכא	3:13
אבוהון על קיסא דזמין למרדכי	דרומיה חמשין אמין תלת אמין	9:14
פילכי מלכא אחשורוש דקריבין	ודרחיקין	9:20
מלכא ביומא דעל למלכותא וסוסא	דרכב עלוי מלכא ביומא דעל	6:8
ריהטונין	דרכבין על ריכשא נפקי זריזין	8:14
דמהלך באורחא הוא מרדכי וגברא	דרכיב על סוסא הוא אבוהא	6:11
תוב לות מלכא ארום אילהין ההיא	דאיתרעי בה מלכא וקרי לה בשמא	2:14
עופא וזרש ערקת עם שובעין בנין	דאישתארו להמן דהוו הדרין על	9:14
בר שמעי בר גרא בר קיש גברא	דמישבטא דבנימן הוא שמעי	2:5
אחשורוש למיתב על כורסיה דשלמה	דאישתבא מן ירושלם על ידוי	1:2
שתא וביומא שביעאה דהוא יומא	דשבתא עלת קבילתיה וקבילת	1:10
ומנפסן לה עמר וכיתן ביומא	דשבתא ובגין כן איתגזר עלהא	1:11
בשתא בשבתא רגועיתא ביומא	דשבתא כולהין צדקתן וחוזיין	2:9
דמלכא בחמרא גרי ביה יי מלאכא	דשגושתא לערבלא משתיהון בכן	1:10
מא דין לא קביל לבושי מלכותא	דשדרת ליה	4:5
למלכות אחשורוש מרדת עלוי קרתא	דשמה הינדקי וכנש מלכא	3:2
וכד חמא המן רשיעא ית התך	דשמיה דניאל עאל ונפיק לות	4:12
הוו יתבין למישתי חמרא וקרתא	דשושן הות מתערבלא בחדות עמיא	3:15
וגלימא דבוץ וארגוון טב וקרתא	דשושן בדחא וחדייא	8:15
ואיתכנשו יהודאין	דבשושן אוף ביום ארבסר לירחא	9:15
ויהודאין	דבשושן איתכנשו לשיצאה ית	9:18
אבוי במיא לא תיכול לשנוקיה	דאישתיזיבו מנהון משה ואהרן	5:14
מיני הי כמא דאיתעבד מן ושתי	דשם טעם על מלכא ופקיד	5:1
דאישתבא מן ירושלם על ידוי	דשישק מלכא דמצרים וממצרים	1:2
עבד מלכא לכל עמא בית ישראל	דאישתכחו חייביא בשושן	1:5
ועילוי כל עמיא דבכל פלכיא	דשליט בהון מלכא אחשורוש	1:16
מלכא אחשורוש למיתב על כורסיה	דשלמה דאישתבא מן ירושלם על	1:2
ולשפאותהון להני שבעא רבנייא	דמשמשין באילין שבעא יומין	1:10
תייבא לבית נשיא תיניין לידא	דשעגז רבא דמלכא נטיר	2:14

רישה ומלכותה יתן מלכא לחברתה	דשפירא מינה	1:19	
ועולימתא	דתישפר קדם מלכא תיעול למחסן	2:4	
בזע ית לבושוי ואלבש לבושא	דשק על בישריה ושוי קיטמא על	4:1	
פלטירין דמלכא כד לביש לבושא	דשק	4:2	
וצומא ובכותא ומספדא לבוש	דשק וקיטמא הוה מיתשם עילוי	4:3	
חויאו ליה דמרדכי אתי מן יעקב	דשקל מן עשו אבא דאבוי דהמן	3:6	
ולוואי וייחוסא דבית ישראל	דשריא בכל פילכא ופילכא	9:28	
כולהון יהודאין כחדא ית	דשריאו למעבד וית דכתב מרדכי	9:23	
אין מזרעא דצדיקיא מרדכי	דשרית למינפל קומוי הי כמא	6:13	
צלי קדם יי מן יומא קדמאה	דמשתייא עד יומא שביעאה דהוא	1:10	
אחשורוש לאושטא לקטלא ית כל	דתבעין בישתהון וגבר לא קם	9:2	
אסתר ומטת לידא ואחדת ברישא	דתיגדא	5:2	
דתמן דימוסן ובנאוון ובנאוון	דתמן מתמני הגי רב מלכא נטיר	2:3	
חיזו לשושן בירנותא לבית נשיא	דתמן דימוסן ובנאוון ובנאוון	2:3	
האינון ומרדכי יתיב בסנהדרין	דתקינת ליה אסתר בתרע מלכא	2:21	
כל עבדוי דמלכא	דבתרע פלטירין דמלכא חמטין	3:2	
ותב מרדכי לסנהדרין	דבתרע פלטירין דמלכא ואשלח ית	6:12	
	ד = 463		
אביל על ברתיה ומתעטף על רישיה	כאבילא על בהתיה וכיסופיה	6:12	כ
תמן הוו מחלפן דמותיהון הי	כאבר ומן קדם מאני בית מוקדשא	1:7	
עינהא זלגן דמען ומסתכלא	כלפי שמיא מן יד איטענת רחמין	5:2	
וזקפת אסתר ית עינהא	כלפי שמיא ואמרת אין אשכחית	7:3	
עתיד מרי עלמא לעסאה יתהון	כגבר דעצר עינבוי במעצרתא	1:10	
ובתר כן איעול לות מלכא דלא	כדינא והי כמא דהובדית מן בית	4:16	
אוריתא וחושבן עלמא ארום הי	כדין יאה למהוי מתמלל פתגם	1:13	
ושתי מלכתא ומיתמלכן למעבד	כדין לכל רברבני מלכא ומאן	1:18	
תרי עשר ירחי שתא ארום	כדין שלמין יומי סמתוריהון	2:12	
המן בחדייה וסגדין להמן ארום	כדין פקיד עלוי מלכא ומרדכי	3:2	
מן עלמא עילוי ארעא הי	כדין איתכתיב ואיתחתם בשמי	4:1	
בית נשאי ואידברית מינך באונסא	כדין אובד מן חיי עלמא הדין	4:16	
ואוף אנא ועולומתיי נצום הי	כדין ובתר כן איעול לות מלכא	4:16	
בפתאה דקרתא ויקלסון קומוי	כדין יתעביד לגברא דמלכא צבי	6:9	
בפתאה דקרתא וקלס קומוי	כדין יתעבד לגברא דמלכא צבי	6:11	
ומרודא די אמלכיה ליביה למעבד	כדין	7:5	
ארום אי	כדין איכול לסוברא ולמיחמי	8:6	
בבישתא דתינדן ית עמי והי	כדין איכול למתעתדא ולמחמי	8:6	
ואמר מלכא לאיתעובדא	כדין ואיתיהיבת גזירת דינא	9:14	
אסתר מלין בפום התך ואמרת ליה	כדנא תימר למרדכי הלא המן	4:11	
למיכאל וגבריאל לאתבא לות אסתר	כדנא תימרון לה לא תחשבין	4:13	
מלכא אחשורוש מסוף די הוי לה	כהילכת נשיא דמתינן	2:12	
ממוניה ומפרנס פלגות אוכלוסיא	כהילכת נפקי קרבא דמאחרין	3:2	
ושקותא	כהלכת מנהג גופא ולית דאניס	1:8	
	כזמן יומין דנחו בהון יהודאין	9:22	
עילוויהון כולהון יהודאין	כחדא ית דשריאו למעבד וית	9:23	
	כאוריתא מא לאיתעיבדא במלכתא	1:15	
בתליסר יומין ביה ואיתכתיב	ככל דפקיד המן לות	3:12	
צומא גזר ויתיב על קיטמא ועבד	ככל די פקידית עלוי אסתר	4:17	
ותלתא יומין ביה ואיתכתיב	ככל דפקיד מרדכי לות יהודאין	8:9	
לכל פלכי מלכא פלך ופלך	כמכתב רושמיה ולות עמא ועמא	1:22	
יומיא האיליין למקרי ית מגילתא	כמכתב רושם עיבראי בבית	9:27	
ומדאי למעבד לגובריהון הי	כמא דקבילו ית פתגם די עבדת	1:18	
אסתר מחוייא ילדותה וית עמה	כמא דפקד עלהא מרדכי וית מימר	2:20	
ישראל הות נטרא על פם מרדכי הי	כמא דהות נטרא כד הות מתרביא	2:20	
אמאי לא תפלח יתי יומא בשבעתא	כמא דכתיב בשטר זבינתא שדר	3:2	
עיסק זבינותא דאיזדבנית ליה הי	כמא דנטר עשו ליעקב על עיסק	3:2	
ועמא יהון מסירין בידך למעבד	כמא דיוטב קומך	3:11	

כמא		ל	ל
	4:1	כמא די איתכתיב ואיתחתם	ישראל לאשתצאה מגו עלמא והי
	4:16	כמא דהובדית מן בית נשאי	איעול לות מלכא דלא כדינא והי
	5:1	כמא דאיתעבד מן ושתי דשם טעם	תעביד רעות המן רשיעא מיני הי
	6:13	כמא דנפלו מלכיא קדם אברהם	מרדכי דשרית למינפל קומוי הי
	9:31	כמא דקיימו יהודאין על	מרדכי יהודאי ואסתר מלכתא והי
	1:22	וכממלל עמיה	לה למיהוי ממללא בלישן גברא
	8:9	וכממלל לישנהון	ולות יהודאין כרושם כתבהון
	1:22	כממלל לישניה קרי וכן אמר	כמכתב רושמיה ולות עמא ועמא
	3:12	כממלל לישניה בשום מלכא	ופילכא כרושם כתבהא ועמא ועמא
	8:9	כממלל לישניה ולות יהודאין	ופילכא כרושם כתבהא ועמא ועמא
	2:20	וכמיסת יום ויום חדא הוה שאיל	
	1:7	כמיסת ידא דמלכא	ובסים טעמיה ולא בחוסרנא אלהין
	1:18	כמיסת חוך דין ורגיז	רברבני מלכא ומאן יכיל לסוברא
	2:18	כמיסת ידא דמלכא	לפלכיא עבד ויהב לה מתנן וחולק
	3:2	כמיסת תלת שנין אזלון אעיקין	זוודין וכל נבוז בייתהון בשוה
	3:7	וכנוני ימא יסגון בגו בני	מתילין לנוני ימא דהכין כתיב
	3:7	כנוני ימא ולא הוה ידע דבנוי	דאדר ואמר בליען אינון בידי הי
	1:6	כספירין וכרתנין ותכלא אחידן	פריסן יריען דבוץ גוון חיוור
	9:27	כפום זימניהון	ולחייתא ופילכיא וקירויא
	5:8	כפתגם גזירת מלכא	להון ברמשא ולמחר אנא עבדא
	3:15	כפתגמא דמלכא וגזירתא	ריהטונין נפקו זריזין
	6:10	כפתגמא הדין אמר ליה מלכא	מינך קטול יתי ולא תגזור עלי
	8:14	כפתגמא דמלכא וגזירת דינא	על ריכשא נפקי זריזין וסחיפין
	1:21	כפתגמי ממוכן	קדם מלכא ורברבניא ועבד מלכא
	3:2	וכצביון נפשי לקצת ירחין תלתא	מא דכתיב באיגרתא הדא כרעותי
	3:4	כלקבל פתגמי המן ארום חוי	למחמי היתקיימון פתגמי מרדכי
	6:1	כקל גדיין דעיזין עד דאיתנדדו	ואישתמעת קדם מרי עלמא הי
	1:8	וכרעות גבר מן כל אומא ולישן	למעבד כרעות גברא בר ישראל
	1:8	כרעות גברא בר ישראל וכרעות	אפיטרופוס על ביתיה למעבד
	9:5	כרעותהון	והובד נפשאתא ועבדו בשנאיהון
	3:2	כרעותי וכצביון נפשי לקצת	ככל מא דכתיב באיגרתא הדא
	3:12	כרושם כתבהא ועמא ועמא כממלל	רברבני עמא ועמא פילכא ופילכא
	8:9	כרושם כתבהא ועמא ועמא כממלל	ושבע פילכיא פילכא ופילכא
	8:9	כרושם כתבהון וכממלל לישנהון	כממלל לישניה ולות יהודאין
		כ = 72	
ל	3:2	דיליה מטול דיהודאי איתסר לון	מלכא ומרדכי לא חמיט לאנדרטא
	7:6	דילך ולאחתא מניכא דדהבא על	דמלכותא ולמרכב על סוסא
	3:8	דילנא ליתיהון נטרין ונימוסנא	ליתיהון שתן יומי גינוסיא
	1:11	לה עמר וכיתן ביומא דשבתא	בנאתא דישראל ערטולאן ומנפסן
	1:22	לה למיהוי ממללא בלישן גברא	כל אנש מסרבן על אינתתיה וכפי
	2:7	לה אבא ואימא ועולימתא שפירת	לה לתורביינא ארום לית
	2:7	לה הדסה על די הות צדיקתא	אסתר בת אחבוי ואמאי הוו קרו
	2:7	לה על די הות צניעא בביתא	אימתילו לאסא אסתר הוו קרו
	2:7	לה ברתי	מרדכי ליה בביתיה והוה קרי
	2:7	לה לתורביינא ארום לית לה אבא	גבר אילהין אפי מרדכי דאיתעביד
	2:9	לה מיכלא ומישתיא על ידיהון	כולהין צדקתן וחוזיין למיתן
	2:9	לה וית שבע עולימתן לשמשותה	ולבושי מלכותא למהוי יהיבין
	2:12	לה כהילכת נשיא דמתינן	קדם מלכא אחשורוש מסוף די הוי
	2:13	לה למיעל עמה מן בית נשיא עד	די צביא למימר מן יד יתיהב
	2:14	לה בשמא מפרש וכתיב	ההיא דאיתרעי בה מלכא וקרי
	2:18	לה משתיא דאסתר והניית שיבוק	לכל רברבנוי ועבדוי והוו קרו
	2:18	לה מתנן וחולק כמיסת ידא	שיבוק כרגא לפלכיא עבד ויהב
	2:20	לה מאידין אומה אנת ולא הות	וכמיסת יום ויום חדא הוה שאיל
	3:4	לה	ויהודאי לא פלחן ולא גחנן
	4:4	לה ואיזדעזעת מלכתא לחדא	עולמתן דאסתר ורבנהא וחויאו
	4:8	לה מא דחשיב המן רשיעא על עמא	יהב ליה לאחזאה .ית אסתר ולחואה

ל	ל	ל
לאתבא לות אסתר כדנא תימרון	לה לא תחשבין בנפשיכי למהך	4:13
ואמר	לה מלכא מא צרוך אית ליך אסתר	5:3
וטלקת על רישיה זקף רישיה ואמר	לה ואוף אנת ברתי בהתתיתי מן	6:11
ארום חויאת ליה אסתר מאן הוא	לה	8:1
וכד עלת אסתר קדם מלכא אמר	לה מלכא יתוב זימיוניה בישא	9:25
די אכלו ושתו ואיתפנקו אחוי	להון ית עותריה די אישתאר	1:4
ימא רבא ואיטונין מציירין מקפן	להון חזור חזור	1:6
ושני יתה וית עולימתהא לאוטבא	להון ולפנקותהון בבית נשייא	2:9
וית המן על פלגותהון ויהב	להון זוודין וכל נבוז בייתהון	3:2
כלקבל פתגמי המן ארום חוי	להון די להמן לא סגיד על דהוא	3:4
יעול מלכא והמן למשתייא דאעבד	להון ברמשא ולמחר אנא עבדא	5:8
בפתגמי אוריתא בסנהדרין דעבדת	להון אסתר בתרע מלכא ומרדכי	5:9
ואישתעי	להון המן ית עותריה והיך	5:11
מרי עלמא ענה רבון עלמא ואמר	להון מא דין קל גדיין דאנא	6:1
וכל מלכיא ושילטוניא דאבאישו	להון מסר יתהון אלההון	6:13
בעלי דבביהון ובירחא דאיתהפיך	להון מדבונא לחדוה ומאבלו	9:22
למרדכי וידעון פורקנא דמטת	להון	9:26
האיליין איתחייבו למיהוי	להון דוכרנא ולאיתעובדא בהון	9:28
עלה דין קטול על מא דעבדת אמר	לון מלכא אנא לא גזרית למקטלה	2:1
אנת עבר על פוקדנא דמלכא אמר	לון לית מן דינא למסגוד מרא	3:2
דיליה מטול דיהודאי איתסר	לון למיחמט ולמיפלח לפולחנא	3:2
ואפילו הכי מחנפין לחייביא אמר	לון והכתיק בנבואת ישעיה לית	3:2
ליה המן אי ניְחא קומך אוזיף	לי ואנא פרע לך על חד תרין	3:2
אלא אין בעית למזבון גרמך	לי לעבדא אנא מפרנס אוכלוסיי	3:2
אמר ליה הא כולהון זוודין דיהב	לי מלכא לפרנסא ית אוכלוסין	3:2
לפרנסא פלגות אוכלוסיא חבול	לי השתא אנא מתעכבין בקרבא לא	3:2
הדר גבי מרדכי אמר ליה אוזיף	לי ואנא פרע לך על חד עשרא	3:2
יתי על שית רבובן אוכלסין ויהב	לי מלכא זוודין לפרנסותהון	3:2
בידי תרין חולקין מכל מא דיהב	לי מלכא ואנת אמאי בזביזתא	3:2
דכסף שדר ליה מרדכי אין יהבת	לי כולי ממונך לא משחררנא לך	3:2
דכסף לחוד קולמוסא אתיהיב	לי וכספא יהי מתיהיב על ידא	3:9
קדם מלכא דארעא שפיר תתיהב	לי שיזוב נפשי מן ידוי דסנאה	7:3
מאה ועשרין ושבע שנין איתיהיבת	ליה ארכא ומלך מן הינדיא רבא	1:1
תחות ידוי וכען לא אישתעבדו	ליה מן בגלל הכי ובתר כדו	1:1
ירושלם ומאניא אחרנייתא דהוו	ליה למלכא אחשורוש תמן הוו	1:7
ופקדית למעדי מינה מלכותא אמרו	ליה לאו הכי אילהין דין קטול	2:1
שרי למדכר ית ושתי מתיבין	ליה רברבנוי וכן אמרין הלא את	2:1
אימה מיתת אימה ונסבה מרדכי	ליה בביתיה והוה קרי לה ברתי	2:7
בת אביחיל אחבוי דמרדכי דנסבה	ליה לברת למיעל לות מלכא לא	2:15
ומרדכי יתיב בסנהדרין דתקינת	ליה אסתר בתרע מלכא וכד חמון	2:21
מא למיכול אזל גבי מרדכי אמר	ליה הא כולהון זוודין דיהב לי	3:2
מדעם מן ממונא ומן זוודין דיהב	ליה מלכא לפרנסא פלגות	3:2
אמרו ליה הב לן ניכול ולא הוה	ליה מא למיתן ובעו למיקטליה	3:2
לית לן למיכול ונמות בכפנא אמר	ליה מרדכי הלא בשוה בפלגות	3:2
או דילמא אין מסרב אנא למפלח	ליה יומא חד בשבעתא כל יומי	3:2
ית כולהון יהודאי אמרין	ליה חכימיא מא דין אנת עבר על	3:2
כמא דכתיב בשטר זבינתא שדר	ליה המן שחרר יתי ואנא אתן לך	3:2
לך עשרא אלפין ככרין דכסף שדר	ליה מרדכי אין יהבת לי כולי	3:2
מתחות ידוי עד זמן דאיזדבנית	ליה לעבדא ואין מעכבנא	3:2
ליה לעבדא ואין מעכבנא מלמיהוי	ליה לעבדא או דילמא אין לא	3:2
מפרנס אוכלוסיי ואוכלוסך אמר	ליה המן לחיי בעו ניירא למכתב	3:2
ולא הוה סגיד להמן על די הוה	ליה עבד פלח מטול דאיזדבן ליה	3:2
אשתמיט מלמיפלח ית מרדכי שדר	ליה מרדכי להמן אמאי לא תפלח	3:2
סעודתא אתו אוכלוסוי דהמן אמרו	ליה הב לן ניכול ולא הוה ליה	3:2
לי ואנא פרע לך על חד תרין אמר	ליה מרדכי משום תרין לא אוזיף	3:2
כל דריא או דילמא אין אנא נטיר	ליה בבו על עיסק זבינותא	3:2
בבו על עיסק זבינותא דאיזדבנית	ליה הי כמא דנטר עשו ליעקב על	3:2

ל	ל		ל
ואנת אמאי בזביזתא חולקך אמר	ליה	המן אי ניחא קומך אוזיף	3:2
הוה ליה עבד פלח מטול דאיזדבן	ליה	בטולמא דלחים תרגום	3:2
למיקטליה הדר גבי מרדכי אמר	ליה	אוזיף לי ואנא פרע לך על	3:2
כל ממונא וכל זוודין דיהב	ליה	מלכא לפרנסא פלגות	3:2
דינא למסגוד מרא לעבדיה אמרו	ליה	ואפילו הכי מחנפין	3:2
לא סגיד על דהוא עבדיה דאזדבן	ליה	בטולמת לחם ולאנדרטא די	3:4
גחין לאנדרטיה ולא הוה סגיד	ליה	ואיתמלי המן עילוי מרדכי	3:5
ית מרדכי בלחודוי ארום חויאו	ליה	דמרדכי אתי מן יעקב דשקל	3:6
שום טימי מנהון ומא הנאה אית	ליה	בהון אין ישבוקינון על	3:8
מלכא ליתיהון עבדין ולמלכא לית	ליה	שום טימי מנהון ומא הנאה	3:8
לא קביל לבושי מלכותא דשדרת	ליה		4:5
מתחתכן פתגמי מלכותא ופקידת	ליה	על מרדכי למידע מא דין קל	4:5
וחוי	ליה	מרדכי ית כל דערעיה על	4:7
עלהא למיעל לות מלכא לפייסא	ליה	ולמבעי רחמין על עמה	4:8
דאיתיהיב בשושן לשיציותהון יהב	ליה	לאחזאה ית אסתר ולחואה לה	4:8
למיזל ולמללא למרדכי ופקידת	ליה	על עיסק מרדכי דלא יגרי	4:10
די ביני עשו ויעקב הוה נטיר	ליה		4:10
אסתר מלין בפום התך ואמרת	ליה	כדנא תימר למרדכי הלא המן	4:11
דיניה לממת לבר ממאן די יושיט	ליה	מלכא ית תגדא דדהבא וייחי	4:11
איסתקף עליי הדא להיתנסבא	ליה	וכען שוי יתי לרחמין	5:1
אנת בעיא פלגות מלכותי איתנני	ליה	ליך לחוד למבני בית	5:3
והמן יומא דין למשתייא דעבדית	ליה		5:4
פשט ית ריגליה ימינא ואחוי	ליה	שטר זבינתא דאיזדבן ליה	5:9
ואחוי ליה שטר זבינתא דאיזדבן	ליה	בטולמא דלחים דמכתבא	5:9
ואמרת	ליה	זרש אינתתיה וכל רחמוי	5:14
למצלוב ית מרדכי על קיסא דזמין	ליה		6:4
ועל המן ואמר	ליה	מלכא מאן חזי לאיתעובדא	6:6
ולא תגזור עלי כפתגמא הדין אמר	ליה	מלכא אוחי ולא תימנע	6:10
אתיב ליה מלכא לההוא דסדרת	ליה	אסתר סנהדרין בתרע	6:10
וית סוסא ועיבד כן למרדכי אמר	ליה	המן לאידין מרדכי אתיב	6:10
בתרע פלטירין דמלכא אמר	ליה	המן בבעו מינך קטול יתי	6:10
ליה מלכא למרדכי יהודאה אמר	ליה	סגיעין מרדכי יהודאי אית	6:10
מרדכי יהודאי אית בשושן אתיב	ליה	מלכא לההוא דסדרת ליה	6:10
אמר ליה המן לאידין מרדכי אתיב	ליה	מלכא למרדכי יהודאה אמר	6:10
ואוף אנת לא תיכול לאבאשא	ליה	ארום מינפל תפול קומוי	6:13
ולכל רחמוי ית כל דערעיה ואמרו	ליה	חכימוי וזרש אינתתיה אין	6:13
ומרדכי על קדם מלכא ארום חויאת	ליה	אסתר מאן הוא לה	8:1
ריגלוי ובכיאת ופגנת ופייסת	ליה	לבטלא ית בישת המן דמן	8:3
על שום פייסא בגין כן נטרין	ליה	זמן שתא בשתא בגין כן	9:26
ותתעבד בבהילו ורעותיך איתיהיב	ליך		5:3
בעיא פלגות מלכותי איתנני ליה	ליך	לחוד למבני בית מוקדשא	5:3
בתחום פלגות מלכותי לא אתן	ליך	דהכדין קיימת בשבועה לגשם	5:3
ואמר לה מלכא מא צרוך אית	ליך	אסתר מלכתא ומא בעותיך	5:3
בתחום פלגות מלכותי לא אתין	ליך	דהכדין קיימית בשבועה	5:6
בתחום פלגות מלכותי לא אתן	ליך	דהכדין קיימית בשבועה	7:2
לא אוזיף לך חד אין אנא יהיב	לך	מזוני דאוכלוסאי מן מא	3:2
על חד עשרא אמר לית אנא מוזיף	לך	כלל ברביתא אלא אין בעית	3:2
מא יתזון ותוב דלית אנא מוזיף	לך	ברביתא דאנא מן יעקב ואנת	3:2
ליה מרדכי משום תרין לא אוזיף	לך	חד אין אנא יהיב לך מזוני	3:2
אמר ליה אוזיף לי ואנא פרע	לך	על חד עשרא אמר לית אנא	3:2
ניחא קומך אוזיף לי ואנא פרע	לך	על חד תרין אמר ליה מרדכי	3:2
שדר ליה המן שחרר יתי ואנא אתן	לך	עשרא אלפין ככרין דכסף שדר	3:2
יהבת לי כולי ממונך לא משחררנא	לך	דכן אמרין בני נשא עבדא	3:2
ועל כל חד וחד מנהון אנא יהיב	לך	מאה זוזי דסכום אבהתהון כד	3:9
מאה ושובעין ושבעא סלעין ולית	לך	רשו למזבוניהון ולית רשו	3:9
ואמר מלכא להמן כספא יהי מתיהב	לך	ועמא יהון מסירין בידך	3:11
ימרדון בי הדא בעותא לא אעבד	לך	מילתא אחריתי דאנת בעיא	5:3

אפילו עד פלגו מלכותא איתניניה	לך לחוד למבני בית מוקדשא	7:2
מא שאילתיך אסתר מלכתא ויתיהב	לך ומא בעותיך אפילו עד פלגו	7:2
אתו אוכלוסוי דהמן אמרו ליה הב	לן ניכול ולא הוה ליה מא	3:2
ליה מרדכי הלא בשוה בפלגות יהב	לן מלכא כל מא די יהב לן ועד	3:2
יהב לן מלכא כל מא די יהב	לן ועד השתא אית בידי תרין	3:2
לרישא נפקו ואזלו מן השתא לית	לן למיכול ונמות בכפנא אמר	3:2
השתא אנא מתעכבין בקרבא לא יהי	לן מא למיכול אזל גבי מרדכי	3:2
לכל פילכי מלכא לשיצאה לקטלא	ולהובדא ית כל יהודאי מן	3:13
בית ישראל לאישתיצאה ולאיתקטלא	ולהובדא ואילולי לעבדין	7:4
ית נפשיהון לשיצאה ולקטלא	ולהובדא ית כל חילוות עמא	8:11
איהו הוא עדווא לשגושיהון	ולהובדיהון	9:24
בר המדתא דמן ייחוס אגג דכתב	להובדא ית כל יהודאין דבכל	8:5
והי כמא די איתכתיב ואיתחתם	להובדותהון מן עלמא עילוי	4:1
על בית גנזי מלכא בגין יהודאי	להובדותהון	4:7
כל יהודאין חשיב על יהודאין	להובדותהון צבע פייסא איהו	9:24
אין קדם מלכא שפיר יתכתיב	להובדיהון ועל כל חד וחד	3:9
ואמרת אסתר להתך	למיזל ולמללא למרדכי ופקידת	4:10
אמר לבר עממין תיזיף ברביתא	ולאחוך לא תיזיף ברביתא ולא	3:2
לך רשו למזבוניהון ולית רשו	לאחשורוש לזבוניהון	3:9
וקמו מתבהלין אמרין איליין	לאיליין דילמא אתא זימנא	6:1
ומן אילנא	לאילנא הוו פריסן יריען דבוץ	1:6
לא על מן בגלל דהוא ריש שתא	לאילני דמינהון מתקרבין	3:7
ואידברת אסתר לות מלכא אחשורוש	לאיתא ואעיל יתה לות אידרון	2:16
מתעכבין בקרבא לא יהי לן מא	למיכול אזל גבי מרדכי אמר ליה	3:2
נפקו ואזלו מן השתא לית לן	למיכול ונמות בכפנא אמר ליה	3:2
ולהובדא ואילולי לעבדין	ולאמהן איזדבננא שתקית ארום	7:4
מלכא ית כל רב וסרכן די צביא	למימר מן יד יתיהב לה למיעל	2:13
עאל לדרתא דבבית מלכא בריתא	למימר למלכא למצלוב ית מרדכי	6:4
פקיד עלוי מלכא ומרדכי לא חמיט	לאנדרטא דיליה מטול דיהודאי	3:2
פלטירין דמלכא חמטין וגחנין	לאנדרטא די הקים המן בחדייה	3:2
וחמא המן ארום לית מרדכי גחין	לאנדרטיה ולא הוה סגיד ליה	3:5
על עיסק דלא סגד להמן ולא גחן	לאנדרטיה וית דררא דממון כסף	4:7
די הות צדיקתא וצדיקיא אימתילו	לאסא אסתר הוו קרו לה על די	2:7
ואמרו לאשקאה סמא דיקטול	לאסתר מלכתא ולאושטא ידא	2:21
למללא בשובעין לישנין וחוי	לאסתר מלכתא ואמרת אסתר למלכא	2:22
ועל התך וחוי	לאסתר ית פתגמי מרדכי	4:9
יד איטענת רחמין ואושיט מלכא	לאסתר ית תיגדא דדהבא דהוה	5:2
ואמר מלכא	לאסתר במשתייא דחמרא מא	5:6
ואמר מלכא	לאסתר אוף ביומא תניינא	7:2
ואמר מלכא אחשורוש ואמר	לאסתר מלכתא מאן הוא דין	7:5
ביומא ההוא מסר מלכא אחשורוש	לאסתר מלכתא ית ביתא דהמן	8:1
מלכא	לאסתר ית תיגדא דדהבא	8:4
יהודאה הא בית המן יהבית	לאסתר ויתיה צליבו על קיסא	8:7
ואמר מלכא אחשורוש	לאסתר מלכתא ולמרדכי יהודאה	8:7
ואמר מלכא	לאסתר מלכתא בשושן בירנותא	9:12
עינהא זלגן דמען ומסתכלא	כלפי שמיא מן יד איטענת רחמין	5:2
וזקפת אסתר ית עינהא	כלפי שמיא ואמרת אין אשכחית	7:3
ממנן עילויהון ית יהודאין	לארכונין ארום נפל פחדא	9:3
ברם בקושטא מלכא אחשורוש אמר	לאיתאה ית ושתי מלכתא קומוי	1:17
דשבתא ובגין כן איתגזר עלהא	למיתי ערטולאתא ברם כלילא	1:11
בידיהון ואוף אנת לא תיכול	לאבאשא ליה ארום מינפל תפול	6:13
אישתבא על ידוי דנבוכדנצר ונחת	לבבל וכדו צדא כרש מדאה ית	1:2
ואיטענת חיסדא קומוי ופקיד	לאיתבהלא ית סמתר רבותהא וית	2:9
עלמא רחמין וטיבו על עמיה ואמר	לבזעא סיטומתא דאיתחתמא לביש	6:1
רשיעא סליק מן שושן לירושלם	לבטלא בניין בית מוקדשך והא	3:1
ובכיאת ופגנת ופייסת ליה	לבטלא ית בישת המן דמן ייחוס	8:3
שפירת חיזו לשושן בירנותא	לבית נשיא דתמן דימוסן	2:3

להוי ל לבית

ואידברת אסתר באונסא ואיתעלת	לבית מלכא לידא דהגי נטיר	2:8
ית מלכא ובעידן צפרא הות תייבא	לבית נשיא תיניין לידא דשעגז	2:14
על ידא דעבדי מטבעא לאעלא	לבית גנזי מלכא עני מרי עלמא	3:9
ומן בתר כן עול עם מלכא	לבית משתיא בחדוה ושפר פתגמא	5:14
ומלכא תב בריתחיה מגינתא גוואה	לבית משתיא דחמרא והא גבריאל	7:8
ואיזדרז המן ועל	לביתיה ושדר וקרא לרחמוי	5:10
עד עידן רמשא והמן איתבהל ואזל	לביתיה אביל על ברתיה ומתעטף	6:12
בר נבוכדנצר ועל דלא שבקת	למבני ית בית מוקדשא איתגזר	1:1
וטוביה עבדא עמונאה דלא למשבק	למבני יתיה דדחיל אנא מן	5:3
מלכותי איתנני ליה ליך לחוד	למבני בית מוקדשא דאיהו קאים	5:3
וטוביה עבדא עמונאה דלא למשבק	למבני יתיה דילמא ימרדון בי	5:6
פלגו מלכותא איתניניה לך לחוד	למבני בית מוקדשא דהוא קאים	7:2
מלכותי ותיתעביד בעותיך לחוד	למיבני בית מוקדשא דאיהוא	5:6
למיעל לות מלכא לפייסא ליה	ולמבעי רחמין על עמה	4:8
חד בשבעתא כל יומי חיי ובניי	לבנוי עד סוף כל דריא או	3:2
ועשו ויעקב אחי הוו ורחמנא אמר	לבר עממין תיזיף ברביתא	3:2
דהמן חדא היא גזירת דיניה לממת	לבר ממאן די יושיט ליה מלכא	4:11
אביחיל אחבוי דמרדכי דנסבה ליה	לברת למיעל לות מלכא לא תבעת	2:15
תרע פלטירא דמלכא ארום לית רשו	לגבר למיעל לתרע פלטירין	4:2
ליה מלכא מאן חזי לאיתעובדא	לגבר דמלכא צבי ביקריה וחשיב	6:6
ויקלסון קומוי כדין יתעביד	לגברא דמלכא צבי ביקריה	6:9
דקרתא וקלס קומוי כדין יתעבד	לגברא דמלכא צבי ביקריה וכד	6:11
רבנתא דפרסאי ומדאי למעבד	לגובריהון הי כמא דקבילו ית	1:18
באוריתא ולמיטר שביא ומועדיא	למגזר עורלת בניהון ולאחתא	8:16
פתגם גזירת מלכתא על כל נשיא	לאיתגלגלא מריהון קומיהון	1:17
וכן אמר הא כבר יהבו סילעא	לגולגלתא כד נפקו ממצרים	3:9
קם בריתחיה ממשתייא דחמרא ואזל	לגינתא גוואה למחמי מאן הוא	7:7
אתן ליך דהכדין קיימת בשבועה	לגשם ערבאה וסנבלט חורונאה	5:3
אתין ליך דהכדין קיימית בשבועה	לגשם ערבאה וסנבלט חורונאה	5:6
אתן ליך דהכדין קיימית בשבועה	לגשם ולטוביה ולסנבלט ברם	7:2
דמישבטא דבנימן הוא שמעי דאקיל	לדוד ובעא יואב למקטליה ולא	2:5
תמן בבבל ועלו עם כרש מלכא	למידר בשושן בירנותא	2:6
וסריבו בנוי דיששכר	למידן ית דינא ההוא ברם צלו	1:14
ועיבד כן למרדכי אמר ליה המן	לאידין מרדכי אתיב ליה מלכא	6:10
רברבניא בנסו וקצפו ואמרו דין	לדין הלא מלכתא בפתגם מלכא	2:21
תקוף רוגזיה דמלכא אחשורוש שרי	למדכר ית ושתי מתיבין ליה	2:1
דאלביש נבוכדנצר אבוי דאבוהא	לדניאל ארגוונא ובגין כן גזר	1:11
וקרת אסתר	לדניאל דמתקרי התך דעל מימר	4:5
רבא והות בטילא עד שנת תרתין	לדריוש בגין עיטתא דושתי	1:1
אחשורוש דלא למיעול לות מלכא	לדרתא גואה בלא רשו וכען כל	4:11
גבר ואינתתא די יעול לות מלכא	לדרתא גואה די לא מתקרי על	4:11
מאן גברא דקאים בדרתא והמן עאל	לדרתא דבבית מלכא בריתא למימר	6:4
אית בשושן אתיב ליה מלכא	לההוא דסדרת ליה אסתר סנהדרין	6:10
וחושבן עלמא ארום הי כדין יאה	למהוי מתמלל פתגם מלכא קדם כל	1:13
מן יד תקף רוגזא דמלכא וגזר	למהוי צליבן שבע רבניא על	2:1
הגי רב מלכא נטיר נשיא ויתגזר	למהוי יהיב סמתר משחהון	2:3
מתנתהא המניכין ולבושי מלכותא	למהוי יהיבין לה וית שבע	2:9
אנא המן בר המדתא דמזרעית אגג	למהוי עבד פלח למרדכי יהודאה	3:2
ריבייא דבית ישראל די איזדמנו	למהוי קטילין על גזירת המן	6:1
לקיימא גזירת דינא עילויהון	למהוי עבדין ית יום ארבסר וית	9:21
פילכא ופילכא מפרסם לכל עמיא	למהויהון זמינין ליומא הדין	3:14
לאישתמעא לכל עמא בית ישראל	למהויהון ידעין מא חזו למקבע	9:26
יהודאין על נפשיהון ועל בניהון	למהויהון דכירין פתגמי צומיא	9:31
אנש מסרבן על אינתתיה וכפי לה	למיהוי ממללא בלישן גברא	1:22
די דיירין בכל ממשלתי איזדהרו	למיהוי כל אנש מסרבן על	1:22
דיטגמא דכתבא	למיהוי מתיהבא גזירתא בכל	3:14
לאיליין דילמא אתא זימנא	למיהוי עלם חרוב הא בכין	6:1

יפקד מלכא וישים טעם למיכתוב	למיהוי תייבין פיטקיא	8:5
ויומיא האיליין איתחייבו	למיהוי להון דוכרנא	9:28
ליה לעבדא ואין מעכבנא	מלמיהוי ליה לעבדא או דילמא	3:2
תימרון לה לא תחשבין בנפשיכי	למהך לאישתיזבא בבית מלכא	4:13
פשט מרדכי ריגליה ימינא ואחזי	להמן שטר שיעבודא ולא קם ולא	3:2
ית מרדכי שדר ליה מרדכי	להמן אמאי לא תפלח יתי יומא	3:2
די הקים המן בחדייה וסגדין	להמן ארום כדין פקיד עלוי	3:2
לפולחנא נוכראה ולא הוה סגיד	להמן על די הוה ליה עבד פלח	3:2
פתגמי המן ארום חוי להון די	להמן לא סגיד על דהוא עבדיה	3:4
חדא ולא קביל מנהון וחויאו	להמן למחמי היתקיימון פתגמי	3:4
ית גושפנקיה מעילוי ידיה ויהבה	להמן בר המדתא מזרעית אגג	3:10
ואמר מלכא	להמן כספא יהי מתיהב לך ועמא	3:11
ית כל דערעיה על עיסק דלא סגד	להמן ולא גחן לאנדרטיה וית	4:7
ואמר מלכא	להמן אוחי סב ית לבוש ארגוונא	6:10
דחמרא והא גבריאל מלאכא דחף	להמן רשיעא וחמא מלכא והא המן	7:8
ערקת עם שובעין בנין דאישתארו	להמן דהוו הדרין על תרעיא	9:14
ועתיד לצדאותהון ולשפאותהון	להני שבעא רבנייא דמשמשין	1:10
ואמרת אסתר	להתך למיזל ולמללא למרדכי	4:10
למזבוניהון ולית רשו לאחשורוש	לזבוניהון	3:9
לך כלל ברביתא אלא אין בעית	למזבון גרמך לי לעבדא אנא	3:2
ושבעא סלעין ולית לך רשו	למזבוניהון ולית רשו לאחשורוש	3:9
ועל לביתיה ושדר וקרא לרחמוי	ולזרש רשיעתא אינתתיה ברת	5:10
ואישתעי המן	לזרש אינתתיה ולכל רחמוי ית	6:13
ויומא טבא ומשדרין דורון גבר	לחבריה	9:19
וחדווא ולשדרא דורון אינש	לחבריה ומעאן דצדקתא מתנן	9:22
ית רישה ומלכותה יתן מלכא	לחברתה דשפירא מינה	1:19
ובירחא דאיתהפיך להון מדבונא	לחדוה ומאבלו ליומא טבא למעבד	9:22
אמרו ליה ואפילו הכי מחנפין	לחייביא אמר לון והכתיק	3:2
יהב ליה לאחזאה ית אסתר	ולחואה לה מא דחשיב המן רשיעא	4:8
מרי עלמא ית אליהו כהנא רבא	לחואה למרדכי די יקום ויצלי	4:1
גזר למהוי אתיא בכלילא דמלכותא	לאחזאה לעמיא ורברבניא ית	1:11
בשושן לשיציותהון יהב ליה	לאחזאה ית אסתר ולחואה לה מא	4:8
אוכלוסיי ואוכלוסך אמר ליה המן	לחיי בעו ניירא למכתב שטר	3:2
ואמר מלכא	לחכימיא בנוי דיששכר דחכימין	1:13
דיליה מטול דיהודאי איתסר לון	למיחמט ולמיפלח לפולחנא	3:2
ית עמי והי כדין איכול למתעתדא	ולמחמי בעידן דיובדון גניסת	8:6
ארום אי כדין איכול לסוברא	ולמיחמי בבישתא דתינדן ית עמי	8:6
ולא קביל מנהון וחויאו להמן	למחמי היתקיימון פתגמי מרדכי	3:4
דחמרא ואזל לגינתא גוואה	למחמי מאן הוא דין והמן קם	7:7
דתישפר קדם מלכא תיעול	למחסן מלכותא חולף ושתי ושפר	2:4
לשתא דאתיא בעידנא הדא את מטיא	למיחסן מלכותא	4:14
אינש לחבריה ומעאן דצדקתא מתנן	לחשוכי	9:22
ליך דהכדין קיימית בשבועה לגשם	ולטוביה ולסנבלט ברם אוריכי	7:2
מלכא ושני יתה וית עולימתהא	לאוטבא להון ולפנקותהון בבית	2:9
עולימתן סגיען לשושן בירנותא	ליד הגי ואידברת אסתר באונסא	2:8
אסתר באונסא ואיתעלת לבית מלכא	לידא דהגי נטיר נשיא	2:8
הות תייבא לבית נשיא תיניין	לידא דשעגז רבא דמלכא נטיר	2:14
נקיט בידיה וקריבת אסתר ומטת	לידא ואחדת ברישא דתיגדא	5:2
ית ברתיה וכד איתכנשו עולמתן	לידוי דהגי הות תמן ברתיה	5:1
ומצלי קדם דרתא די בבית נשייא	למידע ית שלם אסתר ומא	2:11
מלכותא ופקידת ליה על מרדכי	למידע מא דין קל בכותא דהוא	4:5
דיטגמאה דכתיבא	לאיתיהבא גזירת דינא בכל	8:13
וגזירת דיניה מטי אבלא רבא	ליהודאי וצומא ובכותא ומספדא	4:3
על יהודאי רווחא ושיזבותא יקום	ליהודאי מן אתר אוחרן בגין	4:14
בישא דחשיב למעבד למרדכי	וליהודאי ויצלבון יתיה וית	9:25
די יהב מלכא לסייעא	ליהודאין דבכל קירווא וקירווא	8:11
	ליהודאין הות רשותא למעסק	8:16

דיניה מטי חדווא ובדיחות ליבא	ליהודאין משתיא ויומא טבא	8:17
מלכא שפר איתיהב רשו אוף מחר	ליהודאין די בשושן למעבד יומא	9:13
פייסא דעדבין קדם המן מן יומא	ליומא שרי מן חד בשבא ולא על	3:7
לכל עמיא למהויהון זמינין	ליומא הדין	3:14
להון מדבונא לחדוה ומאבלו	ליומא טבא למעבד בהון יומי	9:22
בגין כן קרו	ליומיא האיליין פורייא על שום	9:26
לפרנסא אוכלוסיי דמלכא אזלית	למיזף מן מרדכי ברביתא ואמר	3:2
מן מרדכי ברביתא ואמר דאסור	למיזפי ברביתא מטול דעשו	3:2
למיפק מיניה וכדו פסק שמעי	מלמילד פקיד דוד לשלמה בריה	2:5
ערטיליתא ואוף איהוא על דציית	לעיטתה איתקצרו יומוי ואתפליג	1:1
דאיזדבנית ליה הי כמא דנטר עשו	ליעקב על עיסק בכירותא יתנסח	3:2
אישתבא על ידוי דחזקיה ותב	לירושלם ותו מן ירושלם אישתבא	1:2
הלא המן רשיעא סליק מן שושן	לירושלם לבטלא בניין בית	3:1
ונשיא ביומא חדא בתלתסר יומין	לירח תריסר הוא ירחא דאדר	3:13
מלכא אחשורוש בתלתסר יומין	לירח תריסר הוא ירחא דאדר	8:12
ביום תלתסרי	לירח אדר הוה קטול בזרעית	9:17
פצחיא עבדין ית יום ארבסר	לירח אדר חדוא ומשתיא ויומא	9:19
יהודאין דבשושן אוף ביום ארבסר	לירחא דאדר וקטלו בשושן תלת	9:15
לאשקאה סמא דיקטול לאסתר מלכתא	ולאושטא ידא במלכא אחשורוש	2:21
והוה חוך קומוי	לאושטא ידא למקטול ית מרדכי	3:6
מלכא מנטורי פלטירין די בעו	לאושטא ידא לקטלא ית מלכא	6:2
בכל פילכי מלכא אחשורוש	לאושטא לקטלא ית כל דתבעין	9:2
מרדכי חומתא והוה שט בעינוי	למושטא ידא במרדכי לבלחודוי	3:2
ובתר כן מלך אחשורוש ובעא	למיתב עלוי ולא הוה יכיל ושדר	1:2
וכנש מלכא אוכלוסין סגיעין	למכבש יתה ושדר יתהון בבהילו	3:2
ואישתעי המן לזרש אינתתיה	ולכל רחמוי ית כל דערעיה	6:13
תליתאה למלכותיה עבד משתיא רבא	לכל רברבנוי ועבדוי אוכלוסי	1:3
לעבדוי יומין סגיעין ומשתיא	לכל עבדוי מאה ותמנין יומין	1:4
יומי משתיא האיליין עבד מלכא	לכל עמא בית ישראל דאישתכחו	1:5
מלכתא ומיתמלכן למעבד כדין	לכל רברבני מלכא ומאן יכיל	1:18
פיטקין כתיבן וחתימן בעיזקתיה	לכל פלכי מלכא פלך ופלך כמכתב	1:22
ועבד מלכא משתייא רבא	לכל רברבנוי ועבדוי והוו קרו	2:18
מיני עד די יתרברב וישתמודע	לכל עמיא ומן בתר כן איתפרע	3:1
ולשדרא פיטקין בידא דריהטונין	לכל פילכי מלכא לשיצאה לקטלא	3:13
גזירתא בכל פילכא ופילכא מפרסם	לכל עמיא למהויהון זמינין	3:14
דינא בכל פילכא ופילכא בריר	לכל עמיא דיהון יהודאין	8:13
ופתגמי מגילאתא הדא לאישתמעא	לכל עמא בית ישראל למהויהון	9:26
לעמיה בית ישראל וממליל שלמא	לכל זרעיה דבית יעקב	10:3
ליהודאין דבכל קירווא וקירווא	לאיתכנשא ולקיימא ית נפשיהון	8:11
לויתן ותרנגול ברא דאיתעתדו	לכנישתא דישראל לסעודת יומא	3:7
בעינוי יפקד מלכא וישים טעם	למיכתוב למיהוי תייבין פיטקיא	8:5
אמר ליה המן לחיי בעו ניירא	לחכתב שטר זבינתא עלוי ולא	3:2
ברמשא בבית דמכך ויומא דין בעא	למילבש איצטילא דמלכותא	7:6
מלכתא לחדא ושדרת לבושי מלכותא	למלבש ית מרדכי ולמעדי ית	4:4
שט בעינוי למושטא ידא במרדכי	לבלחודוי ובעא המן למשיציא ית	3:2
פילכיא דמן הינדיא רבא ועד כוש	למאה ועשרין ושבע פילכיא	8:9
ושדר פיטקין לות כל יהודאין	למאה ועשרין ושבע פילכין	9:30
אמרין בני נשא עבדא למאן כרסוי	למאן מן יד תקיף רוגזיה דהמן	3:2
לך דכן אמרין בני נשא עבדא	למאן כרסוי למאן מן יד תקיף	3:2
ביקריה וחשיב המן בליביה ואמר	למאן יצבי מלכא למעבד יקרא	6:6
לערבלא משתיהון בכן אמר	למהומן ביזתא חרבונא בגתא	1:10
פמיה דהמן חדא היא גזירת דיניה	לממת לבר ממאן די יושיט ליה	4:11
והמן למשתייא דאעבד להון ברמשא	ולמחר אנא עבדא כפתגם גזירת	5:8
ואמר מרדכי	למיכאל וגבריאל לאתבא לות	4:13
ואמרת אסתר	למיכאל גבריאל לאתבא לות	4:15
מתקרי מרדכי על דהוה מתיל	למירא דכיא בר יאיר בר שמעי	2:5
לביש על בית ישראל ופקיד	למלאכא די ממנא על שיגושתא	6:1

מלכותא אתר קיטון בית דמוך	דלמלכא אחשורוש	1:9
גזירת דיני מלכא ליתיהון עבדין	ולמלכא לית ליה שום טימי	3:8
ומאניא אחרנייתא דהוו ליה	למלכא אחשורוש תמן הוו מחלפן	1:7
והוו שתן חמר עסיס דיאה למשתי	למלכא דסגי ריחיה ובסים טעמיה	1:7
וחוי לאסתר מלכתא ואמרת אסתר	למלכא ואיתכתיב על שום מרדכי	2:22
יהיב עשרא אלפין ככרין דכסף	למלכא וימסור בידי ית מרדכי	3:2
ואמר המן	למלכא אחשורוש איתיי עמא חדא	3:8
אע זקוף חמשין אמין ובצפרא אמר	למלכא ויצלבון ית מרדכי	5:14
לדרתא דבבית מלכא בריתא למימר	למלכא למצלוב ית מרדכי על	6:4
והיפרכין ועבדי עיבידתא די	למלכא ממנן עילויהון ית	9:3
ארום גברא מרדכי רב בית אבא	למלכא ואזיל ומתרברב	9:4
ארום מרדכי יהודאה אלקפטא	למלכא אחשורוש ורבן על כל	10:3
ליה בטולמא דלחים בשנת תרתין	למלכות אחשורוש מרדת עלוי	3:2
הוא ירחא דניסן בשנת תריסר	למלכות אחשורוש צבע פייסא	3:7
דרכב עלוי מלכא ביומא דעל	למלכותא די איתיהיב כלילא	6:8
דלבישו ביה ית מלכא ביומא דעל	למלכותא וסוסא דרכב עלוי מלכא	6:8
ביה תרין שנין ובשתא תליתאה	למלכותיה יתיב עילוי ההוא	1:2
בשתא תליתאה	למלכותיה עבד משתיא רבא לכל	1:3
הוא ירחא דטבת בשתא שביעיתא	למלכותיה	2:16
כתיבין על ספר פתגמי יומיא	למלכי מדאי ופרסאי	10:2
ואמרת אסתר להתך למיזל	ולמללא למרדכי ופקידת ליה על	4:10
פתגמא למרדכי על דהוה חכים	למללא בשובעין לישנין וחוי	2:22
ונפק התך	למללא לות מרדכי לפתאה דקרתא	4:6
בתר כן כל נשיא יתנון רבו ויקר	למריהון למרבא ועד זעירא	1:20
ולאחתא מניכא דדהבא על רישיה	ולמרדא בך ולמיסב מינך מלכותא	7:6
ואשתמודע פתגמא	למרדכי על דהוה חכים למללא	2:22
המן בר המדתא איתעבד עבוד פלח	למרדכי יהודאה יומא חד בשבעתא	3:2
זוודין לפרנסותהון וכן עבד	למרדכי בר שמעי בר קיש מן	3:2
דמזרעית אגג למהוי עבד פלח	למרדכי יהודאה ככל מא דכתיב	3:2
מלכא די בתרע פלטירין דמלכא	למרדכי מא דין אנת עבר ית	3:3
עלמא ית אליהו כהנא רבא לחואה	למרדכי די יקום ויצלי קדם מרי	4:1
ואמרת אסתר להתך למיזל ולמללא	למרדכי ופקידת ליה על עיסק	4:10
בפום התך ואמרת ליה כדנא תימר	למרדכי הלא המן רשיעא גזר על	4:11
מיכאל וגבריאל מלאכיא וחויאו	למרדכי ית פתגמי אסתר	4:12
מלכא מא איתעביד יקרא ורבותא	למרדכי על דין ואמרו עולימי	6:3
לאידין מרדכי אתיב ליה מלכא	למרדכי יהודאה אמר ליה סגיעין	6:10
ארגוונא וית סוסא ועיבד כן	למרדכי אמר ליה המן לאידין	6:10
מן שמיא ואיתעבדת ההיא יקרא	למרדכי צדיקא אחוי דאבא בר	7:6
וצליבו ית המן על קיסא דזמין	למרדכי וריתחא דמלכא אישתדכת	7:10
סיטומתא דאעבר מן המן ויהבה	למרדכי ושויאת אסתר ית מרדכי	8:2
ואמר מלכא אחשורוש לאסתר מלכתא	ולמרדכי יהודאה הא בית המן	8:7
עם המן אבוהון על קיסא דזמין	למרדכי דרומיה חמשין אמין תלת	9:14
זימיוניה בישא דחשיב למעבד	למרדכי וליהודאי ויצלבון יתיה	9:25
בגין כן דאיתעביד בהון ניסא	למרדכי וידעון פורקנא דמטת	9:26
הוה ידע דבנוי דיוסף מתילין	לנוני ימא דהכין כתיב וכנוני	3:7
דמלכותא ולמרכב על סוסא דילך	ולאחתא מניכא דדהבא על רישיה	7:6
ומועדיא למגזר עורלת בניהון	ולאחתא תפלין על ידיהון ועל	8:16
הות רשותא למעסק באוריתא	ולמיטר שביא ומועדיא למגזר	8:16
דדהבא על רישיה ולמרדא בך	ולמיסב מינך מלכותא ואיסתקפת	7:6
בבהילו ומינך איסתקף עליי הדא	להיתנסבא ליה וכען שוי יתי	5:1
דביה סליק משה בטורא דסיני	למיסב לוחין אוחרניתא בתשרי	3:7
ופקיד למיקטלה בגין דהוה צבי	למיסביה ית ברתיה וכד איתכנשו	5:1
אין מזרעא דצדיקיא מרדכי דשרית	למינפל קומוי הי כמא דנפלו	6:13
דאיטימוסין מרדכי ואסתר פריקיא	למיפק מיניה וכדו פסק שמעי	2:5
דעשו ויעקב אחי הוו ולא יכילית	למיפק מתחות ידוי עד זמן	3:2
דשבתא כולהין צדקתן וחוזיין	למיתן לה מיכלא ומישתיא על	2:9
הב לן ניכול ולא הוה ליה מא	למיתן ובעו למיקטליה הדר גבי	3:2

בעיני מלכא ואין על מלכא ישפר	למיתן ית שאילתי ולמעבד ית	5:8
לכל רברבני מלכא ומאן יכיל	לסוברא כמיסת חוך דין ורגיז	1:18
ארום אי כדין איכול	לסוברא ולמיחמי בבישתא דתינדן	8:6
דמלכא אמר לון לית מן דינא	למסגוד מרא לעבדיה אמרו ליה	3:2
ורבן על כל יהודאין ומתרעי	לסגי אחוי דמן שבטא דבנימן	10:3
מתקרבין ביכוריא כד מטא	לסוף תריסר ירחי שתא דאיהוא	3:7
די יהב מלכא	לסיעא ליהודאין דבכל קירווא	8:11
הלא מלכתא בפתגם מלכא בעייא	לסלקא יתן ולאוקומא ית מרדכי	2:21
ולאוקומא ית מרדכי ולית רבות	לסלקא תרין קלוסנטרין ולאוקמא	2:21
קיימית בשבועה לגשם ולטוביה	ולסנבלט ברם אוריכי עד די	7:2
ותב מרדכי	לסנהדרין דבתרע פלטירין דמלכא	6:12
לעידן מחר אנא מזומן לוותה	למסעוד עם מלכא	5:12
ברא דאיתעתדו לכנישתא דישראל	לסעודת יומא רבא בשיתא בשבא	3:7
איתחייבו למיהוי להון דוכרנא	ולאיתעובדא בהון משתיא בכל	9:28
על מלכא ישפר למיתן ית שאילתי	ולמעבד ית בעותי יעול מלכא	5:8
ועל המן ואמר ליה מלכא מאן חזי	לאיתעובדא לגבר דמלכא צבי	6:6
עמיא אומיא ולישניא דאינו מא	לאיתעובדא בה פתגמא נפקת מפמא	7:8
דמטא פתגם מלכא וגזירת דיניה	לאיתעובדא ביומא דחשיבו בעלי	9:1
ואמר מלכא	לאיתעובדא כדין ואיתיהיבת	9:14
כאוריתא מא	לאיתעיבדא במלכתא ושתי בגין	1:15
ואייתי ארדיכלין מן אלכסנדריאה	למעבד כוותיה ולא יכילו ועבדו	1:2
כל דאיתמנא אפיטרופוס על ביתיה	למעבד כרעות גברא בר ישראל	1:8
אמרין רבנתא דפרסאי ומדאי	למעבד לגובריהון הי כמא	1:18
די עבדת ושתי מלכתא ומיתמלכן	למעבד כדין לכל רברבני מלכא	1:18
לך ועמא יהון מסירין בידך	למעבד כמא דיוטב קומך	3:11
ואמר מלכא אוחיו ית המן	למעבד ית פתגם גזירת אסתר ועל	5:5
בליבביה ואמר למאן יצבי מלכא	למעבד יקרא יתיר מיני	6:6
ומרודא די אמלכיה ליבביה	למעבד כדין	7:5
רשו אוף מחר ליהודאין די בשושן	למעבד יומא טבא וחדוא כד חזי	9:13
למעבד יומא טבא וחדוא כד חזי	למעבד על יום ניסא וית עשרתי	9:13
מדבונא לחדוה ומאבלו ליומא טבא	למעבד בהון יומי משתיא	9:22
כולהון יהודאין כחדא ית דשריאו	למעבד וית דכתב מרדכי בגינהון	9:23
מלכא יתוב זימיוניה בישא דחשיב	למעבד למרדכי וליהודאי	9:25
ידוי עד זמן דאיזדבנית ליה	לעבדא ואין מעכבנא מלמיהוי	3:2
לעבדא ואין מעכבנא מלמיהוי ליה	לעבדא או דילמא אין לא מודי	3:2
אלא אין בעית למזבון גרמך לי	לעבדא אנא מפרנס אוכלוסיי	3:2
וסגא תקוף מלכותיה ועבד סעודתא	לעבדוי יומין סגיעין ומשתיא	1:4
לון לית מן דינא למסגוד מרא	לעבדיה אמרו ליה ואפילו הכי	3:2
ולאיתקטלא ולהובדא ואילולי	לעבדין ולאמהן איזדבננא שתקית	7:4
לבושי מלכותא למלבש ית מרדכי	ולמעדי ית שקיה מעילויה ולא	4:4
דתיעול קומיי ולא עלת ופקדית	למעדי מינה מלכותא אמרו ליה	2:1
תריסר הוא ירחא דאדר ושללהון	לעדאה	3:13
יתהון טפלין ונשין ושללהון	לעדאה	8:11
איזדבננא שתקית ארום לית	למעיקא טימין ורווחא באוזינקא	7:4
רשיעא על ירושלם ומיסת הוי	לעוקתא ההיא בשבט לא על מן	3:7
למשתייא דעבדת אילהין יתי ואוף	לעידן מחר אנא מזומן לוותה	5:12
צדא כרש מדאה ית בבל אחתיה	לעילם ובתר כן מלך אחשורוש	1:2
יהי מתיהיב על ידא דעבדי מטבעא	לאעלא לבית גנזי מלכא עני מרי	3:9
ורברבני מלכא מטו ואוחיאו	להנעלא ית המן למשתיא דעבדת	6:14
רשיעא גזר על מימר אחשורוש דלא	למיעול לות מלכא לדרתא גואה	4:11
וסריבת מלכתא ושתי	למיעל בגזירת מלכא דאיתפקדת	1:12
מטא סידור עולימתא ועולימתא	למיעל קדם מלכא אחשורוש מסוף	2:12
די צביא למימר מן יד יתיהב לה	למיעל עמה מן בית נשיא עד בית	2:13
אחבוי דמרדכי דנסבה ליה לברת	למיעל לות מלכא לא תבעת צרוך	2:15
דמלכא ארום לית רשו לגבר	למיעל לתרע פלטירין דמלכא כד	4:2
על עמא דיהודאי ולפקדא עלהא	למיעל לות מלכא לפייסא ליה	4:8
כל עיקתין די עבד איהו ואבהתוי	לעמא בית ישראל	3:1

לרבי   ל   לעם

אתיא בכלילא דמלכותא לאחזאה	לעמיא ורברבניא ית שופרה ארי	1:11
גרמי משיעבודיה דמרדכי ופרע	לעמיה מא דעבד יעקב אבוהון	3:2
אחוי דמן שבטא דבנימן תבע טבתא	לעמיה בית ישראל וממליל שלמא	10:3
בגתא ואבגתא עתיד מרי עלמא	לעסאה יתהון כגבר דעצר עינבוי	1:10
ליהודאין הות רשותא	למעסק באוריתא ולמיטר שביא	8:16
לעמיה מא דעבד יעקב אבוהון	לעשו אבא מן יד כד נפק המן מן	3:2
וחזא והא עשרתי מלאכי דמיין	לעשרתי בנוי דהמן קטעין ית	7:7
דתינדון ית עמי והי כדין איכול	למתעתדא ולמחמי בעידן דיובדון	8:6
ולפקדא עלהא למיעל לות מלכא	לפייסא ליה ולמבעי רחמין על	4:8
מטול דיהודאי איתסר לון למיחמט	ולמיפלח לפולחנא נוכראה ולא	3:2
עבדיה או דילמא אין מסרב אנא	למפלח ליה יומא חד בשבעתא כל	3:2
איתסר לון למיחמט ולמיפלח	לפולחנא נוכראה ולא הוה סגיד	3:2
ועבדוי דמלכא ומן יד אשתמיט	מלמיפלח ית מרדכי שדר ליה	3:2
משתיא דאסתר והניית שיבוק כרגא	לפלכיא עבד ויהב לה מתנן	2:18
המן רשיעא על עמא דיהודאי	ולפקדא עלהא למיעל לות מלכא	4:8
ומן זוודין דיהב ליה מלכא	לפרנסא פלגות אוכלוסיא חבול	3:2
הא כולהון זוודין דיהב לי מלכא	לפרנסא ית אוכלוסין דאנא	3:2
וכל זוודין דיהב ליה מלכא	לפרנסא פלגות אוכלוסיא בשתא	3:2
מתחות ידיי ולא הוה בידי ממא	לפרנסא אוכלוסיי דמלכא אזלית	3:2
אוכלסין ויהב לי מלכא זוודין	לפרנסותהון וכן עבד למרדכי בר	3:2
עמיא דיהון יהודאין איטימוסין	לאיתפרעא מבעלי דבביהון	8:13
ונפק התך למללא לות מרדכי	לפתאה דקרתא דלקדם תרע	4:6
עדב חילופך בכן שרי שמשי צפרא	לצבעא פייסא דעדבין קדם המן	3:7
במעצרתא תרין זימנין ועתיד	לצדאותהון ולשפאותהון להני	1:10
קדם מלכא הא קיסא דזמין המן	למצלב מרדכי דמליל טבא בגין	7:9
ובעיל דבבא המן ביש הדין בעא	למצלביה והמן אישתעמם מן קדם	7:6
דבבית מלכא בריתא למימר למלכא	למצלוב ית מרדכי על קיסא	6:4
עולימי מלכא משמשנוי יבעון	לצרוך מלכא עולימן בתולתן	2:2
למחמי היתקיימון פתגמי מרדכי	כלקבל פתגמי המן ארום חוי	3:4
ישראל למהויהון ידעין מא חזו	למקבע יומי פוריא האיליין	9:26
למללא לות מרדכי לפתאה דקרתא	דלקדם תרע פלטירין דמלכא	4:6
בפתגם מלכא בעייא לסלקא יתן	ולאוקומא ית מרדכי ולית רבות	2:21
רבות לסלקא תרין קלוסנטרין	ולאוקמא חד בכין איתיעטו	2:21
דבכל קירווא וקירווא לאיתכנשא	ולקיימא ית נפשיהון לשיצאה	8:11
איתפקד שור ירושלם ולא חזי	למיקם עקתא תרין זימנין באב	3:7
	לקיימא גזירת דינא עילויהון	9:21
ית כל מגילאתא הדא תוקפא דניסא	לקיימא ית איגרתא דפורייא הדא	9:29
	לקיימא ית יומי פורייא	9:31
אנא ועמי בית ישראל לאישתיצאה	ולאיתקטלא ולהובדא ואילולי	7:4
ית בית מוקדשא איתגזר עלה	לאיתקטלא ערטיליתא ואוף איהוא	1:1
כדו איתגלי קדם יי דעתידה ושתי	לאיתקטלא ועתיד הוא למיסב ית	1:1
מן ושתי דשם טעם על מלכא ופקיד	למיקטלה בגין דהוה צבי	5:1
ולא הוה ליה מא למיתן ובעו	למיקטליה הדר גבי מרדכי אמר	3:2
מלמילד פקיד דוד לשלמה בריה	למקטול יתיה	2:5
והוה חוך קומוי לאושטא ידא	למקטול ית מרדכי בלחודוי ארום	3:6
אמר לון מלכא אנא לא גזרית	למקטלה אלהין דתיעול קומיי	2:1
הוא שמעי דאקיל לדוד ובעא יואב	למקטליה ולא שבקיה על דאיסתכל	2:5
ולאושטא ידא במלכא אחשורוש	למקטליה בסיפיה בבית דמכיה	2:21
אברהם אבוי בסייפא לא תיכול	למקטליה די אישתיזב מינה יצחק	5:14
גברא מעיקא ובעיל דבבא דבעא	למקטלך ברמשא בבית דמכך ויומא	7:6
לכל פילכי מלכא לשיצאה	לקטלא ולהובדא ית כל יהודאי	3:13
פלטירין די בעו לאושטא ידא	לקטלא ית מלכא אחשורוש בבית	6:2
בכל פילכי מלכא אחשורוש לאושטא	לקטלא ית כל דתבעין בישתהון	9:2
הדא כרעותי וכצביון נפשי	לקצת ירחין תלתא איתכבישת	3:2
מאפיך ית פצימי ספרא ולא צבי	למקרי והות רעוא מן קדם מרי	6:1
עבדין ית תרין יומיא האיליין	למקרי ית מגילתא כמכתב רושם	9:27
נשיא יתנון רבו ויקר למריהון	למרבא ועד זעירא	1:20

	1:14	לרברבנוי דקריבין לותיה	בכן איסתתר מלכא ושאל עיטתא
	2:7	לתורביינא ארום לית לה אבא	אילהין אפי מרדכי דאיתעביד לה
	5:10	לרחמוי ולזרש רשיעתא אינתתיה	המן ועל לביתיה ושדר וקרא
	5:1	לרחמין בעינוי די לא יקטלינני	הדא להיתנסבא ליה וכען שוי יתי
	3:2	לרישא נפקו ואזלו מן השתא לית	ית אוכלוסין דאנא מתמני עליהון
	7:6	ולמרכב על סוסא דילך ולאחתא	בעא למילבש איצטילא דמלכותא
	5:14	למירמיה די אישתיזב אברהם	וכל רחמוי בנורא לא תיכול
	5:14	למרמא יתיה די אישתיזיבו	ישראל בגוב אריוותא לא תיכול
	6:1	לרקיעא ואישתמעת קדם מרי עלמא	סליקת קבילת ריביא דבית ישראל
	3:2	לרשיעא מטול הכן מרדכי לא	בנבואת ישעיה לית שלם אמר אלהי
	5:3	למשבק למבני יתיה דדחיל אנא	וטוביה עבדא עמונאה דלא
	5:6	למשבק למבני יתיה דילמא	וטוביה עבדא עמונאה דלא
	9:24	לשגושיהון ולהובדיהון	צבע פייסא איהו הוא עדווא
	3:13	ולשדרא פיטקין בידא דריהטונין	
	9:22	ולשדרא דורון אינש לחבריה	למעבד בהון יומי משתייא וחדווא
	2:3	לשושן בירנותא לבית נשיא דתמן	כל עולימתא בתולתא שפירת חיזו
	2:8	לשושן בירנותא ליד הגי	ובאיתכנשות עולימתן סגיען
	4:13	לאישתיזבא בבית מלכא יתיר מן	לה לא תחשבין בנפשיכי למהך
	7:4	לאישתיצאה ולאיתקטלא ולהובדא	מגן אנא ועמי בית ישראל
	4:1	לאשתצאה מגו עלמא והי כמא די	ומא דאיתחייבו עמא בית ישראל
	3:2	למשיציא ית כולהון יהודאי	ידא במרדכי לבלחודוי ובעא המן
	3:6	לשיצאה ית כל יהודאי די בכל	אינון עמא דמרדכי ובעא המן
	3:7	לשיצאה עמא קדישא נפלת ברת	למלכות אחשורוש צבע פייסא
	3:13	לשיצאה לקטלא ולהובדא ית כל	בידא דריהטונין לכל פילכי מלכא
	8:11	לשיצאה ולקטלא ולהובדא ית כל	לאיתכנשא ולקיימא ית נפשיהון
	9:18	לשיצאה ית בנוי דעמלק בתלתסר	ויהודאין דבשושן איתכנשו
	3:1	לשיצאותיה מן עלמא דעד כדו לא	עלמיא וכן אמר לא ניחא קומיי
	4:8	לשיציותהון יהב ליה לאחזאה ית	דכתב גזירתא דאיתיהיב בשושן
	7:8	למשכוב עם מלכתא כד אנא שרי	ברם בקושטא לא אתא המן אילהין
	9:1	למשלוט בהון ואיתהפכת מן שמיא	דחשיבו בעלי דבבין דיהודאי
	2:5	לשלמה בריה למקטול יתיה	וכדו פסק שמעי מלמילד פקיד דוד
	3:2	לאישתמוטי מידוי דהמן כיון	לא תיזיף ברביתא ולא הו אלא
	9:26	לאישתמעא לכל עמא בית ישראל	יומי ניסא ופתגמי מגילאתא הדא
	2:14	לשמושי ית מלכא ובעידן צפרא	בעידן רמשא הות עיילא
	2:9	לשמשותה שבע יומי שבתא יחולתא	יהיבין לה וית שבע עולימתן
	6:1	לשמשי ספרא וכד חמא שמשי ספרא	ואקדים בצפרא נסיס אפין ואמר
	4:14	לשתא דאתיא בעידנא הדא את	ומאן הוא חכימא די ינדע אין
	5:14	לשנוקיה דאישתיזיבו מנהון משה	מינה יצחק אבוי במיא לא תיכול
	1:7	לאשקאה יתהון במאני דהבא דבית	ופקיד
	2:21	לאשקאה סמא דיקטול לאסתר	מלכא מנטורי פלטיריא ואמרו
	3:15	למישתי חמרא וקרתא דשושן הות	בירנותא ומלכא והמן הוו יתבין
	1:7	למשתי למלכא דסגי ריחיה ובסים	והוו שתן חמר עסיס דיאה
	7:1	למשתי חמרא עם אסתר מלכתא	ועל מלכא והמן
	6:14	למשתיא דעבדת אסתר	מטו ואוחיאו להנעלא ית המן
	5:4	למשתייא דעבדית ליה	ישפר יעול מלכא והמן יומא דין
	5:5	למשתייא דעבדת אסתר	פתגם גזירת אסתר ועל מלכא והמן
	5:8	למשתייא דאעבד להון ברמשא	ית בעותי יעול מלכא והמן
	5:12	למשתייא דעבדת אילהין יתי	המן ברם לא הנעלת אסתר מלכתא
	7:7	למתבע חייסא על נפשיה מאסתר	למחמי מאן הוא דין והמן קם
	4:13	לאתבא לות אסתר כדנא תימרון	ואמר מרדכי למיכאל וגבריאל
	4:15	לאתבא לות מרדכי	ואמרת אסתר למיכאל גבריאל
	4:7	למתקל על ידיהון דגזברין	כסף עשר אלפין ככרין דאמר המן
	4:2	לתרע פלטירין דמלכא כד לביש	דמלכא ארום לית רשו לגבר למיעל
		587 = ל	
מ	9:22	ומאבלו ליומא טבא למעבד בהון	דאיתהפיך להון מדבונא לחדוה
	7:7	מאסתר מלכתא ארום חמא ארום	והמן קם למתבע חייסא על נפשיה

מבבל ו

כרש ודריוש ית בבל נפק מרדכי	מבבל עם דניאל וכל כנישתא	2:6
על עיסק בכירותא יתנסח אע	מביתה דהמן וזקיף יתמחי עלוי	3:2
יהודאין איטימוסין לאיתפרעא	מבעלי דבביהון	8:13
ית נפשיהון ואשכחו נייחא	מבעלי דבביהון וקטלו בשנאיהון	9:16
יהודאי ודוכרנהון לא ישתיצי	מבניהון	9:28
עמא בית ישראל לאשתצאה	מגו עלמא והי כמא די איתכתיב	4:1
ומיליהון והוו מתקריין מילייא	מגו פצימיא קדם מלכא	6:1
ויומי פוריא האיליין לא יעברון	מגו יהודאי ודוכרנהון לא	9:28
ומלכא תב בריתחיה	מגינתא גוואה לבית משתיא	7:8
דבביהון ובירחא דאיתהפיך להון	מדבונא לחדוה ומאבלו ליומא	9:22
קרתא דהינדקי מרדכי וחילוותיה	ממדינחא והמן וחילוותיה	3:2
וחושבן עלמא ארום הי כדין יאה	למהוי מתמלל פתגם מלכא קדם כל	1:13
ליה לעבדא ואין מעכבנא	מלמיהוי ליה לעבדא או דילמא	3:2
מלכא אחשורוש ית המן בר המדתא	דמזרעית אגג בר עמלק רשיעא	3:1
עלוי וקבילית אנא המן בר המדתא	דמזרעית אגג למהוי עבד פלח	3:2
די רבי מלכא ית המן בר המדתא	דמזרעית אגג ואעיל יתיה ושוי	3:2
חמש מאה גובריא רופילין	דמזרעית עמלק וית עשרתי בנוי	9:12
ליה חכימוי וזרש אינתתיה אין	מזרעא דצדיקיא מרדכי דשרית	6:13
ידיה ויהבה להמן בר המדתא	מזרעית אגג מעיקא דיהודאי	3:10
בשנאיהון שובעין וחמשא אלפין	מזרעית עמלק ובעדאה לא אושיטו	9:16
ברביתא ולא הו אלא לאישתמוטי	מידוי דהמן כיון דמטא זמן	3:2
למיפק מיניה וכדו פסק שמעי	מלמילד פקיד דוד לשלמה בריה	2:5
דשעגז רבא דמלכא נטיר מטרוניתא	ומכאן ואילך לא תיעל תוב לות	2:14
ורחים מלכא ית אסתר	מכל נשיא דהוו מתנסבן ואיטענת	2:17
ועד השתא אית בידי תרין חולקין	מכל מא דיהב לי מלכא ואנת	3:2
מלכותך וגזירת אוריתהון שניין	מכל עמא לחמנא ותבשילנא	3:8
ונפק המן	מלוות מלכא ביומא ההוא חדי	5:9
חמא ארום איסתקפת עלוי בישתא	מלוות מלכא	7:7
ונפקו מתחות ידיי ולא הוה בידי	ממא לפרנסא אוכלוסיי דמלכא	3:2
חדא היא גזירת דיניה לממת לבר	ממאן די יושיט ליה מלכא ית	4:11
על ידוי דשישק מלכא דמצרים	וממצרים אישתבא על ידוי	1:2
זוזי דסכום אבהתהון כד נפקו	ממצרים הות שית מאה אלפי גברי	3:9
יהבו סילעא לגולגלתא כד נפקו	ממצרים דסכום סילעיא הוו מאה	3:9
למיעל קדם מלכא אחשורוש	מסוף די הוי לה כהילכת נשיא	2:12
כל דאיתמנא אפיטרופוס על ביתיה	למעבד כרעות גברא בר ישראל	1:8
בסייפא והשתכחית מפקע גרמי	משיעבודיה דמרדכי ופרע לעמיה	3:2
רב על כולא ותקין ית כורסייה	מעילווי כל רברבניא דעימיה	3:1
ואעדי מלכא ית גושפנקיה	מעילוי ידיה ויהבה להמן בר	3:10
למלבש ית מרדכי ולמעדי ית שקיה	מעילויה ולא קביל	4:4
דמלכא ואשלח ית לבוש ארגוונא	מעלוי ולבש ית סקא ויתיב על	6:12
משתיא ויומא טבא וסגיעין	מעמי ארעא מתגיירין ארום נפל	8:17
ממדינחא והמן ותילוותיה	ממערבא אזל המן והנפק כל	3:2
מא לאיתעובדא בה פתגמא נפקת	מפמא דמלכא ואפוי דהמן	7:8
ועבדוי דמלכא ומן יד אשתמיט	מלמיפלח ית מרדכי שדר ליה	3:2
וסוסא על ידא דגברא רבא	מרברבני מלכא איסטרטיגין	6:9
בר שמעי בר גרא בר קיש גברא	דמישבטא דבנימן הוא שמעי	2:5
לך על חד תרין אמר ליה מרדכי	משום תרין לא אוזיף לך חד אין	3:2
דבגינתא גוואה בכן קם בריתחיה	ממשתייא דחמרא ואזל לגינתא	7:7
בזבוזית נכסוי דמלכא ונפקו	מתחות ידיי ולא הוה בידי ממא	3:2
אחי הוו ולא יכילית למיפק	מתחות ידוי עד זמן דאיזדבנית	3:2

52 = מ

930 = ו

אוכלוס	3:2	אוכלוסי דהמן אמרו ליה הב לן	דהמן כיון דמטא זמן סעודתא אתו
	1:3	אוכלוסי פרסא ומדי איסטרטיגין	משתיא רבא לכל רברבנוי ועבדוי
	3:2	אוכלוסיא בשתא חדא ומרדכי הוה	דיהב ליה מלכא לפרנסא פלגות
	3:2	אוכלוסיא כהילכת נפקי קרבא	הוה מצמצם מזוניה ומפרנס פלגות
	3:2	אוכלוסיא חבול לי השתא אנא	דיהב ליה מלכא לפרנסא פלגות
	3:2	אוכלוסיי ואוכלוסך אמר ליה	גרמך לי לעבדא אנא מפרנס
	3:2	אוכלוסיי דמלכא אזלית למיזף	ידיי ולא הוה בידי ממא לפרנסא
	3:2	אוכלוסין דאנא מתמני עליהון	זוודין דיהב לי מלכא לפרנסא ית
	3:2	אוכלוסין סגיעין למכבש יתה	קרתא דשמה הינדקי וכנש מלכא
	3:2	אוכלסין ויהב לי מלכא זוודין	דהינדקי ומני יתי על שית רבובן
	3:2	דאוכלוסאי מן מא יתזון ותוב	לך חד אין אנא יהיב לך מזוני
	3:2	ואוכלוסך אמר ליה המן לחיי	לי לעבדא אנא מפרנס אוכלוסיי
		אוכלוס = 12	
אונקלי	1:6	אונקלוון ודשרין סגלגלין די	צביען בארגוונא דליין עילוי
		אונקלי = 1	
אטונא	1:6	ואיטונין מציירין מקפן להוו	ומרמרין ודורא דבכרכי ימא רבא
		אטונא = 1	
אטימוס	8:13	איטימוסין לאיתפרעא מבעלי	בריך לכל עמיא דיהון יהודאין
	2:5	דאיטימוסין מרדכי ואסתר	על דאיסתכל ברוח נבואה וחמא
		אטימוס = 2	
איסטרטילטא	9:3	איסטרטילוטין והיפרכין ועבדי	וכל רברבני פילכיא
	8:9	איסטרטילוסין ואיפרכין	דפקיד מרדכי לות יהודאין ולות
	3:12	איסטרטיליטי מלכא ולות	ואיתכתיב ככל דפקיד המן לות
		איסטרטילטא = 3	
איקונין	2:17	איקונין דאסתר ואותיב יתה על	ית איקונין דושתי ואקים תמן ית
	2:17	איקונין דושתי ואקים תמן ית	וטרד מן קיטון בית דמכיה ית
		איקונין = 2	
אנגלא	6:1	אינגלי מרומא וקמו מתבהלין	גדיין דעיזין עד דאיתנדדו כל
		אנגלא = 1	
אנדרטא	5:9	אנדרטיה ולא רתת מיניה אילהין	בתרע מלכא ומרדכי לא קם מן קדם
	3:4	ולאנדרטא די הקים בחדייה לא	עבדיה דאזדבן ליה בטולמת לחם
	3:2	לאנדרטא די הקים המן בחדייה	פלטירין דמלכא חמטין וגחנין
	3:2	לאנדרטא דיליה מטול דיהודאי	פקיד עלוי מלכא ומרדכי לא חמיט
	3:5	לאנדרטיה ולא הוה סגיד ליה	וחמא המן ארום לית מרדכי גחין
	4:7	לאנדרטיה וית דררא דממון כסף	על עיסק דלא סגד להמן ולא גחן
		אנדרטא = 6	
אנפקינון	2:12	ואנפקיין דמנתר ית שערא ומפנק	סמתוריהון שיתא ירחין בסטכת
		אנפקינון = 1	
אסטרטיגא	1:3	איסטרטיגין ורבנין דממנן על	ועבדוי אוכלוסי פרסא ומדי
	6:9	איסטרטיגין וילבשון תורביני	על ידא דגברא רבא מרברבני מלכא
		אסטרטיגא = 2	
אפיטרופוס	1:8	אפיטרופוס על ביתיה למעבד	כן שם טעם מלכא על כל דאיתמנא
	9:4	אפיטרופוס ורב סרכן מרדכי	ארום
	2:3	אפיטרופין בכל פילכי מלכותיה	וימני מלכא
		אפיטרופוס = 3	
אפרכא	8:9	ואיפרכין ורברבנין דמתמנן	לות יהודאין ולות איסטרטילוסין

GREEK LOAN WORDS

מילתא אפרכא

הוון כל עמיא אומיא ולישניא	ואפרכיא כבישן תחות ידוי וכען	1:1	
	אפרכא = 2		
דמכך ויומא דין בעא למילבש	איצטילא דמלכותא ולמרכב על	7:6	אצטלא
ורבנין דממנן על פילכיא עטיפן	באיצטלוון דמילת לבישין	1:3	
	אצטלא = 2		
מלכא ולות היפרכין דמתמנן	ארכונין על כל פילכא ופילכא	3:12	ארכון
ואיפרכין ורברבנין דמתמנן	ארכונין על פילכיא דמן הינדיא	8:9	
ממנן עילויהון ית יהודאין	לארכונין ארום נפל פחדא	9:3	
	ארכון = 3		
לבית נשיא דתמן דימוסן ובנאוון	ובנאוון דתמן מתמני הגי רב	2:3	בנאה
בירנותא לבית נשיא דתמן דימוסן	ובנאוון ובנאוון דתמן מתמני	2:3	
	בנאה = 2		
טעמין חמרנא ליתיהון שתן יומי	גינוסיא דילנא ליתיהון נטרין	3:8	גינוסיא
אסתר ית מרדכי רב וסרכן על בית	גניסיה דהמן	8:2	
למתעתדא ולמחמי בעידן דיובדון	גניסת ילדותי	8:6	
עלמא מן יד בעלי דבביהון ואנת	וגניסת בית אבהתך תובדון על	4:14	
	גינוסיא = 4		
המן ית עותריה והיך איתמני עם	דוכוסי מלכא והיך רהיטין	5:11	דוכוס
	דוכוס = 1		
חדוא ומשתיא ויומא טבא ומשדרין	דורון גבר לחבריה	9:19	דורון
יומי משתייא וחדווא ולשדרא	דורון אינש לחבריה ומעאן	9:22	
	דורון = 2		
	דיטגמא דכתבא למיהוי מתיהבא	3:14	דיאטגמא
וית	דיטגמאה דכתב גזירתא דאיתיהיב	4:8	
	דיטגמאה דכתיבא לאיתיהבא	8:13	
	דיאטגמא = 3		
לשושן בירנותא לבית נשיא דתמן	דימוסן ובנאוון ובנאוון דתמן	2:3	דימוסיא
	דימוסיא = 1		
המן לות איסטרטיליטי מלכא ולות	היפרכין דמתמנן ארכונין על כל	3:12	הפרכא
ורברבני פילכיא איסטרטילוטין	והיפרכין ועבדי עיבידתא די	9:3	
מלכא אחשורוש כרגא על ארעא	והפרכי ימא	10:1	
	הפרכא = 3		
עבדין ולמלכא לית ליה שום	טימי מנהון ומא הנאה אית ליה	3:8	טימי
וכל דא ליתיה	טימי לוותי בכל עידן דאנא חמי	5:13	
שתקית ארום לית למעיקא	טימין ורווחא באוזינקא דמלכא	7:4	
	טימי = 3		
אזל מרדכי וכתב שטר זבינתא	בטרקליליה על ארכובתא והכין	3:2	טרקלילא
ליה בטולמא דלחים דמכתבא	בטרקליליה כל קבל ארכובתיה מן	5:9	
	טרקלילא = 2		
לידא דשעגז רבא דמלכא נטיר	מטרוניתא ומכאן ואילך לא תיעל	2:14	מטרונא
	מטרונא = 1		
על פילכיא עטיפן באיצטלוון	דמילת לבישין ארגוונין אכלין	1:3	מילתא
אותיב יתהון עילוי ערסן	דמלתין די מחתן על דרגשין	1:6	
	מילתא = 2		

מניכא	2:9	המניכין ולבושי מלכותא למהוי	ית סמתר רבותהא וית מתנתהא
	8:15	והמניכא דדהבא רבתא וגלימא	מלכא בלבוש מלכותא תכלא וחרי
	2:17	מניכא דדהבא על רישה וטרד מן	וטיבו קומוי מן כל בתולתן ושוי
	7:6	מניכא דדהבא על רישיה ולמרדא	ולמרכב על סוסא דילך ולאחתא
		מניכא = 4	
מרמר	1:6	ומרמרין ודורא דבכרכי ימא רבא	שריין על סטיו כביש קרוסטלינין
	1:6	מרמרין סמקין ירקין וברקין	די כסף כפיסן עילוי עמודי
		מרמר = 2	
נימוס	3:8	ונימוסנא לא מקיימין וית	גינוסיא דילנא ליתיהון נטרין
		נימוס = 1	
סטיו	1:6	סטיו כביש קרוסטלינין ומרמרין	טב וכרעיהון דכסף שריין על
		סטיו = 1	
סטכת	2:12	בסטכת ואנפקיין דמנתר ית שערא	יומי סמתוריהון שיתא ירחין
		סטכת = 1	
ספיר	1:6	כספירין וכרתנין ותכלא אחידן	פריסן יריען דבוץ גוון חיוור
		ספיר = 1	
פולמרכא	5:11	פולמורכין על פילכיא ובר מן	ותמניא בר מן עשרתי אוחרנין
		פולמרכא = 1	
פיטקא	9:32	בפיטקא	ידוי דמרדכי איתכתיבת מגילתא
	8:8	פיטקא דאיתכתיב בשום מימרא	בעיזקת סיטומתא דמלכא ארום
	8:5	פיטקיא זימיוניה דהמן בר	טעם למיכתוב למיהוי תייבין
	1:22	פיטקין כתיבן וחתימן בעיזקתיה	ושלח
	3:13	פיטקין בידא דריהטונין לכל	ולשדרא
	8:10	פיטקין בידא דרהטונין רהטי	בעזקת סיטומתא דמלכא ושלח
	9:20	פיטקין לות כל יהודאין דבכל	מרדכי ית פתגמיא האיליין ושדר
	9:30	פיטקין לות כל יהודאין למאה	ושדר
		פיטקא = 8	
פלטרין	4:2	פלטירא דמלכא ארום לית רשו	ואתא עד קדם תרע
	2:21	פלטיריא ואמרו לאשקאה סמא	טורסאי תרין רבני מלכא מנטורי
	3:2	פלטירין דמלכא חמטין וגחנין	כל עבדוי דמלכא דבתרע
	3:3	פלטירין דמלכא למרדכי מא דין	ואמרו עבדי מלכא די בתרע
	4:2	פלטירין דמלכא כד לביש לבושא	ארום לית רשו לגבר למיעל לתרע
	4:6	פלטירין דמלכא	מרדכי לפתאה דקרתא דלקדם תרע
	5:13	פלטירין דמלכא	יתיב בסנהדרין עם עולמיא בתרע
	6:2	פלטירין די בעו לאושטא ידא	ותרש תרין רבני מלכא מנטורי
	6:10	פלטירין דמלכא אמר ליה המן	דסדרת ליה אסתר סנהדרין בתרע
	6:12	פלטירין דמלכא ואשלח ית לבוש	ותב מרדכי לסנהדרין דבתרע
		פלטרין = 10	
קולמוס	3:9	קולמוסא אתיהיב לי וכספא יהי	עשרת אלפין ככרין דכסף לחוד
		קולמוס = 1	
קיטון	1:9	קיטון בית דמוך דלמלכא	משתה נשיא בבית מלכותא אתר
	2:17	קיטון בית דמכיה ית איקונין	מניכא דדהבא על רישה וטרד מן
		קיטון = 2	
קלוסנטר	2:21	קלוסנטרין ולאוקמא חד בכין	ית מרדכי ולית רבות לסלקא תרין
		קלוסנטר = 1	
קרסטל	1:6	קרוסטלינין ומרמרין ודורא	דכסף שריין על סטיו כביש
		קרסטל = 1